DROIT DE LA BIODIVERSITÉ AU MALI

Diakalia Siaka SIDIBÉ

DROIT DE LA BIODIVERSITÉ AU MALI

Préface du Pr Samba TRAORÉ

L'Harmattan
Mali

Harmattan Mali
ACI2000 Bamako - Immeuble Jean-Marie CISSE - Bureau 10
Tél.: +223 76 43 00 66 /+223 66 89 33 72
www.harmattanmali.com

L'Harmattan France
5-7, rue de l'École-Polytechnique ; 75005 Paris
http://www.librairieharmattan.com

Couverture et mise en page : Coco Joyce

ISBN : 978-2-336-52362-0
EAN : 9782336523620

SIGLES ET ABREVIATIONS

ABFN	:	Agence du Bassin du Fleuve Niger.
ABN	:	Autorité du Bassin du Niger.
ACP	:	Afrique-Caraïbes-Pacifique.
AE	:	Audit Environnemental.
AEDD	:	Agence pour l'Environnement et le Développement Durable.
AMADER	:	Agence Malienne pour le Développement de l'Energie Domestique et de l'Electrification Rurale.
AIEA	:	Agence Internationale d'Energie Atomique.
AMCN	:	Association Malienne pour la Conservation de la Nature.
AMEE	:	Association Malienne pour l'Evaluation Environnementale.
ANGSEM	:	Agence Nationale de Gestion des Stations d'Epuration du Mali.
AN	:	Assemblée Nationale.
AN-RM	:	Assemblée Nationale - République du Mali.
APANGM	:	Agence Panafricaine de la Grande Muraille Verte.
CAFO	:	Collectif des Associations et Organisations Féminines.
CBLT	:	Commission du Bassin du Lac Tchad.
CDD	:	Commission de Développement Durable.
CEDEAO	:	Communauté Economique des Etats de l'Afrique de l'Ouest.
CEMAC	:	Communauté Economique et Monétaire de l'Afrique Centrale.
CEN-SAD	:	Communauté Sahélo-Saharienne.
CESC	:	Conseil et Economique, Social et Culturel.
CIJ	:	Cour Internationale de Justice.
CILSS	:	Comité Permanent Inter-Etats de Lutte contre la Sécheresse au Sahel.
CITES	:	Convention on International Trade of Endangered Species (en français, Convention sur le Commerce International des Espèces Sauvages de faune et de flore Menacées d'Extinction).
CLOCSAD	:	Comité Local d'Orientation, de Coordination et de Suivi des Actions de Développement.
CMDT	:	Compagnie Malienne de Développement textile.

CMED	:	Commission Mondiale pour l'Environnement et le Développement.
CMN	:	Charte Mondiale de la Nature.
CNRST	:	Centre National de Recherches Scientifiques et Technologiques.
COMECA	:	Marché Commun des Etats d'Afrique Orientale et du Sud.
CPJI	:	Cour Permanente de Justice Internationale.
CSCRP	:	Cadre Stratégique pour la Croissance et la Réduction de la Pauvreté.
CROCSAD	:	Comité Régional d'Orientation, de Coordination et de Suivi des Actions de Développement.
CTSP	:	Comité de Transition pour le Salut du Peuple.
DERE	:	Département de l'Environnement et des Ressources en Eau.
DIE	:	Droit International de l'Environnement.
DIN	:	Delta Intérieur du Niger.
DNA	:	Direction Nationale de l'Agriculture.
DNACPN	:	Direction Nationale de l'Assainissement, du Contrôle des Pollutions et Nuisances.
DNEF	:	Direction Nationale des Eaux et Forêts.
DNE	:	Direction Nationale de l'Energie.
DNGM	:	Direction Nationale de la Géologie et des Mines.
DNH	:	Direction Nationale de l'Hydraulique.
DNP	:	Direction Nationale de la Pêche.
DNPIA	:	Direction Nationale des Productions et des Industries Alimentaires.
DOSE	:	Dispositif d'Observation et de Surveillance de l'Environnement.
EE	:	Education Environnementale.
ENI	:	Ecole Nationale des Ingénieurs.
ENSUP	:	Ecole Normale Supérieure.
EES	:	Evaluations Environnementales et Sociales.
EIES	:	Evaluation de l'Impact Environnemental et Social.
FDPRI	:	Faculté de Droit Privé.
FDPU	:	Faculté de Droit Public.
FSJP	:	Faculté des Sciences Juridiques et Politiques.
FIDA	:	Fonds International pour le Développement Agricole.
FAO	:	Organisation des Nations Unies pour l'Agriculture et l'Alimentation.
FECONG	:	Fédération des Collectifs d'ONG.

GEDEFOR	:	Programme de Gestion Décentralisée des Forêts.
GREDAE	:	Groupe de Recherche et d'Etude en Droit Appliqué de l'Environnement au Mali.
GES	:	Gaz à Effet de Serre.
HCCT	:	Haut Conseil des Collectivités Territoriales.
IER	:	Institut d'Economie Rurale.
IIED	:	Institut International pour l'Environnement et le Développement.
IPR	:	Institut Polytechnique Rurale de Katibougou.
IPR-IFRA	:	Institut de Formation et de Recherche Appliquée, IPR Supérieur.
JVE	:	Jeunes Volontaires pour l'Environnement.
J.O	:	Journal Officiel.
MAB	:	Man and Biospher (L'Homme Et la Nature)
MMSD	:	Mining, Minerals and Sustainable Development.
MEA	:	Ministère de l'Environnement et de l'Assainissement.
MIT	:	Massachusetts Institute of Technology.
MMEE	:	Ministère des Mines de l'Energie et de l'Eau.
MNLA	:	Mouvement National de Libération de l'Azawad.
NEPAD	:	Nouveau Partenariat pour le Développement en Afrique.
OGM	:	Organismes Génétiquement Modifiés.
OHADA	:	Organisation pour l'Harmonisation en Afrique du Droit des Affaires.
OIN	:	Organisation Internationale de Normalisation.
OIT	:	Organisation Internationale de Travail.
OMD	:	Objectifs du Millénaire pour le Développement.
OMI	:	Organisation Maritime Internationale.
OMM	:	Organisation Météorologique Mondiale.
OMVS	:	Organisation de Mise en Valeur du fleuve Sénégal.
ONU	:	Organisation des Nations Unies.
ONG	:	Organisation Non Gouvernementale.
OSS	:	Observatoire du Sahara et du Sahel.
OUA	:	Organisation pour l'Unité Africaine.
PADESO	:	Programme d'Appui au Développement de l'Elevage au Sahel Occidental.
PAM	:	Programme alimentaire mondial.
PASAOP	:	Programme d'Appui aux Services Agricoles et aux Organisations paysannes.
PCAE	:	Politique Commune d'Amélioration de l'Environnement.
PDA	:	Politique Nationale de Développement Agricole.

PDAT : Politique de Décentralisation et de l'Aménagement du Territoire.
PE : Politique nationale de l'Energie.
PEDASB : Projet Energie Domestique et Accès aux Services de Base en milieu rural.
PIB : Produit Intérieur Brut.
PNAE : Plan National d'Action Environnementale.
PNCC : Politique Nationale sur les Changements Climatiques.
PNDE : Politique Nationale de Développement de l'Elevage.
PNE : Politique Nationale de l'Eau.
PNIECE : Programme National d'Information, d'Education et de Communication Environnementale.
PNF : Politique Nationale Forestière.
PNLCD : Plan National de Lutte contre la Désertification.
PNPE : Politique Nationale de Protection de l'Environnement.
PNSE : Politique Nationale de Santé et Environnement.
PNUE : Programme des Nations Unies pour l'Environnement et le Développement.
PNUD : Programme des Nations Unies pour le Développement.
PNZH : Programme National des Zones Humides.
SMCN : Stratégie Mondiale de Conservation de la Nature.
SNCB : Stratégie Nationale de Conservation de la Biodiversité.
SNGIE : Système National de Gestion de l'Information Environnementale.
UE : Union Européenne.
UEMOA : Union Economique et Monétaire Ouest Africaine.
UICN : Union Internationale pour la Conservation de la Nature.
UMA : Union du Maghreb Arabe.
UNESCO : Organisation des Nations Unies pour l'Education, la Science et la Culture.
WWF : World Wild Life Fund (Fonds Mondial pour la Nature).

SOMMAIRE

« Un juriste ne peut se détacher de la société dans laquelle il vit et son insertion sociale ne lui fait pas perdre pour autant sa capacité d'analyse objective et de rigueur scientifique[1] *».*

---

[1] MICHEL, (P.), « Droit de l'environnement », Précis Dalloz, 2003, p.14.

PRÉFACE

Depuis un certain temps, je me croyais déchargé de certaines tâches que j'ai estimé laissées à mes collègues plus jeunes, très doués et encore plus frais. Voilà que le Docteur Diakalia Siaka Sidibé m'a arraché de ma quasi hibernation pour me faire le redoutable honneur de faire la préface de son ouvrage sur la biodiversité au Mali. Redoutable parce que j'étais sensé connaitre ce travail scientifique pour lequel je l'ai accompagné. Mon embarras est que finalement et en réalité je ne connais rien de ce qu'il propose à la publication. C'est une obligation qui, au-delà de la science, est morale et affective, compte tenu de tout ce que nous avons partagé et partageons encore, compte tenu aussi et surtout de notre amour pour une patrie commune, le Mali. J'ai accepté de le faire, puisque la biodiversité nous interpelle tous.

Le Dr. Diakalia Siaka Sidibé a été courageux, surtout téméraire en s'attaquant à ce phénomène redoutable dans les études de l'environnement qu'est la biodiversité. Il a surtout osé s'attaquer à cette biodiversité multiple dans ce vaste territoire qu'est le Mali. Le Dr. Sidibé s'est attaqué à ce monstre scientifique par l'entrée droit. Alors que les géographes, les sociologues, les anthropologues, les climatologues et même les économistes s'y sont déjà et largement confrontés, la particularité de la recherche du Dr. Sidibé est qu'il l'a affronté sur le terrain du droit, mais du droit Malien. Toute la trame de l'ouvrage de Dr. Sidibé s'est nouée autour de deux questions essentielles, qui fondent son originalité : existe-t-il un droit de la biodiversité au Mali ? Est-il effectif ? Le Dr. Sidibé, en chercheur confirmé, pour répondre à ces questions a mis en avant ses qualités de juriste, d'historien du droit, d'anthropologue du droit et de politiste, en observateur averti de ces biodiversités du Mali, et il a fait lui-même face à des défis majeurs qui assaillent ce vaste pays continental. Ce pays des espaces multiples et contrastés de plaines, de savanes, de forêts, de désert, d'oasis, de fleuves, de rivières, de lacs, de parcs et réserves, avec une faune et une flore abondantes, où l'observation du sauvage, de l'humain, du végétal, de l'animal et du minéral n'est pas aisée. L'ouvrage de Dr. Diakalia a tenté, avec assez de bonheur, de lier et d'allier tout cela, avec une rigueur scientifique avérée, au droit malien.

En outre, l'auteur a eu le bon réflexe de convoquer le passé glorieux des ancêtres fondateurs, à savoir l'incontournable Charte de Kurukanfukha qui a placé le respect et la protection de l'environnement au cœur du développement humain au social, des siècles avant la prise en compte de phénomène dans les études modernes, après constat de la dégradation inquiétante de la nature. Pour cela, il est heureux de constater qu'il a diversifié ses sources, en donnant à la tradition orale sa place en droit et dans la recherche en droit. Car comme le disais Michel Alliot, les manuels et les ouvrages ne sont que l'arbre qui cache la forêt du droit. Le 20è siècle va consacrer la prise de conscience sur la remise en cause de cet environnement harmonieux, à causes des multiples agressions qu'il a subi et subit encore, des menaces et des destructions massives, des remises en cause conscientes et consenties, parfois inconscientes. Les sources écrites, orales et informatiques utilisées par Dr Diakalia Siaka Sidibé, montrent une bonne maitrise par l'auteur des instruments de recherche, sur ce phénomène complexe qu'est la biodiversité en droit, et en droit malien, sahélien et africain de l'ouest, ce qui a été un atout non négligeable pour cet ouvrage, et qui consacre définitivement l'existence d'un droit de la biodiversité au Mali.

Cette production scientifique a été un défi et en même temps une sérieuse contribution au droit de l'environnement au Mali, remettant en cause certaines certitudes et certains clichés, et contribuant de façon décisive à enrichir cette discipline majeure enseignée désormais dans toutes les Universités et tous les instituts de recherche dédiés. Cette œuvre scientifique de haute facture donnera, j'en suis convaincu, au Mali et au-delà, l'occasion de rectifier et de réformer les politiques publiques pour une meilleure gouvernance environnementale.

Je suis persuadé et confiant que cet ouvrage du Dr. Diakalia Siaka Sidibé contribuera fortement à combler beaucoup de lacunes dans la gouvernance des politiques d'environnement, des ressources naturelles, et pour plus de vertu juridique.

Pr Samba TRAORÉ
Agrégé des facultés de Droit
Professeur de Classe Exceptionnelle des Universités
Université Gaston Berger de Saint-Louis du Sénégal

INTRODUCTION GENERALE

« L'Homme est à la fois créature et créateur de son environnement, qui assure sa subsistance physique et lui offre la possibilité d'un développement intellectuel, moral, social et spirituel. Nous sommes à un moment de l'histoire, où nous devons orienter nos actions dans le monde entier en songeant davantage à leurs répercussions sur l'environnement [2]».

A l'heure où nous sommes, il n'y a pas de planète de rechange[3]. Or, la vie sur notre planète est plus que jamais menacée. Certes, notre planète n'est pas une fournaise inhabitable, contrairement à la planète Vénus qui est invivable avec un air chauffé à 450°C[4]. Ainsi, Vénus a basculé dans un effet de serre massif (95% de CO2) qui a entraîné, entre autres, l'évaporation des océans[5]. De la sorte, dans les siècles qui viennent, notre planète, la Terre, ne deviendra-t-elle pas une Vénus sans êtres vivants ? Cet avertissement a quelque chose de désespéré, les êtres humains peuvent-ils arrêter la machine infernale qu'ils ont déclenchée ? En effet, la terre dans son immense histoire, allant de sa formation jusqu'au 19ème siècle, n'a connu que des modifications naturelles dans ses climats : activité solaire, position de la terre sur son orbite, dérive des continents, éruptions volcaniques, chutes de météorites, modification des courant marins[6].

---

[2] ONU, Déclaration de Stockholm issue de la Première Conférence Internationale sur l'Environnement de 1972, Paragraphe 1.

[3] En effet, aucune recherche scientifique n'a pu certifier la possible existence d'une vie humaine sur les autres planètes jusque-là découvertes.

[4] LAVIELLE (J.M.), « *Droit international de l'environnement : l'air et les climats* », Cours de Master en « Droit International et Comparé de l'Environnement », Formation à distance, Campus Numérique, ENVIDROIT, Université de Limoges, actualisation 2016, p.5.

[5] Ibidem.

[6] Idem.

Pourtant, jusqu'à l'ère industrielle[7], l'homme vivait en harmonie avec son environnement tout en utilisant les ressources de la flore et de la faune sauvages, nécessaires à sa subsistance. Cet homme agriculteur en général, défrichait des zones ou des superficies relativement restreintes pour ses activités agricoles. Il entretenait de bonnes relations avec l'environnement fondées sur la prudence, la précaution, la sacralité et le sentiment d'appartenance à un monde interdépendant entre société et nature. Ce sentiment, à quelques exceptions de près, était partagé par les différentes cultures : africaines, asiatiques, occidentales, instaurant donc un équilibre des rapports homme et nature. C'est pourquoi, François OST estime qu'« *à la différence de l'Homme moderne qui, délivré de toute attache cosmologique, transforme sans frein le monde naturel par sa technologie, l'Homme primitif, quant à lui ne se risque à perturber l'ordre du monde qu'au prix d'infinies précautions, conscient qu'il est de son appartenance à un univers cosmique au sein duquel nature et société, groupe et individu, chose et personne, ne se distinguent guère* »[8]. Ainsi par une telle perception, chaque être vivant dans la nature est unique mais jamais isolé. Il est lié à son environnement, aux êtres vivants qui l'entourent. En réalité, tous les éléments composant la biosphère, aussi différents soient-ils les uns, les autres, sont interreliés.

Toutefois, depuis l'avènement de la société de l'industrie, cet équilibre entre Homme et nature fut rompu. L'Homme est devenu une force géophysique planétaire à travers ses activités. Pour décrire cet état de fait, Paul Crutzen[9], prix Nobel de chimie en 1995 a proposé l'expression « *anthropocène* ». Il s'agit d'une nouvelle ère géographique dominée par l'Homme. Elle commença vers 1850 à travers la société industrielle. Selon lui, depuis cette époque, la Terre est entrée dans « *l'anthropocène* ». Ce système productiviste fondé sur la recherche du profit, la marchandisation du monde, la domination sur la nature, est autodestructeur. Il détruit la nature et les espèces naturelles à tel point où certains scientifiques parlent du début d'une sixième extinction. En réalité, on ne sait pas aujourd'hui combien il y a d'espèces vivantes qu'il

---

[7] Elle a débuté avec la révolution industrielle du 19ème siècle.

[8] OST (F), « *la nature hors la loi : l'écologie à l'épreuve du droit* », Paris, la découverte, 1995, p.28

[9] Paul Josef Crutzen, né le 03 décembre 1933 à Amsterdam (Hollande), est un météorologue et chimiste de l'atmosphère. Il est colauréat du prix Nobel de chimie 1995.

reste à découvrir. Certes, on ne sait pas non plus combien disparaissent mais, par contre, on peut dire que le rythme d'extinction dû à l'Homme représente plusieurs centaines de fois plus que le rythme de l'extinction naturelle. C'est ainsi que, l'Union Internationale pour Conservation de la Nature (UICN), qui travaille sur 41.415 espèces pour établir sa liste rouge, estimait en 2008 que 16.306 espèces étaient menacées[10]. Autrement dit, un mammifère sur quatre, un oiseau sur huit, un tiers des amphibiens, et 70% de toutes les plantes évaluées sont en péril. Or, la nature ne nous a pas été léguée par nos ancêtres, plutôt, elle nous a été prêtée à charge pour nous de l'utiliser de façon rationnelle et de la transmettre aux futures générations. C'est pourquoi, à l'annonce du retrait des Etats Unis d'Amérique de l'accord de Paris sur le climat de 2015 par le Président Donald Trump, le premier Ministre indien, Narendra Damodardas Modi fustigeait « *nous n'avons pas le droit d'exploiter la nature, nous avons seulement le droit nous en servir, de l'utiliser de façon rationnelle* [11]».

L'environnement peut être cerné comme le milieu dans lequel l'individu et/ou le groupe évolue. Ce milieu inclut l'air, l'eau, le sol, la faune, la flore, les microbes et les êtres humains, les écosystèmes et leurs interrelations. Ainsi, l'environnement est devenu un problème global de société ayant des ramifications aussi bien sur l'économie, le politique, le juridique, le social, la culture et même le culte. Il appelle, par conséquent, une approche pluridisciplinaire faisant référence à toutes les sciences susceptibles d'apporter leur contribution, si minime soit-elle, à ce défi de l'Homme sur lui-même, d'une part, et de l'Homme sur la nature ou sur les autres êtres vivants, d'autre part. Dans ce contexte, le droit apparaît comme l'un des instruments indispensables pour établir l'ordre ou l'équilibre écologique. Cependant, il ne pourra relever ce défi qu'à condition qu'il soit un droit de résistances et d'alternatives, un droit contribuant à mettre en œuvre des moyens démocratiques, justes, pacifiques et écologiques[12]. Il s'agit de faire naître des déterminations personnelles et collectives à travers ce que l'on pourrait appeler une métamorphose de l'humanité.

---

[10] UICN, rapport publié en 2008.

[11] Déclaration du Premier Ministre indien en réaction à l'annonce du retrait des Etats Unis d'Amériques de l'accord de Paris de 2015 sur le climat.

[12] Lavielle (J.M.), « *Droit international de l'environnement : l'air et les climats* », Opt. Cit. p.3.

Certes, des travaux historiques ont montré que des actions destinées à protéger la nature, surtout la vie sauvage et les milieux naturels, ont été édictées dès l'antiquité. Le droit forestier serait né à Babylone[13] en 1900 avant Jésus Christe (J.C)[14]. La première réserve naturelle aurait été créée par le pharaon Akhenaton en 1370 avant J.C. L'empereur indien Asoka aurait rédigé dès le 3ème siècle avant J.C., le premier édit protégeant différentes espèces d'animaux sauvages[15]. La Rome antique gérait déjà ses déchets. Une collecte des déchets serait organisée par le biais des vases en terre cuite. Pour les riches qui disposaient de fontaines et de salles de bains, les eaux usées seraient évacuées par un réseau de canalisation vers le « *cloaca maxima*[16] », le grand égout[17].

En Afrique, plus précisément au Manding médiéval, la protection de la nature avait été prise en compte par l'un des plus anciens textes

---

[13] Babel (en hébreu) ou Babylone (en grec) était l'une des cités de l'ancien royaume établi par Nimrod au début de l'histoire humaine (Genèse 10:10). On croit parfois que c'est là que la vie humaine a débuté. Ce qui est certain c'est que c'est à cet endroit que les hommes essayèrent de bâtir une tour dont le sommet devait toucher le ciel (Genèse 11:1-4). À la vue de ce que les hommes cherchaient à faire, Dieu confondit leur langage afin qu'ils ne puissent terminer la tour qu'ils avaient commencée. Babel signifie confusion, et ce nom décrivait parfaitement la cité dont les habitants n'obéissaient pas à Dieu. Cette ville devint la plus idolâtre de toutes les villes de l'ancien monde et la capitale d'un empire portant son nom.

[14] Saadeler (N.), « *la conservation de la nature au-delà des espèces et des espaces : l'émergence des concepts écologiques en droit international* » in Images et usages de la nature en droit, dir. F. OST, Ph. Gérard, M. Van De Kerkhove, Bruxelles, Presses de la Faculté Universitaire de Saint Louis, 1993, p. 165.

[15] Idem,

[16] C'est Tarquin Ancien qui entreprit sa construction (VIIème - VIème siècle avant J.C.). L'objet de cet égout était d'assécher les bas-fonds marécageux situés entre l'Esquilin, le Viminal et le Quirinal. Cet assèchement était devenu incontournable, tant la population de Rome augmentait. Au début, cet égout n'était qu'un grand canal à ciel ouvert ayant pour fonction de drainer l'eau du sol. Au cours des siècles, par travaux successifs, il fut transformé en véritable égout souterrain.

[17] Delvoye (Charles), « *Rome impériale et l'urbanisme dans l'antiquité* », Revue belge de philologie et d'histoire, vol. Tome 32, no-fasc. 2-3, 1954, p. 596-598 ; Audin (Aimable), « *La naissance de Rome* », Revue de géographie de Lyon, vol. 31, no1, 1956, pages 21-31. Voir aussi en ligne http://www.mediterranees.net/civilisation/Rich/Articles/Eau/Cloaca.html. (Page consultée le 02 juin 2017).

juridiques à savoir la charte de Kurukan-Fuga de 1236[18]. Les représentants du mandé primitif et leurs alliés, réunis en 1236 à Kurukan-Fuga[19] après la bataille historique de Kirina, adoptèrent une charte[20] pour régir la vie du grand ensemble mandingue. Justement, dans la troisième partie de cette charte, trois articles sont consacrés à la protection de la nature et des ressources naturelles dont deux sont évocateurs. D'abord, l'article 37 qui dispose que « *Fakombè est désigné chef des chasseurs. Il est chargé de préserver la brousse et ses habitants pour le bonheur de tous* ». Cette disposition traduisait clairement une prise de conscience de la nécessité de protéger l'environnement et ses ressources, car le bonheur de tous en dépend. Ensuite, aux termes de l'article 38 « *Avant de mettre le feu à la brousse, ne regardez pas à terre, levez la tête en direction de la cime des arbres* ». En vérité, l'esprit de ces dispositions était clair, il faut protéger les forêts et leurs habitants. C'est donc dire que la protection de la biodiversité n'est pas un phénomène nouveau car les hommes ont toujours utilisé, d'une façon ou d'une autre, les ressources de la nature et incidemment influé sur leur environnement.

De la sorte, la menace qui plane sur la vie sauvage depuis le début de 20ème siècle n'était pas méconnue par la communauté internationale. Cette dernière avait amorcé une riposte juridique quantitativement significative. En effet, des textes internationaux visant à protéger la vie

---

[18]. La Charte de Kurukan Fuga ou Charte du Mandé a été recueillie en 1998 à Kankan en République de Guinée. Les traditionnistes mandingues venus du Sénégal, du Mali, du Burkina Faso et de Guinée étaient donc réunis à Kankan en conclave avec les communicateurs et chercheurs modernes. Un soir, en guise de récréation, l'Association des griots de Kankan appelée Djéli Tomba organisa une veillée ou soirée culturelle au cours de laquelle les Djéli venus de l'espace mandingue, communièrent. Laissant de côté les épisodes guerriers de l'épopée mandingue, les Djéli se mirent à chanter, à déclamer l'éloge de Soundjata administrateur et législateur. Les communicateurs modernes manipulant leurs appareils sophistiqués ne s'y trompèrent pas : les Djéli étaient en train d'énoncer, chacun pour ce qu'il sait des « lois », des « recommandations » prises par Soundjata et ses alliés à l'Assemblée tenue sur le plateau de Kurukan Fuga au lendemain de Kirina. Après cette séance nocturne et réunis en séance de travail avec les chercheurs et communicateurs, les Djéli mirent bout à bout les 44 articles de la Charte. Ainsi fut reconstitué la Charte de Kurukan Fuga.

[19] C'est l'actuel cercle de Kangaba dans la Région de Koulikoro.

[20] La charte comporte 44 articles subdivisés en quatre parties. La première partie est relative à l'organisation sociale. La seconde est consacrée aux biens. La troisième porte sur la préservation de la nature et la dernière aux dispositions transitoires.

sauvage avaient été adoptés. A titre d'illustration, la Convention de Paris sur la protection des oiseaux utiles à l'agriculture a été adoptée le 19 mars 1902, puis le Traité de Washington relatif à la protection des phoques à fourrure et la Convention de Washington sur la réglementation de la chasse à la baleine furent adoptés respectivement le 07 février 1911 et le 02 décembre 1946. Néanmoins, derrière ce déploiement juridique apparaissaient des préoccupations différentes parfois éloignées des motivations actuelles de la protection de la vie sauvage. Ces instruments internationaux portaient la marque d'un « *utilitarisme indéniable* »[21].

Une telle considération va évoluer plus tard avec la prise de conscience morale, politique et sociale des menaces pesant sur l'environnement. Cette prise de conscience dans les années 1960 a conduit à la mise en place de règles juridiques protectrices de l'environnement. Ces textes proclament souvent de manière explicite l'intérêt attribué à la nature et ses ressources dont la protection, la préservation et la restauration sont déclarées d'intérêt général. Ainsi, la charte mondiale de la nature du 28 octobre 1982 réaffirme cette évolution tout en l'inscrivant dans une dynamique. En plus d'avoir proclamé dans son préambule que « *toute forme de vie est unique et mérite d'être respectée, quelle que soit son utilité pour l'Homme* » ; elle déclare que « *la variabilité génétique de la terre ne sera pas compromise, la population de chaque espèce, sauvage ou domestique sera maintenue au moins à un niveau suffisant pour en assurer la survie ; les habitats nécessaires à cette fin seront sauvegardés* »[22] ; avant d'ajouter que « *ces principes de conservation seront appliqués à toute partie de la surface du globe, terre ou mer ; une protection spéciale sera accordée aux parties qui sont uniques, à des échantillons représentatifs de tous les différents types d'écosystèmes et aux habitats des espèces rares ou menacées* »[23]. C'est cette approche globalisante et intégrante qui est à l'origine de la notion de diversité biologique, contractée en biodiversité.

Au Mali, la prise de conscience par l'Etat des préoccupations environnementales est perceptible dès son accession à la souveraineté internationale. Toutefois, cette prise de conscience s'est fait très

---

[21] Kiss (A), « *Droit international de l'environnement* », éditions A. Pédone, Paris, 1989,349pp, p.213

[22] Le principe 2 de la charte mondiale de la nature de 1982.

[23] Charte mondiale de la nature, principe 3.

progressivement dans le courant mondial de protection de l'environnement. A l'instar des autres Etats africains, l'évolution de la position malienne s'est manifestée en trois temps. Tout d'abord, la période allant jusqu'à la conférence de Stockholm de 1972 : c'est celle de la méfiance à l'égard du discours écologique. Ensuite, la phase intermédiaire entre la conférence de Stockholm et celle de Rio est caractérisée par la prise de conscience de la nécessité de préserver la nature dans son propre intérêt. Et enfin, vient la phase de la conférence de Rio sur l'environnement et le développement qui marque un point de départ d'un véritable engagement de l'Etat malien en faveur de la protection de la nature et de la biodiversité. Depuis lors, le Mali, à l'exemple des autres Etats africains, comme pour reprendre l'expression du Professeur Maurice Kamto, « *est entré de plein-pied dans la dynamique environnementaliste qui véhicule un nouvel art de vivre à travers des notions de gestion écologiquement rationnelle et de développement durable* [24]».

Situé au cœur de l'Afrique de l'Ouest, entre les 10° et 25° de latitude Nord, le 4° de longitude Est et le 12° de longitude Ouest, le Mali couvre une superficie de 1 241 238 km2[25]. Il est limité,
Au Nord par l'Algérie ;
Au Sud par la Côte d'Ivoire et la Guinée Conakry ;
À l'Est par le Niger et le Burkina Faso ;
Et à l'Ouest par le Sénégal et la Mauritanie.
Il partage avec ces pays 7 420 km de frontières.[26]

Le régime pluviométrique du pays, de type intertropical continental se caractérise : par une décroissance régulière des précipitations et de la durée de la saison pluvieuse du sud vers le nord, de moins de 1 200 mm au sud, à moins de 200 mm au nord ; par une distribution irrégulière des précipitations dans l'espace doublée d'une forte variabilité.

Cette pluviométrie a subi en moyenne une baisse de 20% entre la période qualifiée d'humide (1951-1970) et la dernière période de

---

24 Kamto, (M.), « *Droit de l'environnement en Afrique* », Paris, EDICEF, 1996, p.16.
25 République du Mali, Ministère de l'Environnement et de l'Assainissement (MEA), « *Rapport National sur l'état de l'environnement au Mali* » 2009 ; p.4
26 Ibidem.

référence considérée comme très chaude (1971-2000) ayant comme conséquences, un déplacement de certaines espèces, et même des isohyètes[27] de 200 km vers le sud[28]. Le régime des températures est caractérisé par des moyennes oscillant entre 35° et 45°, la maximale ne dépassant guère les 51°c. Au Mali, il souffle principalement deux vents : le harmattan, vent chaud et sec soufflant du Nord Est au Sud-Ouest et la mousson, vent humide et principal vecteur des pluies qui souffle du Sud-Ouest au Nord Est[29].

Les ressources en eau de surface sont très importantes. Les fleuves Niger et Sénégal et leurs affluents traversent le pays respectivement sur 1700 km, soit 40 % du cours total du fleuve Niger, d'Est en Ouest ; et sur 900 km, soit 53% du cours du fleuve Sénégal, à l'Ouest.[30] L'ensemble des bassins versants de ces cours d'eau offre un potentiel irrigable et est estimé à plus de 2,2 millions d'hectares. Le Delta Intérieur du Niger s'étend sur plus de 30.000 km2 et figure parmi les grandes richesses écologiques du pays, voire de l'Afrique occidentale. Au Mali, les ressources biologiques en eaux souterraines sont estimées à 2 720 milliards de m3 avec un taux de reconstitution estimé à 66 milliards de m3/an.[31] Le pays présente plusieurs types d'écosystèmes résultant de la diversité des conditions écologiques. Il recèle également un potentiel biotique important.

Au Mali, la diversité biologique est constituée par l'ensemble des espèces animales et végétales vivant sur le territoire. L'espèce biologique est l'unité de base de la biodiversité et se caractérise par la diversité des individus qui la constitue ou diversité intra spécifique ainsi que par l'interfécondité entre les individus de la même espèce. L'ensemble des individus d'une même espèce constitue une population mono spécifique

---

[27] Les isohyètes constituent des lignes géographiques imaginaires reliant les points où une certaine valeur d'eau de pluie est la même sur une durée donnée.

[28] République du Mali, Ministère de l'Environnement et de l'Assainissement (MEA), « *Rapport National sur l'état de l'environnement au Mali* » Opt. Cit., p.5

[29] Idem., p. 6

[30] République du Mali, MEA, Direction Nationale des eaux et forêts, « *Stratégie Nationale et Plan d'actions pour la diversité Biologique au Mali* » (Révision 2014) p.25 et suiv.

[31] République du Mali, Direction Nationale de l'hydraulique et de l'eau, *« la Stratégie Nationale et Plan d'actions pour la diversité Biologique au Mali* » (Révision 2014) pag 25 et suiv.

tandis que les populations naturelles sont généralement plurispécifiques. Elles impriment, à la nature, aux paysages et aux écosystèmes, leur diversité, leur beauté et leur richesse, d'où l'intitulé de notre sujet de recherche.

Au préalable, il convient de préciser le sens des termes du sujet (I), son intérêt (II) et sa problématique (III) ; avant de tracer la méthodologie et le plan de l'étude (IV).

I. QUELQUES PRÉCISIONS SÉMANTIQUES

Des précisions sémantiques s'imposent pour cerner les concepts afin de faciliter les utilisations futures dans notre travail. Il s'agira de déterminer au préalable les contours et le contenu du concept de protection (A). Ensuite nous allons confronter le concept de Droit de la biodiversité avec des notions voisines (B) et en même temps, tenter d'expliquer la notion de flore et de faune (C).

A- LA NOTION DE PROTECTION

D'abord, le terme protection vient du mot latin *protectio* (protection), et du verbe *protegere* (protéger)[32]. Il signifie la précaution qui consiste à prémunir une personne, un bien ou une chose contre un risque, à garantir sa sécurité, son intégrité par des moyens juridiques ou matériels[33]. Il désigne aussi bien l'action de protéger, que le système de protection établi : mesure, régime, dispositif.[34] Le terme contient l'idée de la défense, la garantie, l'assurance, la prévention, la prévision. Ainsi par protection, il faut donc entendre le fait de protéger, de prendre soins, ou de conserver quelque chose. La notion de protection peut être distinguée des notions voisines qui sont : la conservation, la préservation ou la sauvegarde. La protection se distingue de la préservation qui est une forme extrême de protection des ressources naturelles dans laquelle, l'accès, l'utilisation, l'exploitation et les prélèvements sont prohibés en vue de maintenir leurs valeurs. Elle vise à maintenir les ressources naturelles existantes dans leur état actuel afin

---

32 Le Dictionnaire '*le Robert Illustré*', édition SEJER, 2014, p.1559

33 Ibidem,

34 CORNU (G), Association, Henri CAPITANT, « *Vocabulaire juridique* », 10è édition mise à jour décembre 2013 P.U.F. pag. 821 et suiv.

d'en garantir les avantages à court, moyen et long terme, à empêcher tout impact humain sur ces ressources.

La protection est, en quelques sortes, synonyme de conservation. La conservation est un concept large qui n'a pas été défini par la convention sur la biodiversité, bien qu'elle en utilise l'expression. Elle sous-entend la possibilité d'utiliser, de gérer et de réguler des ressources biologiques[35]. Elle est généralement associée à la protection des ressources naturelles. La conservation vise donc au bon usage de la nature, contrairement à la préservation qui vise à éviter l'usage de la nature et de ses ressources. Dans la littérature juridique française, l'expression protection est préférée à celle de conservation. En effet, en droit de l'environnement français, « protéger » et « préserver » sont plus utilisés que « conserver ». L'article L.411.1 du code de l'environnement français, est sur ce point révélateur. Cet article est le premier figurant sous le titre « *protection de la faune et de la flore* [36]».

Le terme conservation fait l'objet d'une traduction littérale entre l'anglais et le français. Il est défini dans les deux langues comme « *la gestion de l'utilisation par l'Homme de la biosphère de manière que les générations actuelles tirent le maximum d'avantage des ressources vivantes tout en assurant leur pérennité pour pouvoir satisfaire aux besoins et aux aspirations des générations futures. Aussi, la conservation est une notion positive ; elle recouvre la préservation, l'entretien, l'utilisation durable, la restauration et l'amélioration du milieu naturel. La conservation des ressources vivantes touche spécifiquement les plantes, les animaux et les micro-organismes, mais aussi les éléments non vivants du milieu naturel, dont ils sont tributaires* [37]». La conservation tend vers la notion d'utilisation soutenable ou durable des ressources renouvelables ou non renouvelables. Pour les ressources

---

[35] Le Dictionnaire '*le Robert Illustré*', Opt. Cit. p. 428.

[36] République Française, Code de l'environnement, Titre 1 du livre IV : Faune et Flore.

[37] UICN, document « *World Conservation Strategy* » ou « *Stratégie Mondiale de la Conservation* », la conservation des ressources vivantes au service du développement durable ; Union Internationale pour la Conservation de la Nature et de ses ressources (UICN) ; avec les avis, la Coopération du Programme des Nations Unies pour l'Environnement (PUNE), et du World Wildlife Fund (WWF), et en collaboration avec l'Organisation des Nations Unies pour l'Alimentation et l'Agriculture (FAO) et l'Organisation des Nations Unies pour l'Education, la Science et la Culture (UNESCO) ; édition UICN, 1980, pp55.

renouvelables, elle vise à éviter les prélèvements supérieurs à la production. En revanche, pour les ressources non renouvelables, elle implique d'en maintenir des quantités suffisantes pour que les générations futures puissent les exploiter.

Les deux notions sont utilisées par le législateur malien. Au fait, la loi n°95-031/du 20 mars 1995 fixant les conditions de gestion de la faune sauvage et son habitat, titre son chapitre 2 « *mesures de conservation* » ; puis les deux sections sont intitulées respectivement « *aires protégées* » et « *espèces protégées* ». De ce fait, on constate que le terme conservation est utilisé pour désigner une protection très forte ou efficace de la biodiversité. La protection de la biodiversité conçoit donc que le développement soit nécessaire pour un meilleur avenir, mais seulement si, les changements ne conduisent pas à du gaspillage, plutôt, à un impact environnemental minimal. Il s'agit donc d'une éthique d'utilisation et de protection des ressources prenant en compte la viabilité à long terme des écosystèmes.

B- NOTION DROIT DE LA BIODIVERSITÉ

Le droit de la biodiversité est l'ensemble des règles juridiques destinées à protéger la diversité biologique. Ces règles renferment à la fois, le cadre normatif, politique et institutionnel mis en place pour réaliser cet objectif. Le cadre normatif est l'ensemble des règles d'origines constitutionnelles, conventionnelles, législatives, réglementaires visant à protéger la biodiversité contre les détériorations majeures et les déséquilibres qui pourraient en perturber le fonctionnement normal. Les cadres politique et institutionnel se rapportent aux organes et aux instruments de la planification environnementale. A présent qu'entendons-nous par biodiversité ?

La notion de diversité biologique est, en quelque sorte, déstabilisante par la difficulté que l'on peut rencontrer de prime abord à la définir de manière édifiante. Cette notion parait être utilisée sous diverses acceptations. Dès lors, le flou entourant sa signification pourrait conduire au rejet du terme lui-même, perçu comme une notion fourre-tout sans utilité pratique[38]. Par contre, c'est surtout son caractère hétéroclite qui lui donne tout son intérêt. Tout en mettant l'accent sur sa diversité, la biodiversité apporte une conception globalisante de la nature au sens de la biosphère, y compris l'être humain. De par son caractère économique et environnemental, elle revêt d'une importance capitale pour les Etats surtout ceux qui sont en développement à l'instar du Mali. C'est donc un concept globalisant de par sa marque réticulaire, car elle rassemble toutes les espèces vivantes[39]. Aussi, c'est une notion complexe à cerner d'où la nécessité de la distinguer des notions voisines.

1- Historique et Définition du concept de biodiversité

Il convient d'avoir un aperçu historique sur la notion avant d'en donner une définition.

a- Un aperçu historique de la notion

Un aperçu historique de la notion permettra de mieux cerner son contour. D'abord, il convient de souligner que la diversité biologique est une expression d'origine scientifique inventée et utilisée par les biologistes. Le concept apparu en 1980, est accrédité à Thomas LOVEJOY, qui l'utilise pour la première fois dans deux publications : « *Biological diversity* »[40]. La notion quitte la sphère scientifique pour être portée à la connaissance du grand public. L'apparition du néologisme « *biodiversité* » va cristalliser la prise de conscience de l'existence de l'objet commun que constitue la diversité biologique dont le terme constitue la contraction.

---

[38] QUEFFELEC (B), « *la diversité biologique : outil d'une recomposition du droit international de la nature, exemple marin* », Thèse de doctorat en Droit public, présentée et soutenue publiquement le 12 Avril 2006, Université de Bretagne Occidentale, Ecole doctorale des sciences de la mer, p.14

[39] Ibidem.

[40] LOVEJOY (T) est un biologiste américain spécialiste de l'Amazonie. En tant que chercheur et activiste, il a contribué à faire connaitre les problématiques actuelles de l'évolution des forêts tropicales. Dans deux de ses publications, il utilise pour la première fois la notion de « biological diversity » en 1980.

C'est justement à Edward Osborne WILSON[41] que l'on prête la paternité du néologisme « *biodiversité* », bien qu'il s'en défende. En effet, il en explique la genèse : *« On me crédite à tort de l'avoir inventé. Mais j'ai édité le premier ouvrage publié sous ce titre. C'est le compte rendu du premier forum américain sur la diversité biologique, organisé à Washington en 1986 par le National Research Council (NRC). Ce forum suivait un article que j'avais publié sur le sujet, mais sans utiliser le mot biodiversité, et qui avait eu un certain retentissement. Le mot biodiversité fut suggéré par le staff du NRC pour l'édition du volume[42] en question : ils jugeaient cette contraction de « diversité biologique » plus efficace. J'ai résisté, je leur ai dit que cela me paraissait trop américain, trop clinquant. Ils insistèrent : le mot serait plus facile à mémoriser... J'ai cédé ! Ce fut un best-seller scientifique, et le mot a fait le tour du monde »*[43]. De même, le compte rendu d'un colloque international sous l'égide d'Edward Osborne WILSON est publié en 1988 sous le titre « *Biodiversity* ». On perçoit évidemment dans la construction même du terme, une volonté de faire connaître, de diffuser la notion.

En juin 1992, le sommet de la terre de Rio de Janeiro sur l'environnement et le développement représentait une étape majeure dans la prise de conscience internationale de la crise environnementale. Au cours de ce sommet, est adoptée la convention sur *« la diversité biologique »,* qui marque la convergence des enjeux du développement durable et de la *« diversité biologique »* en reconnaissant la protection de cette dernière comme « *une préoccupation commune à l'humanité* [44]». Depuis lors, le concept et l'expression vont connaitre un intérêt croissant.

---

[41] WILSON Edward Osborne, né en 1929 à Birmingham (Alabama), est un biologiste, entomologiste, myrmécologue de notoriété mondiale. Il est fondateur de la sociobiologie, concepteur de la biodiversité développée au début du XXIème siècle.

[42] WILSON (E. O.), "*Biodiversity*", Washington D.C; National Academy Press, 1998, 521p.

[43] L'entretien d'Edward Osborne WILSON avec Olivier POSTEL-VINAY, Edward O. Wilson : l'enjeu écologique N°1, la recherche, n°333 juillet –août 2000, spécial Biodiversité, pp.14-16, p14 ; cité dans la thèse de QUEFFELEC Betty, « *la diversité biologique : outil d'une recomposition du droit international de la nature, exemple marin* », Thèse de doctorat en Droit public, présentée et soutenue publiquement le 12 Avril 2006, Université de Bretagne Occidentale, p. 23.

[44] SAUNOIS (Alex), « *la protection de la biodiversité : un enjeu majeur indissociable de la responsabilité sociétale des entreprises* », les archives échos.fr, 23 juillet 2012, (page consulté le 30 mars 2016)

La notion de *« biodiversité »* va connaitre une très forte popularité jusqu'à se trouver dans le langage courant. En effet, le terme est souvent source de confusion et d'amalgames, car sous une apparente évidence, il reste polysémique. Or, chacun a tendance à l'utiliser suivant sa propre représentation[45].

b- Définition du concept

Afin de mieux saisir ses spécificités, il convient de donner quelques définitions à la notion de biodiversité. Ainsi, le dictionnaire 'le Robert Illustré' définit la biodiversité comme *« la diversité des espèces vivantes (micro-organismes, végétaux, animaux) présentes dans un milieu »*[46]. Le petit 'Larousse Illustré' y voit « *la diversité des espèces vivantes et de leurs caractères génétiques* [47]». Quant au dictionnaire de la biodiversité et de la conservation de la nature, il la considère comme *« la diversité des êtres vivants et des écosystèmes : la faune, la flore, les bactéries, les milieux mais aussi les races, les gènes et les variétés domestiques* [48]». Ces différentes définitions sont assez proches. Par ailleurs, il y a lieu de préciser que la notion de biodiversité n'a pas fait l'objet de définition juridique au Mali. La loi du 18 janvier 1995 fixant les conditions de gestion des ressources forestières et celle du 20 mars 1995 fixant les conditions de gestion de la faune sauvage et de son habitat n'en donnent aucune définition bien qu'elles régissent ses éléments.

En effet, la biodiversité peut être résumée par une définition juridique unique : celle donnée par la convention y relative tant celle-ci est source de controverses. La Convention des Nations Unies sur la conservation de la diversité biologique la définit comme « *la variabilité des organismes vivants de toute origine y compris, entre autres, les écosystèmes terrestres, marins et autres écosystèmes aquatiques et les complexes écologiques dont ils font partie ; cela comprend la diversité au sein des espèces et entre espèces ainsi que celle des écosystèmes* »[49].

---

[45] QUEFFELEC Betty, Opt. Cit., p. 08

[46] Le Dictionnaire '*le Robert Illustré*', Opt. Cit., p.214.

[47] Le Dictionnaire « *le Petit Larousse Illustré* », édition 2013, p. 124.

[48] TRIPLET (P), « Dictionnaire de la biodiversité et de la conservation de la nature », édition 2015, p.87 ; sur https://www.dropbox.com/s/lva421qorbow6ec/Dictionnaire%20conservation%20P%20Triplet.pdf?dl=0, version actualisée en 2015.

[49] ONU, Convention sur les changements climatiques, adoptée à Rio de Janeiro en 1992, art 2 alinéa 6.

Les écosystèmes sont perçus comme « *le complexe dynamique formé de communautés de plantes, d'animaux et de micro-organismes et de leur environnement non vivant qui, par leur interaction, forment une unité fonctionnelle* »[50]. Toutefois, cette convention ne définit pas les complexes écologiques, elle énumère plutôt les éléments constitutifs qui semblent viser les paysages et les zones naturelles. Manifestement, la définition que donne cette convention parait beaucoup plus abstraite en ce sens qu'elle rassemble toutes les espèces vivantes dans une approche globalisante. En plus de la définition juridique, il convient d'examiner d'autres définitions, disons doctrinales.

D'abord, Edward Osborne WILSON voit dans la biodiversité une acception élucidant en ces termes, « *la biodiversité est la diversité des organismes considérée à tous les niveaux, depuis les variantes génétiques appartenant à la même espèce jusqu'aux gammes des espèces et aux gammes des genres, familles, des catégories taxinomiques de plus haut niveau. Elle comprend également la diversité des écosystèmes lesquels sont constitués à la fois de la communauté des organismes vivant au sein d'habitats particuliers et de l'ensemble des conditions physiques qui y règne* »[51]. Cette définition est plus explicite que celle donnée par la Convention sur la diversité biologique. En outre, il est à remarquer que la définition donnée par le Professeur Wilson Edward OSBORNE est beaucoup plus détaillée du point de vue des niveaux de diversité. Alors que les concepteurs de la Convention sur la diversité biologique ont fait le choix d'une acception plus conceptuelle de la notion.

Par ailleurs, Robert BARBAULT, en plus d'avoir défini la biodiversité comme « *le tissu vivant de la planète* [52]», fait remarquer qu'elle est « *un concept qui s'adresse, certes, aux biologistes familiers de la diversité biologique, mais qui déborde le champ de la biologie pour interpeler l'Homme ; l'Homme espèce biologique, l'Homme dépendant de la biodiversité et cause de son érosion accélérée, l'Homme responsable devant les générations futures de sa gestion des ressources*

---

[50] Idem, art.2 al. 7.

[51] WILSON, (E. O.), « *La diversité de la vie* », Editions Odile Jacob, Paris, 1993, (496 p.), p.454

[52] BARBAULT, (R)., « *Biodiversité* », Paris, Hachette, 1997, collection les fondamentaux, 159p

de la planète »[53]. De cette remarque résulte l'idée d'une extension des sciences naturelles vers celles de l'Homme. Selon BARBAULT, une telle extension des sciences, dites dures, vers celles de l'Homme et de la société implique trois ruptures épistémologiques successives. D'abord, la première consiste à développer une approche intégrée de phénomènes appréhendés auparavant comme distincts. Quant à la seconde, elle résulte du passage à des approches socio-économiques et implique un élargissement du concept classique d'écosystème pour le relier à celui du système économique. Enfin, la troisième réside dans l'extrapolation du scientifique au philosophique et au politique[54].

De toutes ces définitions, il ressort que la biodiversité existe à différents niveaux d'organisation interdépendants qui s'emboitent. Les biologistes de conservation considèrent, en principe, trois nouveaux : la diversité des gènes, la diversité des espèces et celle des écosystèmes. A cela s'ajoute, à notre avis, la diversité des interactions à l'intérieur des trois niveaux et entre eux. La biodiversité ne se limite donc pas à la gamme des espèces, loin de là, elle représente l'ensemble des interactions entre tous les êtres vivants ainsi qu'avec leur environnement physico-chimique sur différents niveaux. A présent, il convient de distinguer la notion de biodiversité des notions qui la sont voisines.

2- la biodiversité et les notions voisines

En effet, la notion de biodiversité, telle que définie par divers auteurs, renvoie à des ramifications importantes et semble être complexe à cerner. Pour en avoir une idée assez claire, il paraît judicieux de la distinguer de certaines notions qui lui sont sémantiquement proches.

a- la biodiversité et la nature

Il faut tout d'abord noter que la nature est un concept vague. Elle désigne le milieu physique où vit l'Humanité c'est à dire tout ce qui existe dans l'univers hors de l'être humain et de son action. Compris dans ce sens, le terme évoque « *l'ensemble des choses créées par le grand horloger de l'univers, c'est dire aussi bien le sol et les minéraux que les*

[53] Ibidem, p. 70
[54] Ibidem,

espèces animales et végétales[55]». Ainsi perçue dans sa globalité, la nature regroupe donc les sites, les paysages et les écosystèmes. Elle désignerait, dans ce cas, tout ce qui n'a pas fait directement l'objet d'une intervention humaine. Or, de nos jours, on sait que la nature sauvage, celle qui n'a subi aucune action de l'homme demeure pratiquement peu. Il n'y a quasiment pas de paysage qui n'ait été modelé par l'homme au cours de l'histoire.

Cependant, s'il n'y a plus de nature en soi, l'idée de nature reste très fortement ancrée dans les mentalités et correspond toujours à une aspiration profonde de l'homme de retrouver ses sources. L'idée de nature contient un aspect de métaphysique qui préserve son caractère sacré et qui a fortement contribué au développement de l'environnement à travers la protection ou la conservation de la nature, surtout parmi les peuples autochtones[56]. Or, la biodiversité est une expression savante qui se traduit par une vision englobant de la nature. Tout en mettant l'accent sur la diversité, elle apporte une conception englobant de la nature au sens de l'ensemble de la biosphère y compris l'être humain. Elle offre donc une perception unissant de la nature qui permet de concilier les finalités d'exploitation et de protection. La biodiversité n'est pas que naturelle, elle est aussi artificielle au regard du génie génétique notamment des espèces transgéniques.

b- la biodiversité et les ressources naturelles

L'expression ressources naturelles a un contenu assez vaste que celle de la diversité biologique dont elle renferme certaines ramifications. Appréhendée pendant longtemps par des juristes, cette notion n'a été clairement théorisée que par les économistes. Dans une acception juridique, les ressources naturelles se distinguent, en effet, par le degré de leur appropriation. C'est dans ce sens que le droit romain faisait la distinction entre les « *res nullius* » et les « *res communis* ».[57] Cette

---

[55] PRIEUR (M.), « *Droit de l'environnement* », Précis Droit Public et Science Politique, 6ème édition Dalloz 2011, p.4

[56] Idem.

[57] Les « res nullius » sont les choses sans maître, telles que le gibier sauvage, le poisson, les champignons et les fleurs des bois, pouvant être captés par n'importe quelle personne : elles sont susceptibles d'appropriation. En revanche, les « res communis » désignent des choses qui n'appartiennent à par personne et don l'usage

approche juridique parait assez séduisante, mais elle ne permet pas de circonscrire avec précision les ressources naturelles. Pour y voir claire, il importe de recourir à l'approche économiste qui fait la distinction « entre ressources épuisables et ressources renouvelables »[58]. Toutefois, cette approche économiste ne semble pas être totalement retenue par la convention africaine adoptée en Alger en 1968 et révisée à Maputo en 2003[59], qui stipule dans son article 3.1 « *qu'aux fins de la présente convention, l'expression ressources naturelles signifie les ressources naturelles renouvelables, c'est-à-dire, les sols, les eaux, la flore et la faune* ».

De même, la déclaration de Stockholm de 1972 reprend quasiment la même acception en ces termes *« les ressources naturelles du globe y compris l'air, l'eau, la terre, la flore et la faune, et particulièrement les échantillons représentatifs des écosystèmes naturels, doivent être préservés dans l'intérêt des générations présentes et à venir par une planification ou une gestion attentive selon que de besoin »*[60]. L'analyse de ces différentes perceptions nous permet de considérer les ressources naturelles comme les terroirs forestiers et leurs multiples produits et services ; les zones naturelles préservées dans un but esthétique, scientifique ou récréatif, les pêcheries en eau douce ou salée, les ressources minérales, énergétiques et non énergétiques, les ressources halieutiques, les sources d'énergies. Cette définition est assez abstraite et va au-delà de la perception de la biodiversité telle que retenue par les auteurs de la convention de Rio de 1992 sur la diversité biologique.

La distinction entre les deux notions réside dans le fait que la biodiversité désigne l'ensemble des ressources biotiques ou vivantes, naturelles et cultuelles et leur interaction telle : la faune, la flore les

---

est commun à tous. A titre d'exemple, on peut citer l'air, la mer, l'eau courante, le vent, la lumière. Ces choses communes ne sont appropriables.

[58] FAUCHEUX (S.), NOEL (J-F), « Economie des ressources naturelles et de l'environnement », édition Paris Armand Colin, 1995, (370 pages); p.27-32.

[59]Union Africaine, « *Convention de Maputo (Mozambique) de 2003 sur la protection de la nature et des ressources naturelles* » modifiant la Convention africaine d'Alger (Algérie) de 1968 sur les ressources naturelles.

[60] Déclaration de Stockholm de 1972 sur l'environnement issue du premier sommet international de la terre, principe 2.

micro-organismes et les écosystèmes[61]. Or, les ressources naturelles ne sont pas que vivantes, elles sont aussi non vivantes telles que les ressources extractives ou minérales. Par ailleurs, les ressources naturelles peuvent être peu modifiées ou pas modifiées par l'homme. Les deux expressions s'interfèrent parfois sans pour autant donner la même signification.

Cela dit, il convient de préciser que notre but n'est pas d'étudier tous les éléments de la biodiversité. Comme si bien préciser dans sa définition, la biodiversité, au-delà d'une notion statique et comptable, constitue également un caractère. En ce sens, elle implique une dynamique, un processus. La diversité du vivant se découvre bien sûr dans les multiplicités intriquées des espèces, des gènes et des écosystèmes. Mais elle apparaît aussi dans les différentes perceptions du vivant qu'impliquent ces trois niveaux. C'est pourquoi nous avons souscrit notre sujet de recherche à deux éléments, qui sont notamment la faune et la flore.

C- LA FAUNE ET LA FLORE

La faune et la flore constituent des éléments de la biodiversité. Ce sont des espèces sauvages. Il s'agit notamment des espèces animales d'une part, végétales de l'autre. Cependant cette distinction résulte du sens commun, elle semble trouver son origine immémoriale dans les différences de situations à l'égard du mouvement : les espèces animales se déplacent, les espèces végétales sont réputées fixes, solidaires du sol. En vérité, cette opposition est « écologique » dans la dimension systémique de la discipline, tant il est évident que les règnes animal et végétal sont en étroite interaction. La législation malienne définit « *la faune sauvage comme l'ensemble des espèces animales vivant en liberté dans leur milieu naturel* », et *« la flore sauvage comme l'ensemble des espèces végétales croissant dans le milieu naturel »*[62]. Ainsi, la faune désigne l'ensemble des espèces animales présentes dans un espace

[61] Les écosystèmes se définissent comme le complexe dynamique forme de communautés de plantes, d'animaux et de micro-organismes et de leur environnement non vivant qui, par leur interaction, forment une unité fonctionnelle.

[62]Loi n°02-017 du 03 juin 2002 régissant la détention, le commerce, l'exportation, la réexportation et l'importation, le transport et le transit des spécimens de la faune et flore sauvages, art.7.

géographique ou un écosystème déterminé à une époque donnée. En général, la notion ne comprend pas l'homme bien que d'une certaine façon l'on puisse le considérer comme faisant partie du règne animal en ce qu'il est classé physiologiquement comme un mammifère notamment par Charles Darwin[63].

La flore désigne aussi bien l'ensemble des plantes présentes en un lieu donné[64]. Le nombre d'espèces à décrire étant très important, les flores à destination du grand public se limitent souvent aux végétaux vasculaires ou aux plantes à graines et à leurs principales espèces. Donc, la flore est constituée de l'ensemble des espèces végétales présentes dans un espace géographique ou un écosystème déterminé. La biodiversité qui correspond à l'ensemble de la diversité du monde vivant englobe la faune, la flore, c'est-à-dire les animaux et les végétaux au sein des environnements dans lesquels ils évoluent et se multiplient. La faune et la flore sont interdépendantes. La faune est essentielle à la survie de nombreuses espèces de plantes.

Après cet éclairage conceptuel du sujet, il convient d'en savoir sur la richesse biologique du Mali.

II. L'INTÉRÊT ET LA JUSTIFICATION DE L'ÉTUDE

Relevons d'emblée un double fait, en forme de justificatif et d'intérêt : d'abord la biodiversité en générale et singulièrement la faune et la flore présentent une valeur inestimable pour le Mali ; ensuite à notre connaissance, il n'y a quasiment pas de travaux scientifiques menés jusque-là sur les aspects juridiques de sa protection au Mali.

En vérité, la valeur de la biodiversité pour le Mali constitue en soi un intérêt pratique de notre sujet de recherche. D'ailleurs, cette valeur de la vie sauvage est attestée par la Stratégie Nationale sur la Diversité Biologique au Mali[65]. Il ressort explicitement de ce document politique

---

[63] C'est un naturaliste anglais (1809-1882), qui développa la théorie appelée darwinisme, selon laquelle l'évolution des espèces est le fruit de la sélection naturelle. Il fonda la conception de l'évolution, sur des bases différentes de celles de Lamarck : De l'origine des espèces… ; De la descendance de l'homme ; L'expression chez l'homme et les animaux.

[64] Le Dictionnaire '*le Robert Illustré*', Opt. Cit., p.754.

[65] MEA, Direction Nationale des Eaux et Forêts « Stratégie *Nationale sur la Diversité Biologique au Mali* », actualisation publiée en 2014.

que la biodiversité est précieuse pour le pays, et cela pour diverses raisons. De prime abord, la biodiversité et les écosystèmes au sein desquels elle s'exprime fournissent un grand nombre de biens et services qui soutiennent la vie humaine tels: les aliments, les combustibles et les matériaux de construction, la purification de l'air et de l'eau, la stabilisation et la modération du climat de la planète, la modération des inondations, des sécheresses, des températures extrêmes et des forces éoliennes, la génération et le renouvellement de la fertilité des sols le maintien des ressources génétiques qui contribuent à la variété des cultures et à la sélection des animaux, des médicaments et d'autres produits, et enfin, les avantages culturels, récréatifs et esthétiques.

A l'échelle globale, la biodiversité doit être considérée dans ses rapports avec les enjeux majeurs que sont par exemple la réduction de la pauvreté, l'approvisionnement en eau potable, la croissance économique, les conflits liés à l'utilisation et à l'appropriation des ressources, la santé humaine, animale et végétale, l'énergie et l'évolution du climat. Cette vision implique de lier « *biodiversité et bien-être humain* » dans l'esprit de la réalisation des objectifs du développement durable (ODD)[66]. Dans un monde en profonde mutation sous l'effet de changements accélérés d'usage des sols et du climat, des bouleversements des sociétés humaines dans leur relation avec l'environnement, la biodiversité est désormais reconnue comme « *l'assurance-vie de la vie elle-même* ». C'est pourquoi les Nations Unies en faisaient le thème de leur Journée internationale de la biodiversité (le 22 mai 2005) sous le slogan « *la biodiversité, une assurance-vie pour notre monde en changement* [67]». Ainsi la biodiversité

---

[66] Ce nouveau programme, adopté par les Nations unies pour la période 2015-2030, est le résultat de la convergence de la réflexion engagée suite à la Conférence des Nations unies sur le développement durable à Rio de Janeiro en 2012 et celle engagée pour un programme de développement post-2015. S'inspirant des atouts des Objectifs du Millénaire pour le développement et tenant compte de ses faiblesses, il se veut plus ambitieux, mais aussi plus adapté à la diversité des contextes régionaux, nationaux et locaux. Ces ODD forment un ensemble cohérent de cibles interdépendantes, qui doivent être considérées dans leur complémentarité. Ce nouveau cadre d'action mondial, aussi appelé Agenda 2030, fixe 17 Objectifs de Développement Durable (ODD), eux-mêmes déclinés en 169 cibles spécifiques et 232 indicateurs de suivi. Il ambitionne de mettre fin à l'extrême pauvreté, combattre les inégalités et l'injustice et lutter contre le changement climatique et ses conséquences à l'horizon 2030.

[67] ONU, Journée internationale de la biodiversité du 22 mai 2005, sous le Thème « *la biodiversité, une assurance-vie pour notre monde en changement* ».

n'est plus uniquement vue à travers le prisme de la conservation de la nature pour elle-même ou de la sauvegarde de certaines espèces emblématiques, loin de là. Les sociétés humaines même les plus développées ont pris conscience de l'interaction entre l'humanité et la biodiversité dont elle fait partie.

Dans ce contexte, la biodiversité apparait en toute évidence comme la base même de la survie des populations. Elle les apporte des compléments alimentaires importants, des substances médicales qui sont souvent les seuls médicaments accessibles pour ces populations. Mieux encore, les liens religieux, spirituels ou culturels des populations autochtones, des touristes avec la nature, avec les espèces végétales et animales traditionnelles voire des sites naturels ou rituels sont et demeurent des valeurs qui ne cessent de prendre de l'importance dans la vie de ces populations. Partant de là, la biodiversité revêt un statut, celui d'être la pierre angulaire du développement durable. Or, nonobstant cette valeur économique, sociale et culturelle au Mali, la biodiversité demeure constamment menacée et affectée par des facteurs anthropiques et naturels. D'où les motivations du choix de notre sujet de recherche.

Ensuite, notre sujet de recherche présente un intérêt théorique à bien des égards. Il est de toute évidence l'actualité de la riposte juridique, nationale et internationale pour la conservation de la biodiversité. Plus qu'un simple enjeu des relations internationales, tel que ce fut le cas depuis le sommet de Rio en 1992, le « *droit de la biodiversité* [68]» représente un véritable champ de recherche. Ce droit, depuis plus d'une décennie, est devenu le lieu commun de la pensée juridique au vu d'énormes potentialités sujettes à réflexion qui sont les siennes. En effet, dans un contexte comme le nôtre où le bilan de santé de la biosphère est alarmant comme le révèlent les signes suivants, annonciateurs de la maladie dont elle souffre : « *symptôme de fébrilité par le réchauffement du climat suite à l'augmentation vertigineuse de la production de gaz à effet de serre, syndrome d'immunodéficience de l'atmosphère attaqué par les chlorofluorocarbones et autres composés chlorés, maladies cutanées sous la forme de déforestation et désertification,*

---

[68]Nous entendons par « droit de la biodiversité » l'ensemble des instruments juridiques et politiques, nationaux et internationaux, mise en place pour assurer la gestion et l'utilisation de la diversité biologique.

appauvrissement de l'air, de l'eau et de la terre par les rejets toxiques, et étouffement sous les montagnes de déchets... »[69]. La pensée scientifique apparaitrait comme un moyen supplémentaire de persuasion dans la protection ou la conservation de la biodiversité.

Or, il y a peu de recherches scientifiques relatives à la thématique au Mali. En effet, suite à nos recherches documentaires, nous avons relevé qu'il n'y a quasiment pas de recherches scientifiques portant sur les aspects juridiques de protection de la biodiversité. Néanmoins, il existe quelques travaux scientifiques, qui, tantôt portent sur la gestion ou l'étude de certaines espèces spécifiques, tantôt sur la problématique foncière. D'autres ont été menés sur certaines variétés de ressources biologiques sans pour autant avoir une approche juridique. En outre, des études ont établi le lien entre la problématique de gestion foncière et la protection des ressources naturelles. Même si, ces auteurs font le lien entre la problématique foncière et la protection de la faune et la flore. Ils estiment presque tous que la problématique de gestion des terres peut avoir des conséquences inouïes sur la protection des ressources biologiques.

C'est le cas du Professeur Bakary CAMARA, qui estime que *« la sédentarisation des pasteurs et leur demande accrue en terres, l'utilisation de l'élevage de bovins par les agriculteurs et la transhumance constituent des facteurs qui exercent une pression sur les ressources naturelles et qui conduisent à leur tour aux tensions sociales, à la multiplication et à la complexification des conflits entre différents acteurs concernés* »[70]. Oui, on s'accorde avec le Professeur CAMARA que l'absence de véritable régime foncier, ou en fait, de toute reconnaissance formelle des droits des indigènes à la propriété foncière dans de nombreuses localités du pays, décourage voire empêche les populations autochtones de pratiquer une gestion rationnelle et durable des terres et de la biodiversité.

---

[69] OST (F), « *la responsabilité, fil d'Ariane du droit de l'environnement* », Droit et Société, p.105

[70] CAMARA (B), « *Evolution des systèmes fonciers au Mali : cas du bassin cotonnier de Mali sud : zone office du Niger et région CMDT de Koutiala* », Thèse de doctorat d'Etat en Histoire du droit et des institutions, Université Gaston Berger de Saint Louis, 2009, pag.19.

En outre, dans sa quête d'un développement social et économique, le Mali, à l'exemple des autres Etats au sud du Sahara, a souscrit au modèle de développement dominant qui n'est autre que celui du capitalisme fragilisé depuis toujours par de revers que sont les crises, alimentaire, sociale, et environnementale. Si ces revers du capitalisme ont eu des effets sociaux considérables dans ces pays du sud, ils ont aussi conduit certains Etats émergents et auteurs de capitaux à s'accaparer de leurs ressources naturelles. Donc, une bonne administration des ressources foncières permet de protéger la biodiversité en vue d'un développement durable. C'est dans cet esprit que, Alima CHENE-SANOGO a mené une réflexion sur les « *Enjeux fonciers et développement durable au Mali* [71]» dans le cadre d'une thèse de doctorat. Dans cette thèse, elle conclut que « *la gestion de la terre et des ressources naturelles se trouvent au cœur du développement du pays (...). Le foncier est un facteur social exorbitant dans la mesure où il rend compte des divers droits sur la terre et sur les ressources naturelles tout en déterminant les acteurs et titulaires de ces droits* »[72]. Par ailleurs, elle fait constater que les savoirs locaux relatifs à la conservation de la nature et à la gestion foncière permettent de protéger la biodiversité et d'atteindre les objectifs de développement durable.

De la sorte, plusieurs autres recherches portant sur l'importance des conventions locales de gestion des ressources naturelles ont été réalisées. Parmi ces recherches, nous pouvons retenir deux du Professeur Moussa DJIRE. La première s'intitule « *les conventions locales au Mali : une grande nébuleuse juridique et un pragmatisme en gestion des ressources naturelles* [73]», et la seconde « *les conventions locales : des outils de gestion des ressources naturelles* ». Dans ces études, le Professeur DJIRE démontre l'importance des conventions locales de gestion des ressources naturelles. Pour lui ces conventions traduisent la nécessité et la volonté de prendre en compte les identités locales, les modes locaux de régulation sociale, les modalités et stratégies locales de

[71] CHENE-SANOGO (A), « ENJEUX FONCIERS ET DEVELOPPEMENT DURABLE AU MALI », thèse de doctorat en droit, soutenue le 20 décembre 2012 à l'Université de Bourgogne.

[72] Idem, p.28

[73] C'est un ouvrage réalisé par le Professeur DJIRE, publié en 2004, par l'Institut International pour l'environnement et le Développement (IIED), Sacré cœur III, Dakar, Sénégal.

gestion des ressources naturelles face à un ordre juridique national ou étatique globalisant[74] et peu efficace. Dans le contexte actuel du Mali, le Professeur DJIRE perçoit ces conventions locales comme une alternative complémentaire aux échecs répétés des politiques nationales de développement surtout en matière de gestion des ressources naturelles jugées « *centralisatrices et uniformisatrices* »[75].

Toutes ces recherches que nous venons d'évoquer sont des figurants parmi tant d'autres. Cependant, relevons d'emblée qu'aucune d'entre elles ne traite véritablement notre thématique pour rappel « *la protection juridique de la biodiversité au Mali* : *cas de la faune et de la flore* ». Or, une recherche fondamentale sur cette thématique parait plus indispensable aujourd'hui. Cette étude nous permettra de mieux cerner le mécanisme juridique en place et d'apprécier son effectivité. Aussi, elle devra nous permettre de déceler les entraves structurelles, sociales, économiques et politiques tout comme les lacunes des textes juridiques qui plombent la protection de la biodiversité. Elle pourra susciter des débats et des questionnements susceptibles d'amorcer une nouvelle tendance qui consistera à trouver les pistes de réflexion pour un changement du paradigme.

L'intérêt de cette étude est de tenter de présenter de façon à la fois globale et cohérente l'existence des conditions juridiques de protection de la biodiversité et leur effectivité au Mali. Sur un plan plus pratique, son intérêt est d'identifier un certain nombre d'éléments juridiques pouvant constituer des indicateurs de l'effectivité des normes juridiques, notamment dans le cadre des démarches d'évaluation normative. L'objectif de cette étude est, quant à lui, de contribuer à améliorer la compréhension du fonctionnement du système juridique sur la biodiversité dans la relation qu'il entretient avec le fait.

III. LA PROBLÉMATIQUE

Avant de poser la problématique, il importe d'exposer la problématique dégradation de la biodiversité au Mali car elle a un impact

---

[74] DJIRE (M), « *les conventions locales au Mali : une grande nébuleuse juridique et un pragmatisme en gestion des ressources naturelles* », ouvrage publié en 2004 par l'IIED, p.31

[75] Ibidem.

sur la réalisation de la protection juridique. Dans les pays sahélo-sahariens comme le Mali, soumis à des contraintes édapho-climatiques[76], les terroirs qui se sont constitués pendant des siècles ont un équilibre fragile. Le système d'agriculture itinérante avec des cultures sur brûlis pratiquées dans plusieurs régions du pays constitue l'un des principaux facteurs de fragmentation de l'habitat de la faune. Elle se pratique aussi bien dans les bas-fonds que sur les pentes fortes de collines. L'essor de la coton culture fortement encourager par les plus hautes autorités ces dernières années a entraîné des défrichements de surfaces de plus en plus importantes.

De même, la pression pastorale constitue l'un des principaux facteurs de dégradation de la biodiversité notamment dans les régions pastorales comme c'est le cas dans la région de Mopti (Delta Intérieur du Niger) et de Sikasso (les zones frontalières avec la Côte d'ivoire). Le pâturage a une incidence sur le processus interactifs de la physiologie végétale et de la biologie des sols. Aussi, le braconnage ou la chasse à outrance est une cause non moins importante de la disparition de la biodiversité faunique. En effet, la chasse traditionnelle moins destructrice a fait place à un braconnage extrêmement meurtrier effectué en véhicules tout-terrain avec des armes automatiques à répétition. Par ailleurs, les activités minières au Mali dévastent de grandes étendues de terre détruisant la diversité sur ces espaces. En effet, l'exploitation des industries minières, le défrichement du couvert végétal et du tissu herbacé sont très accentués. Il entraîne une exposition du sol du site à l'érosion et aux aléas climatiques. Il en est ainsi que pour l'orpaillage traditionnel tout comme l'exploitation anarchique du bois comme source d'énergie qui a atteint un niveau assez inquiétant vidant les forêts de leurs ressources. Tous ces facteurs anthropiques s'ajoutent aux facteurs naturels.

En réalité, l'état de dégradation de la biodiversité est tellement préoccupant au Mali que l'on s'interroge si réellement il existe une protection juridique. D'où la problématique de notre sujet de recherche qui s'articule autour d'une question centrale, de laquelle découle des questions subsidiaires.

---

[76] Il s'agit des contraintes liées à l'état des sols en tant qu'habitat naturel pour les végétaux, et celles dues aux changements climatiques.

Au vu de l'état de dégradation de la biodiversité, il y a lieu de se demander **Quelle est l'effectivité et l'efficacité des mécanismes juridiques de protection de la biodiversité au Mali ?**

De cette question centrale découle des questions subsidiaires. D'abord, l'ampleur de la dégradation est-elle que l'on **s'interroge sur l'existence d'un véritable régime juridique de protection de ces ressources au Mali ?**

Les textes juridiques sont-ils lacunaires ? Le cadre structurel est-il défaillant ? Quelles pourraient être les voies vers l'effectivité et l'efficacité de ce droit ?

HYPOTHESES :

1- Il existe un droit de la biodiversité au Mali.

2- Ce droit de la biodiversité au Mali n'est ni effectif ni efficace.

Une matière juridique n'existe que si elle remplisse toutes ses conditions d'existence. L'existence d'un cadre juridique résulte de la satisfaction de certaines conditions qui sont : d'abord, les conditions politiques qui se ramènent au régime constitutionnel et politique, et à la volonté affirmée dudit régime de garantir la protection par divers moyens. Ces conditions peuvent être qualifiées de conditions de base dans la mesure où aucune règle de droit (à plus forte raison environnementale) ne peut exister, quand les organes politiques et constitutionnels de l'Etat ne favorisent pas cette existence ; ensuite, les conditions juridiques qui découlent de celles qui précèdent (les conditions politiques) et qui sont surtout relatives à l'ordonnancement juridique en vigueur et au contenu des normes ; et enfin, les conditions institutionnelles qui sont celles se rapportant aux différentes structures ou organes intervenants dans la protection de la biodiversité. Ces conditions sont donc essentielles à l'existence d'une protection juridique biodiversité au Mali.

Quant à son effectivité, il convient de souligner que la norme juridique poursuit un objectif très ambitieux parfois considérablement éloigné du fait. Cet écart entre la norme et le fait constitue évidemment un terrain privilégié d'appréhension en termes d'effectivité, d'ineffectivité ou, plus précisément, en termes de degrés d'effectivité. Ainsi, pour Marie-Anne COHENDET, « *la raison d'être du droit de l'environnement est de protéger l'environnement. Aussi, fort logiquement, les auteurs s'interrogent sur l'effectivité et l'efficacité des normes environnementales au regard de cet objectif*»[77]. Cela est d'autant plus intuitif dans cette matière que, selon Michel PRIEUR, son effectivité « *est loin d'être assurée* »[78]. Celui-ci relevait d'ailleurs, dès la première édition de son manuel, le problème de la *« non application du droit de l'environnement* »[79]. Guy CANIVET et Dominique GUIHAL considèrent quant à eux que « *la question de son effectivité reste entière* »[80]. Comme l'explique Marie-Anne COHENDET, dans un cadre plus général, « *si l'on constate tout simplement que les règles de droit sont des instruments créés par les hommes pour orienter les conduites humaines, alors il suffira de se référer à l'objectif officiellement assigné à telle norme pour guider son interprétation et apprécier son effectivité* »[81].

En effet, notre étude n'a pas pour ambition l'analyse des normes du droit de l'environnement dans leur ensemble ? Mais se limite, plus modestement, à une recherche des conditions juridiques de protection de la biodiversité. Il s'agit donc d'examiner dans un premier temps l'existence du droit de la biodiversité. Ensuite, c'est de vérifier si oui ou non ce droit est effectif et efficace. Il s'agit en d'autres termes de vérifier si réellement la protection juridique de la biodiversité est réalisable en tenant compte de tous les facteurs concourants tant sur le plan juridique, sociologique, politique qu'économique. En ce sens, elle ne constitue qu'une « *Contribution* ».

Partant de la problématique ainsi posée, la thèse que nous défendons est la suivante : d'une part, les conditions d'existence du droit de la biodiversité sont réunies au Mali. D'autre part, il est possible

---

[77]Marie-Anne COHENDET, « *Science et conscience – De la neutralité à l'objectivité* », in Pour un droit commun de l'environnement - Mélanges en l'honneur de Michel Prieur, Dalloz, 2007, p. 75.

[78] Michel PRIEUR, « *Droit de l'environnement* », 6ème éd., Précis, Dalloz, 2011, p. 1111.

[79] Michel PRIEUR, *« Droit de l'environnement »*, 1ère éd., Précis, Dalloz, 1984, p. 1092.

[80] Guy CANIVET et Dominique GUIHAL, « *Protection de l'environnement par le droit pénal : l'exigence de formation et de spécialisation des magistrats* », Dalloz, 2004, p. 2728.

[81] Marie-Anne COHENDET, « Science et conscience – De la neutralité à l'objectivité », op. Cit., p. 87.

d'identifier dans le système juridique malien, un certain nombre d'éléments qui ont une influence sur l'effectivité de la norme juridique environnementale. Aussi, si la cohérence de l'ordre juridique et la sanction sont des conditions juridiques de l'effectivité de la norme en la matière, non seulement elles sont relatives, mais elles ne sont pas exclusives. D'autres éléments du système juridique malien tenant essentiellement à la conception et à la réception de la norme sont susceptibles d'influencer l'effectivité et l'efficacité de la norme juridique.

IV LA MÉTHODE DE RECHERCHE ET LE PLAN

Répondre à la problématique que pose ce sujet ne saurait se faire de manière désordonnée. Aussi importe-t-il d'être fixé au préalable sur la ou les méthodes à suivre. Il s'agit de résoudre l'immense question de l'ordre, car les perspectives ouvertes sont multiples et les risques de confusion élevés au regard de la dispersion des éléments de réponse. En effet, les sciences sociales offrent une panoplie de méthodes de recherche. Il en découle la possibilité d'orienter la réflexion dans divers sens afin de parvenir à des solutions qui donnent une vision globale et enrichissante de l'objet de la recherche.

Pour l'atteinte de nos objectifs, nous avons adopté l'approche juridique et la méthode qualitative. L'approche juridique nous a permis d'analyser les textes du droit positif malien de l'environnement pour comprendre leur agencement et leur portée. Cette démarche s'est basée sur la revue des textes juridiques, des ouvrages, des archives, des thèses de doctorat, des mémoires de fin d'études et des rapports officiels.

Aussi, il nous a paru nécessaire d'avoir recours à la méthode qualitative afin d'apprécier la pertinence du rôle des différents acteurs, mais aussi de mettre en évidence les obstacles que ces derniers rencontrent dans la mise en œuvre des instruments de protection. Dans cette démarche empirique nous avons utilisé les entretiens en nous appuyant sur des outils de recherche. Ainsi, cette méthode empirique a consisté la phase des études de terrain où à travers des entretiens avec les divers acteurs impliqués dans la protection de la biodiversité ou de l'environnement, nous avons mis en évidence la réalité des pratiques. Nous avons mené des entretiens auprès des autorités impliquées dans la gestion de la flore et faune, des populations rurales afin d'évaluer avec exactitude les réels facteurs de sa dégradation, les défis d'application du droit, et de recueillir leurs propositions de solutions alternatives.

Pour ce faire, nous avons ciblé des autorités politiques et administratives centrales notamment dans certains départements ministériels dont le Ministère de l'Environnement et de l'Assainissement (MEA), le Ministère de l'Administration Territoriale et de la Décentralisation (MATD), le Ministère du Développement Rural (MDR), Ministère de l'Energie, de l'Eau et des Mines (MEEM), et celui du Commerce, de l'Industrie et des Investissements. Le choix de ces départements n'est pas fortuit, il se justifie par le fait qu'ils ont des compétences plus ou moins directes dans la protection de la biodiversité et de l'environnement en général. Nous avons aussi approché certains services détachés très impliqués telle, la Direction Nationale des Eaux et Forêts, la Direction des Mines et de la Géologie, et la Direction de l'Hydraulique. De même, nous avons approché quelques structures autonomes dont l'Agence pour l'Environnement et le Développement Durable (AEDD), l'Autorité du Bassin du Fleuve Niger, l'Organisation pour la Mise en Œuvre du Fleuve Sénégal (OMVS). Aussi, des entretiens ont été faits avec les autorités déconcentrées et décentralisées. Il en est de même auprès des acteurs de la société civile, plus précisément des Organisation Non Gouvernementales (ONG), des associations de jeunes et de femmes, des organisations paysannes, des consultants, des communautés locales[82], tous impliqués dans la protection de la biodiversité. Les acteurs de la société civile jouent un rôle déterminant dans la mise en œuvre des instruments juridiques sur l'environnement, vivement reconnu par la communauté internationale. Le droit de l'environnement entretient, en effet, un lien étroit avec l'opinion publique. En ce sens, la pression de l'opinion publique nationale et internationale est considérée comme un facteur unificateur de ce droit. Organisée en association, en collectif ou en groupements de faits, elle réclame des droits afin de protéger les populations et les espèces biologiques.

---

[82]Dans nos recherches de terrain, nous nous sommes entretenus avec des associations paysannes, des agriculteurs, des éleveurs, des exploitants forestiers, des orpailleurs traditionnels et autres groupes cibles.

Les outils utilisés, pour mener à bien ces recherches de terrains, sont entre autres : les récits de vie, les guides d'entretien, l'observation participante et les focus groups. Les différentes études ont été menées au Mali, notamment à Bamako et à l'intérieur du pays surtout dans les régions de Kayes, Sikasso, Ségou, Mopti. Le choix de ces localités se justifie essentiellement par leur richesse biologique, et aussi par l'accessibilité. Car les autres régions notamment dans le Nord ne sont pas accessibles en raison des conflits armées. Par ailleurs, afin de permettre une comparaison des législations, des méthodes et des pratiques institutionnelles avec celles du Mali, nous avons mené des recherches au Sénégal, au Burkina Faso et en France[83]. L'étude des méthodes et pratiques de ces pays, plus ou moins avancés en matière de réglementation environnementale, nous a permis de faire une étude comparée afin de tirer les acquis et les failles du model malien.

Notre sujet de recherche se circonscrit à l'étude des aspects juridiques de protection de la faune et de la flore sauvage en tant qu'éléments de la biodiversité. C'est donc dire que tous les éléments de la biodiversité ne feront pas l'objet de notre étude, en ce sens que la question des Organismes Génétiquement Modifiés (OGM), ni les micro-organismes encore moins la biosécurité ne seront pas suffisamment approfondies. Sur le plan spatial, notre étude portera sur le Mali dans son ensemble, car il n'existe qu'un seul système juridique applicable à ces espèces sauvages. Notre démarche tout au long de ce travail, se veut analytique, pluridisciplinaire et prospective. Il ne s'agit pas de faire un inventaire des ressources biologiques au Mali, tant ce sera un travail fastidieux mais aussi peu scientifique, pas non plus de faire une description systématique des textes juridiques, mais plutôt une analyse juridique. Notre recherche vise à fournir, à partir d'une approche pluridisciplinaire, les différents éléments de réponse aux questions posées dans la problématique. Pour mener à bien cette réflexion et atteindre notre but, nous allons articuler ce travail de recherche autour de

[83] Certains Etats Européens notamment le Luxembourg, la France constituent actuellement des références en matière de protection de la biodiversité. La cour européenne des droits de l'homme est la juridiction qui produit de jurisprudence relative au droit de la biodiversité plus que n'importe quelle juridiction (régionale, ou internationale).

deux grandes parties. Au premier abord, nous allons établir l'existence d'un régime juridique de protection de la biodiversité au Mali.

Nous nous accordons avec Maurice KAMTO, quant il affirme que le droit possède le statut de moteur des politiques nationales, en ce sens qu'au-delà des chapelles scientifiques, le droit facilite l'intégration des donnés exogènes nécessaires à la formation d'un cadre juridique idoine. Ainsi, il est question de prendre en considération les différents concepts encadrés par le droit par une lecture analytique des textes et les conditions de leur édition. La référence est faite ici à l'étude du droit écrit positif qui mènera cette analyse à s'appesantir sur le sens des conventions, des protocoles, des lois nationales et des textes d'application. Dans le souci de ne pas mener une étude qui se limite à la sémantique des textes juridiques, la méthode téléologique sera l'un des outils d'analyse dans le cadre de cette étude. Il s'agit de mener une analyse de l'esprit et du but des textes juridiques afin de déterminer les objectifs fixés par les rédacteurs desdits textes et les résultats attendus de l'application de ces textes. Ceci permettra d'émettre des propositions suite à la découverte des limites ou des zones d'ombre des textes juridiques étudiés. Toutefois, les textes juridiques montrent leurs limites en donnant des définitions partielles ou limitées à un objet précis, d'où la nécessité de combiner la méthode juridique avec d'autres méthodes d'analyse.

C'est pourquoi nous allons au premier abord illustrer **que le droit de la Biodiversité au Mali est un droit florissant, facteur de sa vitalité (Première partie)**. Ainsi, cette première partie sera structurée en deux titres dont le premier portera sur le régime normatif (Titre 1), ensuite le second sur le régime institutionnel favorable à la mise œuvre des textes juridiques (Titre 2). C'est à la suite de cette analyse qu'il conviendra d'évoquer la problématique de l'effectivité de ce régime juridique. En effet, l'état de dégradation de la biodiversité au Mali, laisse entendre qu'il s'agit d'**un droit en quête d'effectivité et d'efficacité (Deuxième partie).** Ainsi, l'état de dégradation de la biodiversité au Mali, pousse à penser que le régime juridique en place est quasi ineffectif et qu'il nécessite des correctifs pour son effectivité. Dans cette rubrique, nous allons exposer les facteurs compromettant l'effectivité du régime (Titre 1), puis explorer des conditions y favorables (Titre 2).

PREMIÈRE PARTIE

UN DROIT FLORISSANT, FACTEUR DE VITALITE

« L'environnement mondial devient fragile, l'appauvrissement de la diversité biologique se poursuit, les ressources halieutiques continuent à diminuer, la désertification se progresse dans les terres naguère fertiles, les préjudiciables du changement climatique sont déjà évidents, les catastrophes naturelles sont de plus en plus fréquentes et dévastatrices, les pays en développement de plus en plus vulnérables et la pollution de l'air, de l'eau et du milieu marin empêche des milliers d'individus d'accéder à un niveau de vie correct [84]».

[84] KOFFI Annan, Ancien Secrétaire Général des Nations Unies, Cri d'alarme lancé au Sommet de Johannesburg sur le développement durable, organisé par les Nations Unies en 2002.

Par protection juridique, il faut entendre l'ensemble des conditions structurelles, politiques et normatives attestant l'existence d'un cadre juridique de protection de la biodiversité. Dès son accession à la souveraineté internationale[85], le Mali s'est attaché à la mise en place d'une administration moderne et d'un droit moderne, d'où résident toutes les conditions juridiques, politiques et institutionnelles d'existence d'un mécanisme juridique de protection de la biodiversité.

D'abord, les conditions politiques se rapportent au régime constitutionnel et politique en place depuis l'accession du pays à la souveraineté internationale. Elles se rapportent également à la volonté manifeste des différents régimes, qui se sont succédé au pouvoir de garantir la protection de la nature par divers moyens. Il s'agit, notamment des différentes réglementations sectorielles édictées sous les différents régimes. En outre, il importe d'évoquer la participation du pays aux différentes rencontres internationales consacrées à la protection de l'environnement dans sa globalité. En effet, l'Etat du Mali a participé aux différentes rencontres internationales sur l'environnement, notamment, la réunion des Chefs d'Etat et de Gouvernement à Alger (Algérie) en 1968[86] ; la première Conférence internationale sur l'environnement sous l'égide des Nations Unies à Stockholm (Suède) en 1972 ; la conférence de Bamako (Mali) en 1991 sur les déchets dangereux en Afrique ; le sommet de Rio de Janeiro (Brésil) de 1992 ou même celui de Johannesburg (Afrique du Sud) sur le développement durable.

Ces différentes conditions peuvent être qualifiées de conditions de base dans la mesure où aucune règle de droit surtout en matière environnementale, ne peut naître, quand les organes politiques et constitutionnels de l'Etat ne favorisent pas cette naissance.[87] Ensuite d'autres conditions, disons juridiques sont surtout afférentes à l'ordonnancement juridique en vigueur dans le pays. Cependant, il est constant que le système juridique malien demeure influencé par le droit français, ce qui n'est d'ailleurs pas propre au Mali seul. Car ce constat est fait par le Professeur Ibrahima LY en ce qui concerne le Sénégal en ces termes, « *Dans des cas, l'influence du droit français est grande et*

---

[85] Le Mali a accédé à la souveraineté internationale le 22 septembre 1960.

[86] La convention d'Alger de 1968 a été modifiée à Maputo (Mozambique) en 2003.

[87] LY (I), « *la problématique de droit de l'environnement dans le processus de développement social et économique au Sénégal* », thèse de doctorat d'Etat, Université Cheick Anta DIOP de Dakar, 1994, page 33.

se traduit par un mimétisme juridique très prononcé : le droit écrit (lois, règlements, contrats), la jurisprudence ordinaire tirent leur substance et leur style de ce mimétisme. L'existence de cet héritage normatif est en soi une condition d'émergence du droit de l'environnement »[88]. Enfin, les conditions structurelles qui sont non moins importantes dans la formation d'un cadre juridique de protection de la biodiversité. Les structures intervenant dans la protection de la biodiversité forestière sont nombreuses et diversifiées. Elles relèvent à la fois du secteur public et privé. L'existence de toutes ces conditions structurelles, politiques et normatives montre qu'il existe un encadrement juridique de la biodiversité au Mali. Ici, notre recherche vise à tracer ce cadre juridique.

Ce dispositif juridique environnemental, qui trouve son fondement essentiel dans la constitution[89] de la 3ème République[90] porte sur les différents aspects de l'environnement. Partant de là, il est évident que le droit de la biodiversité est constitué d'une part d'un ensemble de règles et d'autre part d'organes avec des moyens politiques mis à leur disposition. Un examen judicieux de ces mécanismes juridiques nous amène d'abord à analyser le cadre normatif de protection (Titre I) et ce n'est en second lieu, qu'il faut examiner le régime politique comme moyen adéquat de mise en œuvre des instruments normatifs (Titre II).

---

[88] Ibidem.

[89] Dans le préambule de cette constitution, le peuple souverain du Mali « s'engage à assurer l'amélioration de la qualité de la vie, la protection de l'environnement et du patrimoine culturel » (paragraphe 6) ; puis, il souscrit à des textes internationaux, tel, la charte africaine des droits de l'homme qui consacre le droit de l'homme à un environnement sain (paragraphe 7). De même, dans son article 15 la constitution consacre les droits et devoirs des citoyens à l'égard de l'environnement au Mali.

[90] La troisième République du Mali a commencé à partir de l'adoption et l'entrée en vigueur de la constitution du 25 février 1992. En effet, le Mali a connu trois Républiques en moins d'un demi-siècle. La première République, commencée avec la proclamation de l'Etat du Mali le 22 septembre 1960 et a pris fin suite à un coup d'Etat en 1968. La deuxième République, après une transition militaire de six ans a commencé en 1974. Elle a pris fin en 1991. C'est suite à une transition populaire, en ce sens que toutes les couches sociales y ont participé, que la troisième République démarre.

TITRE I

L'ANCRAGE NORMATIF DE LA PROTECTION DE LA BIODIVERSITE AU MALI

Jusqu'au début de la dernière décennie du 20ème siècle, la conservation de la nature a été associée à la protection de certaines espèces et, dans une moindre mesure, aux habitats nécessaires à leur survie. Le droit international, tout comme le droit national malien, ne s'intéressait qu'à un nombre relativement réduit d'espèces, qui, soit représentaient une valeur économique pour l'homme, soit avaient une valeur affective ou symbolique pour les populations. Cette approche fragmentée de la conservation de la nature n'était pas prête pour règlementer les risques menaçant les écosystèmes naturels, pour aborder les besoins et les valeurs d'une population mondiale croissante ou pour maintenir les processus écologiques qui sont à la base du fonctionnement normal de notre biosphère. En conséquence, une quasi-révolution au niveau des concepts et des techniques juridiques et scientifiques visant à la sauvegarde de la diversité des espèces a eu lieu dans les années 1980[91]. La notion de biodiversité est au centre de cet ensemble de concept.

En effet, la biodiversité est avant tout un concept unificateur, qui englobe tous les gènes, espèces, habitats et écosystèmes de notre planète recouvrant ipso facto une large palette. C'est une notion ad hoc applicable à tous les éléments constitutifs du monde vivant et impliquant aussi leur interdépendance complexe. Au Mali, un important dispositif législatif et réglementaire a été élaboré pour mieux préciser les conditions d'utilisation et de gestion de ces ressources. C'est ainsi que, sous toutes les Républiques[92], des textes législatifs assortis de textes réglementaires d'application ont été adoptés progressivement en faveur de leur protection. Outre ces textes d'origine nationale, l'Etat du

---

[91] Notamment à travers l'adoption de la charte mondiale de la nature et surtout avec la publication du rapport de Brundtland intitulé « Notre avenir à nous tous », ou même l'adoption de la convention spécifique sur la biodiversité à Rio en 1992.

[92] Le Mali a connu trois Républiques. La première de 1960 à 1968 ; la deuxième de 1968 à 1991, et la troisième de 1992 à nos jours. Sous toutes ces Républiques, il existait un régime normatif et politique et institutionnel de protection de la nature et des ressources naturelles.

Mali a ratifié la plupart des conventions internationales et régionales relatives à la protection de la diversité biologique, ce qui l'engage à leur donner une application effective au plan national. A cet égard, le régime de protection de la biodiversité constitue un cadre juridique dynamique marqué par la diversité des règles qui le composent. Plutôt que de les analyser toutes, il nous parait judicieux de souligner, à titre illustratif, les engagements contenus dans certaines d'entre-elles.

Néanmoins, cette analyse ne peut pas se faire de manière anarchique. Le respect de la hiérarchie des normes s'impose. Suivant cette hiérarchie, le droit international prime sur le droit national au Mali. En effet, c'est en tout cas le choix opéré par le constituant malien à travers les dispositions de l'article 116 de la constitution du 25 février 1992 en ces termes « *les traités ou accords internationaux régulièrement ratifiés ou approuvés ont, dès leur publication, une autorité supérieure à celle des lois, sous réserve pour chaque traité ou accord de son application par l'autre partie* [93]». Cette disposition exprime le mieux, la suprématie du droit international sur le droit national. Autre part, il importe d'avouer à travers cette disposition que le pays a opté pour le monisme juridique[94].

---

[93] A travers cette disposition, le constituant malien affirme la suprématie du droit international sur le droit national malien sous réserve de réciprocité.

[94]Disons tout d'abord qu'il est traditionnellement admis que chaque Etat est libre de déterminer la manière dont il entend s'acquitter de ses obligations internationales, desquelles relève l'application des conventions relatives à la protection de la diversité biologique dont il est contractant. Il appartient à l'Etat de fixer le statut des normes de droit international au regard de son droit interne.

La question de l'introduction des normes internationales dans le droit interne pose donc le problème de rapport entre droit international et droit interne au niveau des Etats. Face à cette problématique, l'opposition est classique entre le dualisme et le monisme.

Le dualisme est un système dans lequel droit international et droit interne constituent deux univers juridiques sans communication l'un avec l'autre, ce qui implique l'intervention d'une norme interne (loi, ordonnance ...) pour donner le droit à l'applicabilité directe et l'efficacité aux normes de la convention ou du traité international dans l'ordre juridique interne ; en d'autres termes, il s'agit de transformer les normes des déclarations, des conventions et des traités internationaux, qui relèvent du droit international pour qu'elles puissent conférer des droits et obligations aux sujets des Etats.

Et le monisme, quant à lui, intègre les normes internationales dans l'ordre juridique interne, à un niveau et à des conditions qu'il faut ensuite définir. Les normes des traités et celles du droit interne appartiennent au même univers du droit et les normes des

Dès lors, il convient d'analyser le régime juridique des textes internationaux de protection du vivant ratifiés par le pays (Chapitre I), avant de s'intéresser aux orientations définies par le droit national (Chapitre II).

traités confèrent des droits et obligations aux sujets. C'est à ce dernier que l'Etat du Mali a prêté toute son attention.

CHAPITRE I

LE RÉGIME DES TEXTES JURIDIQUES INTERNATIONAUX

De prime abord, il convient de préciser d'emblée que les textes juridiques internationaux se résument aux déclarations et chartes, aux conventions ou traités et leurs protocoles additionnels, régionaux et internationaux ratifiés par le pays. En effet, nul n'ignore que les problèmes environnementaux ne se limitent pas aux frontières nationales, qu'ils peuvent les transcender. Cette prise de conscience a fondamentalement accéléré le processus de formulation et d'adoption de nombreux principes et instruments juridiques régionaux et internationaux. Aujourd'hui, le nombre élevé de ces instruments constitue sans doute la manifestation évidente du dynamisme de la coopération internationale. D'ailleurs, la lecture des relations internationales est plus éloquente à cet égard et permet de se rendre compte qu'elles sont de plus en plus centrées sur les questions d'environnement, notamment de la biodiversité.

Ainsi, la protection de l'environnement et ses ressources demeure présente dans tous les discours, et on ne note plus de politique qui n'en fasse référence à défaut d'en faire le cheval de bataille. Dans cette mouvance mondiale, le Mali n'est pas resté en marge. Il a signé et ratifié plusieurs dizaines d'instruments juridiques régionaux et internationaux. Avec la ratification ou l'approbation, ces instruments intègrent ipso facto le droit positif malien de protection de l'environnement. Cependant, un nombre important de ces instruments sont constitués de normes à valeur déclaratoire ou *« Soft Law*[95]*»*, et d'autres contiennent des règles ayant un contenu obligatoire *« Hard Law*[96] *»* pour les Etats parties. Parmi ces instruments ratifiés par l'Etat du Mali, certains sont destinés à lutter contre les pollutions et nuisances, d'autres s'intéressent à la vie animale et végétale y compris les écosystèmes. C'est justement ces derniers qui feront l'objet de notre analyse.

[95] Expression anglaise qui signifie « Droit mou ou droit non contraignant ».
[96] Expression anglaise qui signifie « Droit contraignant »

Toutefois, ces textes internationaux ratifiés par le Mali n'abordent pas selon la même approche la question de la protection de la biodiversité. Certains, dans des approches classiques n'abordent le problème que de manière plus ou moins fragmentaire et ponctuelle. Ces approches classiques seront examinées en premier lieu (Section I). D'autres, notamment la convention spécifique sur la biodiversité et ses textes additionnels optent plutôt pour une approche spécifique et unifiante. Elle a le mérite d'ambitionner non seulement la protection de toute forme de vie (animale et végétale…), mais aussi l'ensemble des écosystèmes en tant qu'habitat des espèces. Elle fera l'objet d'analyse en second lieu (Section II).

Section I : Les approches classiques de protection du vivant selon les textes internationaux

Un rappel historique permettra de mieux cerner ces approches. Dès 1972, la conférence internationale sur la protection de l'environnement tenue à Stockholm avait dans sa résolution 1943 témoigné cette phrase significative *« les variétés primitives ont une valeur incalculable* [97]». C'était en quelque sorte, reconnaitre avant la lettre, l'importance de la biodiversité. Mais, à cette époque aucune convention ne portait spécifiquement sur cette question[98]. En effet, à cette époque on pouvait dégager trois grands types de conventions.

Tout d'abord, les conventions portant sur une espèce menacée du fait de l'exploitation de l'homme. Comme exemple, nous avons la Convention sur la réglementation de la pêche à la baleine du 02 décembre 1946 (adoptée à Washington, USA), celles sur la protection des phoques de l'Atlantique Nord-Est du 15 juillet 1971 et de l'Antarctique du 01 juin 1972. Dans ce premier type de convention, le système est identique. On cherche à limiter les prises humaines par un système de quota ou bien par l'instauration de moratoire d'interdiction totale de capture uniquement dans le but de permettre aux stocks de se

[97] ONU, Conférence internationale ténue du 05 au 16 juin 1972 à Stockholm, résolution 1943.

[98] En effet, ni la Convention d'Alger sur « la protection de la nature et des ressources naturelles », ni les autres conventions précédentes, notamment celle de Paris de 1902 sur « la protection des oiseaux utiles à l'agriculture », ou même de 1951 sur « la protection des végétaux », ne portaient sur cette problématique.

reconstituer, et ainsi, pour que l'exploitation puisse reprendre le moment venu. En effet, ces approches classiques adoptées pour la protection de la nature sont au centre du débat. Car la finalité peut être utilitariste comme c'est le cas de la protection des zones humides d'importance internationale, la lutte contre la désertification et/ou dégradation des sols, ou même la conservation des ressources en eau.

Ainsi, l'évolution de la réglementation internationale de l'environnement reste marquée par une vision utilitariste au demeurant, puis une vision protectionniste de l'environnement pour lui-même, et enfin, une conciliation des approches et des finalités dans le cadre d'un développement durable[99]. L'approche utilitariste vise à préserver les espèces et les écosystèmes en vue d'éventuelle exploitation des ressources pour le bien-être de l'homme. En revanche, l'approche préservationniste conçoit la problématique environnementale comme des symboles du déséquilibre entre les activités humaines et la nature. Elle critique de manière radicale le système de production. Selon cette approche, la nature doit être protégée pour elle-même et non pour les intérêts humains. Malgré, les vives critiques de cette approche, force est de reconnaitre que le premier type de conventions internationales a été marquée par l'approche utilitariste.

Par ailleurs, il convient de noter que les mesures de protection instituées par ces règles internationales plus ou moins dispersées n'abordaient le problème de la conservation des ressources environnementales que de manière fragmentaire et ponctuelle. De même, les méthodes préconisées sont incomplètes : le plus souvent, il s'agit d'interdire de prélever des individus appartenant à une espèce déterminée sans se préoccuper de la question de savoir si les conditions de survie de cette espèce existent ou pas. Evidemment, ce premier type de convention ne concerne pas la biodiversité. Ensuite, le second type de convention concerne les conventions de conservation mondiale qui vont chercher à globaliser l'approche de la protection pour un certain type d'espace ou un certain type d'espèce. Il en existe deux grandes catégories, d'une part la protection des milieux, exemple, la convention

---

[99] BOUMBE-BILLE (S.), « *la genèse de l'ère écologique* », in CORNUE (M.), et FROMAGEAU (J.) éditions, *Genèse du droit de l'environnement-Fondements et enjeux internationaux*, (Vol.1) Paris, Budapest, Montréal : Le Harmattan, 2001, Collection droit du patrimoine culturel et naturel, pp.165-184, p.165 et suiv.

de Ramsar de 1971[100], et d'autre part la protection des espèces, exemple, la CITES[101] 1973. Cependant, quel que soit l'intérêt de ce type de convention, il ne porte que sur un but précis : protéger cet écosystème ou protéger cette espèce contre une prédation.

En fin, le troisième type de convention se rapporte davantage de notre but. En effet, il s'agit de conventions que l'on pourrait qualifier de globales. C'est-à-dire qu'elles vont prendre en compte un ensemble terrestre ou aquatique, mais, correspondant à un écosystème. Ainsi, ces conventions ont globalisé la protection des écosystèmes et donc, de l'ensemble des éléments de la nature. La plupart de ces conventions ont été ratifiées par le Mali. Pour une meilleure analyse, il convient de spécifier leurs approches de protection. Pour ce faire, nous allons d'abord examiner les instruments ayant une approche fragmentaire (Parag I), et ensuite, sur ceux ayant amorcé une approche relativement globalisante (Parag II).

Paragraphe I : les instruments ayant une approche sectorielle de protection

La dégradation de la nature est rapide, profonde et multiforme. Certes, le Droit International de l'Environnement (DIE)[102] ne peut pas, à lui seul, protéger l'environnement, mais aujourd'hui, sans lui, on ne peut pas protéger « *l'environnement vivant* [103]». Ainsi, la communauté internationale s'est progressivement dotée d'instruments juridiques en vue de limiter les dégradations de la nature et de ses ressources. Dans une certaine mesure, la riposte juridique est quantitative et se caractérise par une approche assez fragmentaire. De nombreux textes conventionnels à caractère utilitaire s'inscrivant dans une logique

---

[100] Il s'agit de la Convention relative aux zones humides d'importance internationale particulièrement comme habitats des oiseaux d'eaux adoptée le 02 février 1971 à Ramsar en Iran par 169 Etats membres des nations unies.

[101] Convention on International Trade of Endangered Species (CITES), en français, c'est la Convention sur le Commerce International des Espèces Sauvages de faune de flore Menacées d'Extinction.

[102] Il s'agit de l'ensemble des instruments internationaux relatifs à la protection de l'environnement.

[103] C'est-à-dire la diversité biologique qui englobe toutes les espèces vivantes sur notre planète.

sectorielle ont été ratifiés ou approuvés par le Mali[104]. Certains de ces instruments s'intéressent à des écosystèmes spécifiques (A), tandis que d'autres visent des espèces typiques (B).

A/ la protection sectorielle des aires de conservation des espèces

Deux conventions internationales, toutes ratifiées par le Mali relatives à la protection d'écosystèmes spécifiques vont attirer notre attention. Il s'agit de la Convention relative aux zones humides d'importance internationale adoptée le 02 février 1971 à Ramsar (Iran), et la Convention pour la protection du patrimoine mondial, culturel et naturel, adoptée à Paris le 23 novembre 1972[105].

1- la convention de Ramsar sur les zones humides

D'abord, elle est perçue comme la première convention contemporaine de protection de l'environnement à portée universelle ou mondiale. A l'instar de plusieurs autres Etats africains, cette convention intéresse beaucoup le Mali, qui y a adhérée après son entrée en vigueur le 21 décembre 1975[106]. L'objectif affiché de la convention consiste à assurer la conservation et la gestion rationnelle des zones humides dans leur fonction d'habitats des oiseaux d'eau. Il s'agit d'empêcher que ces zones humides ne « *fassent l'objet de pertes ou d'empiètement progressifs, étant donné leurs fonctions écologiques fondamentales et leur valeur économique, culturelle, scientifique et récréative*[107] ». Dans l'esprit de cette convention, ces zones humides doivent continuer à offrir aux populations des moyens de subsistance,

---

[104] Dans notre analyse, nous allons limiter à ces textes conventionnels cités, car ils ont été ratifiés ou approuvés par l'Etat du Mali. Les autres même signés et non ratifiés ne seront pas pris en compte car ils n'ont effet contraignant à l'égard du Mali.
[105] Il importe de préciser que cette convention de Paris pour la protection du patrimoine mondial, culturel et naturel a été ratifiée par le Mali en 2004, près de trois décennies après son entrée en vigueur le 17 décembre 1975.
[106] A la date du 22 juin 2001, des Etats africains comme : le Mali, le Sénégal, le Burkina Faso, le Bénin, l'Algérie, le Congo, la Côte d'Ivoire, l'Egypte, le Gabon, le Togo, le Niger, la Guinée, le Tchad, pour ne citer que ceux-ci ont adhérés la convention de Ramsar à travers leur ratification.
[107] LAVIEILLE (J.M.), « Droit international de l'environnement », 3ème édition, Ellipses 2010, p.265.

servir à une protection contre des calamités naturelles, telles que les inondations, la sécheresse, et l'érosion des littoraux ou des biotopes pour de nombreuses espèces vivantes. Ces milieux humides ne doivent donc pas disparaître sous les coups de la pollution, du drainage, de la surexploitation des eaux.

Dans la pratique, cet objectif a sensiblement évolué vers une gestion rationnelle et globale de ces milieux dont la fonction écologique[108]et régulatrice[109] est particulièrement vitale pour l'équilibre écosystémique de vastes zones de notre planète[110]. C'est surtout cette approche fragmentaire à tendance globalisante qui fait que la convention bénéficie d'une large adhésion sur tous les continents du monde. En adhérant à cette convention, le Mali s'engage à remplir quatre obligations : désigner au moins une zone humide à inscrire sur la liste des zones humides d'importance internationale en la décrivant de manière précise ; favoriser la conservation et l'utilisation rationnelle des sites inscrits sur la liste ainsi que toutes les zones humides situées sur son territoire ; créer des réserves naturelles dans les zones humides ; consulter mutuellement d'autres Etats parties à la convention notamment dans le cas d'une zone humide ou d'un bassin hydrographique partagé avec ces Etats [111].

Concrètement au sens de la convention, une zone humide peut être prise en considération lorsqu'il s'agit d'un exemple particulièrement représentatif de zone humide naturelle, caractéristique d'une région, ou lorsqu'elle abrite un ensemble significatif d'espèces végétales ou animales rares, vulnérables ou menacées voire un nombre significatif d'individus d'une ou plusieurs de ces espèces[112]. Pour

---

[108]Cette fonction correspond au rôle biologique essentiel pour la productivité et le maintien des espèces et des populations.

[109] La fonction régulatrice consiste en la modération des crues par le stockage d'importantes quantités d'eau et recharge des nappes phréatiques.

[110] DOUMBE-BILLE (S.), *« Droit international de la faune et des aires protégées : importance et implications pour l'Afrique »*, étude juridique de la Fao disponible en ligne sur le lien http://www.fao.org/Legal/default.htm, p.14 et suiv. page consultée le 28 janvier 2017.

[111] ONU, « *Convention relative aux zones humides d'importance internationale* », art.2, 4 et 5.

[112] Il s'agit là des critères identification des zones humides prévues par la convention de Ramsar sur les zones humides dans son article 1

respecter cet engagement international, le Mali a identifié trois sites dans le Delta Intérieur du Niger. Ces sites de Ramsar, sont le Lac-Walado Débo, la Plaine de Séri, et le Lac Horo. En effet, ces trois sites offrent une riche diversité biologique aussi bien faunistique que floristique[113]. Le Delta Intérieur du Niger (DIN) a été classé site Ramsar depuis 2004. Il est situé entre la 4ème et 6 ème degrés Ouest ; les 13 ème et 16 ème degrés Nord et couvre une superficie de 4 119 500 ha[114]. Le DIN est la plus vaste zone humide continentale d'Afrique de l'Ouest, et par sa taille, la seconde pour l'Afrique après le Delta de Okavango au Botswana[115]. Espace original au cœur du sahel, le DIN est un écosystème d'une grande importance écologique, économique mais aussi culturelle en raison de sa diversité ethnique.

En effet, en procédant au classement du Delta Intérieur du Niger comme site Ramsar, le Mali vise deux principaux objectifs. En premier lieu, ce classement permettra de contribuer à la conservation et à l'utilisation rationnelle des ressources de la faune et de la flore pour un développement durable du pays. En second lieu, il permettra de promouvoir l'utilisation rationnelle et responsable, la conservation durable des zones humides du Mali afin de maintenir leurs fonctions écologiques, sociales et économiques dans l'intérêt des générations présentes et futures. Au plan économique, le DIN génère des ressources halieutiques importantes. Selon la taille des crues « *quatre-vingt mille pêcheurs capturent annuellement entre quarante mille et cent trente mille tonnes de poisson » ; de plus, après le retrait des eaux, cinq millions de têtes de bétail investissent chaque année le Delta, en particulier les bourgoutières* [116]». La pâture moyenne du DIN constitue l'alimentation des troupeaux sur six à neuf mois en saison sèche. Au plan écologique, la végétation est directement influencée par les rythmes du climat et des inondations. Le DIN contient des forêts inondables d'Acacia kirkii, qui constitue le dernier refuge des rares

[113] WYMENGA (E.), KONE (B.), VAN DER KAMP (J.), ZWARTS (L.), « *Ecologie et gestion durable des ressources naturelles, Delta Intérieur du Fleuve Niger* », Mali-PIN publication 2002-01, p.6

[114] UICN/PAPACO, « *Evaluation de l'efficacité de gestion d'un échantillon de sites de RAMSAR en Afrique de l'Ouest* », rapport publié en 2009, p. 19, disponible sur le lien http://www.iucn.org/places/paco.

[115] Ibidem.

[116] Idem, p.20

hippopotames et lamantins vivant dans la zone. Ainsi, le potentiel faunique du DIN est riche et diversifié, malgré les pressions climatiques. La convention de Ramsar s'inscrit dans une dynamique de protection de ces ressources biologiques.

En outre, le caractère sectoriel des méthodes de gestion que promeut la convention de Ramsar repose sur l'adoption d'un ensemble de mesures et techniques qui doivent permettre la conservation et l'utilisation durables des écosystèmes dans les zones humides. Ainsi, d'un point de vue général, les Etats doivent adopter des stratégies, des plans et programmes de conservation et en faire une dimension à part entière de leurs politiques sectorielles ou globales de développement. C'est dans cette optique que le Mali a créé un cadre institutionnel et politique plus ou moins favorable. En plus du MEA, d'autres structures, telles que la Direction nationale des eaux et forêts, l'Autorité du Bassin du fleuve Niger et l'Autorité de la haute vallée du fleuve Niger ont été créées.

A travers cette convention, on voit ainsi qu'un milieu particulier, les zones humides, et une catégorie particulière de faune, les oiseaux d'eau, peuvent bénéficier d'un régime de protection original qui vient renforcer le recours à la technique des aires protégées.

2- la Convention pour la protection du patrimoine mondial, culturel et naturel

La Convention du patrimoine mondial, selon son appellation fonctionnelle, a été adoptée à Paris le 23 novembre 1972 sous l'égide de l'Organisation des Nations Unies pour l'Education, la Science et la Culture (UNESCO). Elle est entrée en vigueur le 17 décembre 1975. Sa ratification par le Mali n'a été réalisée qu'en 2004. Considérée au demeurant comme l'une des conventions modernes de conservation les plus complètes, elle se singularise par l'articulation qu'elle établit entre nature et culture, bouleversant ainsi les conceptions admises jusque-là, qui n'envisageaient la préservation des milieux ou des espèces que contre l'homme[117]. A travers cette convention, on a pu considérer qu'en réunissant patrimoine culturel et patrimoine naturel, on opère une conciliation et même une synthèse entre les deux grandes composantes

[117] DOUMBE-BILLE (S.), Op. Cit., p.16

de notre patrimoine. Aux termes de l'article 2 de la convention « *sont considérés comme patrimoine naturel, les monuments naturels constitués par des formations physiques et biologiques ou par des groupes de telles formations qui ont une valeur universelle exceptionnelle du point de vue esthétique ou scientifique ; les formations géologiques et physiographiques et les zones strictement délimitées constituant l'habitat d'espèces animales et végétales menacées, qui ont une valeur universelle exceptionnelle du point de vue de la science ou de la conservation ; les sites naturels ou les zones naturelles strictement délimitées qui ont une valeur universelle, exceptionnelle du point de vue de la science, de la conservation ou de la beauté naturelle.*[118] »

Le patrimoine naturel concerne donc la gestion de la biodiversité surtout la faune et la flore. Comme on peut bien le constater dans la définition donnée par l'article 2, les diverses formations physiques, biologiques, géologiques et physiographiques, ainsi que les zones strictement délimitées constituant l'habitat des espèces fauniques et floristiques menacées, tout comme les sites naturels ou zones naturelles strictement délimitées font parties de ce patrimoine naturel. A cet égard, la convention de Paris obéit à la même approche et au même principe que de la convention de Ramsar, puis qu'il s'agit pour chaque Etat d'identifier et de délimiter les biens naturels qu'il entend soumettre au régime conventionnel[119]. Elle crée des obligations pour les Etats parties dans la gestion rationnelle des sites et ou zones naturelles identifiées et délimitées. Ainsi, les Etats s'efforcent de mettre en place un cadre de protection approprié autant que possible. Aux termes de l'article 4 « *chaque Etat partie a l'obligation d'assurer l'identification, la protection, la conservation, la mise en valeur et la transmission aux générations futures* [120]». En plus, chaque Etat partie adopte une politique générale liée au patrimoine, crée des services de protection,

---

[118] République du Mali, Ministère de l'Environnement et de l'Assainissement (MEA), Secrétariat Technique Permanent du cadre Institutionnel de la gestion des Questions Environnementales (STPIQE), « *Recueil des accords multilatéraux sur l'environnement signés/ratifiés par le Mali »,* Convention pour la protection du patrimoine mondial, culturel et naturel, art.2 », Tome 2, p. 511.

[119] La Convention de Paris de 1972, art.3.

[120] Idem, art.4.

met en valeur et « réanimation » le patrimoine naturel, favorise la création de centres de formation[121].

Autre part, la convention dans son préambule paragraphe 3 stipule que « *la dégradation ou la disparition d'un bien du patrimoine culturel et naturel constitue un appauvrissement néfaste du patrimoine de tous les peuples du monde* ». Manifestement, avec ces mots à forte tonalité symbolique, la convention de Paris tend à considérer ces biens comme ceux de tous les peuples du monde, en ce sens qu'ils constituent un élément du patrimoine mondial de l'Humanité tout entière. Pour une juste mesure des choses, il convient d'admettre deux séries d'éléments contenus dans la convention. D'une part, nous avons l'insuffisante protection nationale de ces biens, qui, selon Stéphane DOUMBE-BILLE, invite à « *une assistance collective qui sans se substituer à l'action de l'Etat intéressé, la complète efficacement* [122]». D'autre part, quelle que soit l'affectation patrimoniale, les biens du patrimoine mondial ont une valeur universelle spécifique qui oblige la communauté internationale à participer à sa protection à travers un système efficace et collectif de manière permanente avec des méthodes scientifiques et modernes[123].

A ce jour, le Mali compte des sites culturels inscrits sur la liste du patrimoine mondial tels, la ville de Tombouctou et le site des villes anciennes de Djenné inscrits en 1988, les falaises de Bandiagara, pays dogon inscrit en 1989 et le Tombeau des Askia, inscrit en 2004[124]. La protection de ces sites fait intervenir à la fois le Ministère en charge de l'environnement et celui en charge de la culture et du tourisme, ainsi que leurs services rattachés. Plusieurs autres acteurs notamment de la société civile à l'instar de l'ONG « les Amis du Mali », y participent activement à travers des actions de sensibilisation, d'information, de

---

[121] Idem, art.5

[122] DOUMBE-BILLE (S.), Op. Cit., p.17

[123] Article 6 de la convention illustre à tout point de vue cette dualité.

[124] Association « les amis du Mali », http://www.amisdumali.com/Sites%20UNESCO%20du%20Mali.htm, page consultée le 02 février 2017.

formation et de quête de fonds[125]. Au fait, la Convention de Paris de 1972, reste un cadre de protection très général, qui s'applique aux lieux de vie de la faune, mais dont les modalités de protection instituées ne sont guère définies. Toutefois, il est aisé de comprendre que le régime juridique prôné doit s'accommoder avec celui relatif à la protection des espèces de la faune et flore sauvages.

B/ la protection sectorielle des espèces

En rappelle, les espèces en cause sont de deux natures : animales d'une part, végétales de l'autre. Cette distinction résulte du sens commun, elle semble trouver son origine immémoriale dans les différences de situations à l'égard du mouvement : les espèces animales se meuvent, par contre, les espèces végétales sont réputées, immobiles, solidaires du sol. Concrètement, cette opposition est peu écologique dans la dimension systémique de la discipline, tant il est évident que les règnes animal et végétal sont en étroite interaction. A une telle approximation s'en ajoute une autre, qui tient à l'intention de protection. Le commun des mortels interprète le plus souvent la protection des espèces comme inspirée par des motifs purement altruistes, tenant à une faveur pour la diversité de type esthétique, ou moral[126]. Or, ce qui en cause, c'est la protection du vivant. C'est pour cette raison que le droit international classique a joué un rôle pionnier en la matière, quoiqu'oblique dans un premier temps. Ainsi à titre d'illustration, la convention de Paris du 19 mars 1902 visait à protéger les oiseaux utiles à l'agriculture[127]. A la vérité, on pourrait presque créditer la Convention de 1902 d'une inspiration écosystémique, peu éloignée de la notion future de la biodiversité. Les mêmes remarques pourraient être formulées à propos des conventions anciennes relatives à la protection de stocks de poissons destinés à la pêche lucrative.

---

125 Même si l'on parle de l'existence d'un « fonds de patrimoine mondial » constitué pour le financement de l'assistance selon les articles 15 et suivants de la convention, la contribution des ONG demeure essentielle dans la protection de ces sites au Mali.

126 MONEDIAIRE (G.), « *La protection de la nature : la protection des espèces* », Cours de Droit international et comparé de l'environnement, Formation à distance, Campus Numérique « ENVIDROIT », Université de Limoges, Actualisation 2016, p.2

127 Le but était clairement économique et non écologique ou environnemental.

En réalité, le basculement a lieu au cours de la décennie soixante-dix, et la déclaration issue de la conférence internationale de Stockholm sur l'environnement de 1972 n'y est pas étrangère. Depuis, de nombreuses conventions ayant un caractère plus ou moins mixte, ont institué simultanément une approche de protection sectorielle des espèces « *biotypes d'espèces* [128]». Deux de ces conventions, en raison de leur pertinence et du fait de leur ratification par le Mali, méritent notre attention. Il s'agit de la Convention de Washington (USA) sur le commerce international des espèces de faune et flore sauvages menacées d'extinction du 03 mars 1973 (CITES), et la Convention de Bonn (Allemagne) sur la conservation des espèces migratrices appartenant à la faune sauvage adoptée le 23 juin 1979. De ce fait, la CITES fut ratifiée par le Mali en 1994[129], et quant à la convention de Bonn sur la conservation des espèces migratrices appartenant à la faune sauvage, son approbation est intervenue en 1987[130].

1- la Convention sur le commerce international des espèces de faune et de flore sauvages menacées d'extinction (CITES)

D'abord, il convient de préciser que la CITES reposait sur un mécanisme inédit à l'époque de son adoption. A juste titre, face à l'impuissance des mesures habituelles de répression du trafic international d'espèces animales ou végétales, ainsi que du braconnage domestique, la CITES a institué un système d'autorisations croisées d'exportation/importation, en frappant, avant tout, les bénéficiaires ultimes du trafic notamment les ressortissants des pays riches. Pour Gérard MONEDIAIRE, *« l'énergie de ce dispositif juridique conduit à sanctionner, à l'occasion des formalités douanières, des touristes imprudents ou inconscients à raison des souvenirs qu'ils ont cru bon d'acheter, en dehors de tout élément intentionnel caractérisant la faute* [131]». Adoptée à Washington le 03 mars 1973, le but de la convention réside dans la réglementation du commerce international des espèces rares ou en danger d'extinction. Toutefois, l'exploitation commerciale n'est d'ailleurs pas prohibée pour toutes les espèces de

[128] Ensemble des individus ayant le même génotype, le même patrimoine héréditaire.
[129] République du Mali, MEA, STPIQE, Op. Cit. p. 139.
[130] Ibidem, p. 160
[131] MONEDIAIRE (G.), Op. Cit. p.4

faune et de flore, mais plutôt régulée par degrés, selon l'état des espèces, dans l'intérêt de leur bonne gestion.

Pour ce faire, la CITES prévoit l'intervention de deux catégories d'institutions nationales : d'une part, des organes de gestion, chargés de délivrer les autorisations requises et d'autre part, des autorités scientifiques dont la mission est de conseiller les organes de gestion selon les dispositions de l'article IX de la convention. Autre part, les Etats parties doivent créer des centres de sauvegarde pour recevoir les spécimens vivants confisqués suite à un commerce illicite, aux termes de l'article VIII-5 de la convention. Donc, il apparaît que la CITES a un double objet : d'une part, elle vise à renforcer la préservation des espèces menacées en interdisant leur commerce international ; de l'autre, celles, qui ne sont pas menacées et qui peuvent donc être commercialement exploitées, doivent l'être de telle manière qu'elles ne deviennent la cible des menaces en raison de leur commercialisation[132]. La convention distingue trois situations auxquelles correspondent trois listes d'animaux et de végétaux.

D'abord l'annexe I, qui, selon l'article II, comprend les espèces les plus menacées, autrement dit, les espèces qui sont les plus affectées ou susceptibles de l'être par l'exploitation commerciale. Le commerce est donc en principe interdit ou ne doit être autorisé que dans des conditions exceptionnelles. Pour ne pas compromettre davantage leur survie, l'article III de la convention établit des modalités strictes de leur

[132] En effet, le commerce de la faune et de la flore est très lucratif. L'ivoire d'éléphant, la corne de rhinocéros, la peau de félins sauvages, les écailles de tortues en sont des exemples célèbres parmi tant d'autres. Il fallait agir par rapport aux Etats, aux chasseurs, aux trafiquants et aux demandes multiples. On a donc essayé non pas d'interdire globalement ce commerce d'animaux et de plantes, mais plutôt de le contrôler. Mais hélas, le problème reste toujours aigu puisqu'en 2008, pour la faune la liste rouge de l'UICN comprenait 44 838 espèces de la faune, dont 16 928 soit 36% menacées d'extinction, c'est-à-dire avec un déclin important de la population, une disparition de l'habitat, une chasse ou une pêche trop importante. Selon cette liste, ces espèces se répartissent ainsi : 3 246 sont « en danger critique d'extinction », 4 770 sont « en danger », et 8 912 sont « vulnérables à l'extinction ». Ainsi, un mammifère sur quatre est menacé d'extinction (soit 1 141 espèces sur 5 487). En 2009 sur les 47 677 espèces animales et végétales répertoriées de la liste rouge, il y en avait 17 291 menacées d'extinction, de façon plus précise selon l'UICN, les proportions d'espèces menacées représentent 70% des plantes, 32% des poissons, 30% des amphibiens, 28% des reptiles, 21% des mammifères, et 12% des oiseaux.

exploitation commerciale à travers l'exportation, l'importation, et la réimportation. L'exportation de spécimens de l'annexe I est conditionnée par la détention d'un permis d'exportation dont la délivrance est elle-même conditionnée par la détention préalable d'un permis d'importation. En outre, une autorité scientifique du pays exportateur devra émettre un avis favorable établissant qu'une telle exportation ne nuit guère à la survie de l'espèce concernée.

Le spécimen ne devra pas avoir été obtenu en violation de la réglementation de l'Etat exportateur. L'importation d'un spécimen requiert l'obtention préalable d'un permis d'importation, tout comme un permis d'exportation ou un certificat de réexportation. Tout cela, à la condition qu'un avis d'une autorité scientifique du pays importateur établisse, à la fois, que l'importation ne nuit en rien à la survie de l'espèce. Une autre condition est que le destinateur dispose d'installations adéquates pour conserver et traiter avec soin le spécimen. Enfin, il faut que l'organe de gestion de ce pays ait la preuve que le spécimen ne sera pas utilisé dans un but principalement commercial. Il faut aussi noter qu'entre les mammifères, les oiseaux, les reptiles, les amphibiens, les poissons et les invertébrés, l'annexe I de la convention comporte près de 600 espèces et sous espèces de la faune sauvage[133].

En outre, selon l'article II -2a, l'annexe II comprend deux types d'espèces : celles qui ne sont pas menacées mais susceptibles de le devenir du fait d'une exploitation commerciale non réglementée, et celles dont le commerce est en principe libre mais qui sont soumises au régime de cette annexe pour des raisons liées à l'efficacité de leur contrôle (art. II -2b). Le régime de protection de l'article IV repose pratiquement sur les mêmes exigences liées au risque sérieux que représente leur commerce. Pour l'exportation, il faut un permis dont l'octroi est soumis aux mêmes conditions que pour l'exportation des spécimens de l'annexe I. En plus, une surveillance continue de leur délivrance par les autorités scientifiques est instituée afin de pouvoir recommander à l'organe de gestion les limitations d'exportation dès

[133] Annexe I de la Convention sur le Commerce International des Espèces de faune et de flore Sauvages Menacées d'Extinction (CITES) qui porte les espèces les plus menacées, autrement dit, les espèces qui sont les plus affectées ou susceptibles de l'être par l'exploitation commerciale.

qu'il apparait essentiel de protéger une espèce dans son aire de répartition. Aussi, l'importation requiert un permis d'importation et un certificat de réexportation. Les espèces et sous espèces fauniques figurant dans cette annexe sont au nombre de 5000 environ.

Enfin, l'annexe III comprend aussi des espèces courant un risque sérieux. Cependant, à la différence de l'annexe II, l'inscription est faite individuellement et librement par un autre Etat qui le souhaite, en vue d'empêcher ou de restreindre l'exportation d'espèces données et de bénéficier de la coopération des autres Etats parties dans le contrôle de leur commerce. La coopération avec les autres Etats, ainsi qu'avec les Etats non parties permet de renforcer le contrôle en donnant aux décisions nationales unilatérales une autorité conventionnelle. Présentement, l'annexe III compte 56 mammifères, dont 11 sous-espèces, 149 sous-espèces d'oiseaux et 19 sous-espèces de reptiles. A ces mesures administratives et techniques, la convention dans son article VIII en institue d'autres de caractère répressif, notamment des sanctions pénales et administratives, telles que la confiscation des spécimens ou leur renvoi à l'Etat d'exportation. Le Mali, en ratifiant cette convention s'engage à respecter toutes ces règles administratives, techniques et répressives de protection de ressources faunistique et floristique dans sa juridiction.

2- la Convention sur la conservation des espèces migratrices appartenant à la faune sauvage

Justement c'est la convention type du phénomène migratoire de la faune sauvage. En effet, elle envisage la protection d'un groupe d'espèces terrestres, marines ou de l'avifaune dont la caractéristique fondamentale est qu'elles se déplacent de façon cyclique, à plus ou à moins longue distance, d'un point géographique à un autre, en traversant des pays différents qui constituent alors son aire de répartition. De ce fait, il importe que les itinéraires de passage, comme les aires de repos, d'alimentation ou de reproduction soient préservés, puisqu'ils conditionnent la survie de ces espèces migratrices[134]. Voilà

---

[134] Aux termes de l'article 1er de la convention de Bonn de 1979, une espèce migratrice signifie « *l'ensemble de la population ou toute partie séparée géographiquement de la population de toute espèce d'animaux sauvages, dont une fraction importante*

ce à quoi s'emploie cette convention, adoptée le 23 juin 1979 à Bonn sur la base d'une recommandation (recommandation n°32) du Plan d'action de la Conférence de Stockholm. Entrée en vigueur le 1er novembre 1983 et ratifiée par le Mali le 1er octobre 1987, elle reconnait que « *la faune sauvage, dans ses formes innombrables, constitue un élément irremplaçable de systèmes naturels de la terre, qui doit être conservé pour le bien de l'humanité* [135]».

Cette convention a un double objectif relativement simple. D'une part, elle vise à protéger certaines espèces migratrices considérées comme en danger qui sont énumérées dans l'annexe I[136]; de l'autre, elle entend encourager la conclusion d'accords internationaux de conservation et de gestion pour la protection de deux catégories d'espèces énumérées dans l'annexe II[137], soit parce qu'elles sont dans une situation de conservation défavorable, soit parce que la coopération instituée par de tels accords favoriserait leur conservation (Art. IV-3). D'ailleurs, à titre d'illustration, l'Etat du Mali, en tant que partie à la convention[138], a participé à la signature d'un accord interrégional dénommé « *Accord pour la protection des oiseaux d'eaux d'Afrique-Eurasie de 1995 signé le 16 juin 1995 à la Haye et entrée en vigueur le 1er novembre 1999* [139]». Cependant, il convient de souligner

---

franchit cycliquement et de façon prévisible une ou plusieurs des limites de juridiction nationale ».

135 ONU, « *Convention sur la conservation des espèces migratrices appartenant à la faune sauvage de Bonn, 1979* », point 1 du préambule.

136 Selon l'article III de la convention de Bonn, « *l'Annexe I énumère des espèces migratrices en danger. Une espèce migratrice peut figurer à l'Annexe I à condition qu'il soit établi sur la base de données probante, notamment des meilleures données scientifiques disponibles, cette espèce en danger* ».

137 Aux termes de l'article IV de la Convention, « *l'Annexe II énumère des espèces migratrices dont l'état de conservation est défavorable et qui nécessitent la conclusion d'accords internationaux pour leur conservation et leur gestion, ainsi que celles dont l'état de conservation bénéficierait d'une manière significative de la coopération internationale qui résulterait d'un accord international* ».

138 Le Mali a approuvé la Convention de Bonn en 1985 à la loi n°85-18 ANRM de 1985, soit deux ans après son entrée en vigueur en 1983.

139 En effet, il s'agit comme indiqué d'un accord interrégional portant également sur un groupe d'espèces : les anatidés du pôle arctique occidental (plongeons, grèbes, pélicans, cormorans, aigrettes, les hérons, les tantales, les cigognes, les ibis, les flamands, les cygnes, les oies, les canards, les sarcelles, les grues, les bécassines, les sternes, etc.), soit environ près de 172 espèces d'oiseaux dépendant pour une part de

que certaines espèces migratrices peuvent, du fait des circonstances, figurer dans les deux annexes selon les termes de l'article IV-2 de la convention. C'est donc dire que le rôle des données scientifiques est surtout déterminant afin de justifier le classement des espèces.

Enfin, la règle générale instituée est que les Etats de l'aire de répartition d'une espèce, décident ensemble des mesures de conservation appropriées de celle-ci et de son habitat. Ainsi, pour les espèces de l'Annexe I considérées comme en danger, les Etats de l'aire de répartition ont l'obligation de prendre quatre séries de mesure : En premier lieu, conserver et restaurer les habitats ; En second lieu, prévenir, éliminer, compenser ou minimiser les effets négatifs des activités ou les obstacles nuisibles à la migration ; En troisième lieu, prévenir et contrôler les facteurs susceptibles de mettre en danger l'espèce comme introduction d'espèces exotiques ; et Enfin, en quatrième lieu, interdire le prélèvement d'animaux appartenant à l'espèce, sous réserve de dérogation à des fins scientifiques pour améliorer la propagation ou la survie de l'espèce, ou pour satisfaire aux besoins de consommation des populations locales et en cas de circonstances exceptionnelles. Pour les espèces de l'annexe II, les accords prévus doivent envisager un ensemble d'éléments parmi lesquels la conservation favorable, le maintien d'un réseau d'aires d'habitats appropriés à l'espèce et bien répartis le long des itinéraires de migration, l'aménagement de nouveaux habitats favorables à l'espèce ou la réintroduction des espèces dans ces habitats nouveaux.

Quoi qu'importantes, ces conventions, dont les régimes s'intègrent au droit positif malien de l'environnement, s'inscrivent dans une logique de protection sectorielle des écosystèmes et des espèces. Bref, ce sont des conventions à objet spécifique de conservation. Certes, elles instituent des régimes pertinents de protection de la vie sauvage, mais, il faut dire que leur mise en œuvre reste un défi auquel il faudra

---

leur cycle annuel des zones humides, une liste d'espèces faisant l'objet de l'annexe II de l'accord. Par ailleurs, le dispositif de cet accord repose principalement sur des mesures nationales coordonnées prises, dans les limites de la juridiction nationale et en tenant compte du principe de précaution, en vue de maintenir ou de rétablir les espèces d'oiseaux migrateurs dans un état de conservation favorable (art. II de l'accord). Les mesures de protection qu'il promeut sont à la fois générales et spécifiques.

que le Mali réussisse à relever. Par ailleurs, à côté de ces conventions de type sectoriel, d'autres, non moins importantes, envisageant des méthodes de protection ou de conservation plus ou moins globales, ont été adoptées. Elles instituent une approche relativement globalisante de protection de la nature, ayant une sphère internationale ou régionale. Toutefois, elles ne seront pas toutes abordées, car nous allons nous limiter à celles qui sont pertinentes pour notre étude et qui ont été ratifiées ou approuvées par le Mali.

Paragraphe II : les instruments ayant une approche globalisante de protection

De nombreuses conventions internationales, s'inscrivant dans une approche globalisante, ont été ratifiés par le Mali. Il s'agit des textes à objet global de protection de la nature. Ils sont dans la plupart ratifiés ou approuvés par le Mali. Certains ont une dimension universelle (A), tandis que d'autres ont un champ d'application continental ou régional (B).

A/ les conventions mondiales À objet globale de protection de la nature

Les conventions universelles qui ont une portée mondiale, fournissent, à peu près partout sur la planète, le cadre général de la protection de la nature et des espèces naturelles. Il en est deux qui intéressent notre étude, car ratifiées par le Mali. Il s'agit de la convention sur la lutte contre la désertification, et celle sur le droit de la mer.

1- la convention de Montego Bay sur le droit de la mer

Signée le 10 décembre 1982 à Montego Bay (Jamaïque), et entrée en vigueur douze ans plus tard, la convention sur le droit de la mer fut ratifiée par le Mali[140]. Elle constitue le texte-cadre de l'encadrement juridique de la mer, « partagée » entre l'extension croissante des appétits étatiques et l'affirmation du principe de liberté. En Afrique, nombre d'Etats comme le Mali, n'ont pas de littoral,

---

[140] La ratification de la convention intervenue au Mali depuis 1985 à travers la loi n°85-17/ANRM, portant approbation par l'assemblée Nationale.

néanmoins ceux-ci ne pouvaient rester indifférents à la codification des règles qui est opérée par cet important instrument, tant en matière d'accès à la mer, de délimitation des espaces marins que d'exploitation des ressources. D'ailleurs, les droits d'accès des pays sans littoral[141]comme le Mali, le Burkina Faso, etc., sont régis par la partie X de la convention.

Concrètement, le Mali bénéficie d'un droit d'accès à la mer et depuis la mer pour l'exercice des droits prévus dans la convention, y compris ceux relatifs à la liberté de la haute mer et au patrimoine commun de l'Humanité. A cette fin, le pays jouit de la liberté de transit à travers le territoire des Etats de transit pour tous les moyens de transport[142]. Toutefois, les conditions et modalités d'exercices de cette liberté de transit sont convenues entre Etat sans littoral et Etat de transit concerné par voie d'accord bilatéral, sous régional ou régional. En revanche, dans l'exercice de la pleine souveraineté sur leur territoire, les Etats de transit ont le droit de prendre des mesures nécessaires pour s'assurer que les droits et libertés octroyés aux Etats sans littoral ne portent guère atteinte à leurs intérêts légitimes[143].

Par ailleurs, on peut relever qu'en dehors de dispositions éparses sur l'exercice des compétences étatiques en fonction des zones marines et des ressources biologiques (poissons, mammifères marins), la convention consacre l'une de ses 17 parties à la « *protection et préservation du milieu marin* »[144]. Dans cette partie, y est formulée l'une des rares obligations positives en droit international qui donne à cet objectif un caractère global. En effet, posant une obligation d'ordre général, l'article 192 de la convention dispose que « *les Etats ont l'obligation de protéger et de préserver le milieu marin* ». Cette disposition vise à la fois le milieu lui-même et les sites sous-marins, les espèces marines et leurs habitats. De même, la partie XII de la convention est entièrement consacrée à la lutte contre la pollution marine sous toutes ses formes. Il y a lieu donc de rechercher, à travers

---

141 Aux termes de l'article 124 de la convention de Montego Bay, « *on entend par Etat sans littoral, tout Etat qui ne possède pas de côte maritime* ».

142 Art. 125-1 de la convention de Montego Bay.

143 Art. 125-3 de la convention.

144 La partie 12 de la convention est consacrée à la protection et préservation du milieu marin.

la convention, les dispositions éclatées relatives aux principes et modalités de conservation de la faune et flore marine. Il en est ainsi de la haute mer, ouverte à tous les Etats, mais dans laquelle la conservation et la gestion de la biodiversité font l'objet de mesures organisées autour du droit de pêche des ressortissants de tous les Etats et l'obligation corollaire de ces derniers de prendre des mesures de conservation.

Elle n'est pas la seule convention à objet global de protection ratifiée par le Mali. Ce dernier a aussi ratifié la Convention sur la lutte contre la désertification.

2- la convention sur la lutte contre la désertification

Adoptée à Paris en 1994 et ratifiée par le Mali en 1995[145], la convention sur la lutte contre la désertification présente un grand intérêt pour les Etats africains, bien qu'elle n'envisage pas directement la faune et la flore sauvage. Le titre exact de la convention à savoir « *Convention des Nations Unies sur la lutte contre la désertification dans les pays gravement touchés par la sécheresse et/ou la désertification en particulier en Afrique* », est globalisant. Il concerne non seulement la protection durable des sols mais aussi des forêts et des ressources de la faune et flore sauvage. D'ailleurs, la définition donnée par la convention aux notions de désertification et dégradation des terres, corrobore le mieux cette approche globalisante. Ainsi, elle entend par désertification, la dégradation des terres dans les zones arides, semi-arides et subhumides sèches par suite de divers facteurs, parmi lesquels les variations climatiques et les activités anthropiques[146]. L'expression dégradation des terres désigne « *la diminution ou la disparition de la productivité biologique ou économique et de la complexité des terres cultivées [...], des pâturages, des forêts ou d'un ou de plusieurs phénomènes tels que l'érosion des sols, la détérioration des propriétés physiques, chimiques et biologiques ou économiques des sols et la disparition à long terme de la végétation naturelle* [147]».

---

[145] Elle a ratifié par le Mali à travers la loi n°95-023 portant autorisation de ratification et le décret n°95-166 portant ratification. Elle est entrée en vigueur le 26 décembre 1996.

[146] Art. 1-a de la convention.

[147] Art. 1-f de la convention.

L'intérêt de cette convention pour le Mali, comme pour tous les autres Etats sahélo-sahariens, tient à l'articulation étroite entre les facteurs physico-chimiques et ceux socio-économiques, qui contribue à l'accroissement de la sécheresse et/ou de la désertification, ainsi qu'à la démarche stratégique visant à éliminer la pauvreté et favoriser le développement durable. Ainsi, par sa ratification, le Mali prend la responsabilité première de la lutte contre la désertification, mais il bénéficie en retour de l'appui des Etats du nord (pays développés), surtout pour l'élaboration et la mise en œuvre de programmes d'actions nationaux, sous régionaux ou régionaux, tels que prévus par les annexes à la convention (art. 9-15 de la convention). Il doit à l'instar des autres Etats parties mobiliser les ressources financières nécessaires, tout en profitant des fonds alloués à travers le mécanisme mondial institué par la convention et abrité par le Fonds International pour le Développement Agricole (FIDA)[148].

Pour atteindre l'objectif de la convention, à savoir « *lutter contre la désertification et atténuer les effets de la sécheresse* », le Mali doit appliquer des « *stratégies intégrées à long terme axées simultanément, dans les zones touchées, sur l'amélioration de la productivité des terres ainsi que sur la remise en état, la conservation et gestion durable des ressources en terres et en eau, et aboutissant à l'amélioration des conditions de vie, en particulier au niveau des collectivités*[149] ». Donc, au cœur du dispositif juridique de lutte, les programmes d'action nationaux constituent des stratégies d'action pouvant faire une large place à la participation des populations locales, qui sont les premiers utilisateurs des ressources naturelles menacées par le phénomène. Le Mali, a effectivement élaboré plusieurs stratégies[150] du genre, qui favorise la gestion durable de ces ressources. Il s'agit de nouvelles orientations stratégiques, bâties à partir des anciens plans multisectoriels de lutte contre la sécheresse en mettant la lutte contre la désertification au tout premier plan.

---

148 Art. 20 et 2 de la convention institue respectivement ces ressources et ces mécanismes mondiaux de lutte contre la désertification.

149 Art. 2 de la convention.

150 Parmi ces stratégies, nous pouvons citer la stratégie nationale de la diversité biologique de 2014, la stratégie des zones arides, les programmes de développement agricoles.

La participation des populations et des collectivités locales, l'amélioration de la coopération et de la coordination régionales et internationales dans un esprit de partenariat, la coopération entre pouvoirs publics, collectivités, ONG, et exploitants des terres, la prise en considération « *des pays en développement touchés parties* », sont des principes qui doivent guider les Etats dans la réalisation des programmes d'action nationaux pour l'atteinte de l'objectif[151]. A ces conventions mondiales de protection globale de la nature, s'ajoutent d'autres ayant une dimension régionale ou sous régionale de protection de la nature, dont l'Etat du Mali y est partie.

B/ les instruments africains à objet global de protection de la nature

En Afrique, de nombreux instruments contiennent des règles de protection de la nature. Il s'agit des textes essentiellement contraignants, du moins lorsqu'ils sont entrés en vigueur et qu'ils bénéficient d'un mécanisme organique de mis en œuvre. Ainsi, nous allons nous borner à analyser les instruments qui contribuent à la formation du cadre juridique de la faune et de la flore sauvage, et qui ont été ratifiés par le Mali. Toutefois, cela ne veut pas dire qu'il n'y a pas d'instruments non contraignants. D'ailleurs, parmi eux, on peut citer « *la Déclaration du Caire*[152] », « *l'Engagement de Bamako* [153]» ou la « *Position commune*

---

[151] Art. 3 de la convention.

[152] Les Ministres et hauts fonctionnaires africains responsables de l'environnement et du développement se sont réunis au Caire (Egypte), du 11 au 16 juillet 1991 pour la première Conférence régionale en vue Conférence des Nations sur l'environnement et le Développement (CNUED).

Pour une seconde fois, réunis au Caire du 04 au 06 mars 2015 à l'occasion de la quinzième session de la Conférence ministérielle africaine sur l'environnement, les Ministres africains de l'environnement ont adopté une déclaration sur « *la gestion du capital naturel de l'Afrique au service du développement durable et de l'élimination de la pauvreté* ».

[153] Adoptée à l'issue de la Conférence Panafricaine de l'OUA sur l'Environnement et le développement durable qui s'est ténue à Bamako (Mali) du 23 au 30 janvier 1991. La Conférence de Bamako et la Déclaration qui en sont résultées ont permis d'enrichir le Programme de Kampala en y incorporant les concepts de croissance économique durable, de prévisibilité des ressources financières et d'amélioration de la qualité de la vie et de l'habitat en tant que domaines d'actions prioritaires.

d'Abidjan[154] », qui ont joué un rôle au début des années 1990 dans le ralliement des Etats africains à la thématique du développement durable, sans pourtant constituer des références constantes dans les processus normatifs ultérieurs[155]. Il existe aussi des déclarations issues des conférences Ministres de l'environnement, qui, outre leur caractère général, paraissent nombreuses pour être étudiées ici. Nous allons plutôt mettre l'accent sur la Convention d'Alger amendée à Maputo en 2003 et les Accords de partenariat entre les Etats d'Afrique-Caraïbes-Pacifique et l'Union Européenne[156].

1- la Convention africaine sur la conservation de la nature et des ressources naturelles

Adoptée à Alger le 25 septembre 1968 sous l'égide de l'Organisation pour l'Unité Africaine (OUA), la Convention sur la conservation de la nature et des ressources naturelles est entrée en vigueur le 16 juin 1969. A l'époque de son adoption, elle fut un modèle pour la protection globale de la nature. En 2003, la convention a gagné à être révisée pour intégrer de nouvelles conceptions de conservation mondiale et régionale[157]. La convention révisée a été conclue à Maputo (Mozambique) le 11 juillet 2003. Aussi, le préambule de la convention a été renforcé. Il affirme que la conservation des ressources naturelles est « *une préoccupation majeure de tous les Africains* ». C'est aussi un aspect de la conservation de l'environnement mondial qui est « *une*

---

[154] La position commune africaine sur l'environnement et le développement, a été adoptée à la deuxième conférence ministérielle régionale africaine préparatoire à la Conférence des Nations Unies sur l'environnement et le développement, à Abidjan (Côte d'ivoire) du 11 au 14 novembre 1991. Elle s'est inspirée des conclusions contenues dans différents documents élaborés au niveau régional notamment : la déclaration de Monrovia (1979), le Plan d'action de Lagos (1980), les conclusions de la conférence ministérielle africaine sur l'environnement tenue au Caire en 1985, les données d'expériences fondamentales qui ont permis d'adopter le Programme prioritaire de redressement économique de l'Afrique (PANUREDA) etc.

[155] DOUMBE-BILLE (S.), Op. Cit., p.22

[156] Il s'agit du nouvel accord de Partenariat entre les membres du groupe des Etats d'Afriques Caraïbes et du Pacifique d'une part, et la Communauté européenne et ses Etats membres, d'autre part, signé à Cotonou le 23 juin 2000 et modifié pour la première fois à Luxembourg le 25 juin 2005, dénommé « accord de Cotonou », révisé à Ouagadougou le 22 juin 2010, avec un cadre financier pluriannuel 2014-2020.

[157] Avec cette révision, la convention est passée de 25 articles en 1968 à 43 articles en 2003.

préoccupation commune à l'Humanité toute entière » (point 4 du préambule). Il met l'accent surtout sur la souveraineté des Etats sur les ressources naturelles et le devoir de les protéger (point 5 du préambule).

Par ailleurs, la convention proclame que les ressources naturelles dans leur ensemble, et celles de la faune et flore sauvages en particulier, constituent un capital vital et irremplaçable pour l'homme qui doit être mis au service du progrès économique et social. D'où la nécessité de son utilisation rationnelle pour le bien être présent et future de l'humanité. A cet effet, la convention pose un principe fondamental, sous la forme d'un engagement à prendre les mesures de conservation, d'utilisation et développement des sols, des eaux, de la flore et de la faune, basées sur des données scientifiques et en fonction des intérêts des populations[158]. Les parties à la convention protègent la flore et les forêts en particulier en luttant contre les feux de brousse, en constituant des réserves forestières. Elles conservent et utilisent rationnellement les ressources en faunes : aires sélectionnées, contrôle de la chasse et de la pêche ; interdisent certaines méthodes de chasse[159].

La convention institue des mesures de protection pour les espèces animales et végétales considérées comme menacées d'extinction, ainsi, la liste de l'annexe A énumère les espèces totalement protégées, la liste de l'annexe B énumère des espèces protégées mais pouvant être chassées, abattues, collectées avec une autorisation spéciale. Dans la foulée, le commerce international des espèces menacées d'extinction est contrôlé par un système d'autorisation pour l'importation et l'exportation des spécimens et des trophées[160]. Enfin, des zones de conservations sont créées notamment : réserve naturelle intégrale, parc national, réserve de faune, réserve partielle ou sanctuaire[161]. Pour les espèces non protégées, les Etats doivent réglementer le commerce et le transport des spécimens et trophées afin d'éviter un trafic de ceux qui ont été illégalement capturés, abattus ou obtenus.

La révision de 2003 a ajouté différents éléments au texte initial de 1968 parmi lesquels nous avons, « *le couvert végétal* », « *les espèces*

---

[158] Art. 4 et 5 de la convention.
[159] Article 7 de la convention.
[160] Art. 9 de la convention.
[161] Art. 10 de la convention.

et la diversité génétique », mais aussi « *les activités militaires et les conflits armés* », « *le développement et le transfert des technologies* », de même qu'en ce qui concerne le respect des dispositions de la convention, les institutions (Conférence des Parties, le secrétariat de la convention), et surtout les ressources financières[162]. Nous pouvons espérer que cette révision permettra une application effective de la convention dans l'intérêt des africains et de toute l'Humanité présente et future, et que le caractère novateur des nouvelles dispositions se traduira dans la pratique[163].

2- l'Accord de partenariat entre les Etats « Afrique-Caraïbes-Pacifique » ACP et l'Union Européenne

Le nouvel accord de partenariat UE/ACP, qui prend la suite des accords de Lomé IV, a été signé à Cotonou (Bénin) le 21 juin 2000. C'est donc une Convention entièrement nouvelle, mettant fin au système initié par les accords d'association de Yaoundé, qui ont été enrichis par la convention de Lomé (Togo)[164], dans la perspective du nouvel ordre commercial issu des accords de Marrakech[165]. C'est précisément ces accords de Marrakech qui ont créé l'Organisation Mondiale du Commerce en 1994. En effet, la convention de Lomé IV s'était singularisée par la reconnaissance, par l'ensemble des parties, d'une conditionnalité environnementale à laquelle un titre entier, composé de neuf articles, était consacré. Ces dispositions soulignaient toute l'importance, pour la réalisation du développement, de la protection des ressources naturelles, particulièrement l'arrêt de la dégradation du capital forestier, la sauvegarde des espèces sauvages et

---

[162] Art. 15 et suivants de la convention consacrent ces rajouts.

[163] MEKOUAR (A.), « *la Convention africaine : petite histoire d'une grande rénovation* », *Environnemental Policy and Law*, 34/1.

[164] La Convention de Lomé a été signée le 28 février 1975 entre la CEE et 46 pays d'Afrique, des Caraïbes et du Pacifique (ACP). Elle entrée en vigueur le 1er avril 1976, et vise à réguler les échanges commerciaux.

[165] Il s'agit l'accord instituant l'Organisation Mondiale de Commerce, fait à Marrakech le 15 Avril 1994. Présenté comme une annexe à l'acte final du cycle d'Uruguay, il est entré en vigueur le 1er janvier 1995. Il détermine le mode de fonctionnement de l'Organisation mondiale du Commerce. Il comprend par ailleurs des annexes qui définissent les grandes règlementations en matière de commerce international et les modalités de règlements des différents commerciaux.

le rétablissement des équilibres écologiques[166]. La Convention mettait l'accent sur un ensemble de mesures comprenant les inventaires et les études d'impact.

L'accord de Cotonou d'une durée de 20 ans, a un contenu assez politique par l'objectif qu'il se donne d'initier un véritable partenariat entre les parties, reposant sur cinq piliers interdépendants qui sont : la dimension politique globale ; la promotion des approches participatives ; la priorité à l'objectif de réduction de la pauvreté ; l'établissement d'un nouveau cadre de coopération économique et commerciale ; et la réforme de la coopération financière. Pratiquement, la dimension politique globale a quasiment éclipsé les considérations environnementales, au profit d'autres liées notamment à l'état de droit, au respect des droits de l'homme et à la bonne gouvernance. Toutefois, en cohérence avec la logique d'Agenda 21[167], la protection de l'environnement est désormais englobée dans le cadre plus global de la lutte contre la pauvreté. Au sens de l'accord, la lutte contre la pauvreté s'inscrit dans une approche intégrée, dans laquelle la gestion durable de l'environnement et ses ressources constitue l'une des trois questions transversales. Donc, c'est dans l'approche globale de développement que nous retrouvons les actions destinées à la protection de la nature et surtout des ressources de la faune et flore sauvage.

En somme, ces conventions à objet plus ou moins global ont permis la protection d'un nombre important de milieux naturels et d'espèces de la faune et flore sauvage. Cependant, elles n'abordaient pas l'approche spécifique de la biodiversité. Il s'agit d'une approche unificatrice qui rassemble toutes les formes de vie, comme faisant partie d'un tout. C'est-à-dire une approche englobante de protection de toutes les espèces de la flore et faune sauvages, des micro-organismes et des écosystèmes en tenant compte de leur interdépendance. Du coup, le cadre conventionnel classique ne suffisait pas, d'où la Convention spécifique sur la biodiversité.

---

[166] Art. 33 de la convention de Lomé IV.

[167] Le programme d'action des Nations Unies pour le 21ème siècle, autrement appelé « l'action 21 », a été adopté au cours du sommet de Rio de 1992.

Section II : L'approche spécifique de la Convention sur la biodiversité

Comme nous avons souligné plus haut, jusqu'en 1980, les conventions de protection de la vie sauvage avaient, en général, une approche fragmentaire et une portée géographique limitée. Peu à peu, une révolution des idées s'est opérée[168]. Elle réside dans l'extension du concept de protection à l'habitat de la faune sauvage, appréhendé comme partie intégrante d'écosystèmes à préserver. C'est cette approche globale et englobant de la protection de la vie sauvage que consacre et amplifie la convention de Rio de 1992, qui non seulement vise la protection des espèces et de leur habitat, mais saisit pour la première fois la diversité et l'interdépendance des espèces dans leur ensemble.

Tout part dès 1980, lorsque l'UICN met en avant l'idée d'une convention-cadre. Ainsi, en 1984, elle élabore un avant-projet très protecteur de la biodiversité, qui sera laissé à l'oubliette. En 1987 la Commission Mondiale pour l'Environnement et le Développement (CMED)[169] propose dans le Rapport Brundtland « *Notre avenir à tous* », une convention sur les espèces. Dans la foulée, le PNUE met en place un groupe spécial d'experts juridiques et techniques en 1988[170]. Un an après, son conseil d'administration adopte une résolution allant dans le sens de la tenue d'une conférence sur le sujet. Pour ce faire, un

---

[168] Déjà en 1972, le principe 4 de la déclaration de Stockholm de 1972 exprimait que « *l'homme a une responsabilité particulière dans la sauvegarde et la sage gestion du patrimoine constitué par la flore et la faune sauvages et leur habitat qui sont aujourd'hui menacés par un concours de facteurs défavorables. La conservation de la nature, et notamment de la faune et de la flore, sauvage, doit donc tenir une place importante dans la planification pour le développement économique* ». Il s'agit d'une approche innovatrice, jusque-là inexistante dans la protection de la nature. La protection sectorielle parait peu efficace, car elle ne tenait pas compte de l'interdépendance entre toutes les espèces de la vie sauvage, et leur habitat qui constitue les écosystèmes.

[169] Le Commission Mondiale pour l'Environnement et le Développement est créée en 1983 dans le but de former un processus ayant l'autorité pour intégrer l'interdépendance de l'environnement et le développement dans un processus crédible tant au Nord qu'au Sud, tant auprès des gouvernants que de la population.

[170] BEURIER (J.P.), LAVIEILLE (J.M.), NADAUD (S.), « *Droit International de l'Environnement : la Biodiversité* », Cours n°5 de Master, Actualisation 2015, Université de Limoges, p.6

comité intergouvernemental de négociation est créé en Mai 1991 qui tiendra sept sessions. Le document final résulte de la Conférence de Nairobi tenue le 22 Mai 1992. Enfin, ce texte appelé « Convention sur la conservation de la diversité biologique » est adopté et ouvert à la signature pendant la conférence de Rio de Janeiro. La Convention fut ratifiée par le Mali en 1994[171]. Elle se présente comme un canevas international pour les actions concrètes des Etats, en laissant à la compétence de ceux-ci l'édiction des mesures d'application.

Cette Convention se fixe trois objectifs qui sont « *la conservation de la diversité biologique, l'utilisation durable de ses éléments et le partage juste et équitable des avantages découlant de l'exploitation des ressources génétiques, notamment grâce à un accès satisfaisant aux ressources génétiques et à un transfert approprié des techniques pertinentes, compte tenu de tous les droits sur ces ressources et aux techniques, et grâce à un financement adéquat* »[172]. Pour l'atteinte de ces objectifs, un régime de protection a été institué. Afin de mesurer la pertinence de la protection instituée par la convention, il convient d'examiner les mesures juridiques établies (Parag I) d'une part, et de l'autre, la portée de ses textes additionnels (Parag II).

Paragraphe I : le régime de protection institué par la Convention sur la biodiversité

Le processus de négociation de la Convention a été surtout marqué par une divergence de vue entre le Nord et le Sud. D'abord, les pays du sud ne voulaient pas se voir imposer des territoires mis en réserve, ce qui aurait constitué une entrave à leurs souverainetés. Quant aux pays du nord, dont les firmes exploitent les ressources naturelles du monde entier, ils ne voulaient pas du tout s'ériger des barrières empêchant l'accès à ces ressources[173]. Il fallait donc un compromis prenant en compte les intérêts de tous, et donc de l'Humanité. Il s'agissait de sauvegarder la souveraineté permanente des Etats sur leurs

---

[171] Recueil des accords multilatéraux sur l'environnement signés et ratifiés par le Mali, « *loi n°94-026 autorisant ratification, décret n°94-222 portant ratification de la convention sur la biodiversité* », Tome 2, 2ème édition 2010.

[172] Art. 1er de la convention sur la biodiversité.

[173] Introduction du Rapport de Brundtland publié en 1987 par la Commission Mondiale de l'Environnement et de développement.

ressources génétiques, tout en ouvrant la voie à une préservation efficace de la biodiversité par le biais d'un partage équitable des droits et devoirs afférents. Donc la biodiversité est perçue comme un concept unificateur. Aussi, elle englobe à la fois tous les éléments vivants de la nature.

Par ailleurs, la biodiversité est une notion intégratrice par son double caractère écologique et économique. En effet, la valeur de la biodiversité détermine son poids relatif dans les décisions politiques et l'intérêt de la conserver. Or, l'évaluation de la valeur de la biodiversité est concevable sous divers points de vue. Il peut s'agir par exemple de la valeur intrinsèque, culturelle ou économique. Mais c'est surtout l'existence d'une valeur accordée à la biodiversité qui a conduit à le compter au nombre des ressources naturelles. Une telle qualification permet d'intriquer les intérêts économiques et écologiques autour d'un même objet, ce qui concourt à sa protection. C'est pourquoi, lors du sommet de la terre de Rio en 1992, les Etats présents ont adopté la convention sur la diversité biologique, car ils reconnaissaient la valeur de la biodiversité. Une valeur qui rend impérieux le besoin de sa conservation.

La conservation lato sensu comprend d'abord des mesures directes de protection, expressément instituées « *mesures de conservations* » par les dispositions des articles 6, 8 et 9 de la convention (A). Elle comporte aussi des dispositions tendant à intégrer les préoccupations de conservation dans les réglementations et les procédures relatives à l'utilisation des ressources génétiques (B).

A/ les mesures de conservation directe

Au sens de l'article 6 de la convention, la conservation directe implique l'élaboration de stratégies, de plans et de programmes nationaux. Elle revêt deux formes : la conservation *in situ et ex situ*. Le respect de ces mesures s'impose au Mali, et à tous les Etats parties à la convention.

1- la conservation *in situ*

Elle s'entend par la conservation des écosystèmes et des habitats naturels, le maintien et la reconstitution de populations viables d'espèces dans leur milieu naturel, et, dans le cas des espèces domestiques, dans le milieu où se sont développés leurs caractères distinctifs[174]. Concrètement, c'est la conservation *in situ* qui est la plus intéressante pour la protection des ressources de la vie sauvage. C'est en tout cas l'avis exprimé par les auteurs de la convention. Cependant, cette forme de conservation implique les contraintes les plus importantes à l'égard des Etats.

En effet, les modalités de la protection envisagée à ce titre sont assez complètes. Au sens de l'article 8 de la convention, chaque partie « *dans la mesure du possible et selon qu'il conviendra* », met en œuvre un certain nombre d'instruments de protection :

- un réseau de *zones protégées*[175] ou de zones où des mesures spéciales doivent être prises pour conserver la diversité biologique. Ainsi, pour le choix, la création et la gestion de ces zones, des lignes directrices pourront être établies par les Etats ;

- la remise en état et la restauration des systèmes dégradés et la reconstitution d'espèces menacées, moyennant, entre autres, l'élaboration et l'application de plans et des stratégies de gestion ;

- une réglementation des organismes génétiquement modifiés résultant de la *biotechnologie*[176] et qui pourraient avoir des effets néfastes sur la biodiversité ;

- l'interdiction d'introduire des espèces exotiques qui menacent des écosystèmes, des habitats ou d'autres espèces, ainsi que le contrôle, voire l'éradication de ces animaux ou plantes indésirables.

Plusieurs de ces mesures sont intéressantes par leur portée protectrice ou par la technique juridique mise en œuvre. Ainsi, il est possible de réglementer les ressources biologiques à l'intérieur mais aussi à l'extérieur des aires protégées. De même, les zones périphériques de celles-ci doivent faire l'objet d'un développement

---

[174] Art.2 paragraphe 3 de la convention sur la biodiversité

[175] La convention dans son article 2 définit la zone protégée comme *« toute zone géographiquement délimitée qui est désignée, ou réglementée, et gérée en vue d'atteindre des objectifs spécifiques de conservation »*

[176] Au sens de l'article 2 de la convention, la biotechnologie est application technologique qui utilise des écosystèmes biologiques, des organismes vivants ou des dérives de ceux-ci, pour réaliser ou modifier des produits ou des procédés usage spécifique.

durable et écologiquement rationnel. On relève aussi la protection des savoirs, des pratiques et innovations des communautés autochtones et locales, qui incarnent des modes de vie traditionnels présentant un intérêt pour la conservation et *l'utilisation durable*[177] de la biodiversité. Il faut aussi ajouter le principe de protection assorti du principe de « *non recul* », c'est-à-dire l'édiction ou maintien en vigueur des dispositions de protection des espèces, populations et variétés menacées[178].

2- la conservation *ex situ*

Elle est prévue à l'article 9 de la convention, et intervient surtout à titre de complément des mesures *in situ*. C'est une mesure de conservation des ressources en dehors de leur milieu naturel d'origine, qui se traduit par :

- la mise en place et l'entretien d'installation de conservation *ex situ* et de recherche, de préférence dans les pays d'origine ;
- des mesures en vue de la reconstitution, de la régénération des espèces menacées et de leur réintroduction dans leur habitat naturel ;
- la réglementation et la gestion de la collecte des ressources biologiques dans les habitats naturels aux fins de conservation *ex situ*, de façon à éviter que soient menacés les écosystèmes et les populations d'espèces *in situ*, sauf si les mesures *ex situ* particulières sont temporairement essentielles ;
- la coopération à des appuis financiers ou tout autre pour faciliter le réseau d'installation de conservation *ex situ* dans les pays en développement.

Ces mesures paraissent essentielles à la protection des ressources de la faune et flore sauvages. C'est pourquoi, elles ont été intégrées dans la planification environnementale au Mali depuis de 1998[179]. Toutefois, en plus, d'autres mesures aussi pertinentes soient-elles, ont été instituées, bien qu'elles ne soient pas directes.

---

[177] Le terme utilisation durable fait référence à l'utilisation des éléments constitutifs de la diversité biologique d'une manière et à un rythme qui n'entrainent pas leur appauvrissement à long terme, et sauvegardent ainsi leur potentiel pour satisfaire les besoins et les aspirations des générations présentes et futures (art.2 de la convention).

[178] Art. 8- h de la convention

[179] A travers l'adoption en 1998 de la Politique Nationale de Protection de l'Environnement, et par la suite, divers autres instruments de protection de la vie sauvage.

B/ la conservation intégrée

La notion de conservation intégrée implique l'intégration des préoccupations ou des exigences de la diversité biologique dans les politiques et les législations nationales. En effet, il s'agit de garantir une utilisation durable des ressources génétiques, selon des principes posés à l'article 10 de la convention[180]. Elle revêt des modalités et des techniques de mise en œuvre.

1- les modalités de la conservation intégrée

Elles résultent des dispositions de l'article 6 de la convention. Aux termes de ces dispositions, les Etats parties à la convention en fonction des conditions et des moyens qui leur sont propres, élaborent des stratégies, des plans ou programmes nationaux tendant à assurer la conservation et l'utilisation durable de la biodiversité ou adaptent à cette fin leurs stratégies, plans ou programmes déjà existants qui tiendront compte, entre autres, des mesures énoncées dans la convention qui leur concernent. De même, chaque Etat partie intègre, dans la mesure du possible, comme il convient, la conservation et l'utilisation durable de la biodiversité dans ses plans, programmes et politiques sectorielles ou intersectorielles pertinentes.

Toutefois, la manifestation la plus achevée de l'intégration consiste à la mise en place d'un véritable système de vielle biologique, plus perfectionné et plus complet que la vigilance, la surveillance au sens propre de ces mots. Ce système est en quelque sorte institué par

---

[180] L'article 10 de la convention dispose que « *Chaque partie contractante, dans la mesure du possible et selon qu'il conviendra :*
a) Intègre les considérations relatives à la conservation et à l'utilisation durable des ressources biologiques dans le processus décisionnel national ;
b) Adopte des mesures concernant l'utilisation des ressources biologiques pour éviter ou atténuer les effets défavorables sur la diversité biologique ;
c) Protège et encourage l'usage coutumier des ressources biologiques conformément aux pratiques culturelles traditionnelles compatibles avec les impératifs de leur conservation ou de leur utilisation durable ;
d) Aide les populations locales à concevoir et à appliquer des mesures correctives dans les zones dégradées ou la diversité biologique a été appauvrie ;
e) Encourage ses pouvoirs publics et son secteur privé à coopérer pour mettre au point des méthodes favorisant l'utilisation durable des ressources biologiques »

l'article 7 de la convention. Selon ce texte, chaque partie doit identifier les éléments constitutifs de la biodiversité importants pour sa conservation et son utilisation durable, en tenant compte de la liste indicative de catégories figurant à l'annexe I de la convention[181]. Aussi, les parties, surveillent par prélèvement d'échantillons et d'autres techniques les éléments constitutifs de la biodiversité, identifient les processus et catégories d'activités susceptibles d'avoir une influence négative sensible sur la conservation et l'utilisation de la biodiversité. Lorsqu'ils sont identifiés, ces processus et activités font l'objet d'une réglementation appropriée et les données sont conservées dans un système informatif, c'est-à-dire une banque de données[182].

2- les techniques de la conservation intégrée

Elles sont surtout relatives à l'étude d'impact et la réduction des effets nocifs sur l'environnement. La convention spécifique sur la biodiversité stipule que chaque partie contractante adopte des procédures permettant d'exiger l'évaluation des impacts sur l'environnement des projets qu'elle a proposés et qui sont susceptibles de nuire sensiblement à la biodiversité, en vue d'éviter et de réduire au minimum de tels effets[183]. Il envisage aussi, si nécessaire la participation du public à ces procédures. L'étude d'impact n'est pas cependant qu'une étude. Elle implique pour l'Etat, la prise des mesures propres à réduire ou à compenser les effets négatifs sur la biodiversité.

En outre, des procédures d'information et d'échange de renseignements, ainsi que d'intervention en cas de menace sur les ressources biologiques sont prévues. Enfin, la convention émet d'une responsabilité de l'Etat dans une certaine mesure. Ainsi, la convention pose le principe en ces termes « *la conférence des Parties examine, sur la base des études qui seront entreprises, la question de la responsabilité et de la réparation, y compris la remise en état et l'indemnisation pour les dommages causés à diversité biologique, sauf*

---

[181] L'annexe I de la convention est relatif à l'identification et surveillance écosystèmes et habitats, des espèces et communautés qui sont menacées, et des génomes et gènes décrits revêtant une importance sociale, scientifique ou économique.
[182] ONU, Convention sur la biodiversité, art. 14 point 1.
[183] Idem, art. 14 point 2.

si cette responsabilité est d'ordre strictement interne [184]». Il s'agit d'une responsabilité environnementale sur le plan international imputable aux Etats parties à la convention en cas de préjudice causé à la biodiversité.

En somme, ces mesures de conservation directe et de conservation intégrée de la diversité biologique, sont essentielles à une protection efficace de ces ressources. Cependant, la pertinence de ces mesures ne doit pas occulter les insuffisances de la convention. Du point de vue de la protection de la biodiversité, trois lectures peuvent être faites de la convention spécifique de Rio[185]. La première est optimiste, positive sous certaines réserves. Elle consiste à admettre qu'il s'agit d'un engagement pour mettre fin à la destruction de la vie sauvage. Oui, la machine institutionnelle est en route, la protection de la biodiversité sera globalement assurée, même si, on regrette l'absence d'un rôle actif de la société civile notamment les ONG dans la convention. La seconde lecture est pessimiste. Elle consiste à dire que la convention demeure un pas de plus dans la marchandisation du vivant. En réalité, tous les Etats ont accepté la logique du marché. Les Etats du Nord[186] se voient confirmer le droit de breveter les plantes et les animaux, et ceux du Sud espèrent pouvoir monnayer leurs ressources. Dans ce contexte, il faut dire que l'accent est mis plus sur l'économie que l'écologie. La liberté du commerce et de l'industrie est considérée comme plus importante que la protection de la nature.

Enfin, la troisième lecture parait plus prometteuse, c'est d'avoir à la fois le pessimisme de l'intelligence et l'optimisme de la volonté. Evidemment, il y a pessimisme de l'intelligence parce que les déficiences de la conservation de la biodiversité sont graves, parce que les logiques commerciales de l'utilisation sont puissantes[187]. Il y a aussi l'optimisme de la volonté, car, il existe à bien des égards, des possibilités de freiner cette débâcle écologique. Aussi, il faut évoquer le rôle des institutions de la convention, le Secrétariat de la Convention et la conférence des Parties, dans l'application de la convention aux

---

184 Idem, art. 14 in fine.

185 BEURIER (J.P.), LAVIEILLE (J.M.), NADAUD (S.), Op. Cit., p.9

186 Il s'agit des grandes puissances économiques ou les pays les plus industrialisés au Monde

187 BEURIER (J.P.), LAVIEILLE (J.M.), NADAUD (S.), Op. Cit., p.10

milieux aquatiques, la conclusion des Protocoles additionnels corrigeant les lacunes et renforçant les mesures de protection de la biodiversité. C'est justement ces derniers, à savoir les textes additionnels à la Convention sur la biodiversité qui font l'objet du paragraphe suivant.

Paragraphe II : la portée des textes additionnels à la convention sur la biodiversité

Des deux conventions signées à Rio de Janeiro en 1992, seule, celle sur les changements climatiques a reçu de manière officielle l'appellation « *Convention-cadre* [188]». Pourtant, à l'analyse, cette appellation aurait pu s'appliquer aussi à la Convention sur la diversité biologique, car, comme l'autre, elle détermine les principes généraux de coopération et de protection. Elle laisse également le soin aux Etats de développer aux niveaux interne, local et régional, les dispositifs techniques d'application. Après la conférence de Rio, l'idée de « *Convention-cadre sur la biodiversité* » était d'ailleurs appuyée par certains auteurs comme Alexandre-Charles KISS[189].

Dans une telle perception, la Convention sur la biodiversité se présente comme un canevas international pour les actions concrètes des Etats parties. Elle fixe les conditions de négociation devant conduire à l'adoption de règles assez précises et plus contraignantes. C'est en effet pour cela qu'elle devait être assortie de protocoles additionnels dans lesquels sont consignées ces normes contraignantes. Ces protocoles sont adoptés par la conférence des Parties[190]. Ainsi, deux ont déjà été adoptés courant la même décennie. Il s'agit du Protocole de Cartagena sur la biosécurité, adopté à Montréal au Canada le 29 janvier 2000 (A) et celui sur l'accès aux ressources génétiques et le partage équitable des

---

188 Une Convention-cadre est une Convention par laquelle les parties fixent entre elles les principales règles qui régiront leurs contrats à venir et sur lesquelles, elles s'appuieront par la suite pour exécuter leurs engagements. En d'autres termes c'est une convention qui fournit le cadre d'une action générale.

189 Voir notamment A. C. KISS, « *la longue marche du droit internationale de l'environnement* », pp.4-5

190 Aux termes de l'article 28 de la convention sur la biodiversité, « *les parties contractantes coopèrent pour formuler et adopter des protocoles additionnels à la présente convention. Les protocoles sont adoptés à une réunion de la conférence des parties...* »

avantages, adopté le 15 octobre 2010 à Nagoya au Japon (B). Ces deux textes additionnels à la convention sur la biodiversité ont été ratifiés par le Mali[191].

A/ le Protocole de Cartagena sur la Biotechnologie

Le Protocole de Cartagena relatif à la prévention des risques biotechnologiques, communément appelé « Protocole de biosécurité », est le premier texte des Nations Unies qui réglemente les biotechnologies à l'échelle international. Il constitue un élément important du dispositif international visant à sécuriser les échanges internationaux des Organismes Génétiquement Modifiés[192] (OGM). Il a pour objectif de contribuer à protéger la conservation et l'utilisation durable de la biodiversité, en tenant compte de la protection de la santé humaine. Par rapport aux technologies d'application globale et de produits qui circulent à l'échelle planétaire, il entend contribuer à la sécurité de l'utilisation des OGM. Un dispositif juridique a été mise en place en vue d'atteindre ces objectifs. Par ailleurs, il existe un enjeu considérable lié à la mise en œuvre de ce protocole.

1- l'enjeu du Protocole : la prévention des risques biotechnologiques

Historiquement, les agriculteurs et les éleveurs ont eu recours à la reproduction dirigée en sélectionnant des plantes ou des animaux pourvus de qualités qu'ils souhaitent renforcer. Les meilleurs produits et spécimens étaient retenus en vue d'un usage ultérieur que ce soit pour les semences ou la reproduction, conduisant ainsi à une amélioration constante de la qualité. Les exploitants ont ainsi mis au point des cultures et du cheptel ayant les caractéristiques souhaitées, surtout la résistance à certaines maladies, à des conditions environnementales ou

---

[191] D'abord, le Protocole de Cartagena sur la prévention des risques biotechnologiques relatif à la Convention sur la Biodiversité a été ratifié par le Mali à travers l'ordonnance n°2002-052, et le décret n°2002-317. Quant au Protocole de Nagoya, il ratifié à travers la Loi n°2014-042/ autorisant ratification du Protocole de Nagoya sur l'accès aux ressources génétiques et le partage juste et équitable des avantages découlant de leur utilisation relative à la Convention sur la diversité biologique, adopté à Nagoya (Japon), Journal Officiel de la République n°2014-41.

[192] Il s'agit de tout organisme vivant possédant une combinaison de matériel génétique inédite obtenue par recours à la biotechnologie moderne.

climatiques difficiles. De même, les procédés de fermentation biologique ont été utilisés pendant des siècles afin de transformer les aliments, d'en améliorer le goût ou de prolonger la durée de stockage des produits. Les techniques de reproduction utilisées étaient fondées sur les variations génétiques déjà présentes dans la population ou sur des mutations spontanées et naturelles. Elles sont à l'origine de la plupart des variétés agricoles et d'élevages employées aujourd'hui.

La modification génétique, appelée aussi « *génie génétique* », utilise une variété de méthodes afin d'isoler des gènes d'un ou plusieurs micro-organismes, plantes ou animaux et de les incorporer dans le matériel génétique des cellules d'un autre. Grâce à elle, les gènes sont transférés et modifiés selon des modalités impossibles à réaliser dans la nature, notamment entre des espèces différentes, entre des animaux, des plantes et des micro-organismes. Une fois incorporés, ces gènes peuvent être transférés aux rejetons de l'individu modifié par les processus reproductifs normaux[193]. Cette modification génétique est une technique de la biotechnologie moderne. L'Agenda 21 déclare que la biotechnologie moderne « *promet de faire une contribution importante afin de permettre notamment la mise en place de meilleurs soins médicaux, une meilleure sécurité alimentaire grâce à des pratiques agricoles durables, l'amélioration des fournitures d'eau potable, des processus industriels plus efficaces afin de transformer les matières premières, un soutien à des méthodes durables de boisement et de reboisement et la décontamination de déchets dangereux* ». Ce passage illustre bien l'enjeu important lié à l'encadrement de la biotechnologie.

En outre, le génie génétique est à l'origine de préoccupations importantes. Elles vont des considérations éthiques aux risques potentiels pour la santé humaine et l'environnement. Elles englobent également un certain nombre de questions socio-économiques. Pour certains critiques de la modification génétique, sur le plan sanitaire, il n'y a pas à l'heure actuelle suffisamment d'informations sur la toxicité et le caractère allergène des produits alimentaires dérivés des OGM. De

---

[193]MACKENZIE (R.), BURHENNE-GUILMIN (F.), LA VINA (Antonio G.M), WERKSMAN (J. D.), en collaboration avec Alfonso ASCENCIO, Julian KINDERLERER, Katharina KUMMER et Richard TAPPER, « *Guide explicatif du Protocole de Cartagena sur la prévention des risques biotechnologiques* », UICN, Gland, Suisse et Cambridge, Royaume-Uni, 2003, xvi+317 pp., p. 7.

même, les conséquences de l'introduction d'OGM dans l'environnement peuvent être importantes, surtout leurs effets sur la biodiversité. Aussi, les OGM entraînent des effets défavorables sur les pratiques agricoles et industriels, particulièrement un accroissement de la pollution environnementale, d'une importance telle qu'ils ne devraient pas être autorisés[194]. Les OGM introduits dans la nature créent des risques similaires à ceux des espèces exotiques envahissantes.

En outre, des considérations socio-économiques liées à la conservation de la diversité biologique se posent aussi. En effet, les modes de vie, les moyens de subsistance et les cultures des sociétés autochtones et traditionnelles, des communautés rurales et d'autres groupes peuvent être touchés de façon directe ou indirecte. Or, ces enjeux de la prévention des risques biotechnologiques surtout dans le contexte des mouvements transfrontières des OGM, ont rendu essentiel un régime international. Au fait, la sécurité biologique ne peut être assurée en l'absence d'une démarche concertée entre Etats, c'est pour cela que le Protocole de Cartagena a été négocié.

2- les mesures de protection instituées par le Protocole

Le protocole fixe un cadre général pour l'utilisation des OGM dans les conditions de sécurité requises dans chaque pays. Il ne couvre toutefois pas les denrées alimentaires dérivées d'OGM, ni les OGM qui sont des médicaments humains. Il vise surtout, tous les autres OGM dits « vivants », tels que les semences, quel que soit leur destination ou usage final. Il s'applique ainsi aux mouvements transfrontières, au transit, à la manipulation et à l'utilisation de tout OGM. Les utilisations possibles sont la mise en culture de semences génétiquement modifiées, l'utilisation dans une serre ou un laboratoire à titre de recherche, l'utilisation en alimentation humaine ou animale. Il encadre plus spécifiquement les échanges d'OGM entre pays. Il renforce la sécurité de ces échanges en définissant pour la première fois à l'échelle mondiale une évaluation et un contrôle des risques pour l'environnement liés aux OGM, et en facilitant l'accès aux informations requises.

---

[194] Ibidem, p. 9

Ce Protocole garantit ainsi aux pays l'accès aux données nécessaires pour effectuer des choix informés en matière d'OGM leur permettant de prendre des décisions éclairées avant la première importation d'un OGM et le libre choix d'accepter ou de refuser tout mouvement transfrontière d'organismes génétiquement modifiés qui leur est destiné. Ces choix souverains des pays sont fondés sur une évaluation scientifique des risques et peuvent tenir compte de leurs préoccupations légitimes, notamment pour les pays en développement comme le Mali. L'autre grande innovation, qui est commune d'ailleurs avec la Convention sur la biodiversité réside dans l'établissement depuis 2008 d'un mécanisme de responsabilité et de réparation en cas de dommages qui résulteraient de mouvements transfrontières d'OGM vivant. Toutefois, ce protocolc a cu force de loi pour les Parties lors de son entrée en vigueur le 11 septembre 2003, et à partir de cette date, les règles et les procédures qu'il prévoit sont devenues obligatoires. Les pays qui l'ont signé mais pas encore ratifié, sont censés, en vertu du droit international agir de bonne foi en accord avec les objectifs du Traité.

La première réunion des Parties au protocole, qui doit prendre des décisions importantes pour faciliter la mise en œuvre du Traité, a eu lieu en février 2004 en Asie. Le protocole comporte deux procédures principales pour renforcer la sécurité des échanges d'OGM entre les pays :

- le recueil de l'accord préalable du pays d'importation (procédure d'accord préalable en connaissance de cause): l'importation d'un OGM destiné à être disséminé intentionnellement dans l'environnement sera subordonnée à une notification et au consentement préalable de l'Etat importateur. Cette mesure est particulièrement importante pour que les pays en voie de développement en général, et le Mali en particulier, puissent disposer des informations préalables nécessaires à une prise de décision éclairée afin que tous les pays disposent des mêmes droits souverains[195] ;

- une procédure d'information précoce : elle s'appliquera aux OGM destinés à être utilisés directement dans l'alimentation humaine (denrées alimentaires) ou animale, sans être disséminés dans l'environnement dans le pays d'importation. Cette information initiale

---

[195] Art. 7 du Protocole de Cartagena sur la biosécurité.

pertinente sur l'utilisation de ces OGM qui doit être fournie à chaque pays par l'intermédiaire du mécanisme d'échanges d'informations du protocole, permettra à chacun de se préparer à une demande éventuelle dans le cadre de sa législation nationale visant à introduire l'OGM[196].

Ainsi, le protocole met en place ce système d'échange d'information sur les mouvements internationaux d'OGM ainsi que sur les décisions nationales à travers une base de données globale, et prévoit aussi d'autres obligations d'information, comme celles d'étiqueter les OGM quel que soit leur usage. Ce protocole permet aussi de protéger la biodiversité naturelle contre les OGM.

B/ le Protocole de Nagoya sur l'accès aux ressources génétiques

La Convention sur la biodiversité est la première tentative de la communauté internationale à aborder la diversité biologique en tant qu'une seule et même entité d'un instrument juridique mondial. Cela découle d'une approche large basée sur les écosystèmes plutôt qu'une approche sectorielle mettant l'accent sur des espèces, des écosystèmes ou des lieux spécifiques, caractéristiques d'autres accords internationaux de conservation. En fin de compte, l'accès aux ressources génétiques et le partage juste et équitable des avantages découlant de leur utilisation, a été présenté comme le troisième objectif de la Convention. Il a été conçu pour tenir compte de la nécessité de partager les coûts ainsi que les avantages de la conservation de la biodiversité entre les pays développés et les pays en voie développement, et de trouver les voies et moyens de soutenir les pratiques, les innovations des communautés autochtones.

En effet, avant l'entrée en vigueur de la Convention sur la biodiversité, l'accès aux ressources génétiques, ainsi qu'aux connaissances traditionnelles associées aux ressources génétiques était disponible gratuitement dans la plupart des régions du monde. Ceci menait souvent à l'exploitation, l'utilisation et/ou la monopolisation de telles ressources et connaissances sans le partage des avantages avec les pays fournisseurs ou les détenteurs des connaissances. Or, cette

---

[196] Art. 13 du Protocole de Cartagena

situation était perçue comme inéquitable, c'est pourquoi la Convention a introduit le concept de l'accès et le partage des avantages à travers son l'article 15. Ce texte essaie d'équilibrer les intérêts des utilisateurs de ressources génétiques qui veulent avoir un accès continu à ces ressources avec les intérêts des fournisseurs de telles ressources, qui veulent recevoir une juste part des avantages pouvant découler de ces ressources. En effet, avec l'entrée en vigueur de la Convention spécifique de Rio, un changement de paradigme a été mis en place puisque la communauté de conservation est passée de la considération des ressources génétiques en un patrimoine commun, à la reconnaissance des droits de souveraineté des États sur ces ressources et la règlementation de leur utilisation.

C'est justement dans cette optique que le 29 octobre 2010, le Protocole de Nagoya sur l'accès aux ressources génétiques, et le partage juste et équitable des avantages découlant de leur utilisation a été adopté à Nagoya au Japon. Etant un accord complémentaire à la Convention sur la diversité biologique, il est l'un des plus importants traités environnementaux multilatéraux récemment adoptés. L'objectif de ce Protocole est d'établir un cadre juridique international contraignant afin de promouvoir une mise en œuvre future effective et transparente du concept d'accès et partage des avantages au niveau régional, national et local[197].

1- les enjeux relatifs au Protocole

Négocié depuis huit ans ce protocole est destiné à régir l'accès aux ressources génétiques et le partage des bénéfices de leur exploitation. Certains le considèrent comme un accord historique et juste, d'autres comme une percée, un pas vers la protection. Enfin, beaucoup pensent qu'on est encore dans les logiques de la Convention qui sont celles d'une marchandisation de la diversité biologique[198]. Les rapports de force étaient surtout les suivants : d'une part les pays du Sud voulaient un partage juste et équitable des bénéfices relatifs à la

[197] Art. 1 du Protocole de Nagoya

[198] GREIBER (T.), MORENO (S. P.), AHREN (M.), CARRASCO (J. N.), KAMAU (E. C.), MEDAGLIA (J. C.), OLIVA (M. J.), PERRON-WELCH (F.), en coopération avec Natasha Ali et China Williams, *« Guide explicative du Protocole de Nagoya sur l'accès et le partage des avantages »*, UICN, Gland, Suisse, 2014, p.28

biodiversité et des garanties pour la protection de celle-ci, d'autre part les pays développés voulaient protéger leurs industries pharmaceutiques et cosmétiques.

2- le contenu normatif du Protocole

La question de l'accès aux ressources génétiques et/ou aux connaissances traditionnelles associées aux ressources génétiques forme une partie centrale du concept de l'accès et partage des avantages. Elle est abordée dans différentes parties du Protocole de Nagoya. L'article 6-1 réitère les droits souverains des États sur leurs ressources naturelles. Il clarifie une fois de plus que l'accès aux ressources génétiques est sujet au consentement préalable donné en connaissance, accordé par le pays fournisseur, à moins d'une décision contraire de ce pays. L'article 6-2 réglemente l'accès aux ressources génétiques. Cependant, cette disposition réfère aux situations dans lesquelles les communautés autochtones et locales ont établi des droits sur les ressources génétiques. Dans ce cas particulier, les États sont exhortés à prendre des mesures conformément aux lois nationales qui leur convient, afin d'assurer que le consentement préalable donné en connaissance de cause et/ou l'approbation et l'implication des communautés autochtones et locales soit obtenu. L'article 6-3 vise à renforcer la sécurité juridique en introduisant un certain nombre de mesures qui doivent être prises par toutes les Parties nécessitant le consentement préalable donné en connaissance au niveau national.

Comme la question de l'accès, le partage juste et équitable est aussi abordé dans différentes parties du Protocole de Nagoya. Alors que l'article 5 reste la principale disposition sur le partage des avantages, les articles 9, 10, 19, 20, et 23 ainsi que l'annexe abordent des aspects particuliers de ce contexte. L'article 5-1 reprend les notions fondamentales qui figurent déjà dans les articles 15-3 et 15-7 de la Convention sur la biodiversité. Il précise que :

- les avantages, à être partagés, devraient comprendre ceux découlant de l'utilisation des ressources génétiques, mais également ceux découlant de la commercialisation subséquente ;
- les avantages devraient être partagés uniquement avec la partie qui fournit ces ressources, qui est définie comme le pays d'origine de

ces ressources ou une partie qui a acquis les ressources génétiques conformément à la Convention ;

- et les arrangements spécifiques de partage des avantages devraient être établis à travers les conditions convenues d'un commun accord entre le fournisseur et l'utilisateur des ressources génétiques donc sur une base contractuelle[199].

Étant une question transversale, les connaissances traditionnelles associées aux ressources génétiques sont abordées dans plusieurs articles du Protocole de Nagoya comme une partie intégrante (tels que les articles 5-5, 10, 11-2 et 18-1). Toutefois, en raison de leur importance, elles sont également abordées dans des dispositions autonomes telles que les articles 7, 12 et 16. L'article 12 comporte un certain nombre d'obligations pour les Parties lors de l'application du Protocole à savoir le devoir de :

- prendre en considération, conformément au droit interne, le droit coutumier des communautés autochtones et locales, les protocoles et les procédures communautaires, le cas échéant pour tout ce qui concerne les connaissances traditionnelles associées aux ressources génétiques ;

- établir des mécanismes pour informer les utilisateurs potentiels de connaissances traditionnelles associées aux ressources génétiques de leurs obligations ;

- appuyer l'élaboration par les communautés autochtones et locales de protocoles communautaires, de conditions minimales et de clauses contractuelles types relatifs à leurs connaissances traditionnelles ;

- et de ne pas limiter, dans la mesure du possible, l'utilisation coutumière ou l'échange de ressources génétiques et de connaissances traditionnelles associées aux ressources génétiques, à l'intérieur et entre les communautés autochtones conformément aux objectifs de la Convention.

En effet, contrairement à la Convention sur la biodiversité, ces deux textes additionnels ont institué des règles de protection de la vie sauvage dont les Etats ont l'obligation de respecter. Ils ont apporté des solutions à des inquiétudes qui demeuraient même avec l'adoption de la convention.

---

199 Art.5-1 du protocole de Nagoya.

Somme toute, le tissu normatif international ratifié par le Mali est visiblement fourni. Il représente l'un des composants normatifs importants du droit malien de la biodiversité, à travers les règles ou les principes généraux qu'il consacre. Il s'insère donc dans la pyramide juridique sur la biodiversité au Mali. Toutefois, il n'est pas tout de même suffisant pour relever le défi de protection. C'est pourquoi au plan national, une riposte juridique beaucoup plus quantitative a été faite. De nombreux textes législatifs et réglementaires ont été édictés pour ce faire. Un examen du régime de ce droit national permettra de mesurer son importance et son efficacité.

CHAPITRE II

LES ORIENTATIONS DÉFINIES PAR LA LÉGISLATION NATIONALE

L'Afrique est un continent bénéficiant d'une grande diversité faunique et forestière avec un patrimoine riche et varié. Or, cette richesse subit à l'heure où nous sommes, de considérables menaces à cause de l'Homme et du climat. Prélèvements anarchiques, altération des conditions naturelles d'habitat, croissance démographique, urbanisation, forte industrialisation et modification substantielle de l'habitat, voilà autant de phénomènes qui ont négativement influé sur le potentiel environnemental de l'Afrique. Le Mali n'échappe pas à une telle réalité. En vérité, la destruction des espèces et les écosystèmes constituent les effets pervers de ces phénomènes. C'est dire par là, toute la nécessité voire l'urgence d'une protection du patrimoine naturel existant au Mali. Une telle protection de la biodiversité, sinon de la faune et flore, passe nécessairement par des instruments juridiques. D'où l'existence au Mali d'une politique de protection de la nature et des ressources naturelles, et donc de la biodiversité.

En effet, la politique de protection de la nature et des ressources naturelles au Mali est relativement ancienne. Elle a subi de nombreuses mutations avec l'accession à la souveraineté internationale et, surtout avec les conférences internationales voire l'adoption des textes internationaux sur l'environnement. Ainsi, la conférence de Stockholm de 1972, de Rio de Janeiro de 1992 n'a fait que confirmer l'option du pays dans le domaine de la protection de la biodiversité. De ce fait, l'article 15 de la Constitution du 25 février 1992 constitutionalise la protection de l'environnement et lui donne une assise juridique importante[200]. Cette politique de protection de l'environnement se manifeste par l'édiction d'une réglementation importante afférente à la

[200] La constitution du 25 février 1992 consacre non seulement un droit de l'Homme à l'environnement, mais impose aussi l'obligation à tous y compris l'Etat et ses émanations, tout comme les personnes privées, de protéger l'environnement. Ainsi, pour l'Etat et les collectivités décentralisées, cette obligation de protection de l'environnement se traduit par l'édiction des lois et règlements sur l'environnement, l'adoption d'une planification environnementale. C'est ce dispositif juridique qui constitue la base juridique de protection de l'environnement au Mali.

protection des espèces. Face à la destruction irréversible de la biodiversité, le législateur malien a mis en place un dispositif juridique consistant. Ce cadre normatif forme la législation nationale permettant de maintenir ou de rétablir les équilibres écologiques essentiels au développement durable du pays.

La législation nationale sur la biodiversité s'entend donc à l'ensemble des textes législatifs et réglementaires édictés par les pouvoirs publics en vue de régir la vie sauvage. De cette législation, se dégage un ensemble de réglementations constitutives du régime juridique de protection directe des espèces (Section I) et ce des écosystèmes considérés comme habitats des espèces (Section II).

Section I : la protection directe des espèces

La protection de la faune et la flore ne vise ni tous les animaux ni tous les végétaux. Il s'agit simplement des espèces sauvages appartenant au patrimoine biologique national. Pour les animaux, ce sont les animaux non domestiques perçus comme la faune sauvage et définie en ces termes par la législation nationale « *la faune sauvage est constituée de tous les animaux vivant en liberté, dans leur milieu naturel* [201]». Il s'agit précisément des espèces animales vivant en liberté dans leur milieu naturel. Quant aux végétaux, la protection concerne les espèces végétales vasculaires non cultivées. C'est-à-dire l'ensemble des espèces végétales croissant dans le milieu naturel[202].

En vertu de la législation nationale, les mesures de protection visent soit les espèces animales et végétales sauvages qui présentent un intérêt scientifique particulier, soit celles qui répondent aux nécessités de préserver le patrimoine biologique[203]. Ainsi, il importe de préciser les procédés juridiques institués (Parag I), et la réglementation des prélèvements (Parag II) favorisant cette protection au Mali.

---

[201] Loi n°95-031/AN-RM du 20 Mars 1995 fixant les conditions de gestion de la faune sauvage et de son habitat, art. 3.

[202] Loi n°02-017/AN-RM du 03 juin 2002 régissant la détention, le commerce, l'exportation, la réexportation, l'importation, le transport et le transit de spécimens d'espèces de faune et de flore sauvages, art. 7

[203] Loi n°95-004/AN-RM du 18 janvier 1995 fixant les conditions de gestion des ressources forestières, art.16

Paragraphe I : les moyens juridiques de protection des espèces

La protection de la vie sauvage au Mali se fonde principalement sur une diversité des instruments normatifs, mais aussi, sur une pluralité des mécanismes. Ces instruments ont consacré des principes considérés comme des postulats essentiels pour atteindre des objectifs de protection. D'ailleurs, c'est pour cette raison qu'ils sont consacrés à la fois par les différents textes notamment, la loi n°95-031/AN-RM du 20 Mars 1995 fixant les conditions de gestion de la faune sauvage et de son habitat, la loi n°02-017/AN-RM du 03 juin 2002 régissant la détention, le commerce, l'exportation, la réexportation, l'importation, le transport et le transit de spécimens d'espèces de faune et de flore sauvages, et la loi n°95-004/AN-RM du 18 janvier 1995 fixant les conditions de gestion des ressources forestières.

Pour le reste, dans ces lois, le législateur malien a procédé à l'établissement de la liste des espèces végétales et animales sauvages faisant l'objet d'une protection intégrale ou partielle. De ce fait, il importe d'examiner les principes de protection institués (A) avant de préciser la liste des espèces sous protection intégrale ou partielle (B).

A/ les principes de protection établis

La législation malienne sur la protection de la vie sauvage prévoit plusieurs principes. Il s'agit des règles générales qui paraissent indispensables pour parvenir aux objectifs de protection. Certains de ces principes ont une vocation prudentielle, visant à éviter une atteinte grave ou irréversible à la biodiversité. D'autres ont vocation à assurer une participation ou une responsabilisation des acteurs. Un examen, les uns et les autres, permet de mesurer leur pertinence dans la préservation du patrimoine biologique national.

1- les principes prudentiels

Des principes prudentiels ont été consacrés par les lois nationales sur la biodiversité, il s'agit du principe de précaution et de prévention. Leur consécration est faite par la loi fixant les conditions de gestion des ressources forestières, en ces termes, « *Avant de procéder à des fouilles dans le sol ; d'exploiter des carrières ou des mines, d'ouvrir une voie de communication ou d'en rectifier le tracé, d'édifier des ouvrages sur le domaine forestier, toute personne physique ou morale est tenue : d'en avoir l'autorisation préalable auprès des autorités compétentes ; de prendre toutes mesures de protection de l'environnement prescrites par la législation en vigueur* [204]». Cette disposition est quasiment reprise par l'article 34 de la loi n°95-031/AN-RM du 20 Mars 1995 fixant les conditions de gestion de la faune sauvage et de son habitat. Ces dispositions contiennent l'esprit de ces deux principes phares : la précaution et la prévention.

Le principe de prévention exprime un modèle préventif qui s'impose avec plus de force lorsque les dommages présentent la caractéristique d'être irréversibles. En effet, la nature n'est pas un ensemble inépuisable de richesses en perpétuel renouvellement. Nombre d'actions ont des conséquences irrémédiables sur elle : une espèce endémique ne peut être remplacée car elle est unique en son genre, de même une forêt tropicale coupée à blanc est anéantie à jamais. Pour chacune de ces destructions le retour à la situation antérieure est définitivement exclu car chaque milieu est irremplaçable[205]. Rien ne garantit non plus que les générations futures disposent de moyens nécessaires pour effacer les cicatrices du passé. Même si, ces mesures préventives ne parviennent pas à éviter totalement les risques écologiques, elles ont au moins le mérite de réduire leur survenance parfois. Dans ce modèle de penser, les dommages ne devraient d'ailleurs se produire qu'accidentellement. Ainsi, l'on découvre de la sorte, chez le législateur malien, les vertus de la maxime « *mieux vaut prévenir que guérir* ». Eviter l'irréparable tel devrait donc être le maître mot.

Quant au principe de précaution, il relève du modèle anticipatif, qui n'a commencé à s'imposer que lorsque les dommages écologiques ont revêtu une dimension planétaire. Endormie dans les promesses d'un monde très sûr, la civilisation occidentale, sensée universelle, a été brutalement réveillée dans les années 1980 par l'épreuve d'une

---

[204] Loi n°95-004 du 18 janvier 1995, Op. Cit. art.30

[205] RAYNAUD (P.), « *La gestion des espaces naturels* », Rev.fr. Adm. Public, janvier-mars 1990, n°53, p.33

vulnérabilité inattendue. Depuis lors, les menaces globales se dessinent et précisent. Les constats sont amers : marées noires[206], accidents nucléaires[207], accidents industriels[208], disparition massive d'espèces biologiques, changements climatiques, désertification, acidification des écosystèmes etc. Ces questions sont devenues préoccupant partout au monde. L'appréhension dont on avait cru s'affranchir en adoptant une démarche préventive combinée avec des mécanismes assurantiels, revient sous une autre forme. C'est dans un contexte particulièrement bouleversé, qu'émerge ce modèle de nature anticipative qui renvoie à la notion de précaution.

En adoptant ce principe, le législateur malien entend exiger l'adoption des mesures de protection de la biodiversité, même si l'existence d'un danger ou d'un risque n'est pas attestée ou certifiée. En quelque sorte, la précaution prend soit la forme d'une injonction à agir alors même que la nature du risque n'est clairement identifiée, soit la forme d'une obligation de s'abstenir au motif qu'une menace pèserait sur l'environnement. Les choix d'aujourd'hui devront pouvoir refléter sur un avenir encore incertain. En plus de ces deux principes préventif et anticipatif, d'autres sont effectivement pris en compte par le législateur malien.

---

206 Elles sont nombreuses et diversifiées. Elles sont écocides et humanicides. Ainsi, nous avons les marées noires ou autres pollutions des mers :
- Torrey Canyon 1967
- l'Amoco Cadiz mars 1978
- Exxon Valdez mars 1989
- Erika affrété par la Cie TOTAL décembre 1999
- Le chimiquier Iévoli-Sun Le 31 octobre 2000,
- le pétrolier le Prestige novembre 2002

207 En effet, la production d'énergie nucléaire réserve aussi ses mauvaises surprises :
- Le 28 mars 1979, à Three Miles Island
- Le 25 avril 1986 à Tchernobyl,
- Le 11 mars 2011, Fukushima,

208 L'industrie chimique présente aussi un triste palmarès :
- En 1959, de Minamata
- En Italie, en 1976, Seveso,
- Le 21 mars 1980, Love Canal aux Etats-Unis (Etat de New York)
- Dans la nuit du 3 au 4 décembre 1984, à Bhopal en Inde,
- Le 31 octobre 1986, à Bâle,
- Le 21 septembre 2001, l'explosion de l'usine AZF

2- les autres principes de protection institués

D'abord, nous avons le principe impliquant la participation de tous à la protection de la vie sauvage. Il s'agit d'un principe général selon lequel, l'Etat, les collectivités territoriales décentralisées et les particuliers sont astreints à prendre des mesures de protection des ressources forestières[209], des ressources fauniques[210], chacun dans son domaine. En réalité, la protection des espèces sauvages et donc de la biodiversité nécessite une implication de tous et de chacun, les pouvoirs publics et les particuliers, d'où la responsabilisation par le législateur. Or, la responsabilisation de tous les acteurs dans la sage gestion de la biodiversité suppose leur engagement dans une dynamique de cogestion permettant la mise en œuvre d'une gestion collégiale et concertée de ces ressources.

En outre, la législation malienne consacre le principe de restauration et de réparation de la nature après exploitation ou utilisation irrationnelle. De ce fait, la loi fixant les conditions de gestion de la faune sauvage et de son habitat, en exprime le mieux en ces termes « *Toute personne physique ou morale ayant entrepris des travaux de prospection, de construction ou d'exploitation dans le domaine faunique est tenue de mettre les lieux en l'état ou d'effectuer des travaux compensatoires au profit des propriétaires du domaine*[211] ». Il en est de même que pour le domaine forestier national[212]. De cette disposition, découlent deux principes généraux : la restauration et la compensation résultant du principe pollueur payeur. En effet, le législateur malien fait référence au mécanisme de compensation. C'est un aveu d'échec, car ce qui fait l'objet d'une compensation économique, financière ou même en nature a été très probablement irrémédiablement détruit ou perturbé. Or, on ne peut remplacer un milieu naturel, un biotope ou une espèce disparue. On fait payer au pollueur une pollution pour laquelle il n'y a pas de « *restitution in integrum*[213]» possible, ce qui n'est qu'un pis-aller qui s'inspire directement des mécanismes de réparation en droit de la responsabilité totalement inadaptés au dommage écologique. La

---

[209] Loi n°95-004/AN-RM du 18 janvier 1995, Op. Cit. art.28
[210] Loi n°95-031/AN-RM du 20 Mars 1995, Op. Cit. art.33
[211] Idem, article 35.
[212] Loi n°95-004/AN-RM du 18 janvier 1995, Op. Cit. art.31
[213] Expression latine qui signifie restriction intégrale.

compensation en nature accompagne souvent certaines mesures d'autorisation telle, la remise en état des carrières prescrites par l'autorisation d'exploiter. Elle s'assimile alors aux multiples formes de remise en état des lieux à la charge du pollueur.

Par ailleurs, la réparation consiste aussi la remis en état de l'environnement. Autrement dit, il s'agit de restaurer la nature, les écosystèmes ou les forêts après l'accomplissement d'une « *activité écocide* [214]» ou destructrice des écosystèmes. Toutefois, ces principes ne sont pas les seuls prévus par le droit positif de l'environnement au Mali. D'autres, résultant des Conventions internationales ratifiées ou approuvées par le pays viennent s'ajouter. Faire de l'environnement une valeur à protéger, c'est lui reconnaitre juridiquement une place au sein de la hiérarchie complexe des droits et principes fondamentaux. Plusieurs textes internationaux, auxquels, le Mali est Etat partie, consacrent des principes de protection de la vie sauvage tels : le principe d'intégration, le principe de coopération entre acteurs, le principe de concertation, etc. Cependant, ces principes ont une finalité unique : la protection de l'environnement et de la biodiversité. Il convient d'identifier les espèces sauvages sous protection légale au Mali.

B/ les espèces de la faune et flore protégées

Conscient qu'elles sont menacées d'extinction, le législateur malien a décidé de placer sous protection intégrale ou partielle certaines espèces de la faune et flore sauvages. Cette protection se justifie par la souveraineté permanente que l'Etat dispose sur les ressources naturelles. Elle se justifie aussi par la responsabilité de la conservation de la biodiversité et de l'utilisation durable des ressources biologiques. Concrètement, il s'agit des fondements juridiques de la protection de ces ressources. D'ailleurs, ces fondements juridiques trouvent leur pendant dans la convention spécifique des nations unies de 1992 sur la biodiversité. Ce texte stipule que *« les Etats ont le droit souverain d'exploiter leurs propres ressources selon leur politique d'environnement et ils ont le devoir de faire en sorte que les activités*

---

[214] Expression qui signifie toute activité pouvant avoir un impact destructif sur l'environnement.

exercées dans les limites de leur juridiction ou sous leur contrôle ne causent pas de dommage à l'environnement [215]».

Au paravant, ce principe de la souveraineté permanente sur les ressources naturelles avait été élaboré dans le cadre des relations économiques internationales en 1962[216]. Il a connu une certaine fortune avec sa confirmation par la charte des droits et devoirs économiques des Etats en ces termes « *Chaque Etat détient et exerce librement une souveraineté entière et permanente sur toutes ses richesses, ressources naturelles et activités économiques, y compris la possession et le droit de les utiliser et d'en disposer* [217]». L'Etat du Mali s'emploie constamment à concrétiser ce principe.

Autre part, la convention sur le commerce international des espèces de faune et de flore sauvages menacées d'extinction, avait posé le principe de la protection des espèces plus ou moins menacées d'extinction. Elle a établi des listes d'espèces menacées ou vulnérables tout en laissant le soin aux Etats d'en faire autant au plan national. Donc, c'est en application de ces principes que le pays a établi des listes d'espèces sauvages bénéficiant d'une protection totale ou partielle en raison des menaces pesant sur elles ou même de leur valeur pour les populations.

1- les espèces fauniques sous protection

Le Mali est caractérisé par la diversité de sa faune. La richesse de la faune s'explique par la grande diversité des habitats. En rappel, le patrimoine faunique du Mali compte 136 espèces de mammifères dont 70 sont de grands mammifères, au moins 640 espèces d'oiseaux sont connues dont 15 sont considérées comme rares, de reptiles constitués de tortues, de pythons et les crocodiles, d'amphibiens et dix autres espèces de poissons[218]. En effet, depuis des années, des études

---

[215] ONU, Convention sur la biodiversité, art. 3.

[216] Le principe de la souveraineté permanente sur les ressources naturelles a été élaboré par la résolution 1803 des Nations Unies du 14 décembre 1962.

[217] La charte des droits et devoirs économiques des Etats adoptée le 12 décembre 1974 par l'Assemblée Générale des Nations Unies, art.2

[218] MEA, Direction Nationale des Eaux et Forêts, « *Cinquième Rapport National sur la mise en œuvre de la Convention sur la Diversité Biologique* », Bamako, Mai 2004, p. 6

ponctuelles sur la faune révèlent une nette régression des effectifs des grands ruminants. Elles montrent que certaines espèces de mammifères, de reptiles et d'oiseaux ont disparu ou sont menacées de disparition au Mali[219]. Or, certaines de ces espèces présentent des intérêts particuliers à cause de valeur protéinique, nutritive, scientifique, esthétique ou touristique.

C'est fort de ce constat, que le législateur malien a édicté des mesures de protection de certaines espèces. Ainsi, la chasse des femelles gestantes ou suitées, des nouveau-nés et des jeunes n'ayant pas atteint la moitié de la taille adulte, est interdite pour toutes les espèces de gibier[220]. Pour les oiseaux et les reptiles protégés, sont prohibés, le ramassage, le transfert, l'échange des œufs ainsi que la destruction des couvées et des nids sauf autorisation du service chargé de la faune.

Par ailleurs, des espèces nommément désignées bénéficient d'une protection intégrale ou partielle de la part du législateur. Elles sont diverses et diversifiées et présentent des intérêts singuliers pour les populations. A présent, il nous parait judicieux de les identifier au moyen d'un tableau propre à chaque catégorie. Le premier contient les espèces intégralement protégées et le second renferme celles à protection partielle. Les espèces intégralement protégées sont celles soustraites de tout prélèvement sauf pour des raisons scientifiques. Elles sont énumérées dans le tableau 1 selon leur appellation en français, en latin et en Bamanan.

---

[219] MEA, Direction Nationale des Eaux et Forêts, « 5*Quatrième Rapport National sur la mise en œuvre de la Convention sur la Diversité Biologique* », Bamako, Août 2009, p.21

[220] Loi n°95-031/AN-RM du 20 Mars 1995, Op. Cit. art.49.

Tableau 1 : les espèces de la faune intégralement protégées

Nom Français	Nom Latin	Nom Bamanan
Les Mammifères		
Chimpanzé	*Pan troglodytes*	Woronin
Colombes	*Colobus sp*	Soulafin
Panthères ou Léopards	*Panthera pardus*	Waraninkalan
Guépard	*Acinonux jubatus*	Kolokari
Chat doré	*Felis aurata*	Jakumawara
Loutres	*Lutrinae*	Jiwulu
Pangolins	*Manis spp*	Kooso-kaassa
Orycterope	*Orycteropus afer*	Tinba
Addax	*Addax nasomaculatus*	dankalakule
Oryx algazelle	*Oryx dammah*	
Gazelle dama (Biche robert)	*Gazella dama*	
Mouflon à manchettes	*Ammortragus lervia*	Kungo-sagajigi
Damalisque	*Damaliscus korrigum*	Togolafin
Gazelle dorcade	*Gazella dorcas*	Sin
Céphalophe a flanc roux	*Cephalophus rufilatus*	Kokunani
Hippopotame nain	*Choerepsis liberiensis*	Malikurunin
Buffle	*Syncerus caffer*	Sigi
Elan de derby	*Taurotragus derbianus*	minanjan
Girafe	*Girafa camelopardalis*	Tile, namu
Eléphant	*Loxodonta africana*	Sama
Cynhyène ou lycaon	*Lyacaon pictus*	naasiwulu
Lamantin	*Trichechus senegalensis*	ma

Nom Français	Nom Latin	Nom Bamanan
Femelles d'antilopes qui ne portent pas de cornes		
Les Oiseaux		
Bec en sabot	*Balaenicep rex*	Sa-kunu*ba-la-sama
Messager serpentaire	*Sagittarius serpentarius*	
Jaribu	*Ephippiorhynchus senegalensis*	
Comatibus chevelu	*Comatibus eremita*	
Marabout	*Leptoptilos crumeniferus*	Temu
Tous les vautours et Charognards	*Peudogyps africanus Aegyppius monachus*	Duga
Oricou	*Torgos tracheliotus*	Duga
Aigrettes	*Egretta ssp*	Nkunanj
Cigognes	*Ciconiidae spp*	Baninkônô
Héron garde bœuf	*Ardeola ibis*	Nkunanj
Ombrette	*Scopus umbretta*	Tentan
Sâtule	*Platalea alba*	
Tous les Flamants	*Phoenicopterus spp*	
Pelicans	*Pelicanus spp*	Kulanjan
Ibis	*Ibis spp*	
Grand Calao d'abyssinie	*Bucorvus abyssinicus*	Dib n
Pintade à poitrine blanche	*Agelastes meleagrides*	Kami-disi-jè
Grue couronnée	*Balearica pavonina*	
Les oiseaux de proie	*Falconiformes*	Nkuman
Hiboux et chouettes	*Strigiformes*	Gingin
Autriche	*Struthio camelus*	K n-sogonti
Les Reptiles		
Tous les Crocodiles		Bama, Basa

***Source* : Loi n°95-031/AN-RM du 20 Mars 1995 fixant les conditions de gestion de la faune sauvage et de son habitat, Annexe I.**

Quant aux espèces partiellement protégées, ce sont celles pour lesquelles le régime de chasse est étroitement limité et dont le permis de chasse est assorti de latitude d'abattage. La latitude d'abattage est le nombre maximum d'animaux par espèce dont l'abattage ou la capture est autorisée pour chaque catégorie de permis pendant une période déterminée. Ces espèces à protection partielle figurent dans le tableau suivant, selon leur appellation en français, en latin et en Bamanan, et selon la latitude d'abattage.

<u>Tableau 2</u> : les espèces animales partiellement protégées

Nom Français	Nom Latin	Nom Bamanan	Latitude d'Abattage
Classe A Mammifères			
Lion	*Panthera leo*	waraba	1 (un)
Hippopotame	*Hippopotamus amphibus*	mali	1 (un)
Hippotrague	*Hippotragus equinus*	daje	1 (un)
Cobe defassa	*Kobus defassa*	sen-sen	1 (un)
Bubale major	*Alcephalus-Buselaphus major*	tank n	1 (un)
Classe B Mammifères			
Cobe de Buffon	*Kobus kob*	son	1 (un)
Guib harnaché	*Tragelaphus scriptus*	minan	2 (deux)
Cobe redunca	*Redunca redunca*	konkoron	1 (un)
Gazelle à front roux	*Gazella rufifrons*	sinè	2 (deux)
Céphalophe de Grimm	*Sysvicapra grimma*	mankalan	3 (trois)
Ourébi	*Ourebia ourebi*		3 (trois)
Caracal	*Felis caracxal*	nkolonin	3 (trois)
Serval	*Felis serval*	monokon	3 (trois)

Ratel	*Melivora capensis*	daamè	3 (trois)
Oiseaux			
Outarde arabe	*Otis arabs*	tunkaba, kolonkono	1 (un)
Outarde de Denham	*Neeotis denhami*	tukan, gringo	1 (un)
Reptiles			
Tortues d'eau douce	*Cyclanorbis senegalenis Trionux triangus*	tacou ou na	2 (deux)
Tortues terrestres	*Testudo sulcata*	kooro-kaara	2 (deux)

***Source* : Loi n°95-031/AN-RM du 20 Mars 1995 fixant les conditions de gestion de la faune sauvage et de son habitat, Annexe II.**

Les espèces de la flore sauvage ne sont pas exclues de la protection juridique. Certaines d'entre elles bénéficient d'une protection particulière. Il importe de les identifier.

2- les espèces végétales protégées

Au Mali, la flore est constituée de près de 1739 espèces spontanées réparties entre 687 genres provenant de 155 familles dont les plus importantes sont au nombre de trois « *les Poaceae*[221], *les Fabaceae*[222] *et les Cyperaceae*[223] »[224]. Néanmoins, toutes ces espèces ne bénéficient pas d'une protection légale. Certaines essences sont particulièrement protégées en raison de leur intérêt économique, socio-culturel ou scientifique[225]. Du coup, leur abattage et arrachage sont

221 Famille de plantes herbacées de l'ordre des poêles, généralement non ramifiée sauf au niveau du sol où se produit souvent le phénomène du tallage.

222 Famille de plantes dicotylédones, à laquelle appartiennent entre autres l'acacia, le mimosa. Les dicotylédones constituent la classe des végétaux comprenant les plantes à ovaires renfermant deux cotylédons dans l'embryon de leur graine.

223 Famille de plantes monocotylédones poêles (dont l'embryon porte une seule feuille), herbacées en touffe des lieux humides.

224 MEA, Direction Nationale des Eaux et Forêts, « *Cinquième Rapport National sur la mise en œuvre de la Convention sur la Diversité Biologique* », Op. Cit., p. 6

225 Loi n°95-004/AN-RM du 18 janvier 1995, Op. Cit. art.16

prohibés sauf autorisation expresse. Certes, ces essences sous protection spéciale ne sont pas aussi quantitatives, mais elles sont tout de même qualitatives au regard des vertus qu'elles procurent aux populations. Elles sont énumérées dans un tableau unique selon leur appellation en français, en latin et en Bamanan, étant entendu qu'il n'y a pas d'espèces végétales partiellement protégées.

<u>Tableau unique</u> : les espèces végétales protégées[226]

Nom Français	Nom Latin	Nom Bamanan
Palmier à huile	*Elaeis guineensis Jacq*	N'te sun
Rônier	*Borassus aethipium mart*	sebe sun
Poir Vène	*Pterocarpus erinaceus*	
Lenge	*Afzelia africana Smith*	
Gommier	*Acacia senegal Wild*	
Lin. r 11	*Parkia biglobosa Benth*	
Karité	*Butyrospermum paradoxum*	shii sun
Kapokier	*Bombax costatum Pallegre Vuiller*	
Caïlcédrat	*Kaya Senegalensis Juss*	djala sun
Balansan	*Acaciaalbida*	balansan sun
Fingalama	*Anogelsus leiocarpus*	galama sun

Toutefois, il convient de préciser que cette liste n'est pas exhaustive. En effet, les collectivités territoriales décentralisées peuvent protéger par arrêté, partiellement ou totalement, de façon temporaire ou définitive dans leur juridiction ou domaine forestier, toutes les espèces qu'elles jugeront utiles de protéger[227]. Ce qui signifie que d'autres espèces pourront faire l'objet de protection locale.

En somme, il existe plusieurs autres espèces ne faisant l'objet d'aucune protection spécifique. Pour les espèces fauniques non protégées, leur liste est dressée à l'annexe III de la loi n°95 fixant les conditions de gestion de la faune sauvage et son habitat. L'exploitation

[226] Ibidem, art. 17
[227] Idem, art.18

de ces espèces de la faune et flore sauvages fait l'objet d'une réglementation qu'il convient d'analyser.

Paragraphe II : la réglementation des prélèvements

On entend par prélèvement tout acte par lequel un animal ou une espèce végétale est soustrait à son milieu de vie, qu'il soit, notamment dans le cas de l'animal, tué ou simplement capturé. Les formes les plus courantes et les plus menaçantes pour la préservation des espèces sont surtout la chasse, la pêche et l'exploitation de bois. On aurait pu y ajouter la collecte des plantes médicinales, mais, elle est très peu réglementée au Mali sauf sous l'angle de l'exportation de ces plantes. L'exploitation de bois sera abordée avec la protection des aires de conservation car elle constitue une forme de défrichement.

Une simple coutume issue du droit romain a consacré le gibier[228] comme une *res nullius*[229] permettant tous les abus puisqu'il n'en résulte aucun devoir de protection de la faune. Or chez nous en Afrique, singulièrement au Mali, même si une telle coutume existait, elle est autrement vécue. Il existe un devoir naturel de respecter certaines espèces de la faune sauvage en raison de leur vulnérabilité ou leur caractère mystique. C'est pourquoi, les femelles gestantes ou suitées, les nouveau-nés et des jeunes n'ayant pas atteint la moitié de la taille adulte n'étaient pas en général chassés[230]. La chasse est donc une activité traditionnelle et immémoriale qui constitue un moyen et une méthode de régulation des populations animales et qui demande à ce titre à être rationalisée. La chasse et la pêche constituent un prélèvement

---

[228] Constitue un gibier tout animal sauvage faisant l'objet de chasse.

[229] Expression latine qui désigne les objets sans valeur pour l'homme.

[230] DIALLO Bakary, membre de la confrérie des chasseurs de la zone de Ganadougou, nous explique que, « *la chasse telle que pratiquée traditionnellement au Mali, a toujours été faite dans le respect de certaines règles coutumières. Tout n'est pas permis aux chasseurs. Toutes les espèces animales sauvages ne sont pas à chasser. Certaines bénéficient de protection en raison de leur caractère mystique, de leur valeur pour les populations, ou de leur vulnérabilité. Ces règles de protection sont connues de tous chasseurs dignes de ce nom, et violation peut entrainer des représailles. La chasse selon notre tradition obéît à des mœurs que tout bon pratiquant doit connaître et respecter. C'est pourquoi, nous sommes organisés en confréries* », Entretient accordée le 16 Janvier 2017 à son domicile à Boissa, un village situé dans la circonscription administrative de Niëna, Cercle de Sikasso.

artificiel sur les ressources naturelles de la faune terrestres et aquatiques. Elles sont devenues des activités vitales pourvoyeuses de richesse, et c'est surtout ce but économique qui pousse aujourd'hui au massacre de certaines espèces, imposant ipso facto une réglementation plus rigoureuse des conditions et modalités de leur pratique.

Ainsi, nous allons examiner cette réglementation de la chasse (A) et de la pêche (B).

A/ la réglementation de la chasse

Les conditions générales de protection et d'exploitation de la faune sauvage dans le domaine faunique national[231] sont réglementées. Cette réglementation résulte de la loi n°95-031/AN-RM du 20 Mars 1995 fixant les conditions de gestion de la faune sauvage et de son habitat, et ses règlements[232] d'application. Le domaine faunique national comprend les aires mises à part pour la conservation de la vie animale sauvage. Il s'agit des réserves naturelles intégrales, les parcs nationaux, les réserves de faune, les réserves spéciales ou sanctuaires, les réserves de la biosphère, les zones d'intérêt cynégétique et tout périmètre consacré à des buts particuliers de protection ou de valorisation de la faune. La réglementation en vigueur a ajouté de nouveaux éléments au dispositif antérieur : la détermination du

---

[231] Le domaine faunique national se répartit en domaine faunique de l'Etat, domaine faunique des collectivités territoriales décentralisées, et domaine faunique des particuliers.

[232] Il s'agit du décret n°97-051/P-RM du 31 janvier 1997 fixant conditions et les modalités d'exercice de la profession de guide de chasse, le décret n°97-052/P-RM déterminant les modalités et les conditions d'exercice des droits conférés par les titres de chasse, le décret n°99-321 du 04 octobre 1999 fixant les modalités de classement et de déclassement des réserves de faune, des sanctuaires et les modalités de création de zones d'intérêt cynégétique des ranches de gibier dans les domaines fauniques de l'Etat, le décret n°00-021 du 19 janvier 2000 fixant les attributions, la composition, l'organisation et les modalités de fonctionnement des conseils de chasse, le décret n°01-136 du 23 mars 2001 fixant les taux des redevances et des taxes perçues à l'occasion de l'exploitation de la fane dans le domaine faunique de l'Etat ; l'arrêté interministériel n°97-972/MATS/MDRE/MFC/MIAT-SG portant réglementation de l'importation temporaire d'armes de chasse par les touristes, l'arrêté n°95-2489/MDRE-SG du 14 novembre 1995 déterminant d'exercice de la chasse rituelle et du droit d'usage en matière de chasse, l'arrêté n°98-0139/MDRE-SG définissant les conditions de délivrance des permis et des autorisations spéciales de chasse aux étrangers non-résidents.

domaine faunique national, la redéfinition des pouvoirs des agents des eaux et forêts, la responsabilisation des guides de chasse et l'organisation des chasseurs.

La chasse est donc une activité strictement réglementée. Elle est définie par la loi fixant les conditions de gestion de la faune sauvage et de son habitat comme « *l'action de rechercher, de poursuivre, de capturer, de blesser, de tuer un animal sauvage, de ramasser les œufs ou détruire les nids des oiseaux et des reptiles* [233]». Concrètement, cette définition exclut la chasse photographique qui se limite à la capture de l'image de l'animal. Cette forme d'exploitation de la faune sauvage ne peut être assimilée juridiquement à la chasse puisqu'elle ne porte atteinte, en principe, ni à la liberté, ni à l'intégrité des animaux. En effet, il existe différents types de chasse dont certaines formes sont autorisées, d'autres contrôlées, ou tout simplement prohibées par la réglementation malienne.

1- les formes de chasse

Au Mali, certains types de chasse sont autorisés tandis que d'autres ne le sont pas. D'abord, les formes de chasse autorisées se divisent en deux groupes : la chasse coutumière ou traditionnelle et la chasse sportive et commerciale. L'expression chasse coutumière ou traditionnelle n'est pas expressément utilisée par le législateur malien qui parle plutôt de chasse rituelle. Pourtant, la chasse traditionnelle repose sur ce que l'on pourrait appeler un droit acquis remontant à la période précoloniale et consistant essentiellement à l'abattage du gibier. La pénétration de la civilisation occidentale en Afrique, en facilitant l'accès aux armes à feu, a modifié l'impact de cette forme de chasse sur la protection des ressources cynégétiques. Elle prend une ampleur inquiétante, ce qui a poussé le législateur malien à interdire ou contrôler la chasse coutumière. Ainsi, la chasse rituelle est celle pratiquée dans le cadre exclusif d'une association de chasseurs à l'occasion d'une cérémonie rituelle. Elle est soumise à une autorisation du service chargé de la faune[234].

---

[233] Loi n°95-031/AN-RM du 20 Mars 1995 fixant les conditions de gestion de la faune sauvage et de son habitat, art. 5

[234] Loi n°95-031/AN-RM du 20 Mars 1995, Op. Cit. art.69.

La chasse sportive consiste en l'abattage simplement pour le plaisir de la performance des animaux dont la liste est fixée par la loi. Cette forme de chasse n'est pas couramment pratiquée par les maliens pour lesquels la chasse est principalement une activité nourricière. La chasse commerciale, quant à elle, est largement pratiquée indifféremment par les différents pratiquants. Elle consiste en l'abattage autorisé d'espèces non menacées dont la viande et/ou le trophée[235] sont recherchés et ont donc une valeur commerciale. Toutefois, ces formes autorisées de chasse doivent s'exercer pendant les périodes de chasse car la chasse peut être fermée pour une période plus ou moins longue sur tout ou partie du territoire national pour l'ensemble ou une partie des espèces par décret pris en conseil des ministres[236].

En outre, le braconnage constitue la forme illicite de chasse. Il s'entend de l'abattage illicite et massif d'animaux y compris des espèces protégées à des fins mercantiles, que ce soit pour le marché local ou pour l'exportation. Cette forme de chasse est formellement interdite par la législation malienne. Le législateur le définit comme l'exercice illégal de la chasse, c'est-à-dire l'exercice de la chasse en violation de la réglementation. La chasse illicite est constitutive d'infractions et pénalités[237]. L'exercice légal de la chasse obéit en revanche à certaines formalités prévues par cette loi et ses règlements d'application.

2- l'exercice du droit de la chasse

L'activité de chasse au Mali est soumise à un permis ou une autorisation administrative de chasse. Cette régulation du prélèvement par le biais du permis joue un rôle non négligeable dans la protection de la faune. Le législateur malien ne définit pas le permis de chasse. Néanmoins, nous pouvons le définir comme l'acte par lequel l'administration autorise une personne à pratiquer tel type de chasse en fonction de la catégorie de son permis. En principe, la loi interdit de chasser sans permis. Les exceptions à cette règle concernent la chasse traditionnelle ou rituelle ou la légitime défense. Le permis de chasse est

---

[235] Le trophée désigne tout ou partie d'animal mort appartenant à une espèce sauvage faisant l'objet de chasse.

[236] Loi n°95-031/AN-RM du 20 Mars 1995, Op. Cit. art.47

[237] Idem, art. 130 à 154.

un acte administratif. Il ne s'agit pas d'un acte discrétionnaire de l'administration mais plutôt d'une compétence liée. En effet, l'administration ne peut refuser le permis dès lors que le postulant remplit les conditions prévues par la réglementation.

Le régime des permis de chasse s'applique aussi bien aux citoyens de l'Etat qu'aux étrangers en résidence permanente ou passagère au Mali. Il comporte trois aspects : les conditions de délivrance du permis, le contenu de l'autorisation et les obligations liées au permis. En ce qui concerne les conditions, l'octroi du permis de chasse au Mali se fait à la suite d'une demande déposée par le requérant auprès des autorités compétentes. Il ne peut être délivré qu'aux individus qui se sont conformés à la réglementation en vigueur sur la détention des armes à feu[238]. Aussi, les permis de chasse sont personnels et incessibles. Ils ne peuvent être ni prêtés, ni cédés à titre gratuit ou onéreux. La délivrance est faite après acquittement des droits fixés correspondant à la catégorie de permis sollicité.

Quant au contenu des permis, il porte généralement sur la validité « *rationae loci*[239] » du permis d'une part, et sur les latitudes d'abattage d'autre part. Le permis de chasse détermine toujours le territoire de chasse sur lequel il est valide. Il peut être délivré pour l'ensemble du territoire national ou au contraire seulement pour une circonscription précise. De même, sur le permis de chasse, la latitude d'abattage est précisée. Ainsi, la réglementation indique pour chaque catégorie de chasse le nombre d'espèce qu'un chasseur pourra abattre dans une journée[240]. Par ailleurs, afin d'attirer les chasseurs étrangers,

---

[238] Article 82 de la loi n°95-031/AN-RM du 20 Mars 1995 fixant les conditions de gestion de la faune sauvage et de son habitat, dispose que « *la délivrance des permis de chasse par le service chargé de la faune aux nationaux et aux étrangers résidents est subordonnée à la possession d'un permis de port d'arme. Pour les détenteurs de fusils de traite, le permis de chasse ne sera délivré qu'à ceux dont les armes sont inscrites sur leur carnet de famille* ».

[239] Expression latine qui signifie « en raison du lieu » en français.

[240] Selon l'article 16 du décret n°97-052/P-RM déterminant les modalités et conditions d'exercice des droits conférés par les titres de chasse « *les permis de petite chasse, de moyenne chasse et de grande chasse, ainsi que les autorisations spéciales de chasse donnent le droit d'abattre par jour les animaux non protégés ci-après : un phacochère ; deux lapins ; un cynocéphale ; vingt-cinq spécimens d'oiseaux*

la réglementation malienne leur réserve des secteurs à forte population d'animaux et organise dans ces zones des concessions à des entreprises. Ces zones spécialement définies peuvent être déclarées zones cynégétiques assujetties à un cahier de charges dont les clauses sont précisées par l'administration chargée de la faune[241]. La limitation quantitative de chasse est utile. Elle rationalise le prélèvement des espèces fauniques au moyen de la chasse et empêche que les pratiquants profitent de l'abondance de gibier pour se livrer à un abattage déraisonnable.

Enfin, quant aux catégories de permis, nous pouvons en distinguer deux grandes catégories suivant l'étendue des droits concédés d'une part et suivant le but poursuivi de l'autre. La distinction selon l'étendue des droits concédés renvoie au droit commun des activités cynégétiques. Suivant ce critère, nous distinguons trois classes principales de permis :

- le permis de petite chasse qui est délivré aux détenteurs d'armes de traite. Il donne en principe le droit de chasser sur l'ensemble du territoire, sauf les réserves, et uniquement les animaux non protégés pendant une saison de chasse ;
- le permis de moyenne chasse confère le droit de chasser pendant la durée de la saison de chasse et sur l'ensemble du territoire, excepté les zones d'aménagement faunique. Il confère à son titulaire le droit de chasser les animaux non protégés et des animaux partiellement protégés énumérés dans la classe B de l'annexe II de la loi fixant les conditions de gestion de la faune sauvage et de son habitat et ses textes d'application ;
- le permis de grande chasse est quasi comparable au permis de chasse moyenne. Il est délivré aux personnes possédant des armes de chasse à canon rayé. Il donne à son titulaire le droit de chasser sur l'ensemble du territoire national, les animaux non protégés et ceux à protection partielle prévus à l'annexe II de la loi sus évoquée.

Les permis se distinguent aussi selon le but poursuivi. Selon ce critère, il existe trois catégories de permis : les permis sportifs de

---

terrestres non protégés dont au maximum (deux petites outardes ou canepetières, dix francolins, cinq pintades) ».

[241]L'annexe au décret n°97-051/P-RM du 31 janvier 1997 prévoit le cahier de charges d'amodiation au Mali.

chasse, les permis de capture commerciale et les permis scientifiques de chasse et de capture[242].

- Le permis de chasse sportive confère à son titulaire le droit de chasser les animaux non protégés ou partiellement protégés dans les zones ouvertes à la chasse. Il se divise en quatre types : le permis sportif de petite chasse ; le permis sportif de moyenne chasse ; le permis sportif de grande chasse ; et le permis sportif spécial de chasse d'oiseaux. Chaque type se subdivise en : type A, type B, et type C[243].

- Le permis de capture commerciale se singularise par le fait qu'il ne donne aucun des droits rattachés à un permis de chasse et ne peut donner lieu à l'utilisation d'arme à feu. Il autorise la capture d'animaux vivants en vue de leur revente. Le permis de capture commerciale se subdivise en deux types : le type A pour les nationaux, et le type B pour les étrangers.

- Le permis scientifique de chasse et de capture est délivré par le Directeur national de la faune au titulaire pour des fins scientifiques précises à des représentants d'organismes scientifiques connus. Il donne droit à l'abattage et à la capture des animaux sauvages intégralement protégés. Il est valable sur toute l'étendue du territoire national.

En somme, les titulaires des différents types de permis sus-évoqués doivent s'acquitter de taxes dont les taux dépendent des espèces autorisées et de la qualité du chasseur, résident ou non-résident. Par ailleurs, la protection de la faune se fait d'une part au moyen des restrictions d'ordre général sur la chasse, d'autre part, au moyen de la protection spécifique suivant les espèces. Aussi, l'exploitation des espèces de la faune aquatique ont aussi fait l'objet d'une réglementation.

B/ la réglementation de la pêche

Autrefois activité de subsistance, la pêche en eau douce est devenue une activité génératrice de richesse. Le poisson, juridiquement

---

242 Loi n°95-031/AN-RM du 20 Mars 1995, Op. Cit. art.75

243 Les permis sportifs de classe A (délivrés au nationaux) et B (délivrés aux étrangers résidents) sont valables pour une saison de chasse, et les permis sportifs C (délivrés aux étrangers non-résidents) sont valables pour un mois selon les dispositions des articles 77 et 78 de la loi n°95-031/AN-RM du 20 mars 1995 sur la faune sauvage et son habitat.

« *res nullius* » dans les eaux libres, fait partie de la faune et d'un milieu naturel fragile soumis à de nombreuses causes de dégradation. Bien que le pays soit continental, les ressources halieutiques comportent des enjeux extrêmement importants au Mali. Toutefois, les préoccupations d'environnement et les principes généraux de la loi n°95-032/AN-RM[244] fixant les conditions de gestion de la pêche et de la pisciculture vont conduire, tout en rénovant les règles anciennes du droit de la pêche, à prendre en considération non plus le poisson en soi mais le poisson écologiquement lié au milieu naturel aquatique dans lequel il vit. Cette nouvelle loi innove en traitant du biotope dans lequel évolue le poisson. La prise en considération de la qualité du milieu aquatique était devenue d'autant plus urgente que se multipliaient les menaces directes de détériorations du milieu dans lequel vit la faune piscicole.

D'ailleurs, on sait que la pollution des eaux, surtout des fleuves Sénégal et Niger, d'origine industrielle ou domestique, a été révélé au grand public par des associations de pêcheurs premiers témoins de la dégradation des cours d'eaux. Cependant, il existe d'autres menaces, la multiplication des gravières et sablières dans le lit des cours d'eau entraînent une destruction des zones de frai et d'une partie de la microfaune ; les aménagements hydrauliques et hydroélectriques constituent des obstacles au passage des poissons migrateurs et sources de modifications des débits essentiels à la survie de la faune piscicole. Enfin l'augmentation du nombre des pêcheurs, la diffusion des techniques de pêche, l'absence de limitation de prises par pêcheur ont accéléré la dégradation de la faune piscicole. D'où une réglementation du secteur au Mali. Cette réglementation pose les règles générales relatives à l'exercice du droit de pêche et organise les modalités de la gestion et de la conservation des ressources halieutiques.

1- l'exercice du droit de la pêche

La pêche est une activité qui consiste à rechercher, à capturer du poisson, des mollusques, des crustacés et des algues aquatiques[245]. Le droit de pêche appartient à l'Etat et aux collectivités territoriales

---

[244] Cette loi abroge toutes les dispositions antérieures contraires, notamment la loi n°86-44/AN-RM du 24 Mars 1986 portant code de pêche.

[245] Loi n°95-032/AN-RM fixant les conditions de gestion de la pêche et de la pisciculture, art.3

décentralisées qui peuvent en concéder l'exercice sous réserves des conditions. Toutefois, la concession du droit de pêche ne peut en aucun cas faire obstacle à l'exercice des servitudes[246]. Aussi, nul ne peut pêcher dans les domaines piscicoles de l'Etat et des collectivités territoriales décentralisées s'il n'est muni d'une autorisation ou d'un permis à l'exception de l'exercice des droits[247] d'usage. Les domaines piscicoles de l'Etat[248] et des collectivités territoriales décentralisées [249] sont des composants du domaine piscicole national. Ce dernier comprend : les fleuves, rivières, lacs, mares, étangs, canaux d'irrigation qu'ils soient naturels ou artificiels.

L'exercice de la pêche est soumis donc à l'obtention d'une autorisation administrative, le permis de pêche. L'obtention du permis de pêche se fait à la suite d'une demande et du paiement d'une redevance dont le taux dépend du type de permis sollicité. Les permis de pêche sont strictement personnels et ne peuvent être ni prêtés, ni cédés à titre gratuit ou onéreux. Ils sont donc délivrés « *intuitu personae* [250]» et incessibles. Les permis de pêche se répartissent en quatre catégories :

- le permis de pêche A valable pour les pêcheurs utilisant la senne ou tout autre engin collectif de pêche ou installant des barrages ;
- le permis de pêche B valable pour les pêcheurs détenteurs de filets maillants d'éperviers et palangres ;
- le permis de pêche C valable pour les pêcheurs utilisant des nasses, des lignes et des filets à deux mains ;

---

246 Idem, art.20

247 Les droits d'usages sont ceux par lesquels des personnes physiques ou des communautés jouissent à titre temporaire ou définitif des eaux ou de leurs produits en vue de satisfaire leurs besoins individuels ou collectifs (art.9 de la loi n°95-032/AN-RM fixant les conditions de gestion de la pêche et de la pisciculture). Ce droit d'usage de pêche ne s'exercer dans les réserves piscicoles, les réserves naturelles intégrales, les parcs nationaux, les réserves de faune, les sanctuaires et les forêts classées, sauf dans des cas prévus par leur plan de gestion (art.28 de la loi n°95-032/AN-RM fixant les conditions de gestion de la pêche et de la pisciculture).

248 Le domaine piscicole de l'Etat comprend toutes les eaux publiques, naturelles ou artificielles aménagées ou non.

249 Le domaine piscicole des collectivités territoriales décentralisées comprend les aménagements hydrauliques et piscicoles qu'elles réalisent sur leur territoire ainsi que les eaux publiques qui leur sont concédées par l'Etat.

250 Expression latine qui signifie « en considération de la personne ».

- enfin, le permis de pêche sportive valable pour les amateurs utilisant une seule ligne[251].

Les taux de redevances perçus à l'occasion de la délivrance des permis de pêche sont fixés comme suit : Permis de pêche A : 15 000 FCFA ; Permis de pêche B : 6 000 FCFA ; Permis de pêche C :3 000 FCFA ; Permis de pêche sportive : 1 500 FCFA[252]. Cependant, pour les pêcheurs étrangers, les taux de redevance sont portés au double. Au-delà de cette réglementation de la pêche au Mali, le législateur ne perd pas de vue l'importance de la conservation des ressources et de certaines espèces aquatiques.

2- la protection des ressources halieutiques

La législation malienne en matière de pêche prévoit que des restrictions peuvent être apportées à l'exercice du droit de pêche suivant des conditions déterminées. Le but est de protéger la faune et les milieux aquatiques et de maintenir la production à un niveau raisonnable. Il s'agit des restrictions et interdictions comparables à celles qui existent en matière de chasse. Ainsi, sont interdites, l'utilisation pour tous les types de pêche de tous les moyens et dispositifs de nature à obstruer les mailles des filets ou ayant pour effet de réduire leur action sélective ; la pratique de la pêche à l'aide de la dynamite ou de tout explosif ou assimilé, de substances chimiques, de poisons, de substances radioactives, de drogue ou plantes toxiques, est interdite[253]. De même, sont prohibés l'exportation des ressources halieutiques sans autorisation, l'introduction dans le pays de ressources halieutiques vivantes étrangères. Enfin, la capture, la pêche dans toutes les zones ou aires protégées dont les réserves piscicoles et les eaux mises en défense sont formellement soumises à l'attention d'une autorisation administrative spéciale[254].

Enfin, l'importation et l'introduction d'espèces sont soumises à l'autorisation du chef de service chargé de pêche et lesdites espèces sont accompagnées de certificat sanitaire et certificat d'origine. Le respect

---

[251] Loi n°95-032/AN-RM, Op. Cit. art.22

[252] Décret n°95-182 du 26 avril 1995 fixant les taux de redevance perçus à l'occasion de la délivrance des permis de pêche.

[253] Loi n°95-032/AN-RM, Op. Cit. art.37

[254] Idem, art.38

de ces mesures permet de garantir la protection et la gestion rationnelle de la biodiversité aquatique au Mali. Cependant, en plus de ces mesures de protection directe des espèces de faune et de flore sauvages, il existe d'autres mesures de protection disons indirectes. Elles sont relatives aux moyens de conservation, autrement appelés aires protégées. Il existe aussi de mesures répressives afin de dissuader les délinquants biocides.

Section II : Les mesures de protection indirecte et la répression des infractions

Deux principales catégories d'instruments servent à la protection indirecte des espèces de la biodiversité, à savoir les parcs naturels et les réserves. Les parcs naturels sont une institution relativement ancienne au Mali. Dès son accession à la souveraineté internationale en 1960, il a mis progressivement en place un système d'aires protégées qui constituent des moyens efficaces de conservation *in situ* des ressources biologiques. Le pays dispose à ce jour, de onze aires protégées, dont des parcs nationaux, des réserves de faune et des sanctuaires, couvrant une superficie de 3.882.246 ha et six zones d'intérêt cynégétique de 1.877.789 ha[255]. Le taux de classement du Mali en aires protégées est de 4,6% du territoire national soit 5.760.035 ha. Ce taux s'élève à 6,2% si l'on prend en compte la zone tampon et la zone périphérique de la réserve de biosphère de Baoulé[256].

En outre, ces mesures de protection indirectes tout comme celles de protection directe de la biodiversité sauvage contiennent des aspects répressifs. Leur violation peut entrainer des infractions qui engagent la responsabilité pénale de leurs auteurs. Ainsi, dans cette rubrique, nous allons d'abord examiner le régime des aires de conservation de la biodiversité (Parag I), avant d'étudier le régime juridique des infractions aux différentes réglementations y afférentes (Parag II).

Paragraphe I : la protection de la vie sauvage au moyen des aires protégées

La loi du 20 mars 1995 fixant les conditions de gestion de la faune et de son habitat consacre chapitre II, section I aux aires

---

[255] MEA, Direction Nationale des Eaux et Forêts, « *Quatrième Rapport National sur la mise en œuvre de la Convention sur la Diversité Biologique* », Op. Cit., p.26.

[256] Ibidem ?

protégées. Ainsi, en vue d'assurer la conservation et l'aménagement de la faune, l'Etat et les collectivités territoriales décentralisées peuvent créer des aires protégées, des zones amodiées et des ranches de gibier. Au Mali, les aires protégées sont nombreuses et diversifiées. Il s'agit des réserves naturelles intégrales, des parcs nationaux, des réserves de faune, des réserves spéciales ou sanctuaires, des réserves de biosphère, des zones d'intérêt cynégétique, des réserves piscicoles et des eaux mises en défens. Nous pouvons donc les regrouper en deux grandes catégories : les parcs naturels et les réserves naturelles.

Cette classification nous permet de spécifier d'une part, le régime juridique applicable (A), et d'autre part, les mécanismes de création (B).

A/ le régime juridique applicable aux aires de conservation

En réalité, au sens de la législation nationale spécifique, il n'existe pas de différence de fond, au niveau des objectifs visés, entre parcs nationaux et réserves naturelles. Ils participent tous deux d'une approche intégrée de la conservation des espèces et leurs habitats. La spécificité, les uns et les autres, tient, d'une part à l'énumération précise des éléments pris en considération dans la création des réserves naturelles, d'autre part à la procédure de classement.

1- les parcs nationaux

Un parc national est un périmètre d'un seul tenant dont la faune, la flore, le sol, le sous-sol, l'atmosphère, les eaux, bref le milieu naturel présentant un intérêt spécial qu'il importe de préserver contre tout effet de dégradation naturelle et de soustraire à l'agression humaine. La loi sur les conditions de gestion de la faune sauvage et son habitat, en donne la définition suivante *« les parcs nationaux sont des aires mises à part pour la protection, la conservation et la propagation de la vie animale sauvage et de la végétation et pour la protection de sites, de paysages ou de formations géologiques d'une valeur scientifique ou esthétique particulière* [257]». Ainsi, les parcs nationaux ont vocation de protéger les écosystèmes naturels, y compris des paysages ou des formations géologiques d'une valeur scientifique ou esthétique particulière. Ce

---

[257] Loi n°95-031/AN-RM du 20 Mars 1995, Op. Cit. art.15

sont des aires de conservation de la vie sauvage, en ce sens que toute chasse ou pêche, l'abattage, la capture de la faune et la destruction ou la collecte de la flore y sont interdits, sauf pour des raisons scientifiques ou pour les besoins d'aménagement soumises à une autorisation administrative spéciale[258].

De nos jours, le Mali compte trois parcs nationaux : le parc Baoulé dans le cercle de Kolokani révisé en 1994 d'une superficie de 187 762 ha ; le parc Wagon en évolution dans le cercle de Bafoulabé créé en 2002 d'une superficie de 53 599 ha ; et le parc Kouroufing en évolution dans le cercle de Bafoulabé d'une superficie de 55 770 ha[259]. Ces trois sites regorgent de nombreuses espèces fauniques et floristiques importantes pour le pays. Leur protection permettra aussi de préserver la biodiversité y présente. La biodiversité sauvage existant sur ces sites présente un intérêt spécifique pour la nation malienne, d'où la nécessité de les préserver des dégradations et des atteintes susceptibles de les altérer. Il ne s'agit donc nullement d'espaces à vocation touristique.

2- les réserves naturelles

A côté des parcs nationaux existent différentes autres aires protégées en vue d'assurer la conservation de la biodiversité sauvage. Il s'agit en principe des réserves naturelles. La plupart d'entre elles ont un statut national, tandis que d'autres ont un statut international.

- les réserves naturelles de statut national : leur typologie est diversifiée, on distingue entre autres les réserves naturelles intégrales, les réserves de faune ou sanctuaires de faune, les réserves piscicoles, et les zones d'intérêt cynégétique renfermant les zones amodiées, les ranches de gibier et les zones de chasse libre. Mais, quelles que soient les subdivisions internes, on peut les regrouper en deux grandes catégories : les réserves naturelles intégrales et les réserves naturelles partielles. D'abord, les réserves naturelles intégrales font en principe partie du domaine forestier classé. Tout comme les parcs nationaux et

[258] Idem, art. 41

[259]MEA, Direction Nationale des Eaux et Forêts, « *Quatrième Rapport National sur la mise en œuvre de la Convention sur la Diversité Biologique* », Op. Cit., p.32

les sanctuaires de faune, elles sont placées sous le contrôle de l'Etat. Sont et demeurent strictement interdits sur toute l'étendue d'une réserve intégrale : toute chasse ou pêche, toute exploitation forestière, agricole ou minière, tout pâturage, toutes fouilles ou prescriptions, sondages, terrassements ou constructions, tous travaux tendant à modifier l'aspect du terrain de la végétation, toute pollution des eaux et de manière générale, tout acte de nature à nuire ou à apporter des perturbations à la faune ou à la flore et toute introduction d'espèces animales ou végétales exotiques[260].

En outre, ces réserves intégrales sont affranchies du droit d'usage : la pénétration, la circulation y compris par voie aérienne à très basse altitude (inférieure à 200 mètres) sont strictement interdites, sauf autorisation administrative spéciale du Directeur national des eaux et forêts. Les réserves intégrales sont des instruments indispensables à la protection des espèces menacées et la conservation des espèces endémiques. Du coup, leur importance n'est plus à démontrer au Mali, pays qui abrite de zones tropicales particulièrement riche en biodiversité. Quant aux réserves partielles, elles s'entendent des zones faisant l'objet d'une restriction quant à la chasse, la pêche, la nature des animaux, l'exploitation des végétaux, ou l'installation des bâtiments. Elles comprennent surtout les réserves à caractère scientifique telles que les réserves botaniques, zoologiques ou paléontologiques, et les réserves à caractère touristique ou climatique.

- les réserves naturelles à statut international : il s'agit essentiellement des réserves consacrées par l'UNESCO au titre de réserve de biosphère, instituées par le programme « *L'homme et la biosphère* » ou « *Man And Biospher* » (dans son abréviation anglais MAB)[261]. Ces réserves constituent un réseau mondial représentatif de

[260] Loi n°95-031/AN-RM du 20 Mars 1995, Op. Cit. art.39

[261] Le Programme sur « l'Homme et la biosphère » (MAB) est un programme scientifique intergouvernemental visant à établir une base scientifique pour améliorer les relations homme-nature au niveau mondial. Lancé au début des années 70, le MAB propose un agenda de recherche interdisciplinaire, encourage le renforcement des capacités et a pour principaux objectifs de réduire la perte de biodiversité et d'en traiter les aspects écologiques, sociaux et économiques.
Parce qu'il touche à des problèmes à la croisée de plusieurs domaines, scientifique, écologique, sociétal et du développement, le MAB rassemble plusieurs disciplines – sciences exactes et naturelles, sciences sociales, économie et éducation – destinées à

modèles de gestion de l'espace au sein desquels la conservation de la biodiversité est intégrée au développement humain. Le Mali en a créé une, la réserve de la Boucle du Baoulé dans le cercle de Kolokani. En plus, dans le cadre de la mise en œuvre de la convention de Ramsar de 1971 sur les zones humides, il a été créé au Mali trois sites, perçus comme des aires de conservation des espèces biologiques. Il s'agit du Lac Walado Débo dans le cercle de Youwarou d'une superficie de 103 100 ha ; le lac Horo dans le cercle de Niafounké d'une superficie de 13 900 ha ; et la plaine de Série dans le cercle de Tenenkou d'une superficie de 40 000 ha ; tous classés sites Ramsar en 1987 et situés dans la zone du Delta du Niger[262]. Ces sites sont inscrits sur la liste des zones humides d'importance internationale, tenue par l'UICN qui assure les fonctions du bureau permanent conformément aux dispositions de l'article 2 et 8 de la convention de Ramsar.

Ces différentes aires protégées au Mali, sont sanctuaires de biodiversité. En effet, elles sont et demeurent des instruments servant à la protection des espèces de faune et de flore sauvages, pourvue qu'elles soient suivies, entretenues, et respectées par les acteurs y intervenants.

B/ les procédures de classement ou de création

Il n'existe pas de distinction fondamentale entre la procédure de classement des parcs nationaux et celle des réserves naturelles à statut national. En revanche, les réserves naturelles à statut international obéissent à une procédure spécifique.

1- la procédure de classement des parcs nationaux et des réserves naturelles à statut national

Les modalités de classement ou de création des aires protégées sont définies par décret pris en conseil des ministres, à l'exception des

---

améliorer les environnements humains et préserver les écosystèmes naturels. Il encourage notamment les approches novatrices pour un développement économique respectueux des valeurs sociales, culturelles et écologiques.

262 MEA, Direction Nationale des Eaux et Forêts, « *Quatrième Rapport National sur la mise en œuvre de la Convention sur la Diversité Biologique* », Op. Cit., p.31 et suiv.

réserves naturelles intégrales, des parcs nationaux et des réserves de la biosphère dont le classement et déclassement relèvent d'un texte législatif. Une procédure détaillée est donnée par l'article 3 du décret n°99-321 du 04 octobre 1999 fixant les modalités de classement et de déclassement des réserves de faune, des sanctuaires et les modalités de création de zones d'intérêt cynégétiques, des ranchs de gibier dans les domaines fauniques de l'Etat. Selon ce texte, la procédure débute par un écrit du chef du service de la conservation de la nature, informant le représentant de l'Etat, le préfet, de l'opportunité de classer un périmètre en aire protégée. L'avant-projet de classement avec indications précises des limites et de la superficie de la zone à classer est remis au préfet qui y porte à la connaissance des populations concernées. Cette formalité d'information peut être faite par tous moyens de diffusion, elle est constatée par un procès-verbal[263].

Toute personne justifiant un intérêt peut, dans un délai de deux mois à compte de la publication, attaquer l'avant-projet de classement devant la commission de classement[264]. Le litige est réglé à l'amiable, à défaut, il est porté devant la juridiction administrative compétente[265]. Le procès-verbal de réunion de la commission de classement et projet de classement sont transmis au Directeur national des eaux et forêts, qui à son tour les achemine au Ministre de l'environnement. Le projet est délibéré en conseil des ministres, qui prend un décret de classement.

---

[263] Décret n°99-321 du 04 octobre 1999 fixant « *les modalités de classement et de déclassement des réserves de faune, des sanctuaires et les modalités de création de zones d'intérêt cynégétiques, des ranches de gibier dans les domaines fauniques de l'Etat* », art.3

[264] Aux termes de l'article 6 du décret ci-dessus, « *la commission de classement est composée comme suit : Président : le représentant de l'Etat dans le cercle ;*
Membres :
- *le délégué du gouvernement territorialement compétent ;*
- *le ou les députés de la circonscription concernée ;*
- *le chef de service de la conservation de la nature ;*
- *le chef de service local de la réglementation et du contrôle du secteur du développement rural ;*
- *le chef de service local d'appui au conseil de l'aménagement et de l'équipement rural ;*
- *le représentant des services de domaines ;*
- *le maire de la commune concernée ;*
- *un représentant du conseil communal de la chasse concernée* ».

[265] Décret n°99-321 du 04 octobre 1999, Op. Cit., art. 7

Cette procédure nous paraît largement démocratique. Elle est appréciable et mérite d'être pris en exemple dans les autres domaines d'environnement.

En effet, en matière d'environnement, toutes les politiques doivent s'accompagner de la prise en compte de l'intérêt des activités traditionnelles existantes, pour autant qu'elles ne soient pas incompatibles avec les objectifs de la conservation. Car l'exclusion des populations locales vivant à l'intérieur ou à la périphérie des aires de la politique de conservation les dégage de leur responsabilité en la matière et les transforme souvent en braconniers faisant des incursions illicites dans les réserves. Or, le déclassement est possible en cas, d'erreurs techniques commises pendant la procédure de classement ; de nécessité de recaser des populations déplacées à la suite des grands travaux ; de changement de statut de l'aire protégée ; de besoin de défense nationale ; et de raisons de salubrité publique[266].

2- la procédure de classement des réserves naturelles à statut international

Les réserves de la biosphère de l'UNESCO et les aires humides protégées appelées sites Ramsar sont créées en vertu d'une procédure différente de celle prévue par la législation nationale. Quant aux réserves de biosphère, leur création est prévue par l'article 11 de la convention du 16 novembre 1972 relative à la protection du patrimoine mondial culturel et naturel. Au départ, chaque Etat partie à la convention soumet au Comité du patrimoine mondial institué par l'article 8 un inventaire des biens du patrimoine culturel et naturel situé sur son territoire et susceptibles d'être inscrits sur la « *liste du patrimoine mondial* ». Sur cette base, le Comité inscrit sur la liste les biens à lui présentés et qu'il considère comme ayant une valeur universelle exceptionnelle en application des critères établis à cet effet. Chaque deux ans, une mise à jour de cette liste est faite par le Comité, qui, pour besoin, diffuse une liste du patrimoine mondial en péril.

En ce qui concerne, les réserves humides ou sites Ramsar, la procédure paraît beaucoup plus simple, car chaque Etat partie à

---

[266] Idem, art. 11

convention désigne les zones humides appropriées de son territoire à inclure dans la liste des zones humides d'importance internationale. La demande d'inscription est adressée au bureau permanent, dont les fonctions sont assurées par l'UICN. Le bureau vérifie si les critères requis sont respectés et procède à l'inscription sur la liste[267].

A la lecture de ce qui précède, il existe au Mali des mesures plus ou moins diversifiées de protection de la vie sauvage. Parmi, ces mesures, certaines sont destinées à réprimer la violation d'autres. Il importe d'être fixé sur le régime juridique des différentes infractions prévues à cet effet.

Paragraphe II : le régime des infractions à la réglementation

L'existence des sanctions pénales destinées à assurer la protection de la nature et la biodiversité n'est pas, du tout, inédite. Au contraire, profondément enracinés dans l'histoire, un certain nombre d'interdits que nous appellerions aujourd'hui « *interdits écologiques* » ont été, bien avant l'ère écologique et dans toutes les sociétés, assortis de peines d'amende ou autres[268]. Néanmoins, il s'agissait alors de dispositions à faible coloration pénale, et nul ne songeait à considérer ces atteintes à l'environnement comme une véritable délinquance. En effet, le développement du droit de l'environnement a engendré celui du droit pénal de l'environnement puisque la plupart des prescriptions

---

[267]Article 2 de la Convention de Ramsar relative aux zones humides d'importance internationale particulièrement comme habitats des oiseaux d'eau.

[268] En effet, c'est ce qu'il ressort notre entretien avec un pratiquant de la chasse, qui nous expliquait que « *Nous avons appris que depuis le temps de nos ancêtres, il y avait des interdits dans l'exploitation de la nature et des ressources naturelles. C'est pourquoi, la pratique de feu de brousse, les coupes abusives de bois, les défrichements irrationnels des forêts en étaient interdits. Aussi, en matière de chasse, il existait des interdits tels la chasse des nouveaux nés, et de certaines espèces ayant des considérations spécifiques pour la communauté. Le non-respect de ces interdits pouvait entrainer des sanctions dont le paiement d'amende, l'exclusion de la confrérie. De même, avec la colonisation, le droit moderne prévoyait et réprimait la plupart de ces interdits en peine d'amende. C'est pourquoi d'ailleurs sous la deuxième République, les autorités administratives sanctionnaient constamment ces interdits de peine d'amende individuelle ou collective* ». Selon M. Salim DIARRA, membre de la confrérie des chasseurs de la zone de Ganadougou, domicilié à Zaniéna, commune rurale située dans la sous-préfecture de Niène, cercle de Sikasso ; il nous a accordé cet entretien à son domicile le 17 janvier 2017.

législatives et réglementaires sont assorties de sanctions pénales. Or, à notre avis, ce recours à l'arme pénale est malheureusement intervenu sans réel souci de cohérence dans l'improvisation et surtout en l'absence de réflexion globale sur les objectifs de cette branche nouvelle du droit pénal spécial. Au Mali, les infractions d'atteinte à la biodiversité tirent leurs sources dans les textes internationaux ratifiés, tout comme les législations nationales (A). Cependant, leur répression fait appel des régimes généraux que spéciaux (B).

A/ les sources de la répression des atteintes à la biodiversité au Mali

Les infractions d'atteintes à la biodiversité tirent leurs sources dans des Conventions internationales de protection de l'environnement que le Mali a ratifié. Elles seront les premières à attirer notre attention même si elles n'édictent pas expressément des infractions ou même une procédure de répression spécifique. Ensuite, nous allons mettre l'accent sur les législations et réglementations nationales sur l'environnement en générale et sur des éléments de la biodiversité en particulier.

1 - les instruments internationaux en tant que source des textes de répression des infractions à la biodiversité

L'intérêt des années quatre-vingt pour la protection de la nature et de la biodiversité n'a pas manqué de gagner les sphères des relations internationales. Au cours de ces années en effet, il a été produit plusieurs conventions multilatérales consacrées entièrement ou partiellement à la protection de l'environnement. Parmi les instruments dont il s'agit, ceux généralement cités comme ayant inspiré des incriminations pénales et ratifiés par le Mali sont notamment :

- la Convention sur le commerce international des espèces de faune et flore sauvages menacées d'extinction (International Trade in Endangered Speces of Wild Fauna and Flora CITES), signée le 3 mars 1973 à Washington ;
- la Convention de Bâle du 22 mars 1989 sur le contrôle des mouvements transfrontaliers de déchets dangereux et de leur élimination ;

- la Convention de Bamako sur l'interdiction d'importer des déchets dangereux et le contrôle de leurs mouvements transfrontières en Afrique ;

- la Convention de Stockholm sur les polluants organiques persistants (P.O.P.), adoptée le 21 mai 2001 ;

Toutefois, ces instruments supranationaux en question n'ont ni édicté des normes ni mis en place des juridictions susceptibles d'assurer la répression des manquements au droit de la biodiversité. Ils ont suggéré aux Etats Parties ce qui devait être fait à cet égard. En vue de l'effectivité de ces prescriptions, il ne restait plus à ceux-ci qu'à se mettre en conformité avec la réglementation internationale ou régionale par la prise de textes d'application appropriés. Ainsi par exemple, pour atteindre son objectif visant à garantir que le commerce international des espèces concernées ne nuit pas à la conservation de la biodiversité et repose sur une utilisation durable des espèces sauvages, la CITES a fixé un cadre juridique et édicté une série de procédures afin que les espèces sauvages faisant l'objet d'un commerce international ne soient pas surexploitées. Ainsi, la Convention prévoit que : « *Les Parties prennent les mesures appropriées en vue de la mise en application des dispositions de la présente Convention ainsi que pour interdire le commerce de spécimens en violation de ses dispositions. Ces mesures comprennent :*

- des sanctions pénales frappant soit le commerce, soit la détention de tels spécimens, ou les deux ;

- la confiscation ou le renvoi à l'Etat d'exportation de tels spécimens [269]». De la même manière, la convention de Bamako sur les déchets dangereux dans son article 9 alinéa 2 invite chaque Etat partie à adopter une législation nationale appropriée pour imposer des sanctions pénales à toute personne qui planifie ou effectue ces importations illicites ou y collabore. Ces sanctions doivent être suffisamment sévères pour punir ces actions et avoir un effet préventif. Ces instruments juridiques internationaux demeurent donc des sources de la répression des infractions tout comme les législations nationales.

---

[269] Convention sur le commerce international des espèces de faune et flore sauvages menacées d'extinction (International Trade in Endangered Speces of Wild Fauna and Flora CITES), art. VIII.

2 - les sources nationales de la répression des atteintes à la biodiversité

Au Mali, les règles applicables aux atteintes à la biodiversité sont portées par :

- les textes généraux des codes relatifs à la matière pénale (code pénal et code de procédure pénale) : Il advient ainsi que, sans être spécifique au droit de l'environnement, certaines infractions prévues au code pénal servent de fondement à des poursuites pour atteinte à l'environnement. Ainsi, la loi n°01-079/AN-RM du 20 août 2001 pour code pénal au Mali prévoit des infractions en matière de protection de la biodiversité. Il consacre ses articles 316 et 317 à des infractions relatives à la protection de la biodiversité. Cette loi stipule que « *Quiconque aura volontairement, or, les cas prévus aux articles précédents de la présente section, dévasté des récoltes ou des plantes, abattu un ou plusieurs arbres, détruit des instruments d'agriculture, brisé des clôtures, supprimé ou déplacé des bornes et sans nécessité, empoisonné les poissons dans les étangs, viviers ou réservoirs, ou tué un animal domestique, sera puni d'un emprisonnement de onze jours à trois mois et d'une amende de 10 000 à 100 000 francs. Quiconque coupera, arrachera, mutilera ou endommagera d'une façon quelconque les arbres ou plants naturels d'espèces protégées, ou des plants ou arbres d'essence ou de valeur, sera puni d'un emprisonnement d'un mois à cinq ans et d'une amende de 20 000 à 300 000 francs ou de l'une de ces deux peines seulement.*

La tentative sera punie comme le délit lui-même »[270]. Les atteintes aux forêts et aux points d'eau affectent les espèces de la faune, de la flore, des espèces aquatiques et leurs écosystèmes.

Elle prévoit aussi que « *Quiconque aura lâché dans la nature ou dans une agglomération des animaux domestiques sans emprise effective, les prédisposant par ce seul fait à causer des dégâts à autrui ou à gêner la circulation sur les voies publiques, sera punie de onze jours à six mois d'emprisonnement et d'une amende de 20 000 à 1 000 000 de francs.*

---

[270] Loi n°01-079/AN-RM du 20 août 2001 pour code pénal au Mali Article 316.

Lorsque les animaux errants auront causé des dégâts à autrui ou au domaine publie il sera fait application des peines prévues à l'article précédent »[271]. Cette disposition réprime la divagation d'animaux, même si le but est manifestement d'éviter que l'animal ne cause pas des dégâts à autrui ou ne gêner pas la circulation sur les voies publiques. Elle vise aussi implicitement à protéger l'animal en tant espèce vivante.

- **les normes générales relatives à l'environnement aménagées dans des législations : le code de l'eau, la loi portant code minier, la loi sur la lutte contre les pollutions et nuisance en république du Mali.** D'abord, cette dernière consacre son chapitre X à la répression de certaines infractions relatives à l'environnement et à la biodiversité. Aux termes de cette loi, « *sera puni d'une amende, quiconque exécuterait un projet susceptible de porter atteinte à l'environnement sans la réalisation d'une étude d'impact sur l'environnement approuvée par le Ministre chargé de l'Environnement. En cas de récidive, les amendes pourraient être portées au double avec peine d'emprisonnement de 3 à 6 mois* »[272]. Le code de l'eau réprime tout déversement ou écoulement, rejet, dépôt direct ou indirect dans les eaux des matières de toute nature susceptible de porter atteinte à la santé publique ainsi qu'à la faune et à la flore aquatiques[273].

- **les énonciations organisant, dans des textes spécifiques, la répression de certaines infractions concernant des aspects particuliers de la biodiversité** : A défaut d'un code, la biodiversité est réglementée au Mali par un ensemble de législations qui fixe chacune un régime de répression des infractions aux éléments de la biodiversité. Ainsi, la loi n°95-032 fixant les conditions de gestion de la pêche et de la pisciculture[274] ; la loi n° 02-017 du 03 juin 2002 régissant la détention, le commerce, l'exportation, la réexportation, l'importation, le transport et le transit de spécimens d'espèces de faune et de flore

---

[271] Ibidem, article 317.

[272] Loi n° 01-020/ du 30 mai 2001 relative aux pollutions et aux nuisances, article 45.

[273] Loi n°02- 006 du 31 jan. 2002 portant code de l'eau, article 14.

[274] Article 43 de cette loi dispose « *Les agents forestiers assermentés et les officiers de police judiciaire recherchent et constatent, par procès-verbaux les infractions en matière de pêche* ».

sauvages[275] ; la loi n° 95 – 004 du 18 janvier 1995 fixant les conditions de gestion des ressources forestières, loi n° 95-003 du 18 janvier 1995 portant organisation de l'exploitation, du transport et du commerce du bois ; la loi n°95-031/ du 20 mars 1995 fixant les conditions de gestion de la faune sauvage et de son habitat[276] ; la loi n°01-004/du 27 février 2001 portant charte pastorale en République du Mali[277] ; prévoient toutes, des infractions d'atteintes à la biodiversité. Il s'agit ici des infractions spécifiques à la biodiversité dont certaines seront évoquées ultérieurement dans l'examen de la répression.

En effet, un fait n'intéresse le droit pénal que dans la mesure où il expose son auteur à une sanction non pas civile, administrative ou autre mais répressive, car c'est alors qu'il peut être dit incriminé. De ce fait, toute infraction pénale présume la réunion de deux composantes : une incrimination et une sanction pénale. Les infractions aux lois et autres textes pris en réglementation de la biodiversité au Mali engagent la responsabilité de leurs auteurs et entraînent des sanctions conséquentes prises sur la base de la typologie des infractions.

---

275 Selon l'article 55 « *Est coupable d'infraction aux dispositions de la présente loi et de ses textes d'application :*
- quiconque est trouvé en tout lieu et à tout moment en possession d'un spécimen d'une espèce soumise aux dispositions de la présente loi sans être muni d'un titre délivré par l'autorité compétente ;
- quiconque met en vente un spécimen d'une espèce soumise aux dispositions de la présente loi ».

276 Aux termes des Articles 113 et 114 : Les agents forestiers assermentés et les officiers de police judiciaire recherchent et constatent, par procès-verbaux les infractions en matière de chasse. Les guides de chasse, les pisteurs, les agents désignés par les collectivités territoriales décentralisées, et les associations de chasseurs sont également habilités à rechercher les infractions dans les limites de leur ressort territorial.

277 Aux termes de l'article 65 de cette loi « *sera puni d'un emprisonnement de un jour à dix jours et d'une amende de trois mille à dix-huit mille francs ou de l'une de ces deux peines, sans préjudice des dégâts causés à des tiers, quiconque aura, en violation de la présente loi :*
· occupé ou entravé une piste pastorale ou un gîte d'étape ou empiété sur leur emprise ;
· exploité contrairement aux règles admises ou pollué des ressources en eau ;
· déplacé des animaux en dehors des pistes pastorales ;
·contrevenu aux dispositions relatives aux périodes d'ouverture des champs récoltés à la pâture des animaux ».

B/ la répression des infractions à la biodiversité

Lorsqu'on s'intéresse au droit pénal de l'environnement, on se rend très rapidement compte que les règles qui encadrent ce domaine sont nombreuses et que bon nombre d'entre elles sont spécifiques tant pour les types d'infraction, la procédure de poursuite que pour les sanctions applicables.

1- la typologie des infractions et la procédure de répression

En matière de biodiversité au Mali, les infractions prévues peuvent être classées, soit comme des délits, soit comme des contraventions, même si cela ne résulte pas expressément de tous les textes à l'instar de la loi n°95-032 fixant les conditions de gestion de la pêche et de la pisciculture[278]. En droit pénal général, la distinction entre délits et contraventions est fondée sur le principe que le comportement délictuel est associé à une peine correctionnelle et la contravention à une peine de police[279]. Le délit peut être défini, d'une façon très large, comme toute infraction à la loi pénale, à savoir toute action ou omission prévue et sanctionnée d'une peine correctionnelle par la loi. Le code pénal du Mali de 2001 ne donne pas une définition aux délits. Néanmoins, il stipule que « *les peines applicables aux délits sont : l'emprisonnement de onze à cinq ans ; la peine d'intérêt général ; et l'amende* [280]». Les délits relèvent donc de la compétence des tribunaux correctionnels. La plupart des infractions prévues par les différents textes sur la biodiversité sont passibles de ces peines.

Quant aux contraventions, elles désignent les infractions les moins graves qui révèlent moins d'une atteinte aux normes fondamentales de l'ordre écologique. Elles sont considérées comme des infractions de simple police et punies comme telles. Les contraventions sont connues des tribunaux de simple police. Après avoir distingué les deux catégories d'infraction prévues par le droit répressif de la

---

278 L'article 46 de cette loi dispose que « les délits ou contraventions en matière de pêche sont prouvées par procès-verbaux ou à défaut par témoignage ». C'est le seul texte ayant fait référence à ces infractions.

279 ROBERT (Jacques-Henri), « *Droit pénal général* », édition PUF (Thémis) 1998, p.87

280 Loi n°01-079/AN-RM du 20 août 2001 pour code pénal au Mali, art. 7.

biodiversité au Mali, il importe d'examiner le régime des sanctions applicables.

Pour ce qu'est de la poursuite, il importe de souligner qu'en droit pénal de l'environnement, les normes relatives aux autorités en charge de la poursuite figurent parmi celles qui marquent quelques particularités par rapport à celles prescrites par les textes de procédure pénale applicables généralement en d'autres matières au Mali. La constatation et la recherche de preuves est en principe mise en œuvre par les officiers et agents de police judiciaire. Mais elle est aussi exercée par des personnes disposant d'une certaine maîtrise ou d'informations jugées appropriées et suffisantes de la chose environnementale. Ainsi, des textes spéciaux confèrent aux agents assermentés des pouvoirs de police judiciaire pour constater les infractions et établir les procès-verbaux qui, dans bien des cas, font foi « jusqu'à inscription en faux » ou « jusqu'à preuve du contraire ». Les magistrats du Parquet près les tribunaux d'instance n'ont pas toujours, eux aussi le monopole de la mise en mouvement de l'action publique dans les procédures répressives en rapport avec des préjudices environnementaux. Ces prérogatives sont en général exercées concurremment avec d'autres personnes habilitées par des lois sectorielles spécifiques[281]. Ces personnes étrangères à la magistrature ont même parfois pouvoir de trancher.

---

[281] Loi n°95-031/ du 20 mars 1995 fixant les conditions de gestion de la faune sauvage et de son habitat stipule dans son article 127 que « *Les actions et poursuites sont exercées par le Directeur du service chargé de la faune ou le représentant des collectivités territoriales décentralisées devant les tribunaux conjointement avec le Ministère Public.*
Les agents forestiers assermentés des services chargés de faune de l'Etat et des collectivités territoriales décentralisées ont le droit d'exposer l'affaire devant le tribunal et sont entendus à l'appui de leurs conclusions » ; puis dans son article 128 que « *Le Directeur du service chargé de la faune ou le représentant des collectivités territoriales décentralisées peuvent concurremment avec le Ministère Public :*
- interjeter appel des jugements en premier ressort ;
- se pourvoir en cassation contre les arrêts et jugements en dernier ressort des tribunaux » ; et enfin dans son article 129 que « *Les agents assermentés du service chargé de la faune de l'Etat et des collectivités territoriales décentralisées peuvent citer directement pour l'audience la plus prochaine toutes les affaires relatives à la police de chasse* ».

2- Les sanctions applicables

Loin de posséder l'univocité et de remplir le rôle évident et nécessaire qu'on pourrait être tenté de lui prêter en droit, la sanction a, au contraire, été considérée par certains auteurs comme « *l'inconnue du droit, voire comme un terme ambigu, inutile et nocif, qui pourrait disparaître sans difficulté du vocabulaire juridique* »[282]. Il apparaît cependant que le caractère surement polysémique du terme ne fait pas obstacle à l'identification d'un noyau essentiel de significations commun à ses différentes acceptions, à savoir le processus par lequel le système juridique assure le respect de la règle de droit dans le double sens de l'affirmation de sa respectabilité et son respect effectif. A la lecture des textes sur la biodiversité, les violations de la réglementation ne donnent pas seulement lieu à des sanctions pénales, elles entrainent aussi des sanctions administratives.

D'abord, les sanctions administratives concernent principalement les cas de déchéances de permis de chasse ou de pêche, de licences et autorisation de chasse, de guide de chasse, ou de commerce des trophées ou des espèces, tout comme des bois. Elles interviennent surtout en cas de contravention à la réglementation en la matière. Ainsi, la législation nationale relative à la chasse prévoit le retrait du permis en cas de violation des aires protégées ou des espèces protégées[283] voire en cas de non-paiement de la taxe due pour l'obtention du permis. En outre, les sanctions administratives visent les confiscations et les saisies. Ainsi, dans certains cas, il peut y avoir matière à confiscation du produit de la chasse, de la pêche, d'engins ou d'armes de chasse, d'instruments de pêche, ou même de moyens de transport. D'ailleurs, tout produit forestier récolté de manière frauduleuse sera confisqué au profit de l'Etat ou de la collectivité territoriale décentralisée, il en de même que pour les matériels et engins ayant servi à l'exploitation et au transport[284]. Tout gibier abattu ou tout animal sauvage capturé sans autorisation, tout dépouille ou trophée

---

[282] JESTAZ (PH.), « *La sanction ou l'inconnue du droit* », droit et pouvoir, Tome 1, la validité, Bruxelles, Story-scientia, 1987, p.253.

[283] Article 132 de la loi n°95 fixant les conditions de gestion de la faune sauvage et de son habitat.

[284] Article 70 de la loi n°95 du 18 janvier fixant les conditions de gestion des ressources forestières.

circulant sans certificat d'origine, toute viande commercialisée, tout filet, piège, explosif, drogue, engin éclairant, munition de guerre, véhicule peut être confisqué. Cette sanction de confiscation peut venir en sus de la sanction pénale.

S'agissant des sanctions pénales, il faut dire que de manière générale, la responsabilité en matière d'infraction à la réglementation sur la biodiversité est une responsabilité pénale fondée sur la faute. De nombreuses infractions à la législation sur la chasse, la pêche, ou sur la protection de la faune et de la flore et même sur la commercialisation des espèces et/ou des produits sont passibles de sanctions pénales. La commission d'une infraction donne lieu à des poursuites par les agents compétents. Les agents forestiers assermentés, les agents des eaux et forêts assermentés et les officiers de police judiciaire, recherchent et constatent par procès-verbaux les infractions en la matière. Les infractions sont prouvées par procès-verbaux ou par témoin le cas échant. Or, l'intervention des agents forestiers dans la constatation et la poursuite des infractions déroge au droit commun de la poursuite pénale. Cela peut se justifier par la singularité du droit de l'environnement, due à sa transversalité et sa technicité. En droit commun de procédure pénale, la poursuite des infractions est l'apanage du parquet, représentant le ministère public, composé des procureurs et les officiers de police judiciaire.

Quant au quantum de la peine, il est fonction de la gravité de l'infraction ou plus précisément du degré de gravité de l'infraction, délit ou contravention, ainsi que les circonstances aggravantes. A titre d'illustration, « *toute personne qui aura pêché dans les aires protégées en violation de la législation sera puni d'une amende de 25 000 à 75 000 FCFA et d'un emprisonnement d'un mois à six mois ou de l'une de ces deux peines seulement* »[285]. Il s'agit ici d'un délit. De même, « *toute personne qui aura, dans les réserves intégrales et les parcs nationaux : chassé ou capturé des animaux sauvages ; pêché ; procédé à des travaux de fouilles, de terrassement et de prospection ; installé une exploitation agricole ; ou de procédé à une exploitation*

[285] Article 55 de la loi n°95 fixant les conditions de gestion de la pêche et de la pisciculture.

forestière sera puni des mêmes peines que dessus »[286]. Aussi, « *Sont présumés coupable d'infraction à la législation en matière de chasse et seront poursuivis, quiconque est trouvé en possession d'arme et de munitions, circulant à pied ou en véhicule sur les limites ou à l'intérieur des aires protégées, qu'il soit muni de lampe éclairante ou éblouissante installée ou non ; quiconque en tout lieu et à tout moment est trouvé en possession d'un animal sauvage vivant ou mort ou d'une partie de l'animal ; quiconque est trouvé en possession d'une arme de chasse chargée dans un véhicule et dans une zone de chasse ou sur une voie menant à une zone de chasse* »[287].

En effet, on constate généralement que les peines privatives de liberté ne dépassent pas les deux ans pour les délits et les dix jours pour les contraventions de simple police. Ces peines de prison peuvent être accompagnées d'amende dont le montant maximum ne dépasse guère le million en francs CFA. Cependant, les agents forestiers assermentés du corps ingénieurs des eaux et forêts où à défaut les officiers de police judiciaire ou les autorités compétentes des collectivités territoriales décentralisées, peuvent transiger avant ou après le jugement sur les délits en matière de chasse, de pêche ou d'exploitation forestière. Intervenue avant le jugement, la transaction éteint l'action publique. Certes des poursuites, bien que rares sont engagées, mais elles trouvent le plus souvent leurs solutions en dehors du prétoire avec cette possibilité de transaction et son extinction de l'action publique. D'où la quasi inexistence du contentieux en la matière et donc de la jurisprudence, qui d'ailleurs, fut l'une de nos principales difficultés au cours des recherches.

---

[286] Article 130 de la loi n°95 fixant les conditions de gestion de la faune sauvage te de son habitat.

[287] Selon les termes de l'article 122 de cette loi.

CONCLUSION DU TITRE I

Le droit de la biodiversité, en ce qui concerne la faune et la flore au Mali, offre un panorama contrasté à l'image d'un paysage complexe fait de pics et de plaines. Il apparaît d'abord enrichi par l'apport des grandes conventions de protection de la nature et des ressources naturelles. Ces instruments y ont introduit des concepts, des principes généraux et des techniques dont la mise en œuvre nationale ne pourra que renforcer le régime de protection. Au plan interne, on constate une riposte juridique quantitative dans la protection du vivant. Le nombre important des instruments recensés et analysés montre bien que des outils juridiques existent, que leur contenu a toujours un sens sous réserve ici ou là d'une actualisation essentielle.

C'est un droit marqué aussi par des règles qui ne paraissent plus à même de remplir leur fonction. Les mesures juridiques instituées par ces législations attestent l'existence réelle d'un cadre normatif de protection de la biodiversité, surtout de la faune et flore au Mali. Elles répondent aux conditions d'existence du droit de la biodiversité, qui, cependant n'est pas autonome du reste de droit de l'environnement. La mise en œuvre de ce régime juridique nécessite des moyens politiques appropriés d'où l'existence d'un cadre politique buissonnant.

TITRE II

L'ANCRAGE INSTITUTIONNEL DU DROIT DE LA BIODIVERSITE AU MALI

Le cadre politique se rapporte non seulement aux structures, mais aussi et surtout aux instruments de la planification environnementale. Cet ensemble forme l'administration de la biodiversité. Ainsi, cette administration de la biodiversité fait référence au cadre organique et politique créés pour répondre aux besoins de protection des éléments de la biodiversité. C'est un cadre foisonnant au Mali. Dès son accession à la souveraineté internationale, l'Etat du Mali se devait de mettre en place une administration nouvelle en vue de faire face aux différents problèmes de son développement économique et social. La configuration de cette administration malienne résulte d'un mimétisme administratif[288]. Ce mimétisme administratif imprègne tous les échelons et toutes les structures de l'administration. Il touche également tous les domaines de la vie administrative y compris l'environnement. Selon Jacques BUGNICOURT, la raison de ce mimétisme administratif en Afrique est toute simple : « *Dans la plupart des pays Africains, la conviction qu'il existe une technique administrative universellement valable, est bien ancrée dans les esprits. Peut-être, cette conviction revêt-elle deux aspects distincts, mais qui s'entremêlent et se confortent l'un et l'autre. Le premier est qu'une manière d'administrer est isolable du contexte économico-social et transposable n'importe où, aussi aisément qu'on importe une race bovine ou une usine. Le second consiste dans l'identification de la modernisation avec la copie indistincte de ce qui se fait dans les pays industrialisés* »[289]. La configuration administrative malienne reflète à cela.

Au Mali, de nombreuses administrations s'occupaient depuis longtemps de la protection de l'environnement et de la biodiversité

---

[288] Le système administratif malien constitue en quelques sortes une reproduction du model français. C'est-à-dire le fait que l'on a copié, que l'on mimé, en particulier : les structures, les règlements, les comportements de l'administration française. C'est un phénomène qui touche, d'ailleurs, la plupart des Etats francophones d'Afrique.

[289] BUGNICOURT, (J), « *le mimétisme administratif en Afrique* : obstacle majeur au développement », Revue française de Science Politique, année 1973, volume 23, numéro 6, pp. 1239-1267.

même si ce dernier le concept n'existait pas. Comme ce fut le cas dans la plupart des anciennes colonies françaises (notamment au Sénégal, au Burkina Faso). L'administration de l'environnement et de la biodiversité n'est pas entièrement nouvelle. Car, en la matière, il ne s'agissait pas d'une nouvelle création puisque certaines structures datant de l'époque coloniale étaient maintenues même si les appellations ne concernaient pas directement l'environnement.

Toutefois, des structures traditionnelles résultantes de la période coloniale, telles que les services, des eaux et forêts, des mines, de l'hydraulique, ou de l'hygiène publique quoique maintenues, n'étaient pas en réalité gérées par rapport aux préoccupations environnementales. Cela peut s'expliquer par le fait qu'à cette période[290], il n'existait pas véritablement de politique de protection de l'environnement. C'est surtout sous la deuxième République (allant de 1974 à 1991), que commence véritablement le processus d'émergence de l'administration de l'environnement à travers l'adaptation de certaines structures et l'adoption de politiques sectorielles prenant en compte des aspects environnementaux. Il a fallu attendre la troisième République[291] surtout dans sa première décennie pour voir s'ébaucher les premières politiques ou stratégies nationales sur la protection de l'environnement. Ainsi au Mali, l'administration de la biodiversité se singularise par la diversité des acteurs impliqués (Chapitre I) et par une inflation des instruments politiques (Chapitre II).

Notre tâche consiste, ici, à examiner d'une part la pertinence du rôle des acteurs et d'autre part l'impact des instruments politiques sur la protection de la biodiversité.

[290] Période correspondant à la première République du Mali de 1960 à 1968.

[291] La troisième République du Mali a démarré en 1992 avec l'adoption d'une nouvelle constitution, et l'organisation des élections présidentielles et législatives. La nouvelle constitution a été approuvée par referendum le 12 Janvier 1992 et promulguée le 25 février de la même année par le chef de la transition, le Lieutenant-Colonel Amadou Toumani TOURE. Ce texte fondamental a instauré la démocratie pluraliste.

CHAPITRE I

LES STRUCTURES DE PROTECTION

Si, du point de vue normatif, on constate avec évidence une certaine profusion (comme on l'a constaté dans le titre I), il est aussi évident que de cette abondance normative découle une diversité institutionnelle en vue de leur mise en œuvre. De même, la diversité des moyens politiques de protection va de concert avec la floraison des acteurs publics que privés afin d'assurer leur mise en œuvre. En effet, la diversité biologique, notamment la faune et la flore, constitue l'une des questions qui mobilisent le maximum d'acteurs. C'est pourquoi, d'ailleurs au plan international, à l'instar du Programme des Nations pour l'Environnement (PNUE)[292], plusieurs autres institutions ont adopté des programmes environnementaux notamment sur la vie sauvage. C'est le cas de l'UNESCO[293], de la FAO[294], de l'Organisation

[292] Le Programme des Nations Unies pour l'Environnement a été créée en 1972 par l'Assemblée Générale des Nations Unies sur recommandation de la conférence de Stockholm. C'est un organe subsidiaire de l'ONU, doté d'un conseil d'administration et d'un secrétariat permanent. Son siège se trouve à Nairobi, capitale du Kenya. Au nombre de ces réalisations, on peut citer : la Convention de Washington sur le Commerce Internationale des Espèces Sauvages Menacées d'Extinction, signée le 3 mars 1973 ; la Convention sur le Contrôle des Mouvements Transfrontières de Déchets dangereux et de leur Elimination, signée à Bâle le 22 Mars 1989.

[293] En effet, l'UNESCO s'occupait de l'environnement bien avant la création du PNUE. Elle continue à s'intéresser aux relations entre les populations déshéritées et l'environnement, et aux questions spécifiques qui résultent notamment du surpâturage, du déboisement à travers son programme Man And Biosphère (MAB). Elle est à l'origine de deux instruments remarquables : la Convention de Ramsar du 02 février 1971 relative aux zones humides d'importance internationale (exemple : la Delta Intérieur du Niger au Mali, le Djoudj au Sénégal) ; la Convention de Paris du 16 novembre 1972 relative à la protection du patrimoine mondial, culturel et naturel.

[294] Le but premier de la FAO est d'assurer la survie alimentaire d'une population en constante augmentation. Elle doit, pour se faire, opérer une conciliation entre la gestion des ressources alimentaires et l'amélioration du milieu, en promouvant surtout les choix en faveur de la polyculture de subsistance au détriment de la monoculture d'exportation. La FAO a établi de nombreux rapports et études. Elle est à l'origine de certains textes pouvant avoir des répercussions positives pour l'environnement, tels que, la première résolution sur les manipulations génétiques en agriculture (en 1983), un code international pour l'utilisation des pesticides (en 1985), ou encore un accord réglementant la pêche en haute mer (en 1993) qui établit un fichier international des

Maritime Internationale (OMI) et l'Organisation Météorologique Mondiale (OMM)[295], de la Communauté Economique des Etats de l'Afrique de l'Ouest (CEDEAO), de l'Union Economique et Monétaire Ouest Africaine (UEMOA), ou même des Organisations internationales non gouvernementales[296].

Au plan national malien, la transposition de la réalité internationale a eu pour effet la diversification d'acteurs intervenant de la protection de la vie sauvage. Un examen minutieux de ces différents acteurs permettra de savoir qui exerce quelle compétence. Bien sûr qu'il ne s'agira pas de dresser un tableau ou une liste exhaustive de ces acteurs, mais plutôt de les catégoriser afin de cerner l'importance de leur rôle. En nous inscrivant dans cette logique, il sera question d'examiner d'abord les acteurs publics (Section I), avant de considérer les acteurs privés (Section II).

Section I : les structures publiques de protection

La gestion administrative de l'environnement au Mali fut au demeurant une gestion sectorielle assurée par les services de divers départements ministériels. Le besoin d'une coordination dans ce domaine a donné lieu à la création d'une structure politico-administrative : le Ministère de l'Environnement et de l'Assainissement

---

chalutiers (le chalutier est un filet de forme conique que l'on attache à l'arrière d'un bateau et qui sert à pêcher à la traîne).

[295] Ces deux organisations méritent d'être citées, la première pour avoir pris l'initiative d'élaborer les principales conventions concernant la lutte contre la pollution du milieu marin (on pourra citer : la convention pour la prévention de la pollution marine par des opérations d'immersion dans l'atlantique Nord-Est et dans la mer du nord d'Oslo du 15 février 1972, la Convention sur la prévention de la pollution marine d'origine tellurique de Paris du 04 juin 1974 et son Protocole additionnel du 26 mars 1986, la Convention pour la prévention de la pollution marine de l'atlantique du Nord-Est de Paris du 22 septembre 1992) ; la seconde par ce qu'elle est particulièrement bien outillée pour l'observation de phénomènes pouvant avoir des conséquences importantes pour l'environnement, tel le réchauffement de l'atmosphère lié à l'effet de serre, ou la détérioration de l'ozone atmosphérique.

[296] Des ONG comme Greenpeace Internationale, l'UICN, le Fond Mondial pour la Nature (WWF : World Wild Life Fund), l'ONG sahel défis, et bien d'autres sont fortement impliquées dans l'élaboration des projets et programmes environnementaux au Monde, surtout dans les pays en voie de développement.

(MEA)[297]. Toute chose qui établit la responsabilité de l'Etat en matière de protection de l'environnement et de la diversité biologique. Cependant, l'enjeu que revêt la question est de taille et fait qu'elle soit traitée au niveau central (l'Etat en tant que pouvoir central), mais aussi et surtout au niveau local dans le cadre de la décentralisation administrative. C'est pourquoi, il convient de clarifier le rôle de l'administration d'Etat (Paragraphe I) avant de se rendre compte comment le problème est abordé par les jeunes structures décentralisées (Paragraphe II).

Paragraphe I : l'administration d'Etat

L'administration d'Etat de la biodiversité implique aujourd'hui une multitude d'institutions et de structures gouvernementales. Ainsi, le cadre structurel a connu une évolution notable allant dans le sens d'une meilleure intégration des questions environnementales, notamment avec l'instauration d'une procédure obligatoire d'Evaluation de l'Impact Environnemental et Social (EIES) et la création ou restructuration de nombreux services techniques[298] en charge de l'environnement. L'importance des tâches à accomplir a conduit à une répartition des attributions environnementales entre les divers départements ministériels et leurs services rattachés et dont le relais est assuré sur l'ensemble du territoire par des administrations déconcentrées (A). Cependant, ces structures administratives peuvent avoir des formes souples et légères en ce sens qu'il existe des structures de coordination, de consultation dont les missions restent circonscrites par des textes (B).

A/ le partage des attributions par les départements ministériels

La répartition des attributions se manifeste par la prise en charge des questions liées à la protection de la biodiversité par les autres départements ministériels nonobstant l'existence officielle d'un Ministère dédié à l'environnement. Cette répartition illustre à suffisance l'horizontalité de l'administration de l'environnement au Mali. En

---

[297] Nous rappelons que le Ministère de l'Environnement et de l'assainissement a été créé en 2002.

[298] Plusieurs départements ministériels et des services centraux ou rattachés sont impliqués dans la gestion des questions environnementales.

l'espèce, il s'agit des relations existantes entre des segments de l'appareil central se trouvant au même niveau hiérarchique. C'est le problème de la diversité et de l'équivalence hiérarchique des administrations. En réalité, la spécificité des problèmes d'environnement en général et surtout de la biodiversité réside dans le caractère transversal qui se comprend par la prise en compte par plusieurs domaines de spécialisation d'un problème écologique.

De ce fait, l'administration qui n'est qu'un instrument de réalisation d'objectifs à atteindre, épouse les traits caractéristiques de cette pluridisciplinarité et donc de sa spécialisation[299]. Au Mali, on observe une dispersion horizontale des compétences administratives en matière d'environnement d'où d'ailleurs les exigences de coordination. Bien qu'une Direction nationale de la conservation de la nature[300] ait été créée et rattachée au Ministère de l'environnement, il ne s'agit là en réalité que d'une administration sectorielle, car de nombreuses autres structures interviennent parallèlement dans des domaines concernant la diversité biologique.

Les départements ministériels constituent aussi une part importante de cette dispersion des compétences. C'est pourquoi, outre-le MEA, d'autres départements comme, celui de l'agriculture de l'élevage et de la pêche ; de l'énergie et de l'eau, des mines ; de l'industrie, du commerce et de l'investissement ; de l'administration territoriale et de la décentralisation ; des domaines et des affaires foncières ; et celui de la santé, constituent des références. En réalité, au sein de ces départements ministériels sont élaborées et appliquées des politiques sectorielles dont les liens avec la protection de la faune et la flore restent patents. Un examen minutieux permet de se rendre compte des compétences et de mesurer le poids de chacune de ces administrations ministérielles dans la protection de la diversité faunique et floristique.

---

[299] LY (I), NGAINDE (M.), « Cours de droit de l'environnement au Sénégal », programme satellitaire de formation à distance campus numérique « ENVIDROIT », Droit International et Comparé de l'Environnement, Université de Limoges (Faculté de Droit des Sciences Economiques), Actualisation 2014. P.26

[300] La conservation de la nature est assurée par la DNEF a été créée au sein du MEA par la loi N°09-028/AN-RM du 27 juillet 2009.

1- le Ministère de l'Environnement et l'Assainissement (MEA)

Antérieurement à l'existence d'un ministère dédié à l'environnement, il existait dès 1960 une dimension environnementale dans les attributions du Ministère de l'agriculture de l'élevage et de la pêche[301]. Cette dimension environnementale se retrouvait également dans les compétences du Ministère de l'administration territoriale notamment à travers les services des eaux et forêts et de la conservation de la nature.

Par la suite, l'environnement est apparu de manière évolutive dans l'appellation de certains ministères comme celui du développement rural (jusqu'en 1997), ou celui de l'équipement, des transports et de l'aménagement du territoire (jusqu'en 2002). C'est précisément à cette dernière date qu'un ministère a été dédié à l'environnement.

Crée en 2002, le MEA est chargé de la mise en œuvre des Politiques de protection de l'environnement du pays. Ses missions portent sur les axes assez pertinents et diversifiés. Il doit veiller à créer des infrastructures environnementales de base comme supports à des investissements nationaux et étrangers. Le suivi et la promotion des programmes en matière de lutte contre la désertification, de l'assainissement du cadre de vie, de l'ensablement, de contrôle des activités classées à risques pour l'environnement font partie de ses compétences. La protection des écosystèmes des fleuves, de leurs bassins et la conservation des parcs, des forêts et des réserves naturelles, relèvent aussi de ses attributions. La pertinence de ces tâches fait intervenir plusieurs autres services rattachés au MEA et dont les uns et les autres jouent un rôle non moins important.

[301] En effet, dans les attributions de ce département, tout comme celles du Ministère de l'administration territoriale, les questions environnementales étaient plus ou moins prises en compte. Et la raison est tout simple, les politiques de développement agro-pastoral, de la pêche ne pouvaient se réaliser sans une prise en compte de l'environnement. Aussi, la protection de la forêt et de ses habitants, notamment la lutte contre les feux de brousses, le braconnage, les coupes abusives des bois, étaient assurées le ces départements à travers leurs services centraux ou rattachés.

Ainsi, nous avons la Direction Nationale de l'Assainissement, du Contrôle des Pollutions et Nuisances[302] (DNACPN). Elle est chargée surtout de l'élaboration et la mise en œuvre de la politique nationale en matière d'assainissement et du contrôle des pollutions et nuisances. En plus, la DNACPN supervise et contrôle les procédures d'Etude d'Impact Environnementale (EIE). Elle élabore et veille au respect des normes en matière d'assainissement de pollution et nuisances. Elle contrôle le respect des prescriptions de la législation et des normes, appuie les collectivités territoriales en matière d'assainissement de lutte contre les pollutions et nuisances. Pour ce faire, la DNACPN dispose de services déconcentrés au niveau régional, préfectoral et communal qui ne sont peut-être pas très opérationnels en raison de la modicité de leurs moyens, mais qui appuient d'une façon ou d'une autre les collectivités territoriales. Cependant, elle n'est pas le seul service impliqué à cet effet.

Ensuite, la Direction Nationale des Eaux et Forêts[303] (DNEF), qui a pour principale tâche entre autres l'élaboration de la politique nationale relative à la conservation de la nature et de la stratégie nationale de protection de la biodiversité. Elle veille à leurs exécutions. A ce titre, sa mission s'étend à l'élaboration et la mise en œuvre des plans d'aménagement et de restauration des forêts, l'élaboration de la législation forestière et de la biodiversité. Elle appuie les collectivités territoriales en matière de gestion de ressources floristiques et fauniques. En outre, la DNEF centralise toutes les données statistiques en matière de ressources naturelles (forêts et faunes) et assure leur traitement et diffusion. Pour ce faire, elle est dotée de services déconcentrés au niveau des régions, des cercles et des communes. Aussi, elle peut également être sollicitée pour les Evaluations Environnementales et Sociales (EES).

---

[302] La Direction Nationale de l'Assainissement et Contrôle des Pollutions et des Nuisances est un service central rattaché au Ministère de l'environnement et de l'Assainissement. Elle a été créée en 1998 par l'ordonnance N°98-027/P-RM du 25 Août 1998.

[303] La DNEF a été créée au sein du MEA par la loi N°09-028/AN-RM du 27 juillet 2009. Elle remplace ainsi la défunte Direction Nationale de la Conservation de la Nature.

Enfin, nous avons la Direction Nationale de l'Hydraulique[304] (DNH), qui rattachée au MEA depuis 2012, se charge de faire l'inventaire et l'évaluation du potentiel des ressources hydrauliques du pays, d'étudier, de contrôler, de superviser les travaux de réalisation des ouvrages hydrauliques et de veiller à leur fonctionnement normal. Elle procède aussi à l'évaluation des projets de développement dans le secteur de l'eau et participe à la promotion de la coopération sous régionale dans le domaine de la gestion de la biodiversité halieutique.

Par ailleurs, il importe de noter qu'en plus de ces structures, plusieurs agences ont été créées et dont l'importance de leur rôle n'est point à démontrer. Il s'agit notamment de l'Agence pour l'Environnement et le Développement Durable, une structure de coordination qui ne sera pas étudiée dans cette rubrique, de l'Agence du Bassin du Fleuve Niger et l'Agence Nationale de Gestion des Stations d'Epuration du Mali.

D'abord, s'agissant de l'Agence du Bassin du Fleuve Niger (ABFN)[305], elle a pour mission de sauvegarder le fleuve Niger, ses affluents et leurs bassins versants sur le territoire national. Elle est chargée de la gestion intégrée des ressources en eau. C'est un établissement public national à caractère administratif doté de la personnalité morale et de l'autonomie financière. A ce titre, elle est aussi chargée de promouvoir et de veiller à la préservation du fleuve en tant qu'entité vitale du pays, de protéger les écosystèmes terrestres et aquatiques, les berges et les versants contre l'érosion et l'ensablement.

---

[304] La Direction Nationale de l'Hydraulique a été créée par l'ordonnance N°99-014/P-RM du 01 Avril 1999 et rattachée au Ministère de l'Energie et de l'Eau. Cependant, en 2012 en raison du rôle qu'elle susceptible de jouer en matière d'environnement, elle a été rattachée au Ministère de l'Environnement.

[305] L'Agence du Bassin du Fleuve Niger a été créée par l'ordonnance N°02-049/P-RM du 29 mars 2002. Elle est un établissement public à caractère administratif dotée de la personnalité morale et de l'autonomie Financière. Elle reçoit de l'Etat des meubles et immeubles nécessaires à l'accomplissement de sa mission.

Ses ressources sont constitution par les revenus provenant des prestations de services et des placements ; les redevances et taxes de prélèvement et pollution de l'eau du fleuve Niger ; les revenus du patrimoine ; les produits de l'aliénation des biens meubles et immeubles ; les subventions de l'Etat ; les emprunts ; les fonds d'aides extérieures ; les fonds de concours des personnes physiques et morales ; les dons et legs et les recettes diverses. (Article 4 de l'ordonnance portant sa création)

Enfin, quant à l'Agence Nationale de Gestion des Stations d'Epuration du Mali (ANGSEM)[306], elle a compétence d'assurer la gestion durable des stations d'épuration des eaux usées et ouvrages annexes. Créée en 2007 sous la forme d'établissement public à caractère administratif, l'ANGSEM est dotée de la personnalité morale et de l'autonomie financière. La promotion et la gestion des ouvrages d'assainissement suivant les normes établies en la matière, l'organisation et le raffermissement des capacités d'études, de réalisation des infrastructures d'assainissement, la conception, le suivi et le contrôle de la réalisation des ouvrages et équipements tout comme l'appui à la maîtrise d'ouvrage de l'Etat aux collectivités territoriales font partie de ses compétences. En somme, nonobstant l'importance du rôle du MEA et de ses services rattachés, plusieurs autres départements ministériels interviennent dans la prise en charge des questions liées à la protection de la biodiversité.

2- les autres départements ministériels

Le noyau dur des ministères intervenant dans la protection de la biodiversité est constitué par certains départements classiques qui sont, entre autres, celui de l'administration territoriale et de la décentralisation ; des mines, de l'énergie et de l'eau ; du développement rural[307]; de l'industrie et de l'urbanisme. Toutefois, d'autres départements ministériels peuvent intervenir dans la prise en charge des questions liées à la gestion de la biodiversité. Or, cette prise en charge revêt diverses formes :

- En premier lieu, c'est à travers les différentes directions ministérielles qu'elle a lieu. De ce fait, de nombreux secteurs importants du pays en relation étroite avec la biodiversité et l'environnement ne sont guère considérés comme chargés de la protection de ces ressources. C'est le cas de la direction nationale des domaines et du cadastre[308], de la direction nationale de l'aménagement

---

306 L'agence Nationale de Gestion des Stations d'Epuration du Mali a été créée par l'ordonnance N°07-015/P-RM du 28 Mars 2007.

307 Le Développement rural comprend des secteurs, tels : l'agriculture, l'élevage et la pêche.

308 Elle relève du ministère des domaines de l'Etat et des affaires foncières.

du territoire[309], et de la direction nationale des travaux publics[310]. C'est aussi le cas de la direction de l'artisanat et du tourisme[311], de la direction des collectivités ou de l'intérieur[312], ou même de la direction nationale de la santé[313].

L'ensemble de ces départements et leurs services rattachés administrent des secteurs ayant un lien avec la protection de la biodiversité. A titre d'illustration, la Direction nationale des domaines et du cadastre gère les questions liées aux régimes fonciers, qui constituent un facteur essentiel de la gestion durable des terres et de l'environnement notamment de la biodiversité floristique. Le lien entre cette gestion durable des terres et la biodiversité forestière reste assez manifcstc.

- En second lieu, elle prend une forme manifeste dans certains cas. Les formes manifestes de la prise en charge des questions liées à la biodiversité se constatent avec le Ministère des mines de l'énergie et de l'eau, le Ministère du développement rural, et cela à travers certains services centraux qui leur sont rattachés. En outre, le prolongement de ces départements ministériels permet aussi de constater la diversité des structures intervenant dans la gestion de la diversité biologique à travers la déconcentration. A tire d'exemple, nous avons le Ministère des Mines de l'Energie et de l'Eau (MMEE), un super ministère[314] qui

309 Créée par l'ordonnance n°04-009/P-RM du 25 mars 2004, la Direction nationale de l'aménagement du territoire est un service central ayant pour mission principale l'élaboration des éléments de la politique nationale d'aménagement du territoire et d'en assurer l'exécution. Selon l'article 2 alinéa 2 de son ordonnance de création, elle est chargée d'élaborer et de mettre en œuvre le schéma national d'aménagement du territoire ; de coordonner et d'harmoniser les schémas d'aménagements du territoire aux niveaux national, régional et local ; de définir au niveau national en relation avec les autres acteurs, les grands pôles d'activités propres à assurer le développement et les équilibres territoriaux sur les plans démographique, économique, et environnemental ; de mettre en place et de gérer un système d'information sur l'aménagement du territoire.

310 Elle relève du ministère de l'équipement et des transports.

311 Elle relève du Ministère de l'artisanat et du tourisme.

312 Elle relève du Ministère de l'Administration territoriale et des Collectivités locales.

313 Elle relève du Ministère de la santé et de l'hygiène publique.

314 Nous voulons dire par là, un grand Ministère avec des attributions importantes et intervenant dans des domaines importants, tels que les domaines miniers, énergétiques

assure la tutelle de l'Agence Malienne pour le Développement de l'Energie Domestique et de l'Electrification Rurale (AMADER)[315]. Cette agence a pour principale mission d'assurer la maîtrise de la consommation d'énergie domestique et le développement de l'accès à l'électricité en milieu rural et périurbain. Du coup, elle est chargée, entre autres, de promouvoir la recherche orientée vers les technologies et pratiques permettant d'assurer la maîtrise de l'énergie domestique.

L'AMADER est aussi chargée de promouvoir la production, la diffusion et l'utilisation des équipements économes en bois-énergie, et de favoriser l'utilisation d'énergies renouvelables dans la consommation d'énergie domestique, et d'intensifier la promotion de l'utilisation des combustibles de substitution au bois-énergie. Elle dispose en son sein d'une cellule environnementale et sociale qui a réalisé des suivis et des audits environnementaux dans le cadre du Projet Energie Domestique et Accès aux Services de Base en milieu rural (PEDASB), avec la participation de la Direction Nationale de l'Assainissement, du Contrôle des Pollutions et des Nuisances.

S'agissant de la Direction Nationale de l'Energie, elle constitue un service central rattaché au MMEE ayant pour mission l'élaboration des éléments de la politique nationale de l'énergie et sa mise en œuvre. En effet, il est assez manifeste que ce département ministériel et ces services centraux aient des compétences en matière de protection de la biodiversité. D'ailleurs au Mali, force est de constater que la biodiversité forestière demeure la principale source d'énergie domestique. De ce fait, son exploitation irrationnelle constitue un « *facteur non moins biocide*[316] » que l'Etat du Mali peine à maîtriser.

De même, la Direction[317] Nationale de la Géologie et des Mines, une structure centrale rattachée au MMEE, est chargée d'élaborer les

---

et hydrauliques. Ces domaines prennent une place importante dans le développement économique et social du pays.

[315] L'Agence Malienne pour le Développement de l'Energie Domestique et l'Electrification Rurale (AMADER), Etablissement Public à caractère Administratif (EPA) doté de la personnalité morale et de l'autonomie financière a été créée en mai 2003 et est chargée de gérer le Projet PEDASB (Projet Energie Domestique et l'accès aux services de Base en milieu rural).

[316] Un facteur qui tue la biodiversité.

[317] La Direction Nationale de la Géologie et des Mines a été créée par la loi N°90-105/AN-RM du 11 octobre 1990. Aux termes de son article 2, elle procède à toutes

éléments de la politique nationale dans le domaine de la recherche, du développement, de l'exploitation, et de la transformation des ressources du sous-sol et d'assurer la coordination et le contrôle des services régionaux, subrégionaux, des services rattachés et des organismes publics et privés concourant à la mise en œuvre de cette politique. Son domaine de compétence, plus précisément la recherche et l'exploitation des ressources minières, embarrasse fortement la biodiversité. Du coup, elle intervient dans l'octroi des permis d'exploitation et tient compte de l'impact des activités sur la biodiversité.

Un autre super ministère, celui du Développement Rural qui renferme l'agriculture, l'élevage et la pêche, n'est pas en reste. Il intervient dans la protection de la biodiversité par le biais de ses services rattachés. Ainsi, les trois domaines, l'agriculture, l'élevage et la pêche, sont administrés respectivement par la Direction Nationale de l'Agriculture (DNA), la Direction Nationale des Productions et des Industries Alimentaires (DNPIA) et la Direction Nationale de la Pêche (DNP). Parlant de la DNA[318], elle a pour responsabilité d'élaborer les principes de la politique nationale en matière agricole, d'assurer la coordination et le contrôle de sa mise en œuvre. De la sorte, elle gère les systèmes de production agricole dans les zones non couvertes par les principaux offices. Elle dispose de structures régionales et locales. En plus, la DNA tenait lieu de point focal pour les conventions sur les végétaux jusqu'à la création du point focal de la biodiversité. Elle abrite aussi la convention sur les criquets migrateurs en Afrique. En effet, les variétés agricoles améliorées ou non constituent des éléments importants de la biodiversité domestique ou agricole.

Quant à la Direction Nationale des Productions et des Industries Alimentaires (DNPIA), elle est chargée d'élaborer la politique nationale dans les domaines des productions animales et de la valorisation des produits et sous-produits animaux, d'assurer la coordination et le contrôle de la mise en œuvre de ladite politique. A ce titre, elle

---

recherches et études nécessaires à l'élaboration de la politique nationale minière. Elle prépare toutes mesures relatives à la réorganisation des structures, au perfectionnement des méthodes de travail et à l'aménagement des relations humaines à l'intérieur des services et de la qualité des prestations offertes au public.

318 La Direction Nationale de l'agriculture a été créée en 2005 par la loi n°05-012 AN-RM du 11 février. Elle est rattachée au Ministère du développement rural.

contribue aux activités d'aménagement et de gestion des espaces pastoraux notamment de transhumance. Enfin, pour ce qu'est de la DNP[319], elle élabore et exécute la politique nationale de la pêche. Pour ce faire, elle assure la promotion et la modernisation des filières halieutiques et aquacoles dans le cadre d'une gestion durable des ressources halieutiques. La DNP est aussi chargée d'élaborer et de veiller à la réglementation relative à la pêche notamment les périodes et les instruments utilisés.

Les attributions en matière de protection de la biodiversité de ces départements et structures rattachées demeurent assez manifestes. Cependant, les administrations déconcentrées y sont pour beaucoup, car elles constituent des relais sur la périphérie nationale. En effet, dans les circonscriptions administratives déconcentrées[320], certains organes interviennent dans la protection et la gestion de la biodiversité. La région constitue un cadre adéquat de l'application de la législation sur les ressources biologiques. Elle participe amplement à travers certaines structures environnementales. Parmi ces structures, nous pouvons citer le Comité Régional d'Orientation, de Coordination et de Suivi des Actions de Développement (CROCSAD) présidé par le Gouverneur. Le CROCSAD dispose d'une Commission « développement rural et environnement » œuvrant beaucoup en matière de protection de la biodiversité forestière. Au niveau local, on note l'existence d'un Comité Local d'Orientation, de Coordination et de Suivi des Actions de Développement (CLOCSAD) présidé par le préfet de cercle. Ce comité local à travers sa commission de développement rural et environnemental n'est pas en rade dans la mise en œuvre de la législation et des actions en faveur de la biodiversité locale. En matière d'aménagement du territoire et de protection de l'environnement, ces comités jouent un rôle prépondérant.

D'un autre point de vue, dans la tradition administrative malienne, comme d'ailleurs c'est le cas au Sénégal ou au Burkina Faso, il existe des services régionaux pour la plupart des directions régionales constituant les grands services publics. C'est le cas notamment de la direction régionale des eaux et forêts ; la direction régionale des mines

---

[319] La Direction Nationale de la Pêche est créée par la loi n°05-009/AN-RM du 11 février 2005 et rattachée au Ministère du Développement Rural.

[320] Il s'agit des régions, des préfectures (cercles) et des sous-préfectures (les arrondissements).

et de la géologie, de l'urbanisme, pour ne citer que celles-ci. Comme on peut le constater, l'environnement et surtout la gestion des ressources biologiques, est intégrée dans le processus de développement global des circonscriptions administratives à travers les actions de ces structures.

Comme on peut bien le constater, ces différentes structures sont effectivement plus ou moins concernées par la protection de la biodiversité. Cependant, ce foisonnement structurel n'est pas sans défis de coordination, de consultation et de financement d'où la création d'autres organes afin de relever ces défis.

B/ les structures de coordination, de consultation et de financement

Certaines structures ont pour rôle d'harmoniser, de faciliter les actions des départements ministériels, des services centraux, déconcentrés et décentralisés aussi bien que les structures non gouvernementales intervenant dans la protection de l'environnement en général. D'autres servent à soutenir financièrement des actions allant dans le même sens. Le rôle des uns et autres restent essentiel.

1- les structures de coordination et de consultation

Comme sus-évoqué, de nombreuses structures publiques que privées interviennent dans la protection de la biodiversité à travers des actions diverses. De facto, la diversité de ces structures nécessite une coordination. D'ailleurs c'est pour répondre à ce besoin, que l'Etat du Mali a mis en place dès 1998 le Cadre institutionnel de gestion des questions environnementales[321]. Ce cadre institutionnel est composé d'un Comité interministériel, d'un Comité consultatif et d'un Secrétariat technique permanent. Présidé par le Ministre de l'environnement et ses homologues en charge de la santé et de l'industrie, le Comité interministériel est chargé d'orienter les actions des structures sectorielles impliquées dans la gestion de l'environnement et la lutte contre la désertification. Elle doit aussi veiller à la prise en compte de la dimension environnementale dans la conception des projets de développement et les schémas d'aménagement du territoire.

---

[321] Le cadre institutionnel de gestion des questions environnementales a été créé par le décret n°98-415/PR-RM du 24 Décembre 1998.

Quant au Comité consultatif et au Secrétariat technique permanent, ils jouent en quelque sorte le double rôle de coordination et de consultation en ce sens qu'ils doivent favoriser la participation des acteurs nationaux, notamment la société civile, dans la sauvegarde de l'environnement et la lutte contre la désertification ; donner leurs avis sur les projets de textes législatifs et réglementaires, et sur toute question en rapport avec l'environnement[322]. Depuis lors, le chevauchement d'un ou double emploi de ces structures est manifeste, rendant ainsi laborieuse la tâche de coordination leur incombant. La conséquence fondamentale de cet état de fait est la distorsion des activités de coordination entrainant à long terme la futilité de toute coordination.

En 2010, il est clair que la création de l'AEDD[323]en place et lieu du Secrétariat technique permanent du cadre institutionnel de gestion des questions environnementales, a été un évènement assez encourageant grâce au renforcement des capacités des acteurs impliqués et à la mobilisation des financements. L'AEDD jouit de la personnalité juridique et de l'autonomie financière. Cet établissement public à caractère administratif assure différentes activités dont la coordination et le suivi de la mise en œuvre des politiques nationales environnementales ; la mise en œuvre des conventions, des accords et des traités ratifiés par le pays en matière d'environnement et de biodiversité. Elle est la principale structure de coordination des actions et politiques de protection de l'environnement au Mali.

Par ailleurs, l'existence des CROCSAD et des CLOCSAD, demeure un facteur de coordination des actions des différents acteurs plus ou moins impliqués dans la gestion des questions environnementales. Ces comités constituent des relais des structures de coordination sur toute la périphérie nationale, même si l'impact de leurs actions n'est pas tout à fait perceptible.

---

[322] Articles 3 et 11 du décret n°98-415/PR-RM du 24 Décembre 1998 fixant le cadre institutionnel de gestion des questions environnement.

[323] L'AEDD a été créée par la loi n°10-027 du 12 juillet 2010. Elle a pour mission la coordination et la mise en œuvre de la Politique Nationale de Protection de l'Environnement et de veiller à l'intégration de la dimension environnementale dans toutes les politiques.

2- les structures de financement

L'achèvement des différentes orientations en matière d'environnement obéit aux mêmes règles applicables à la stratégie du développement global. L'évidence s'impose : le financement est essentiel à toute action de développement en particulier dans le domaine de la protection de la biodiversité faunique et floristique. Pourtant, le budget du Ministère de l'Environnement et de l'Assainissement est insignifiant au regard des tâches à lui confier. Ce budget reste assez modeste et ne dépasse pas 1% du budget national à présent[324]. De ce fait, le MEA demeure un département au rabais. Cela dit, ce budget n'est pas la seule source de financement de l'environnement au Mali, loin s'en faut, il en existe plusieurs autres, notamment des financements provenant des collectivités territoriales, des structures privées telles, les Organisation non gouvernementales et les Partenaires techniques et financiers (PTF).

Ainsi, plusieurs fonds ont été créés dont trois sont relatifs à la protection de la biodiversité faunique et floristique, à savoir :

- le fonds d'aménagement et de protection des forêts,
- le fonds de la protection de la faune,
- le fonds de développement de l'eau.[325]

Pour ce qui est du fonds d'aménagement et de protection des forêts, il est alimenté par les redevances des permis d'exploitation, des autorisations de défrichement, les réalisations des grands travaux dans le domaine forestier de l'Etat et les autorisations sur les produits ligneux au commerce[326]. Le fonds de la protection de la faune est aussi alimenté par les redevances perçues au titre de l'exploitation de la faune, de l'abattage et de la capture des animaux sauvages, de l'amodiation et les visites touristiques dans les aires protégées et les ranches de l'Etat, des dépouilles et des trophées d'animaux destinés au commerce et les

---

[324] Selon la loi des finances de 2017.

[325] Les deux premiers sont créés par la loi n°04-005 du 14 janvier 2004, portant création du fonds d'aménagement et de protection des forêts et de la protection de la faune dans les domaines de l'Etat. Le troisième fonds est consacré par la loi portant code de l'eau en République du Mali.

[326] Selon la loi n°04-005 du 14 janvier 2004, portant création du fonds d'aménagement et de protection des forêts et de la protection de la faune dans les domaines de l'Etat.

redevances cynégétiques journalières payées par les guides de chasse[327].

Enfin, en ce qui concerne le fonds de développement de l'eau, pour son alimentation, le code de l'eau énumère les dotations de l'Etat, les subventions de bailleurs de fonds, les produits des amendes perçues sur les pollueurs, les dons, legs et emprunts, les redevances sur les ressources en eau et des gestionnaires délégués. Toutefois, le département en charge de l'environnement n'est pas le seul destinateur des fonds devant prendre en charge les questions environnementales en raison de la transversalité de la matière[328]. En plus, l'Etat bénéficie des financements extérieurs provenant des Partenaires Techniques et Financiers. Au fil du temps, ces partenaires ont apporté une aide fondamentale à la création et au développement d'une grande partie des composantes politiques, juridiques et institutionnelles du secteur de l'environnement. Par exemple on peut noter leur contribution à l'élaboration et à la mise en œuvre de la Politique Nationale de Protection de l'Environnement, aux actions des structures régionales à la lutte contre la désertification et la dégradation des sols ou à la protection des zones humides et du bassin des fleuves.

Par ailleurs, environ 55% du budget global d'investissement public provient de projets financés par ces mêmes partenaires[329]. Grâce à ces projets, bon nombre d'innovations ont été menées à bien permettant d'élaborer de nouvelles approches de la gestion des combustibles par les ménages, de la gestion durable de la biodiversité. Ainsi, cet appui extérieur pour le secteur de l'environnement au Mali arrive exclusivement par le biais de projets, exception faite de la proportion infime des 84 milliards d'appui budgétaire par an reçu par le secteur (Investissement) à travers le processus national de budgétisation[330].

Ces efforts plus ou moins conséquents, sont complétés par les actions des collectivités territoriales décentralisées. Justement, les

---

[327] Idem.

[328] Le fonds de développement de l'eau est consacré par la loi portant code de l'eau en République du Mali.

[329] Selon l'annuaire des projets environnementaux des bailleurs de fonds et des ONG internationales au Mali, GTZ, Bamako, adapté de LELONG, B. ; Mai 2006.

[330] Idem.

attributions de ces dernières sont plutôt pertinentes au Mali. Il convient de les examiner.

Paragraphe II : l'administration décentralisée

Si le concept de décentralisation connait une longue histoire au Mali, une certaine ambivalence recouvre le terme suivant son usage par les différents protagonistes. Le changement politique violent qui s'est opéré en 1991 a, au finish, provoqué le renversement du régime monopartite de la deuxième république et abouti à l'instauration de ce qu'il a été convenu d'appeler la *« démocratie multipartisane*[331] *»*.

À partir de son installation, le nouveau pouvoir transitoire, incarné par le Comité de Transition pour le Salut du Peuple (CTSP)[332], s'est attelé à propulser les jalons de la grande réforme administrative dont la décentralisation constituait le principal enjeu.

La troisième république naissante et dont les fondements étaient fragilisés à l'extrême par une série de facteurs préoccupants : rébellion touareg dans le nord, contestations corporatistes, frondes estudiantines, revendications paysannes, en fit son principal cheval de bataille pour la résolution de certains de ces problèmes et aussi pour mieux affermir idéologiquement son assise politique. Le nouveau régime manifeste sa rupture d'avec les précédents perçus comme épigones[333] du système colonial, et jugés pour ce faire dévastateurs et autoritaires. Ce régime prétend réaliser le partage équitable des biens et richesses du pays entre tous ses fils sous le label de la solidarité et de la justice sociale. La décentralisation est perçue dans ce contexte comme l'instrument idéal de réalisation de cette politique dans une perspective de redistribution du pouvoir. Pour la mise en branle de ce processus, le nouveau pouvoir

---

331 Le multipartisme a été chèrement acquis par le Peuple malien en 1992, suite aux évènements de 1991 ayant conduit à la chute du régime dictatorial du Général Moussa TRAORE. L'une des caractéristiques de ce régime était le système de parti unique ou monopartisme.

332 Le Comité de transition pour le Salut du peuple de la République du Mali était l'instance gouvernementale mise en place juste après le coup d'État ayant renversé le président Moussa Traoré. Ce comité gouverna le Mali du 26 mars 1991 au 8 juin 1992, date d'entrée en fonction du premier Président démocratiquement élu.

333 En effet, les premières autorités étaient considérées comme des continuateurs ou imitateurs de l'ancienne administration coloniale, d'où la nécessité d'une rupture, selon les putschistes de 1968.

s'attelle à la création et au renforcement du principal organe d'exécution : la mission de décentralisation.

La décentralisation fait partie d'une nébuleuse de notions liées : discrétion administrative, autonomie, habilitation, territoire, dont le pouvoir d'évocation va de pair avec l'imprécision et la polysémie. Tout essai de définition doit donc moins chercher à borner une interprétation qu'à développer une sensibilité aux contextes linguistiques, institutionnels et sociohistoriques dans lesquels cette notion est utilisée.

Dans son sens la plus générique, la décentralisation est une « *dissociation d'éléments réunis en un même centre*[334] ». Dans une perspective d'administration publique, la notion de décentralisation est utilisée pour caractériser des tendances dans l'organisation interne de chaque institution publique ou plus spécifiquement dans les relations entre les instances centrales de l'Etat et toutes les autres institutions publiques[335].

Dans son acception large, la notion de décentralisation profite autant à des entités périphériques constituées selon un découpage fonctionnel des actions de l'Etat qu'à celles qui ont un mandat de gestion d'un territoire particulier. Dans les deux cas, les entités ont une personnalité juridique propre[336]. Dans le premier cas la décentralisation est qualifiée de fonctionnelle ; dans le second cas, elle est présentée comme territoriale et politique, par ce que le plus souvent les dirigeants locaux sont choisis selon un processus démocratique : les élections municipales.

Il importe d'avoir un regard synoptique sur l'historique de la décentralisation (A) avant d'analyser les compétences transférées aux collectivités décentralisées et d'affirmer l'impact de cette décentralisation sur la gestion de la biodiversité au Mali (B).

---

[334] Trésor de la langue française informatisé, http://www.atilf.fr/tlf.htm (page consultée le 02 novembre 2015)

[335] Idem,

[336] MARCOU, (G) « *la décentralisation et la démocratie locale dans le monde* », WWW.cities-locagovernments.org/gold/Upload/gold.fr (page consultée le 02 novembre 2015)

A/ un regard synoptique sur l'historique de la décentralisation au Mali

Le Mali connait un passé riche en histoire. En effet, avant la pénétration coloniale, plusieurs Etats médiévaux se sont succédés parmi lesquels il y a l'empire du Ghana et l'empire du Mali. Ces Etats fonctionnaient sur la base d'une configuration administrative bien adaptée. Leur structuration n'était pas loin de la structuration actuelle de nos Etats surtout avec la technique de décentralisation à en croire certains chercheurs historiens. Toutefois, la colonisation a influé considérablement sur cette organisation administrative. Ainsi, nous allons d'abord examiner ces données historiques bien avant l'accession du pays à la souveraineté internationale, avant d'extriquer l'évolution de la décentralisation du Mali indépendant.

1- Avant l'accession à la souveraineté internationale

Docteur Cheick Anta DIOP[337] dans une publication intitulée « Nation Nègre et Culture » disait ceci : « *l'Afrique est le berceau de l'Humanité ; ce fait n'est point contesté aujourd'hui par aucun argument scientifique sérieux. La plupart des connaissances humaines ont également pour point de départ notre continent. L'antériorité de la civilisation noire d'Egypte sur les autres civilisations confirme cette appréciation de l'évolution de la société humaine universelle*[338] ». Ce point de vue parait à toute évidence être corroboré par plusieurs faits marquant l'histoire de notre continent. Ainsi, il est reconnu et attesté de sources concordantes, par nombre d'observateurs africains, l'existence

---

[337] Docteur Cheick Anta DIOP est né le 29 décembre 1923 dans un petit village du Sénégal, précisément à Thieytou et décédé le 07 février 1986 à Dakar. Cheick Anta DIOP était un homme de culture et de science, c'est un historien, anthropologue, égyptologue, ayant beaucoup écrit sur l'histoire négro-africaine. En refusant le schéma hégélien de la lecture de l'histoire humaine, Cheick Anta DIOP s'est par conséquent attelé à élaborer, pour la première fois en Afrique noire une intelligibilité capable de rendre compte l'évolution des peuples noirs africains, dans le temps et dans l'espace. A partir de là, un ordre nouveau est né dans la compréhension du fait culturel et historique africain. Les différents peuples africains sont des peuples « historiques » avec leur Etat : l'Egypte, le Ghana, le Mali, le Zimbabwe, le Congo, le Bénin, etc. leur esprit, leur art, leur science.

[338] DIOP (C. A), « *Nations Nègres et culture, De l'antiquité nègre égyptienne aux problèmes culturels de l'Afrique noire d'aujourd'hui* », Editions présence africaine, 1954, (564 p.), p27-28.

en Afrique précoloniale de grandes formations socio-politiques ayant régné sur des entités territoriales bien organisées. C'est du moins l'avis de Charles Monteil[339], qui, à travers une note adressée le 30 octobre 1917 à Louis VIGNON, professeur à l'école coloniale française, confirmait en ces termes l'existence par le passé de brillantes civilisations dans le Mali médiéval : « *Il a existé une civilisation noire très florissante, bien avant celle des plus anciens peuples de l'Orient dont on enseigne l'histoire. Des faits d'ordre divers que l'on est appelé à constater chez nos Soudanais et que l'on rapporte impulsivement à telle ou telle influence orientale ou occidentale, ne sont peut-être, au demeurant que des vestiges de cette antique civilisation.* » Cet avis étaye à suffisance la reconnaissance d'une capacité d'organisation aux Etats médiévaux.

D'ailleurs au Mali, au cours de la mission de décentralisation qui a sillonné tout le pays, les populations, en général, laissaient entendre : *« Dans le fond, ce que vous nous expliquez n'est pas nouveau pour nous ; il y a bien longtemps, ce pays s'auto administrait. Vous nous proposez là, le retour de l'administration aux citoyens* [340]». Ces propos sont assez éloquents, la décentralisation qui signifie en langue locale Bamanan *« ka mara la segin sô »* n'est pas inédit au Mali même si les contextes et les modalités diffèrent. En effet, il s'agit du retour de l'administration aux citoyens, ce qui veut dire qu'à un moment donné de l'histoire les citoyens l'avaient, et qu'on les avait escamotés à tort ou à raison. Au Mali, aussi longtemps que l'on remonte dans l'histoire, l'héritage politique et culturel est riche d'exemples d'Etats organisés fonctionnant sur la base de codes de référence à travers lesquels le peuple se retrouve et se reconnait. Ce Mali précolonial, qui a vu se succéder un nombre impressionnant d'empires et de royaumes, a été le théâtre de l'émergence de l'Etat sous diverses formes. En effet, les Etats

---

[339] Charles MONTEIL, né à Paris le 22 février 1871 et mort à Tulle en 1949, fut un haut fonctionnaire français du début du 20ème siècle. Ayant suivi une formation militaire, il devient par la suite un grand commis des affaires indigènes avant de gravir des échelons dans l'administration coloniale, notamment en Afrique occidentale française.

[340] Entretien avec Ousmane SY, Chef de la mission de décentralisation, ancien Ministre de l'administration territoriale et des collectivités locales, Expert consultant en décentralisation au Mali, entretien accordée le 10 janvier 2016.

médiévaux : Empire du Ghana[341], Empire du Mali[342], Empire Songhaï[343], ont mis au point, au fil des siècles, des systèmes politiques très élaborés qui ont fait leurs preuves en matière d'administration des communautés et de leurs territoires.

La colonisation française s'est greffée à l'ossature de ces anciennes organisations territoriales : les régions ou provinces appelées

---

[341] L'empire du Ghana est un ancien royaume africain qui a existé du III ème au XIII ème siècle de notre ère dont le centre se trouve dans la zone frontalière actuelle entre le Mali et la Mauritanie et la capitale était Koumbi-Saleh. Il est le premier des trois grands empires marquant la période impériale ouest-africaine. Désigné par ses habitants sous le nom d'empire d'Ouagadou (Wagadou), il se fait connaître en Europe et en Arabie comme l'empire du Ghana. Issu du royaume d'Ouagadou, l'empire du Ghana s'est développé au VIIIème siècle avec l'exportation d'or et de sel. Il connaît son apogée au Xe siècle, époque à laquelle il s'étend alors sur un territoire à cheval sur la frontière actuelle entre la Mauritanie et le Mali, comprenant, outre le Ouagadou, les provinces du Tekrour (Sénégal actuel), du Sosso, du Mandé et de Diarra, les régions aurifères du Bouré et du Bambouk et Oualata. En 990, Aoudaghost, grande cité berbère, centre névralgique des échanges entre le nord et le sud, est annexée. L'empire du Ghana décline à partir du XIème siècle, passant successivement sous domination almoravides, puis sous la tutelle de Sosso, et enfin sous celle de l'empire du Mali.
https://www.acstrasbourg.fr/fileadmin/pedagogie/histoiregeographie/Se_former/Nouveaux_programmes_de_5e/Royaumes_africains/Les_royaumes_africains__accompagnement_de_la_presentatio.

[342] L'Empire du Mali est un État africain médiéval. Fondé au XIII ème siècle par Soundjata Keita, il connut son apogée au XIV ème siècle. Il serait à l'origine de la charte du Manden. L'empire du Mali s'étendait entre le Sahara et la forêt équatoriale, l'océan Atlantique et la boucle du Niger soit sur les actuels Mali, Burkina Faso, Sénégal, Gambie, Guinée, Guinée-Bissau, Mauritanie et une grande partie de la Côte d'Ivoire. Il était un carrefour important entre les peuples nomades du Sahara et les peuples de l'Afrique noire équatoriale.
https://www.acstrasbourg.fr/fileadmin/pedagogie/histoiregeographie/Se_former/Nouveaux_programmes_de_5e/Royaumes_africains/Les_royaumes_africains__accompagnement_de_la_presentatio.

[343] A la suite du Ghana puis du Mali, émerge l'empire Songhaï au XV ème à l'Est de la boucle du Niger. Les songhaï forment autour de Gao, un état musulman dont la puissance est à la fois religieuse, commerciale et militaire. L'empire fut dirigé par deux grandes dynasties : les Sonni et les Askia.
https://www.acstrasbourg.fr/fileadmin/pedagogie/histoiregeographie/Se_former/Nouveaux_programmes_de_5e/Royaumes_africains/Les_royaumes_africains__accompagnement_de_la_presentatio.

dans la langue Bamanan[344] *« Jamana »*, les cantons *« Marabolo ou Kafo »*, les villages *« Dugu »*. On pourrait aussi les qualifier d'anciennes aires culturelles : Bamanan, peulh, manding, soninké, songhaï, sénoufo etc. Partant de là, il parait assez clair que la décentralisation n'est pas un processus nouveau au Mali, loin de là.

En outre, pendant la période coloniale, la politique d'assimilation forcée des indigènes à la culture coloniale et l'évolution de la politique française devaient atténuer les rigueurs de l'administration. Elle s'orienta vers la création de communes indigènes regroupant des citoyens de première et de seconde zone et bénéficiant pour certaines d'une autonomie relative. A la vérité, ce système colonial français se caractérisait par une volonté de faire table rase des valeurs civilisationnelles des Etats africains précoloniaux auxquels il s'est imposé, même si, dans certains cas il affichait un certain respect pour des coutumes. Alors, au Soudan français (l'actuel Mali) durant toute la période coloniale, treize communes avaient été créées. Elles étaient hiérarchisées en communes mixtes de moyen exercice et de plein exercice suivant la loi coloniale de 1955[345]. Cependant, cette municipalisation partielle et inachevée ne concernait que le milieu urbain.

2- Pendant le Mali indépendant

A son accession à l'indépendance, le Mali hérita d'un schéma administratif avec cinq communes de plein exercice. L'un des soucis majeurs des nouvelles autorités était de restaurer ce schéma administratif sur de nouvelles bases. Et dans la foulée, la constitution de 1960 énonce une nouvelle structuration territoriale du pays en ces termes « *les collectivités territoriales de la République du Mali sont : les régions, les cercles, les arrondissements, les tribus nomades, les communes, les villages et les fractions nomades* [346]». En vertu de ces dispositions, les subdivisions administratives devenaient ainsi des collectivités territoriales qui devaient s'administrer librement avec des

[344] La Langue Bamanan est la langue locale couramment parlée dans le sud du pays.
[345] Loi n°55-489 du 18 Novembre 1955, portant création des collectivités territoriales au Soudan Français.
[346] L'article 41 de la constitution malienne du 22 septembre 1960, première constitution du pays.

conseils élus et placés sous la tutelle de l'administration centrale. Or, à l'exception des conseils de communes déjà existant, ces dispositions n'ont jamais été effectives car ces autres collectivités sont restées des circonscriptions administratives soumises à l'autorité des représentants du pouvoir central. Même si, la nouvelle réforme municipale de 1966 a permis d'uniformiser le statut des 13 communes en les plaçant sous le régime de plein exercice sans pour autant donner lieu à de nouvelles créations[347].

De facto, ce schéma administratif fut remis en cause par le régime militaire issu du coup d'Etat de novembre 1968[348]. Les conseils municipaux sont dissouts auxquels, le comité militaire substitue des délégations spéciales. Les putschistes procèdent à un nouveau découpage administratif à leur gré. La ville de Bamako fut érigée en district subdivisé en six communes ayant le statut de collectivités décentralisées à l'instar des délégations spéciales précédemment créées[349]. Cependant, le district demeure une circonscription administrative assimilée à une région et pour ce faire, dirigé par un gouverneur nommé par les pouvoirs publics. Entre temps, la réforme constitutionnelle de 1974[350] (mise en application en 1979) apporte une nouvelle donne, la mise en place d'un vaste programme de développement participatif dit « *à la base* ». Il visait à associer les cadres techniques et administratifs ainsi que les populations locales à la conception et à la réalisation des programmes de développement à travers des organes que sont les conseils et comités de développement. Un fonds de développement régional et local fut institué[351]. Bien que ces aménagements aient été faits à la faveur d'une participation des citoyens à la gestion de l'Etat, l'administration centrale est demeurée la

---

347 Cette nouvelle réforme est issue de la loi n°66-9/AN RM du 02 Mars 1966 portant code municipal.

348 En novembre 1968, un comité militaire dirigé par le Colonel Moussa TRAORE orchestre un coup d'Etat contre Modibo KEITA, le premier président du Mali indépendant.

349 Le nouveau découpage administratif est issu de l'ordonnance n°77-44/CMLN du 12 juillet 1977 du Comité Militaire pour la Libération Nationale CMLN).

350 La constitution du 02 juin 1974, est la constitution de la 2ème République du Mali.

351 Ce fonds de développement régional et local, issu de la perception des taxes et impôts divers servait à financer les programmes régionaux et locaux de développement.

seule maîtresse du jeu en contrôlant et en accumulant l'utilisation de ce fonds vers des actions qu'elle jugeait privilégiées.

A la suite des évènements de mars 1991[352], les autorités de transition ne vont pas remettre en cause la configuration administrative en place, mais elles vont plutôt ajouter de nouvelles circonscriptions[353]. Ces évènements ont abouti à un changement de régime et à l'instauration d'une politique de démocratie pluraliste[354] marquant ainsi un tournant décisif dans le mode d'administration du territoire. Les reformes enclenchées dans la perspective d'une évolution du mode d'administration de l'Etat s'inscrivent dans le cadre d'un vaste projet de société ayant pour but de rapprocher l'administration des administrés afin de permettre à celle-ci d'apporter des réponses efficaces à leurs préoccupations.

Si la décentralisation semble être porteuse, d'une part, des enjeux politiques, socio-économiques, et d'autre part, des enjeux liés à la participation des populations au processus de développement local, sa concrétisation va se faire par la création de 703[355] communes, avec la transformation des régions et des cercles en collectivités décentralisées et la mise en place d'un dispositif juridique assez consistant. Toutefois, les compétences transférées à ces collectivités peinent à s'affirmer et on constate de nombreuses lacunes dans les actions surtout en matière de gestion de l'environnement ou de la

[352] Le 26 Mars 1991, à la suite d'une rébellion dans la partie septentrionale du pays en 1990, des manifestations et d'un mouvement général et d'une répression sanglante entrainant le dysfonctionnement des institutions de la République, un Comité de Transition pour le Salut du Peuple (CTSP), dirigé par le Lieutenant-Colonel Amadou Toumani TOURE, met fin au régime dictatorial du Général Moussa TRAORE.

[353] Les autorités de transition de 1991, ont créée cinq nouvelles communes qui sont : les communes de Banamba, de Dioïla, de Bandiagara, de Niono et de Djenné.

[354] En fait sous la première, certes, la constitution de 1960 avait admis le multipartisme, mais de facto, l'esprit de parti unique l'a apporté à la suite des tentatives échouées. S'agissant de la deuxième République, l'option était claire, le système de démocratie monopartite, c'est-à-dire le système de parti unique. Ce système au demeurant, consacré par l'ordonnance de 1968 tenant lieu de texte fondamental, a été admis par la constitution du 02 juin 1974.

[355] En 1998, sept cent trois (703) communes ont été créées au Mali.

biodiversité. Il convient donc d'élucider tous les contours de cette gestion décentralisée de la biodiversité.

B/ la gestion décentralisée de la biodiversité

Il convient d'examiner au premier abord les compétences transférées aux collectivités décentralisées avant d'en apprécier leur pertinence dans la gestion de la biodiversité.

1- les compétences transférées aux collectivités décentralisées

La décentralisation présume un transfert de compétences du pouvoir central vers les organes décentralisés[356]. A titre de rappel, les collectivités décentralisées au Mali sont : les régions, le district de Bamako, les cercles, les communes urbaines et les communes rurales[357]. Ces organes décentralisés sont dotés de la personnalité morale et de l'autonomie financière. Elles bénéficient légalement des compétences transférées par l'Etat assortie de moyens tel qu'exprimé par la loi portant code de la décentralisation en ces termes : « *Tout transfert de compétences à une collectivité doit être accompagné du transfert concomitant par l'Etat à celle-ci, des ressources et moyens nécessaires à l'exercice normal de ces compétences*[358] ». Cette disposition est assez édifiante, les collectivités territoriales pour l'exercice de leurs compétences légalement transférées doivent bénéficier d'un accompagnement technique et financier de la part de l'Etat. Elles s'administrent librement à travers des organismes élus[359] et disposent pour ce faire d'un budget et de ressources propres[360].

---

[356] C'est le respect du principe de subsidiarité qui caractérise les relations entre l'Etat et ces structures décentralisées.

[357] Article 1er de la loi n°93-008 AN-RM du 11 février 1993 portant administration des collectivités territoriales au Mali.

[358] Idem, article 4 alinéa 2.

[359] Aux termes de l'article 5 de la loi précitée, « *les collectivités territoriales s'administrent librement par des assemblées ou conseils élus. L'assemblée ou le conseil de la collectivité territoriale élit en son sein un organe exécutif dont la composition est fixée par la loi* ».

[360] Selon l'article 6 de la loi citée, « *chaque collectivité dispose d'un budget et de ressources propres. Les ressources d'une collectivité comprennent :*

- *les impôts et taxes qu'elle est autorisée à recevoir,*

Parmi les compétences transférées aux collectivités décentralisées du Mali figure la protection de l'environnement et de la biodiversité. Pourtant, il n'existe pas d'administration de l'environnement au niveau communal, ce qui ne veut pas dire que les communes sont absentes en matière d'environnement. Tout au plus, on trouve dans certaines municipalités[361] un adjoint au maire spécialisé dans les questions d'environnement ou mieux dans les communes urbaines, un bureau de l'environnement ou un bureau de cadre de vie. En vertu, des textes[362] de la décentralisation et ceux de l'environnement, les collectivités décentralisées disposent de plusieurs compétences qui devraient les conduire à l'élaboration d'une véritable politique locale de l'environnement grâce aux plans locaux de l'environnement et d'aménagement du territoire. L'examen de la structure et des attributions de ces organes décentralisés permettra de clarifier leurs compétences en matière environnementale.

D'abord s'agissant des régions, leurs compétences en matière de protection de la biodiversité sont pertinentes. La région est une collectivité territoriale dotée de la personnalité morale et de l'autonomie financière et composée de plusieurs cercles. Elle bénéficie d'une fonction de mise en cohérence des stratégies de développement et d'aménagement du territoire. L'organisme décentralisé institué est l'assemblée régionale. Elle délibère sur plusieurs matières notamment celles relatives aux programmes de développement économique, social et culturel, et dont le schéma d'aménagement du territoire et du développement régional, les actions de protection de l'environnement[363]. En effet, le conseil régional peut délibérer sur toute question relative à la protection et à la conservation de la biodiversité forestière et faunique relevant de sa juridiction.

- *les subventions de l'Etat,*
- *les taxes rémunératoires sur les services rendus,*
- *les revenus de son domaine,*
- *les emprunts,*
- *les dons et les legs ».*

[361]C'est le cas de la mairie de la commune III et IV du district de Bamako.

[362] Ces textes sont nombreux, on peut tout de même citer la loi N°95-034 du 12 Avril 1995 portant code des collectivités territoriales, la loi n°86-91/AN-RM du 12 juillet 1986, portant code domanial et foncier du Mali, les lois de 1995 sur la gestion des ressources forestières et fauniques etc.

[363] Article 131 de la loi portant code des collectivités territoriales au Mali.

Ensuite, quant aux cercles, ils ont aussi des compétences en matière de protection de la biodiversité. Le cercle est la collectivité décentralisée de niveau intermédiaire de mise en cohérence entre les communes et la région. Dans chaque cercle, il est institué un conseil de cercle composé de membres élus en leur sein au scrutin secret par des conseillers communaux. Le conseil de cercle est dirigé par un président élu par ses pairs, et disposant d'un pouvoir de police administrative qui s'étend sur des matières environnementales notamment la diversité biologique[364]. Ce conseil a plusieurs attributions dont la protection de l'environnement et de ses ressources forestières et fauniques dans sa circonscription.

Enfin, les organismes communaux disposent de pouvoirs importants en matière de protection de la biodiversité. La commune rurale ou urbaine est une collectivité dotée de la personnalité juridique et instituée d'un organe délibérant : le conseil communal. Parmi les attributions de ce conseil figure, entre autres, la protection de l'environnement, l'aménagement de l'espace communale, la gestion domaniale et foncière, l'acquisition de patrimoine, l'hydraulique rurale et urbaine, les productions agro-sylvio-pastoral, la réglementation en matière de police administrative[365]. Le conseil communal, après avis du ou des conseils de villages et/ou de fractions ou des chefs de quartiers concernés, délibère sur dix matières[366] dont la protection de l'environnement et la gestion des ressources naturelles. Le code des collectivités territoriales accorde le pouvoir de police administrative au

---

[364] Article 111 de la loi n°95 portant code des collectivités territoriales du Mali.

[365] Article 14 de la loi n°95-034/ AN-RM du 12 Avril 1995 portant code des collectivités territoriales.

[366] Aux termes de l'article 17 de la loi n°95 sus-évoquée, le conseil communal délibère sur les dix matières ci-après :

1- la voirie, les collecteurs de drainage et d'égouts ;
2- le transport public ;
3- l'occupation privative du domaine public ;
4- le cadastre ;
5- l'organisation des activités agricoles, pastorales sylvicoles, de pêche ou de chasse ;
6- la création et l'entretien des puits et points d'eau ;
7- le schéma d'aménagement du territoire communal et plan d'occupation du sol ;
8- la protection de l'environnement et la gestion des ressources naturelles ;
9- la gestion du domaine public et privé communal ;
10- l'implantation et la gestion des équipements collectifs.

maire, président du conseil communal. Cette police administrative lui permet de règlementer en matière environnementale notamment en matière de gestion des ressources naturelles dans la sphère du domaine communal[367] qui se compose en domaine public et en domaine privé.[368]

Ainsi, les contributions de la commune qui ont un rapport avec la protection de l'environnement notamment de la biodiversité peuvent se résumer en trois catégories. Les communes disposent de quelques pouvoirs répartis entre le maire et le conseil municipal en matière de protection et de gestion de l'environnement, en matière d'aménagement et dans certains domaines dont elles doivent être consultées. En réalité, c'est le Maire, président du conseil communal qui détient de véritables pouvoirs de décision en matière d'environnement. En vertu de l'article 44 du code des collectivités territoriales, le Maire est chargé de l'exécution des délibérations du conseil communal y compris la protection de l'environnement. Du coup, il doit prendre toutes les mesures propres d'une part à empêcher ou à supprimer les pollutions et les nuisances, d'autre part à assurer la protection des espaces verts et des paysages de la sphère communale.

De même, le maire peut décider par arrêté de protéger totalement ou partiellement, de manière temporelle ou définitive dans sa juridiction toutes les espèces qu'il jugera utiles à cet effet[369]. D'ailleurs, l'article 28 de la loi du 18 janvier 1995 fixant les conditions de gestion des ressources forestières est assez évocateur à cet effet. Aux termes de cet article, l'Etat, les collectivités territoriales décentralisées et même les particuliers sont astreints à prendre des mesures de protection des ressources forestières chacun dans son domaine. Et l'article 52 du même texte exige aux collectivités décentralisées d'édicter des mesures de protection et de conservation appropriées dans leurs domaines forestiers. Quant aux ressources fauniques, l'Etat aussi

---

[367] Article 44 in fine de ladite loi.

[368] Article 1er de la loi n°86-91/AN-RM du 12 juillet 1986, portant code domanial et foncier du Mali.

[369] La n°95-004/AN-RM du 18 janvier 1995 fixant les conditions de gestion des ressources forestières stipule dans son article 18 que « les collectivités territoriales décentralisées peuvent protéger par arrêté, partiellement ou totalement, de manière temporelle ou définitive dans leur juridiction toutes les espèces qu'elles jugeront utiles de protéger ».

bien que les collectivités décentralisées sont astreintes à les protéger par des mesures chacun dans son domaine[370]. A l'instar de l'Etat, ces collectivités peuvent créer des zones d'intérêt cynégétique amodiées[371] ou non et d'organiser le tourisme cynégétique dans leurs domaines forestiers[372].

Nonobstant la dévolution de ces compétences aux collectivités territoriales décentralisées par les lois de la décentralisation et celles relatives à l'environnement, la gestion décentralisée de la biodiversité demeure un défi majeur au regard de l'état de dégradation des terroirs. Or, cette gestion décentralisée de la biodiversité parait assez pertinente à bien des égards au Mali.

2- la pertinence de la gestion décentralisée de la biodiversité

Nombreux sont les Etats africains au sud du Sahara à connaitre les transformations institutionnelles avec l'engagement politique des gouvernants de lancer voire d'approfondir le processus de décentralisation. L'objectif pour ces Etats est d'accroitre la démocratie locale, de rapprocher les services publics des populations et de promouvoir le développement local. Une telle gestion décentralisée n'est pas sans impact sur les formes de gouvernance dans plusieurs domaines dont la biodiversité. Elle présente ipso facto des intérêts pour l'Etat (le pouvoir central) et impacte aussi les organes décentralisés elles-mêmes.

D'abord, la décentralisation est un processus complexe qui va bien au-delà d'un réaménagement du territoire dans son ensemble. Dans le cas spécifique de la gestion des ressources biologiques, elle consiste en un transfert des pouvoirs, des fonctions et des compétences à des instances locales. Particulièrement, les compétences administratives et techniques appropriées aussi bien que les moyens financiers y afférents tout comme le pouvoir de prendre des décisions font partie de ce

---

370 Loi n°95 031/AN-RM fixant les conditions de gestion de la faune sauvage et de son habitant, art. 33

371 Il s'agit des zones riches en biodiversité faunique, propice à la chasse et qui font l'objet d'amodiation. Sur ces zones, les municipalités peuvent louer, ou concéder les droits de chasse et de pêche à des exploitants particuliers moyennant une redevance en nature ou en argent.

372 Loi n°95 031/AN-RM, Op. Cit, art. 56.

transfert au plan local. On peut donc constater que la réussite de la décentralisation au Mali en matière de gestion de la biodiversité dépend, d'une part, de la volonté politique de redéfinir les relations entre le pouvoir central et les collectivités territoriales, et d'autre part, de l'adhésion des populations. Ainsi pour les collectivités émergentes, notamment les communes rurales, la principale difficulté est d'obtenir une légitimité auprès des populations. Dans la dynamique de décentralisation, le pouvoir centrale bénéficie un intérêt surtout financier. En effet, avec les restrictions et les déficits budgétaires que connait le Mali, en raison des crises politico-sécuritaires à répétition ayant provoqué une instabilité économique, une dévolution de la gestion des ressources biologiques au niveau local permet au pouvoir central d'économiser sur les différents coûts y relatifs. La pâmoison de l'administration centrale est due dans certaine mesure au manque de moyens financiers, plus précisément pour le contrôle des externalités négatives par les structures compétentes.

La transmission de la gestion des ressources floristiques et fauniques aux collectivités décentralisées peut rendre les services forestiers, qui sont le plus souvent considérés avec suspicion par les populations[373], plus opérants. En transférant certaines responsabilités à des acteurs et organismes locaux notamment le contrôle et autres activités de gestion, cela peut rendre les services forestiers plus opérationnels. Il peut aussi, sous un autre angle, permettre une réduction des coûts administratifs et de gestion grâce à la proximité des communautés et à la mise œuvre du savoir-faire local. Pour ces communes rurales, c'est aussi une occasion de s'impliquer dans la gestion des ressources naturelles locales, corollaire d'un développement durable. La gestion décentralisée de la biodiversité revêt un impact considérable pour les organes décentralisés.

---

[373]En effet, la corruption, l'abus de compétence, le manque de personnel et de moyen sont entre autres les maux qui minent le chemin des services des eaux et forêts dans la gestion de la biodiversité forestière au Mali. Cela crée ainsi une méfiance des populations à leurs égards. Dans la plupart des localités que nous avons parcourus dans le cadre nos recherches empiriques, de nombreuses populations dénoncent mordicus les pratiques mal saines des agents des eaux et forêts avec souvent preuves à l'appui. Cet état n'est pas de nature à instaurer un climat confiance entre ceux et les populations.

Sur un autre plan, la décentralisation implique la réorganisation de la fiscalité pour trouver des ressources financières nouvelles. En réalité, pour assurer le fonctionnement de la collectivité et exécuter le plan d'aménagement local et de développement communal ainsi que toute autre politique de développement local, les municipalités doivent mobiliser des ressources financières. Outre le fait qu'en théorie l'Etat devrait les accompagner avec des ressources allouées, les communes sont contraintes de s'autofinancer. Or, en milieu rural, les activités[374] à taxer ou à imposer sont celles essentiellement liées aux ressources forestières dont la faune et la flore. La pression sur les ressources tout comme les réserves de biosphère partout au Mali peut être accentuée si les communes rurales n'ont pas d'autres sources de financement de leur développement local. L'imposition de diverses taxes aux populations rurales peut aussi aggraver les phénomènes de passages clandestins[375] dans l'exploitation de ces ressources.

Par ailleurs, la mobilisation et la gestion transparente des ressources financières locales font partie des problèmes majeurs auxquels les collectivités restent confronter au Mali. Lorsqu'on sait que la capacité pour les populations de s'acquitter de ces taxes et impôts repose en principe sur les ressources floristiques et fauniques, il importe que celles-ci soient gérées de manière idoine et durable. Même si l'on sait que le contexte social et économique voire politique, ne prêtent nullement à cela. Car nous avons à faire le plus souvent à des politiciens qui sont soucieux de leur enrichissement personnel plutôt que du développement local dans l'intérêt de tous.

---

[374] Les défrichements, l'exploitation des ressources forestières sont soumises à des impositions par le biais de déférentes taxes pour le compte du budget de l'Etat et des collectivités locales. La répartition des recettes perçues à l'occasion de l'exploitation des domaines forestiers et fauniques entre l'Etat et les collectivités, est fait à travers le Décret N°04-137 (BIS)/P-RM du 27 Avril 2004 fixant la répartition des recettes perçues à l'occasion de l'exploitation des domaines forestier et faunique, de l'Etat entre les fonds d'aménagement et de protection des forêts et de la faune et les budgets des collectivités territoriales.

[375] En réalité, la fuite aux impôts peut pousser des exploitants à exercer leurs activités de manière clandestine contre réglementation. Le système de contrôle étant pratiquement défaillant en raison de la faiblesse des moyens mis à la disposition des agents engagés à cet effet, bon nombre d'exploitants forestiers, notamment en matière de production des bois, de charbon ou tout autre combustible domestique, pourront tenter d'échapper à cette imposition fiscale.

Le défi demeure alors de mobiliser légitimement et équitablement ces ressources sans affaiblir l'économie locale ni affecter la durabilité de la biodiversité locale. La conciliation des deux, à savoir le développement local et la gestion rationnelle de la biodiversité, constitue un gage de développement local durable. Cela dit, l'évaluation du contexte institutionnel de la gestion environnementale dans les collectivités locales révèle certaines contraintes dues en partie au transfert de certaines compétences de gestion du cadre de vie sans un appui parallèle de planification, de coordination, d'information et de formation, et surtout de financement approprié. Dès lors, les moyens mis à leur disposition sont sans commune mesure avec l'ampleur des besoins identifiés. De même, on notera la faiblesse des capacités d'intervention des services techniques locaux, plus précisément en termes de suivi environnemental de la mise en œuvre des plans et projets dans leurs terroirs. D'où la nécessité d'intervention des acteurs privés afin d'épauler ces structures publiques dans l'exécution de leurs missions en matière de biodiversité. Quant à ceux-ci, la mesure de leur rôle et de leur capacité organisationnelle fait l'objet de la section suivante.

Section II : les acteurs privés de protection de la biodiversité

La biodiversité est une vision réticulaire de la nature. Elle implique que tous les éléments composant la biosphère, aussi différents soient-ils les uns les autres sont interreliés. Cette vision réticulaire de la nature semble se refléter dans le droit qui lui est applicable. Les règles juridiques en matière de biodiversité, leur élaboration, leur édiction, leur mise en oeuvre sont, de plus en plus formées selon des modalités rappelant la structure du réseau. Tous les acteurs y compris les acteurs privés vont être consultés, et vont participer à l'élaboration des normes environnementales. C'est la volonté d'une démocratie participative. Les acteurs privés peuvent se résumer à deux catégories : la société civile et le secteur privé. La notion de société civile est en effet une notion polysémique sujette à de multiples interprétations. Certaines typologies considèrent que le secteur privé fait partie de la société civile. Cependant l'interprétation la plus commune aujourd'hui de la notion en exclut tant la sphère du marché que celle de l'Etat.

La société civile est ainsi définie comme une sphère de la vie sociale qui serait publique mais non étatique, excluant du coup les activités gouvernementales que commerciales. Ce terme ne couvre dès lors ni les activités à but lucratif (secteur privé), ni l'action des pouvoirs publics (secteur public). Les organisations et les personnes pouvant être comprises dans cette catégorie sont fort diverses. On peut regrouper sous ce vocable les associations de citoyens, les mouvements sociaux, les organisations religieuses et spirituelles, les organisations non gouvernementales. Le secteur privé, quant à lui, est constitué par des sociétés (civiles ou commerciales), des fédérations d'entreprises, des groupes de pression des industriels. Le secteur privé concerne donc la sphère du marché. Dans le contexte de la gouvernance environnementale notamment en matière de protection de la biodiversité, ces acteurs de droit privé jouent un rôle prépondérant. Ainsi, notre analyse portera en premier lieu sur la société civile (Paragraphe I), et ensuite sur le secteur privé (Paragraphe II) dans la protection de la biodiversité.

Paragraphe I : les acteurs de la société civile

Traditionnellement, l'élaboration des normes juridiques est l'œuvre exclusive soit des Etats, soit accessoirement des organisations intergouvernementales dans l'ordre juridique international classique, soit des organes institués, habilités à édicter des règles de droit dans l'ordre juridique interne des Etats. Certains auteurs tels que David GRIMAUD considère que l'exclusion formelle des autres acteurs que les Etats et les organisations internationales dans l'élaboration et le suivi de la règlementation environnementale constituent « *une raison majeure de l'inefficacité de ce droit* »[376]. On peut tout à fait suivre ce raisonnement en ce sens que dans la plupart des grands textes internationaux relatifs à l'environnement, la protection de celui-ci apparaît comme un intérêt supérieur de l'Humanité. Or comment prendre en compte cet intérêt si celui-ci n'est défendu que par les Etats,

---

376 GRIMEAUD, D., « *le droit international et la participation des Organisations Non Gouvernementales à l'élaboration du droit de l'environnement : une participation en voie de formalisation* ?», pp 87-167 in la protection de l'environnement au cœur du système juridique international et du droit interne, acteurs, valeurs et efficacité, sous la direction de Michel PÂQUES et Michaël FAURE, actes du colloque des 19 et 20 octobre 2001 Université de liège, Bruxelles, éd. Bruylant 2003.

pouvant alors se heurter à leur souveraineté ou à ce qu'ils considèrent comme relevant de leur intérêt supérieur.

Au Mali, eu égard à la nécessité de protection de la biodiversité, notamment dans ses composantes faune et flore, plusieurs organisations de la société civile[377] telles, les Organisations Non Gouvernementales (ONG) et les associations écologiques, interviennent non seulement dans l'entreprise de production du droit, mais aussi et surtout elles se trouvent fortement impliquées dans la mise en œuvre des instruments juridiques.

Nous serons ainsi amenés à avoir un regard synoptique sur la notion de société civile (A), avant d'analyser le cadre de reconnaissance de son rôle et les manifestations de sa participation dans la protection de la biodiversité (B)

A/ un aperçu sur la notion de société civile

De plus en plus, la protection de l'environnement est considérée comme une préoccupation majeure non seulement de l'Etat, mais aussi de l'ensemble de la société civile[378]. Dans une acception large, on peut entendre par société civile, l'ensemble des groupements ou organisations non établies par les Etats et leurs émanations[379] ; des

---

[377] Selon la cellule d'appui au développement à la base (CADB) au Ministère de l'intérieur, il existerait 40 000 organisations formelles et informelles et environ 2 150 organisations non gouvernementales officiellement enregistrées au Mali en 2014. Ces organisations de la société civile se trouvent implanter partout dans le pays : au niveau national, des régions, des cercles, des communes, des villages, des quartiers et des fractions.

[378] Parmi les organisations de la société civile environnementale au Mali, on pourra citer entre autres comme exemples :

- AMAPROS, Association Malienne pour la Promotion du Sahel,
- AMAPROD/sahel, Association Malienne pour la Protection et le Développement de l'Environnement du Sahel,
- STOP-DISERT, Association Malienne pour la Promotion de l'Environnement et la Promotion de la Femme,
- AMADE, Association Malienne pour le Développement,
- ACD, Action Couverture Développement,
- ADG, association de l'appui au développement Global,
- GREDAE-MALI, Groupe de Recherche et d'Etude en Droit Appliqué de l'Environnement au Mali.

[379] Les émanations des Etats sont les organisations intergouvernementales au plan international et les collectivités décentralisées au plan national.

sujets privés[380] ou acteurs non étatiques qui participent à la protection des valeurs fondamentales reconnues par les constitutions nationales et des textes internationaux. Il s'agit entre autres, des mouvements associatifs des jeunes et des femmes, des organisations syndicales et patronales, des communautés locales, des ONG, des associations caritatives, des organisations professionnelles, de même que les organisations et communautés confessionnelles[381], les groupes d'experts et les scientifiques.

L'un et l'autre mènent des actions concrètes, visibles et plus ou moins durables sur le terrain dans le domaine de l'environnement. L'emprise de leurs actions sur l'environnement est directe et perceptible, et l'impact de leurs activités peut être évalué, suivi et apprécié à différents niveaux. C'est pourquoi, on les considère comme des acteurs directs de la protection de l'environnement pour les distinguer des acteurs indirects[382]. Si ces organisations sont toutes représentatives du corps social par opposition à la classe politique, force est de constater qu'elles ne s'organisent pas de la même manière, n'agissent pas de la même façon ni dans les mêmes domaines. Certaines évoluent dans le domaine humanitaire ou caritatif pendant que d'autres s'intéressent à la défense des droits humains ou à la protection de l'environnement. Nombreuses sont celles qui n'ont pas de domaines spécifiques, elles s'intéressent à plusieurs domaines à la fois. Toutefois, les plus influents de ces acteurs de la société civile sont surtout les ONG, qui peuvent avoir une sphère d'intervention transnationale. Le terme ONG peut être défini comme tout groupement, mouvement ou association constituée de façon durable par des individus ou des personnes morales appartenant à un même Etat ou à des Etats différents

---

[380] Les organisations de la société civile malgré l'importance de leurs actions et leur influence, sont placées sous le régime juridique du droit privé.

[381] Les communautés confessionnelles sont les églises et autres communautés religieuses.

[382] Les acteurs indirects interviennent dans la gestion de l'environnement par l'intermédiaire des autres acteurs pour la réalisation de leurs objectifs dans ce domaine. Il s'agit essentiellement des agences de coopération et des bailleurs de fonds. Voir FOUDA (Y.) et BIGOMBE LOGO (P.), ibid., P. 14

La classification des acteurs environnementaux acteur direct indirect doit cependant être relativisée dans la mesure certains acteurs indirects sont parfois plus impliqués dans la gestion de l'environnement que les acteurs directs.

en vue de la poursuite des intérêts à but non lucratif. Ainsi, la loi[383] du 05 Août 2004 qui abroge l'ordonnance N°41/P-CG du 28 Mars 1959 relative aux associations au Mali, considère les ONG comme des associations libres telles que prévues par son chapitre 2, section 3 intitulée « *associations signataires d'accord-cadre avec l'Etat* »[384].

Donc, l'Etat apparait comme un partenaire parmi tant d'autres. En ce sens, la gouvernance en matière environnementale, surtout de la biodiversité, peut être regardée comme une nouvelle façon de repenser la politique à l'ère de l'individualisme, porteuse davantage de cohésion sociale et d'engagement civique. Ce point de vue nous parait être partagé par Marianne MOLINER-DUBOST, lorsqu'elle soutient que « *l'environnement, en tant que valeur commune, constitue un terrain privilégié de la démocratie participative, ainsi qu'en témoigne la diversification contemporaine des pratiques délibératives. Symptôme du déclin de l'autorité de l'Etat et de la démocratie représentative ou renforcement, par la participation de la société civile, de la légitimité du pouvoir politique et du système représentatif, le phénomène observé révèle en tout cas une évolution majeure des modalités de détermination de l'intérêt général.*[385] ». La pertinence du rôle de la société civile est plus ou moins constatée tant sur le plan juridique que pratique.

---

[383] Loi N°04-038 du 05 Août 2004 qui abroge l'ordonnance N°41/P-CG du 28 Mars 1959 relative aux associations au Mali.

[384] Pour signer cet accord-cadre avec l'Etat, en vertu des articles 37, 38, 39 et 40 de ce même texte, le récépissé de l'association doit être daté d'au moins trois ans et le dossier doit comporter les rapports annuels d'activités et les comptes financiers certifiés par un expert-comptable agréé. C'est donc un agrément du Ministère de l'Intérieur qui accorde le statut d'ONG aux associations sur la base d'un accord-cadre conclu avec elles. Ainsi, si les associations et les ONG sont régies par la loi N°04-038 du 05 Août 2004, quant aux autres organisations telles, les partenaires sociaux (organisations syndicales et patronales), les coopératives, les mutuelles, les fondations, les organisations confessionnelles, les ordres professionnels, ils sont régis chacun par des textes de lois spécifiques. Il n'y a pas de loi régissant le cadre de collaboration avec le secteur de la société civile en général.

[385] MOLINER-DUBOST (Marianne), « *démocratie environnementale et participation des citoyens* », article publié dans l'AJDA, 2011, p.259

B/ la reconnaissance juridique du rôle de la société civile

Il convient d'abord de tracer le cadre juridique de la reconnaissance avant d'apprécier la pertinence des actions de ces acteurs civiles dans la protection de la biodiversité.

1- le cadre juridique de la reconnaissance

La prise de conscience de la lutte à mener pour la protection de l'environnement a été tôt assurée par des citoyens avertis de leurs devoirs autant que de leurs droits et qui choisirent la forme associative pour faire valoir leurs revendications. Ainsi, les grandes conférences mondiales sur l'environnement ont vu affluer des milliers de représentants de groupements non étatiques qu'on s'accorde à appeler les « *nouveaux acteurs* » ou « *acteurs émergents* ». La prolifération de ces acteurs émergents nous oblige à les intégrer dans une spirale assez large, à savoir la société civile. L'importance du rôle de la société civile dans la protection de la nature et de ses ressources, est reconnue tant au niveau international qu'au niveau national.

D'abord au niveau international, si aujourd'hui, personne ne conteste le fait que les organisations de la société civile soient devenues des partenaires privilégiés des Etats et des organisations intergouvernementales pour la mise en œuvre des projets et programmes environnementaux sur le terrain, il n'en a pas toujours été ainsi. Bien qu'elles entreprennent déjà des actions environnementales pertinentes sur la scène internationale, peu de textes internationaux faisaient allusion à elles avant Rio. Le sommet de Rio de 1992 a donc constitué le point de départ d'une véritable prolifération des textes reconnaissant le rôle de ces acteurs émergents. Mais avant, ce n'est que de manière indirecte et accessoire ou à travers des expressions générales que leur contribution pouvait être déduite.

En effet, dès la fin de la seconde guerre mondiale, l'Organisation des Nations Unies naissante, dans son acte constitutif, avait fait, très tôt, une reconnaissance formelle de l'existence de ces groupements en même temps qu'une détermination du cadre juridique de leurs relations avec son système. Ainsi, l'article 71 de cet acte constitutif dispose « *Le Conseil Economique et Social peut prendre toutes dispositions utiles pour consulter les organisations non gouvernementales qui s'occupent des questions relevant de sa compétence. Ces dispositions peuvent s'appliquer à des organisations internationales et, s'il y a lieu, à des organisations nationales, après consultation du membre intéressé de l'organisation* »[386]. Bien entendu, il ne s'agit guère d'une obligation pesant sur les Etats, mais plutôt une reconnaissance implicite du besoin des Etats de pouvoir bénéficier de l'expertise de ces acteurs privés, qu'elle soit scientifique, technique ou juridique.

En effet, c'est à partir de la fin de la seconde guerre mondiale et durant les deux décennies suivantes que naissent et se développent de grandes associations transnationales spécialisées dans la défense de l'environnement. Trois d'entre elles sont à cet égard particulièrement emblématiques : l'UICN[387], WWF[388], et Greenpeace[389]. La reconnaissance du rôle de ces associations de la société civile sera renforcée lors du premier sommet de la terre à Stockholm en 1972. Mais, force est de constater que cette reconnaissance était faite de manière indirecte et accessoire. Elle pouvait être déduite des expressions générales[390]. Cependant, à partir de Rio la situation fut autre. De l'avis quasi unanime de tous, le sommet de Rio de Janeiro de 1992, a été un lieu de rassemblement inédit de divers acteurs de protection de l'environnement. En fait, c'est à l'occasion de ce sommet que l'on assiste à un véritable *« boom[391] »* des acteurs du droit de l'environnement. Dorénavant, les ONG et les mouvements associatifs sont de la manière la plus officielle et la plus solennelle reconnus comme acteurs importants dans la protection de l'environnement et de ses ressources.

---

[386] La Charte de l'Organisation des Nations Unies, adoptée à San Francisco aux Etats Unies en 1945.

[387] L'Union Internationale pour la Conservation de la Nature a été créée en 1948.

[388] World Wild Fund, ou Fond mondial pour la Nature qui a été créé en 1961.

[389] Cette association internationale, militante écologique a été créée en 1971.

[390] C'est le cas des articles XII et XIII de la convention d'Alger de 1968 qui encourage la recherche en matière environnementale de l'éducation des populations sur les questions y relatives. On peut penser que ce travail de recherche et d'éducation qui devra incomber aux Etats échoit également aux organisations de la société civile, notamment les ONG et autres mouvements écologiques.

[391] Une floraison des acteurs de protection de l'environnement de manière inédite.

C'est pourquoi, une déclaration issue de ce sommet de Rio sur l'environnement et le développement durable, précise dans son principe 10 *« la nécessité d'assurer la participation de tous les citoyens »* quant aux questions environnementales. Évidemment, les associations, les ONG sont des institutions idoines pour répercuter à qui de droit les opinions des citoyens. De même, le programme d'action 21 ou Agenda 21, dans son chapitre 27 souligne d'emblée « *la nécessité de renforcer les procédures et mécanismes existant par lesquels les ONG participent à la conception des politiques, à la prise des décisions, à l'exécution et à l'évaluation des activités au niveau de chaque organisme* ». Ces instruments de *« Soft Law*[392] *»* ont permis une reconnaissance du rôle des acteurs privés et amorcé de réelles avancées de la démocratie participative dans l'élaboration et l'application des normes du droit de l'environnement.

Quant aux deux conventions, sur la biodiversité et sur les changements climatiques, issues de la conférence de Rio de 1992, elles reconnaissent l'importance du rôle des ONG dans la gestion durable de la biodiversité. Dès lors, de nombreuses autres conventions adoptées contiennent des dispositions favorables à la participation de ces acteurs privés à la protection de la biodiversité. C'est bien le cas de la convention sur la lutte contre la désertification du 17 Juin 1994[393]et surtout de la convention d'Aarhus sur l'accès à l'information sur l'environnement et la participation du public à la prise de décision en matière d'environnement. En plus de cette reconnaissance au niveau international, l'importance du rôle de la société civile est juridiquement reconnue et bien appréciée au niveau national.

Au Mali, l'éclosion d'un grand nombre d'Organisation non gouvernementale dans la deuxième moitié du 20ème siècle résulte d'un contexte social de crise, de dégradation de la nature et de disparition drastique des ressources fauniques, due aux activités humaines. A partir de la décennie 1960, au Mali comme ailleurs en Afrique, l'opinion

---

392 Pour mémoire, il s'agit un droit mou, qui n'est pas pratiquement contraignant à l'égard de ses sujets. C'est surtout le cas des déclarations, des chartes ou résolutions non contraignantes.

393 Le point 22 du préambule de cette convention insiste sur « le rôle spécial que jouent les Organisations Non Gouvernementales » ; voir aussi son article 10 alinéas 2.

publique est devenue de plus en plus sensible à la cause environnementale. La dégradation de la nature a entrainé des bouleversements favorables aux mouvements associatifs. Dans les Etats d'Afrique subsaharienne, des troubles de part et d'autre ont favorisé l'éclosion des mouvements associatifs et des ONG en particulier. Voilà pourquoi dans la dernière décennie du 20ème siècle, on a assisté à une certaine libéralisation du paysage politique dans la plupart de ces pays. Cette libéralisation a été ainsi marquée par la tenue dans certains pays comme le Mali[394], de conférences nationales auxquelles les organisations de la société civile ont pleinement participé.

Ainsi au Mali, le cadre juridique de cette démocratie participative en matière d'environnement résulte de la loi fondamentale. En réalité, l'importance de l'action de tous, est explicitement reconnue par la loi fondamentale du Mali en ces termes « *Toute personne a droit à un environnement sain. La protection, la défense de l'environnement et la promotion de la qualité de la vie sont un devoir pour tous et pour l'Etat* »[395]. Selon ces dispositions, la protection de l'environnement est une affaire de tous : l'Etat et ses émanations, les citoyens dont l'ensemble forme le corps social incarné par la société civile. Cette disposition créée un droit de l'homme à un environnement sain, qui renferme des éléments substantiels et des éléments procéduraux et dont leur mise en œuvre nécessite l'implication de tous et de façon organisée. Elle crée également un devoir à la charge de tous et de chacun, celui de la protection de l'environnement.

De même, l'Etat du Mali a souscrit à la déclaration de Rio sur l'environnement et le développement. Ce qui signifie qu'il s'engage à respecter les principes qu'elle a posés, d'où l'élaboration en 2011 d'un Profil National pour évaluer les Capacités Nationales de mise en œuvre

---

[394] Au Mali, les ONG et autres groupements associatifs ont participé au Forum National sur l'environnement tenu en 1990 et aux assises nationales sur l'environnement en 2009.

[395] Article 15 de la Constitution Malienne du 25 février 1992, adoptée à l'issu du referendum constitutionnel du 12 janvier 1992 à la suite des évènements de Mars 1991 ayant conduit à la chute du régime dictatorial de la 2ème République. Cette constitution du 15 février 1992 est le fondement de la 3ème République du Mali, toujours en cours nonobstant les mutineries de 2012 ayant chassé le Président Amadou Toumani TOURE du pouvoir.

du Principe 10 de la Déclaration de Rio[396]. Ce principe 10 dispose que *« La meilleure façon de traiter les questions d'environnement est d'assurer la participation de tous les citoyens concernés, au niveau qui convient. Au niveau national, chaque individu doit avoir dûment accès aux informations relatives à l'environnement que détiennent les autorités publiques, y compris aux informations relatives aux substances et activités dangereuses dans leurs collectivités, et avoir la possibilité de participer aux processus de prise de décision. Les Etats doivent faciliter et encourager la sensibilisation et la participation du public en mettant les informations à la disposition de celui-ci. Un accès effectif à des actions judiciaires et administratives, notamment des réparations et des recours, doit être assuré »*.

En outre, l'agenda 21 adopté par le Mali, consacre tout un chapitre au phénomène ONG. Les chapitres 27 et 28 soulignent la nécessité de *« renforcer les procédures et mécanismes existant par lesquels les ONG participent à la conception des politiques à la prise des décisions, à l'exécution et à l'évaluation des activités au niveau de chaque organisme »*. Ces textes ont, en effet, permis une reconnaissance de l'importance du rôle des organisations de la société civile et des réelles avancées en matière de démocratie participative dans le domaine environnemental au Mali.

Par ailleurs, la reconnaissance de ces organisations privées en tant qu'acteurs sociaux importants en matière d'environnement se manifeste par un dynamisme institutionnel certain. Au Mali, cette institutionnalisation se traduit par une multiplicité des associations ou mouvements écologiques. Ces organisations de droit privé disposent de ressources propres, humaines et financières, leur permettant d'atteindre les objectifs fixés. Leurs ressources financières proviennent en général de dons privés, des financements des organisations internationales, des pouvoirs publics, des collectivités locales et de sources diverses. Cependant, il convient de constater que les moyens financiers de la plupart de ces groupements dépendent de leurs situations sociales, économiques et politiques.

---

[396] AEDD, « *Profil National pour évaluer les Capacités Nationales de mise en œuvre du Principe 10 de la Déclaration de Rio* », document politique élaboré en 2011. 90 p.

En vérité, une énumération même indicative des acteurs privés intervenant dans la protection de la diversité biologique au Mali, nous semble tout à fait inappropriée. Ce qu'il conviendra de retenir est qu'elles sont nombreuses et diversifiées. Elles sont souvent regroupées dans la plupart des régions du sud du pays, notamment dans les régions de Kayes, de Koulikoro, de Sikasso, de Ségou et de Mopti ou basées dans le district de Bamako. Parmi elles, on peut identifier, l'ONG *« AGIR-Mali »*, qui entreprend depuis plus d'une dizaine d'année des actions de protection de l'environnement ; l'Association Malienne pour la Conservation de la Nature (AMCN) ; le Groupe de Recherche et d'Etude en Droit Appliqué de l'Environnement au Mali (GREDAE) crée en 2012 et ayant pour mission principale, la promotion du droit de l'environnement au Mali ; les Jeunes Volontaires pour l'Environnement au Mali (JVE-Mali), qui est une association de jeunesse très impliquée dans la protection de l'environnement et de la biodiversité. Cette liste n'est pas exhaustive, en effet, il existe plusieurs autres associations et ONG qui militent pour la cause environnementale au Mali.

Pour renforcer leurs capacités afin de faciliter leur participation à l'élaboration et à la mise en œuvre des politiques, programmes et stratégies de développement durable au niveau national, local, la plupart de ces organisations se sont lancées dans une dynamique de coopération. Ainsi, elles se sont organisées en collectif, c'est le cas du FECONG. Créée en 2003, la FECONG[397] est une structure confédérative regroupant des collectifs d'ONG parmi lesquels nous avons : la SECO-ONG (Collectif des ONG maliennes), la CAFO (Collectif d'ONG et Associations de Femmes), le Groupe Pivot Education de Base, le Groupe Pivot Santé/Population, et les Collectifs Régionaux des Huit Régions du pays. La FECONG tient sa légitimité de sa représentativité du secteur. Sa mission fondamentale est de participer au développement du Mali en contribuant au renforcement des collectifs d'ONG, en favorisant la prise de positions communes, et l'accès à la sphère publique facilitant ainsi les interactions avec les pouvoirs publics. Elle regroupe les quinze (15) collectifs sur les dix-sept (17) existants au Mali[398]. L'importance du rôle de cette société

[397] Le siège de la Fédération des Collectifs d'ONG (FECONG) se trouve à Bamako.
[398] Selon un responsable de la FECONG avec lequel nous nous sommes entretenus le 10 Juin 2016 au siège de ladite structure.

civile malienne en matière de protection de la biodiversité peut être constatée à travers des actions de terrains.

2- une importance constatée à travers des actions pratiques

Au Mali, l'importance du rôle de la société civile peut être perçue sous deux angles. Elle participe à l'élaboration de la législation environnementale et ensuite à sa mise en œuvre par des actions de terrain. D'abord, la société civile malienne participe à l'élaboration de la législation environnementale à travers diverses actions. Elle peut influencer les décisions en matière environnementale tantôt par l'information et la sensibilisation des décideurs, tantôt par la participation plus ou moins directe aux processus décisionnels. Afin que le droit de l'environnement soit *« un droit consenti plutôt qu'imposé*[399] », les décideurs doivent être informés des besoins réels des populations. Ces informations sont remontées par les acteurs de la société civile, représentants du cadre social à travers la publication des documents périodiques, la ténue des séminaires et ateliers de formation, des colloques sur l'environnement, ou même par des publications dans la presse écrite, des émissions sur les antennes des radios et télés urbaines et rurales.

Par ailleurs, en matière de diversité biologique, s'il est vrai que les populations locales vivent essentiellement des ressources forestières, il est non moins vrai, que celles-ci peuvent exercer des activités *« biocides »* tant par la destruction qu'elles causent que par les pollutions qu'elles engendrent et si seulement si les acteurs de la société civile n'interviennent pas pour les conseiller, les conscientiser quant aux risques que comporte chacune de leurs activités. De la sorte, ces organisations constituent des relais privilégiés pour collecter les informations auprès des décideurs politiques et pour faire remonter vers eux des renseignements recueillis auprès des citoyens.

Ensuite, la société civile malienne participe aux processus décisionnels en matière d'environnement à travers plusieurs de ses composantes et notamment les ONG. Cette participation peut revêtir diverses formes :

---

399 KAMTO (M), « *Droit de l'environnement en Afrique* », édition 1996, p.76

- Participation à des organes consultatifs compétents en matière d'environnement [400];

- Participation au processus de décision lors de la définition des politiques, des stratégies ou d'élaboration des textes sur l'environnement [401];

- Participation en qualité d'experts pour formuler des avis, émettre des recommandations, réaliser des études sur l'environnement ;

- Participation à la diplomatie environnementale au sein des forums internationaux traitant les questions relatives à la biodiversité.

En somme, ces acteurs de la société civile malienne forment une composante essentielle de la participation dans une société ouverte et technique en ce qu'ils mobilisent de très nombreux individus. Ils peuvent apporter au processus un plus en termes de savoirs et d'expertises indépendantes. C'est justement pour cela que les nouveaux groupes locaux, régionaux et nationaux ainsi que les institutions internationales s'appuient sur leur expérience et leur compétence pour l'élaboration et la mise en œuvre des politiques environnementales. Ils bénéficient d'une confiance sans égal de leurs adhérents et de la société entière pour exprimer les préoccupations représentant leurs intérêts. Certains d'entre elles sont d'ailleurs constitués de techniciens expérimentés en matière d'environnement, d'autres au regard de leurs objectifs spécifiques apparaissent comme des partenaires idoines pour toute règlementation appropriée en la matière.

Ces passages montrent à suffisance qu'ils ne sont donc pas en reste dans la protection de l'environnement et de la diversité biologique, loin de là. En dépit de l'importance de leurs actions, ils sont confrontés

---

[400] Au Mali, ces acteurs de la société civile participent au conseil national de l'environnement, qui est un organe consultatif sur les questions environnementales, elles participent aux comités régionaux et locaux en qualité. Leur expertise est fortement requise par les organes publics dans l'élaboration de leurs stratégies, plans et programmes sur l'environnement, notamment sur la protection des ressources biologiques.

[401] D'ailleurs en 1998, l'élaboration de la politique nationale de protection de l'environnement a fait l'objet d'une plus grande concertation entre les pouvoirs publics et les organisations de la société civile. Leur implication de ces dernières a été fortement appréciée à bien des égards. Elles ont rendu facile les différentes assises sur l'environnement en marge du long processus de conception et d'adoption de cet instrument politique de la planification environnementale du pays.

à d'énormes entraves dans l'exercice de leurs activités. Cependant, il existe d'autres acteurs privés notamment les groupements du secteur privé qui participe d'une manière à l'autre à la protection de la biodiversité au Mali. Il importe de l'examiner afin d'apprécier leur rôle dans la protection de la biodiversité.

Paragraphe II : le rôle du secteur privé dans la protection de la biodiversité

Depuis le sommet de Rio de Janeiro de 1992 sur l'environnement et le développement, les problèmes d'environnement, et surtout la problématique du développement durable représentent des enjeux croissants, importants voire stratégiques pour bon nombre d'entreprises privées. L'attention croissante à l'égard de l'état de l'environnement puis du développement durable, s'est progressivement traduite dans des exigences réglementaires et des demandes exprimées à l'intention de ces acteurs du secteur privé. De nos jours, l'anticipation du contenu des problématiques environnementales, la compréhension de leur construction, de leur dynamique de transformation, comme des interfaces avec la vie et le développement de l'entreprise, sont essentielles à la définition des entreprises au service du développement. Ainsi, la protection de l'environnement et surtout de la biodiversité est devenue au fil du temps une dimension importante des préoccupations des citoyens, clients des entreprises, se traduisant de manière progressive par des exigences accrues vis-à-vis de ces dernières.

De là, il convient de tracer l'évolution des enjeux liés à la protection de la biodiversité pour le secteur privé (A), avant de tracer le cadre de participation du secteur privé malien dans la protection de la biodiversité (B).

A/ l'évolution des enjeux de protection de la biodiversité pour le secteur privé

À partir de la première décennie de l'ère écologique[402], la notion d'environnement, essentielle pour fonder une analyse des enjeux,

---

[402] La plupart des scientifiques estime que l'ère écologique a débuté à partir de la décennie 1960 avec la prise de conscience générale de la problématique

pertinente pour les acteurs du secteur privé, ne s'est pas seulement amplement renforcée et complexifiée. Elle a peut-être fondamentalement changé de nature. A partir de Stockholm[403], la notion d'environnement et le souci de sa préservation face aux risques et préjudices créés par les entreprises concernaient pour une large part trois dimensions essentielles : la lutte contre les pollutions et nuisances ; la préservation de la nature et des milieux naturels[404] ; et la protection de la santé publique. D'autres aspects, qui sont pour certains englobés aujourd'hui dans le domaine de l'environnement, relevaient à cette époque d'autres champs de préoccupations, et d'autres réglementations : urbanisme, monuments historiques et sites.

La fin de la décennie 1980 notamment avec la publication du rapport de Brundtland[405] sur *« l'environnement et le développement »*,

---

environnementale à travers le monde suite au cri d'alarme de la détérioration de notre biosphère.

403 La première conférence internationale sur l'environnement tenue à Stockholm en 1972.

404 Notamment, l'eau, l'air, le sol, les paysages, les écosystèmes.

405 En Décembre 1983, Mme Gro Harlem BRUNDTLAND a été chargée par le Secrétaire Général des Nations Unies de créer et de présider une commission spéciale et indépendante dénommée « Commission Mondiale sur l'environnement et le Développement ». Cette commission devait se charger d'élaborer « Un Programme Global de Changement » dont les termes sont les suivants : «

- Proposer des stratégies à long terme en matière d'environnement pour assurer un développement durable d'ici à l'an 2000 et au-delà ;
- Recommander des méthodes pour faire en sorte que l'intérêt porté à l'environnement se traduise par une coopération plus étroite entre les pays en développement et entre des pays ayant atteint différents niveaux de développement économique et social et débouche sur la réalisation d'objectifs communs s'appuyant mutuellement et tenant compte des relations réciproques entre les populations, les ressources, l'environnement et le développement ;
- Envisager des moyens permettant à la communauté internationale de faire plus efficacement face aux problèmes de l'environnement ; et
- Contribuer à définir les identités de vues sur les problèmes à long terme de l'environnement et les efforts qu'il conviendrait de déployer pour résoudre les problèmes que soulèvent la protection et l'amélioration de l'environnement, l'adoption d'un programme d'action à long terme pour les prochaines décennies et des objectifs auxquels la communauté mondiale devrait tendre. » (Avant-propos de la présidente de la commission).

La commission a débuté ses travaux en octobre 1984. Elle a publié son rapport à Oslo (Norvège) le 20 mars 1987. Le rapport a été publié sous le nom « Rapport

évoquant ainsi la problématique de « *développement durable*[406] », marque un tournant décisif. Cette problématique de développement durable est venue complexifier la situation. En effet, ce concept place au même niveau des objectifs de développement économique, social et de protection de l'environnement en insistant sur la nécessité d'une vision à long terme pour la préservation des intérêts des générations futures. D'ailleurs, bien que ce concept de développement durable bénéficie aujourd'hui d'une grande notoriété, il faut noter que son usage pour la définition des stratégies par les entreprises n'en est pas pour autant rendu plus simple. Sa mise en œuvre opérationnelle demeure aussi difficile et controversée. Cette difficulté tient surtout à l'esprit du concept qui oblige à analyser à la fois les trois dimensions (économique, sociale et environnementale) dans une vision à long terme.

Avec le deuxième sommet de la terre tenu à Rio de Janeiro en 1992, le poids de l'environnement, et surtout de la biodiversité s'est renforcé avec la monté en puissance des exigences éthiques de la société vis-à-vis du secteur privé. La biodiversité est, en effet, devenue une des dimensions constitutives majeures dans cette évolution récente conduisant à renforcer dans les entreprises la prise en compte de valeurs sociales, collectives et éthiques. Cette nouvelle demande est largement liée au poids croissant qu'ont pris les entreprises dans la vie économique et sociale des Etats. Globalement, les interfaces entre les entreprises et l'environnement se sont profondément transformées à l'aube du 21ème siècle suivant les préoccupations, les demandes de la société, le développement et l'évolution des entreprises. De ce fait, les enjeux environnementaux, les stratégies et outils de management mis en œuvre par les entreprises en réponse à ces enjeux, ont au même moment évolué. La protection de la biodiversité, autrefois simples contraintes techniques ou réglementaires et qui appelaient essentiellement à des réponses sectorielles limitées, est devenue une partie intégrante des choix stratégiques, une composante majeure de la compétitivité des entreprises.

BRUDTLAND ». Il porte ainsi le nom de la Présidente de la commission chargée de son élaboration.

[406] Le concept de développement durable se définit tel que résumé dans son expression très générale proposée par le rapport de Brundtland comme « un développement qui répond aux besoins du présent sans compromettre la capacité des générations futures de répondre aux leurs ».

Dans une telle dynamique, la protection de la biodiversité a conquis sa place dans les interrogations stratégiques d'un nombre important et croissant de dirigeants non seulement des grandes entreprises, mais progressivement des moyennes ou petites entreprises du Nord et du Sud. Ainsi, la préoccupation relative à la biodiversité irrigue aussi désormais potentiellement l'ensemble des fonctions et des métiers de l'entreprise. C'est pourquoi, le chapitre 30 de l'agenda 21 propose de raffermir le rôle du secteur privé au motif que ce sont les activités de ce secteur (commerciales et industrielles) qui contribuent principalement à accroître la prospérité, objectif majeur du processus de développement. Selon ce texte, *« les politiques et les activités commerciales et industrielles, y compris celles des sociétés transnationales, peuvent jouer un grand rôle en ce qui concerne la réduction des répercussions sur l'utilisation des ressources et sur l'environnement*[407]*»*. Justement, le secteur privé doit participer pleinement à la réalisation et à l'évaluation des activités relatives au programme d'action 21. Dans cette optique, il est notamment recommandé aux organismes des Nations Unies d'*« améliorer les mécanismes concernant les rapports du commerce et de l'industrie et les processus de formulation des politiques et des stratégies afin de veiller à ce que les considérations écologiques occupent une plus grande place dans les investissements étrangers*[408] *»*.

En outre, il faut dire que la biodiversité a rejoint très récemment la sphère des préoccupations et de l'attention des entreprises à l'égard de leurs actionneurs. La raison est simple, c'est parce que la biodiversité devient une composante importante de la vie de certaines entreprises (choix stratégiques, conception des produits, compétition, image, réputation, etc…). De même, les résultats financiers et donc les bénéfices pour les actionnaires dépendent de plus en plus de la capacité de l'entreprise à maîtriser les problématiques écologiques. C'est aussi la raison pour laquelle une information renforcée des actionnaires devient importante. En effet, les rapports annuels de nombreuses entreprises intègrent de plus en plus la dimension écologique. Celle-ci se traduit non seulement par l'évaluation des effets de l'ensemble des

---

[407] Agenda 21 ou Action 21, issu du sommet de Rio de Janeiro, Chapitre 30 intitulés : Renforcement du rôle du commerce et de l'industrie.
[408] Idem, chapitre 30.28.

activités de l'entreprise sur les ressources environnementales, mais aussi sur le niveau des risques de toutes natures auxquels ces entreprises sont exposées du fait des enjeux écologiques. Mieux, un nombre croissant de rapports spécifiques sur la politique et la situation environnementale des entreprises sont rédigés annuellement parallèlement aux bilans et autres rapports financiers. Cette prise en compte de la dimension écologique dans les arbitrages des actionnaires se traduit aujourd'hui par la création de *« fonds verts »* servant au financement des activités de protection de l'environnement et des ressources biologiques.

B/ le rôle du secteur privé malien dans la protection de la biodiversité

Un nombre assez important d'entreprises privées s'intéressent de plus en plus aux problématiques environnementales et notamment celles relatives à la biodiversité. Cet état de fait se justifie par plusieurs raisons. D'abord, la biodiversité subvient aux besoins du monde dans lequel nous vivons. Or, elle se raréfie et se dégrade à un rythme inédit en raison des activités humaines, industrielles et commerciales. Des indices profondément inquiétants portent à craindre une accélération de la perte de la biodiversité qui a déjà atteint un niveau élevé de destruction. Cet état de fait est d'ailleurs attesté par la disparition des milliers d'hectares de forêts et de certaines espèces fauniques (éléphants et autres espèces menacées) dans les zones du Gourma Rharous et du Delta du Niger au Mali.

Or, la biodiversité revêt une importance stratégique pour beaucoup d'entreprises maliennes, en ce sens qu'elle fournit à nombre d'entre elles, des matières premières et des atouts naturels. Les secteurs d'activités dont les profits dépendent directement d'écosystèmes sains, comme l'écotourisme[409], l'artisanat[410], les activités agro-sylvio-

---

[409] L'écotourisme est le type d'activité touristique centrée sur la découverte de la nature dans le respect de l'environnement et de la culture locale. Cette activité est très répandue aujourd'hui au Mali au vue d'importantes potentialités que le pays offre à la matière. En effet, plusieurs sites touristiques naturels sont visités partout dans le Mali, notamment dans la zone de Kangaba, de Koulikoro, de Ségou, de Sikasso, de Bandiagara, pour ne citer que ceux-ci.

[410] Au Mali, comme partout en Afrique, les œuvres d'art proviennent essentiellement des espèces végétales et animales. Ces dernières constituent les matières premières de l'artisanat malien.

pastorales[411], en fournissent la meilleure illustration. En effet, beaucoup s'accordent aujourd'hui à reconnaître qu'une plus grande variété d'espèces et d'écosystèmes, va de pair avec une résilience et une productivité biologique accrues dans divers domaines : agriculture, sylviculture, pêche, production pharmaceutique, procédés de fabrication des aliments etc.

Outre les avantages économiques directs qu'elle offre au secteur privé, la biodiversité procure aussi des avantages indirects sous la forme d'une valeur écologique, esthétique et éthique. Les entreprises peuvent se distinguer de leurs concurrents par leurs actions de sauvegarde de la biodiversité et en même temps en impliquant les investisseurs, les commerçants détaillants, les employés, les communautés locales et bien d'autres intervenants. Au départ, les entreprises ont en général commencé à s'intéresser aux questions d'environnement sous l'angle des risques ou des coûts ou même de leur autorisation d'exploitation. Et pourtant, pour s'imposer face à la concurrence, l'image d'une entreprise est aussi cruciale. De nos jours, bon nombre d'entreprises ont bien assimilé la nécessité d'assumer leur responsabilité sociale de mettre en œuvre des pratiques durables et de limiter leur impact sur l'environnement. Les premières à se lancer dans cette voie ont été les secteurs ayant l'impact direct sur l'environnement et ses ressources, à savoir les entreprises extractives qui sont en nombre variées au Mali[412]. Toutes fois, le succès ne sera réel que lorsque toutes les entreprises auront intégré ces considérations dans leurs activités de base.

Pour ce qu'est de l'exploitation minière, le législateur malien est on ne peut plus être claire. A travers la loi portant code minier[413], il a créée des obligations spécifiques en matière d'environnement exigeant notamment aux entreprises de fournir une étude d'évaluation environnementale comme condition à l'octroi du permis d'exploitation.

---

[411] Il s'agit des activités qui concernent à la fois l'agriculture, la sylviculture ou foresterie et l'élevage.

[412] Parmi ces entreprises extractives installées au Mali, on peut citer Anglogold, qui intervient dans l'exploitation minière dans la Région de Kayes : Sadiola, Yatela ; Wassoulou-or, mine d'or à Yanfolila, et les mine de Siama, de Morila, de Massoko dans le cercle de Sikasso et de Kadiolo, les cimenteries Diamond.

[413] Il s'agit de la loi n°2012-015/AN-RM du 27 février 2012 portant code minier en République du Mali.

Ainsi, ce texte stipule que les entreprises installées au Mali sont tenues de présenter une évaluation d'impact environnementale, de réhabiliter le site après la cessation de l'activité extractive, de présenter une étude sur l'état de l'environnement du site préalablement à l'installation de la mine, et de fournir des rapports annuels sur l'état de l'évolution de l'environnement. Depuis l'année 1990, l'extraction des ressources minières notamment de l'or est devenue une activité économique majeure et la deuxième source de revenus d'exportation après le coton au Mali. Cette croissance rapide a suscité de nombreux espoirs de développement renforcés surtout par la hausse du cours de l'or sur les marchés mondiaux. Activité économique à fort potentiel, l'exploitation minière devait, en effet, contribuer à l'amélioration des ressources de l'Etat et donc sa capacité à assumer des dépenses utiles[414] à la société.

Par ailleurs, l'installation d'une industrie extractive s'accompagne bien souvent de programmes de développement locaux destinés à atténuer ou compenser les effets environnementaux de l'activité minière, sauf que dans la pratique la réalité est toute autre[415]. En réalité, les mines extractives laissent planer de réels risques sur la qualité de l'environnement, de l'eau de surface et des eaux souterraines. Le Mali, à l'exemple de certains Etats voisins, tel le Burkina Faso ou le Sénégal, vit l'essor des industries minières. Leur exploitation génère une manne financière pour les économies nationales. Mais, elles ont des revers tels : la pollution de la nappe phréatique, l'accumulation de déchets toxiques, la pollution de l'air, les nuisances sonores, la destruction des habitats naturels, la dégradation des paysages, des écosystèmes, bref la dégradation de la biodiversité. Fort de ce constat, un questionnement

---

[414] Il s'agit des dépenses de l'éducation, de la santé, des infrastructures, du financement des politiques de développement économique et social.

[415] Depuis 2003, le Mali est le troisième producteur de l'or en Afrique. L'exploitation industrielle des mines d'or a suscité des espoirs énormes pour le développement social et économique du pays. L'augmentation des ressources de l'Etat aurait dû avoir une influence positive sur les dépenses en matière d'éducation, de santé, d'infrastructures, de protection de l'environnement et de la biodiversité. De même, l'implantation d'une industrie extractive faisait espérer des effets bénéfiques pour les communautés locales. Pourtant, l'or n'a pas permis au Mali de sortir de la pauvreté. Il se situe au 175ème rang sur l'échelle de développement humain (sur 177). L'exploitation de l'or est un secteur uniquement destiné à l'exportation qui crée peu d'emploi et n'irrigue pas l'ensemble de l'économie.

vient à l'esprit, les entreprises constituent-elles des problèmes pour la biodiversité ?

L'importance des liens entre le secteur privé et la biodiversité a été réaffirmée lors de la 8ème Conférence des Parties à la Convention sur la Diversité Biologique. En effet, dans sa décision VIII/17, la conférence a appelé à un engagement accru du secteur privé. D'ailleurs, l'évaluation des écosystèmes pour le millénaire a clairement reconnue le rôle important du secteur privé en tant que partie prenante pour les questions environnementales au même titre que la société civile, la communauté scientifique et les Etats. C'est donc admettre l'existence d'une relation double entre le secteur privé et les écosystèmes, en ce sens, les entreprises dépendent des services fournis par les écosystèmes et contribuent à les modifier à leur tour. On voit aussi un message positif, en mettant l'accent sur la relation triangulaire entre le bien-être humain, le développement économique et la préservation de l'environnement. De là, pour tenter de répondre à la question posée, on pourra dire sans risque de se tromper que le secteur privé fait désormais partie de la solution et non pas seulement du problème. Cette position se corrobore par les actions de plus en plus menées par certains acteurs du secteur privé malien.

Ainsi, dans le secteur minier, les entreprises minières ne sont pas restées en marge de la quête de mieux vivre et de la préservation de la biodiversité. Elles se sont beaucoup responsabilisées et auto-disciplinées au cours de ces dernières années dans la protection de *« l'or vert*[416]*»*. Pour parvenir à cet objectif, des stratégies de protection ont été développées par des opérateurs miniers à travers les initiatives comme :

- Mining, Minerals and Sustainable Development (MMSD);
- Global Reporting Initiative (GRI) qui regroupe tous les grands producteurs miniers du monde ;
- Extractive Industry Transparency Initiative (EITI) regroupant les producteurs miniers, les institutions financières comme la Banque Mondiale et des organisations de la société civile.

Ces initiatives permettent d'assurer la transparence financière des ressources minières, la protection de l'environnement et de la

[416] La biodiversité floristique et forestière.

biodiversité, la participation communautaire dans l'industrie minière tout en recommandant aux différentes entreprises de respecter les droits des populations dans le cadre de leurs activités. D'ailleurs, c'est pourquoi les sociétés minières comme celles de Sadiola, de Morila, de Loulo, de Yatela, et de Kalana travaillent selon les procédures de la Banque Mondiale et des normes ISO[417]. A titre d'illustration, les mines de Morila, de Sadiola et de Yatela ont obtenu la certification ISO 14001[418] pour les efforts fournis dans la sauvegarde de l'environnement et de la biodiversité.

Dans le souci d'amoindrir les *« impacts biocides* [419]*»* des activités d'extractions, des solutions ont été proposées et consignées dans un plan de gestion environnementale et sociale. Ce plan environnemental doit être mise en œuvre par le département de l'environnement de la société exploitante sous l'œil de surveillance des services publics compétents. De façon assez pratique, les mesures d'atténuation préconisées et les plus courantes en matière de protection de biodiversité sont :

- la protection de la faune et des niches naturelles ;
-l'installation d'une pépinière et l'organisation des campagnes de reboisement aux alentours du site minier pour compenser les pertes d'arbres occasionnées par l'activité minière ;
- la reconstitution des habitats naturels par la création des niches artificielles ;
- la réhabilitation de la carrière par la pisciculture, l'aménagement de la berge et la sécurisation de l'accès ;
- la stabilisation et la fixation des déchets rocheux ;

---

[417]Par ISO, il faut entendre l'Organisation Internationale de Normalisation. La certification ISO est un instrument utile qui, en démontrant que votre produit ou service répond aux attentes de vos clients, renforce votre crédibilité. Dans certains secteurs, elle est même une obligation légale ou contractuelle.

[418] En 1996, l'Organisation Internationale de Normalisation a souhaité s'engager dans une démarche écologique et de développement durable. C'est ainsi qu'est établie la norme ISO 14001 : elle définit les exigences à satisfaire par tout organisme ayant la volonté de démontrer son implication au niveau de l'environnement. L'ISO 14001 est donc un outil de gestion qui s'inscrit dans le management global de l'entreprise et permet de mieux maîtriser les questions environnementales. Ces entreprises minières se sont soumises donc à cette règle pour certifier leur implication dans la protection de l'environnement au Mali.

[419] Les impacts biocides sont des ceux qui tuent le vivant.

- et enfin la création d'une végétation autour des déchets rocheux pour améliorer la vue panoramique du site.

En plus de ces mesures ci-dessus, les principes de prévention et de précaution doivent être de rigueur dans toutes les activités d'extraction de ressources minières.

Par ailleurs, s'agissant du plan de fermeture de la mine dont l'un des objectifs est la réhabilitation de l'environnement, il doit être approuvé par l'administration et intégré au Plan de gestion environnementale. Pour la mise en œuvre de ce plan, l'entreprise doit préciser les garanties financières, la stratégie, le coût et le calendrier d'exécution des travaux qui seront effectués après l'exploitation. Le plan de fermeture d'un site minier a fait l'objet d'une directive du Ministère des mines. Et dans cette directive, la société d'exploitation doit s'engager à mettre les terres en l'état où les populations peuvent exploiter à nouveau sans engager des frais financiers supplémentaires[420]. A titre d'illustration, le coût financier du plan de gestion environnementale et sociale et le plan de fermeture et de restauration de la mine d'or de Kalana-SOMIKA étaient estimés à plus d'un milliard de nos francs en 2007 soit 1.076. 369. 500 FCFA[421].

D'autres entreprises du secteur privé, surtout les opérateurs de téléphonie mobile notamment la Société Orange-Mali et Sotelma-Malitel, bien que leurs activités n'aient pas d'impact direct sur la biodiversité, œuvrent activement pour sa protection. Elles ont créé en leur sein un département social et de développement durable. Elles accompagnent financièrement des associations écologiques et des ONG locales dans l'accomplissement de leurs activités de protection de la nature. Par le biais de ces acteurs de la société civile, elles participent à la sensibilisation et à l'éducation environnementale. De même, d'autres sociétés évoluant dans des domaines divers, tels l'industrie plastique, l'agro-industrie, ne sont pas rester en rade. Ainsi, le Groupe-Oscar spécialisée dans la production de plastique, tout comme le Groupe-Toguna-SA évoluant dans l'agro-industrie, participent financièrement auprès de certaines organisations de la société civile à la réalisation d'énormes activités de protection de la nature.

---

[420] Directives Opérationnelles pour la fermeture des sites miniers et la gestion de l'après mine, Ministère des mines, Mars 2010.

[421] Rapport d'EIE de la mine d'or de Kalana, SOMIKA, étude mise à jour, mai 2007, p175.

Toutefois, l'arbre ne doit pas cacher la forêt, il est à déplorer aujourd'hui des pratiques informelles insoucieuses de l'environnement qui sévirent au Mali. En réalité, de nombreux acteurs du secteur privé évoluent dans l'informel en violation de toute réglementation. Ces opérateurs informels qui sont souvent des artisans (notamment des teinturières), des exploitants forestiers, des orpailleurs traditionnels, constituent des véritables agents *« écocides »* et *« biocides »*. Le cas particulier de l'orpaillage traditionnel clandestin est devenu aujourd'hui un fléau au Mali. La rué vers l'or a des conséquences désastreuses sur la biodiversité et donc sur le développement durable. Seulement, pour la seule région de Sikasso, plus de 103 sites d'orpaillage ont été recensés sans compter les sites clandestins.

Les orpailleurs saccagent même les forêts classées contre toute légalité. Cet état de fait a d'ailleurs été déploré par un agent des eaux et forêts au cours d'un entretien qu'il a bien voulues nous accorder, en ces termes *« contrairement aux autres exploitants des ressources naturelles, les orpailleurs n'épargnent aucune espèce d'arbre, aucun écosystème, aucune superficie même celle destinée aux activités agro-pastorales, aucun périmètre même ce qui fait l'objet de protection. Cela se fait sous nos regards parfois impuissants car la loi les accorde la propriété coutumière des terres. Et cette propriété emporte le dessus et le dessous créant ainsi le flou dans la gestion de ces terroirs, ce qui paralyse nos actions dans ce domaine. Il faut une relecture des textes pour une clarification des choses* [422]*»*.

En somme, nonobstant la situation déplorable de ces acteurs informels, nous pouvons affirmer que le secteur privé malien participe à la protection de la biodiversité. C'est vrai qu'il doit davantage œuvrer pour soutenir convenablement la société civile dans l'accomplissement de ses actions pour un développement durable du pays. Il doit aussi davantage participer à la mise en œuvre des multiples instruments de la planification environnementale en général et ceux de la biodiversité en particulier. Il convient dès lors d'examiner ces instruments politiques afin d'apprécier leur porté.

---

422 Extrait d'un entretien avec un agent des eaux et forêt en service à la Direction Régionale des Eaux et Forêt de Sikasso, qui a préféré garder l'anonymat. Entretien accordé le 10 octobre 2016 à son bureau.

CHAPITRE II

LA PLANIFICATION SUR LA BIODIVERSITE

Évidemment, la multitude d'acteurs que nous venons de sus-évoquer, chargés de la protection de la biodiversité ne peuvent réussir leurs missions en intervenant de manière arbitraire et incohérente. Il leur faut donc des instruments voire des moyens afin de permettre une intervention fondée juridiquement et mieux adaptée au contexte. Parmi ces moyens essentiels, il y a les moyens politiques notamment les instruments de la planification environnementale. En effet, la planification consiste en la mise en place de cadres stratégiques permettant à l'Etat d'identifier ses priorités environnementales et de définir les bases d'un système efficace de gestion de l'environnement et des ressources naturelles. Ces moyens politiques de planification plus ou moins environnementaux se singularisent par leur profusion.

A la vérité, cette planification au Mali, se particularise par une approche transversale ou multisectorielle et une politique sectorielle. La planification environnementale constitue une fragmentation de l'activité gouvernementale au Mali et permet, ainsi, de mieux intégrer les questions d'environnement au développement durable du pays. Dès la fin de la décennie 1990, le Mali a mis sur pied plusieurs politiques, stratégies et plans sectoriels de protection de l'environnement. Cette planification environnementale se caractérise surtout par une inflation des instruments en raison de leur diversité. Il importe donc d'analyser certains de ces instruments relatifs à la protection de la biodiversité (Section I), avant de se rendre compte du degré de leur mis en œuvre (Section II).

Section I : Les instruments de la planification sur la biodiversité

A l'indépendance, le niveau de développement du Mali était particulièrement faible et axé sur une économie de type résiduel. Depuis 1960, diverses options de politique économique ont été mise en œuvre par les régimes politiques successifs que le pays a connus. La transition démocratique intervenue en 1991 s'est traduite par une volonté de transformer la société malienne qui trouve plusieurs champs d'application. Elle s'est réalisée à travers notamment l'actualisation et l'amélioration du cadre institutionnel qui régit la vie économique. A cela s'ajoute la revue des politiques sectorielles en vue de les adapter au processus global de planification du développement économique.

En réalité, l'exercice de la planification environnementale engagé en 1994 revêt un caractère stratégique et dynamique. Au fait, il exige des réajustements continuels pour prendre en compte les mutations rapides qui se déroulent dans le cadre du développement socio-économique et surtout dans le domaine de la gestion de la biodiversité. Un examen méticuleux permettra de cerner d'une part, la Politique Nationale de Protection de l'Environnement (PNPE), comme instrument politique principal de protection de la biodiversité (Parag I) et d'autre part, les modalités de prise en compte de la biodiversité dans les politiques multisectorielles (Parag II).

Paragraphe I : La PNPE, instrument politique principal de protection de la biodiversité

Concrètement, la protection de la biodiversité ne peut se faire de manière despotique et désordonnée. L'intervention des différents acteurs nécessite des instruments afin d'avoir un fondement juridique. Parmi ceux-ci, il y a les instruments politiques maillons de la planification environnementale. C'est le cas de la PNPE. La planification environnementale au Mali, comme ailleurs en Afrique de l'Ouest, a débuté il y a à peine trois décennies avec la montée de la prise de conscience environnementale. Ainsi, il parait judicieux de faire un aperçu de son historique (A), avant d'examiner les orientations de la PNPE pour une protection efficace de la biodiversité (B).

A/ un aperçu l'historique de la planification environnementale au Mali

Au Mali, la conservation de la nature et des ressources biologiques a été longtemps traitée de façon implicite dans les programmes et projets environnementaux autant par les décideurs politiques que par la plupart les couches sociales. Dès son accession à la souveraineté internationale, le pays va continuer avec les politiques de conservation de la nature et des ressources naturelles entreprises pendant la période coloniale. Ces politiques avaient surtout vocation à préserver les parcs et les forêts à travers leurs flores et faunes. Elles ont été élargies aux activités humaines dans la décennie 1980, après la conférence de Stockholm et surtout avec l'élaboration de la stratégie Mondiale de conservation de la nature à l'initiative de l'UICN.

Or, la gestion de l'environnement et les actions de lutte contre la désertification ont été identifiées comme axes prioritaires d'intervention par les autorités maliennes au lendemain de la grande sécheresse des années 1970. Mais avant cette période, les interventions de l'Etat du Mali, à l'instar des autres Etats ouest africains, étaient orientées selon deux options généralement opposées dans leur philosophie : l'option de la conservation de la nature et celle du développement. Depuis cette période, des politiques, des stratégies, des programmes et des projets ont été élaborés et mis en œuvre dans le cadre du développement économique, social et culturel du pays. Les politiques de développement, commencées durant la même période coloniale, étaient caractérisées par des tentatives de transfert de modèles du Nord inadaptés aux conditions écologiques et culturelles de l'Afrique et l'ignorance des problèmes environnementaux aggravés par ces tentatives. Cette inadaptation a eu comme corollaire un impact négatif sur l'environnement compromettant ainsi les succès jusque-là.

Dans les années 1970, considérés comme années des premières grandes sécheresses, les pays concernés par ce phénomène, dont le Mali, décident de coordonner leurs actions à travers la création du Comité Permanent Inter-Etats de Lutte contre la Sécheresse au Sahel (CILSS) en 1973. C'est ce comité, aidé par d'autres organisations[423], qui va assister les Etats membres à l'élaboration d'une stratégie régionale de lutte contre la désertification. Cette stratégie fut adoptée en 1984 à Nouakchott en Mauritanie. Elle avait pour objectifs principaux : le renforcement de la sécurité alimentaire et la préservation du capital des ressources naturelles. Sa mise en œuvre, a poussé les Etats concernés à l'élaboration des plans nationaux de lutte contre la désertification. Conscient de la gravité de la situation environnementale suite aux sécheresses successives qui ont frappé l'ensemble des pays sahéliens, l'Etat du Mali s'est engagé très tôt à mener des actions de gestion des ressources naturelles et de lutte contre la désertification. Cette volonté politique s'est concrétisée par une prise en charge financière croissante, bien que largement insuffisante, des problèmes

---

[423]Dans l'élaboration de cette stratégie, le CILSS a été appuyé par le Club du Sahel et le Bureau des Nations Unies pour les Régions Soudano-Sahéliennes de l'UNESCO.

environnementaux et par l'élaboration en 1985 d'un Plan National de Lutte contre la Désertification (PNLD). La mise en œuvre de ce plan va permettre de développer de nombreuses initiatives et projets nationaux voire locaux en matière de gestion de la biodiversité au niveau des terroirs villageois.

Par la suite, l'adoption et la ratification des conventions des Nations Unies de 1992 sur la diversité biologique et sur la lutte contre les changements climatiques d'une part, la souscription à la déclaration de Rio et l'adoption de « l'Agenda 21 » d'autre part, marquent une étape importante dans le processus de la planification environnementale enclenché. L'instauration des principes de la démocratie pluraliste à travers la constitution de 1992 a, sans doute, favorisé ce climat politique. Dès leur installation, les nouvelles autorités vont décider d'élaborer conjointement un Plan National d'Action Environnementale (PNAE) prenant en compte l'ensemble des problèmes environnementaux et les Programmes d'Actions Nationaux (PAN) afin de mettre en œuvre les instruments de la génération de Rio. L'élaboration du PNAE a débuté en février 1994 avec la mise en place d'un dispositif institutionnel dont : un Secrétariat Permanent[424], un Comité Consultatif[425] et un Comité Interministériel[426]. Le processus d'élaboration a été marqué par la préparation et l'organisation d'un forum[427] de lancement tenu à Bamako en 1996[428].

Dans la foulée, des équipes régionales composées de sept (07) personnes dont quatre (04) de la société civile ont été mises en place au

---

[424] Ce secrétariat permanent était chargé de coordonner l'élaboration du PNAE/PAN-CID.

[425] Le comité consultatif, constitué de 27 membres, représentant des services techniques, des ONG, des organisations socio-professionnelles et les partenaires au développement, était chargé du suivi du processus d'élaboration du PNAE.

[426] Le comité interministériel, composé de sept Ministres (Ministre du Développement Rural, de la Santé Publique, du Plan, de l'Industrie, des Mines, de l'Hydraulique et de l'Energie, des finances, des Transports, de l'Urbanisme et de l'Habitat, des travaux Publics) et présidé par le Ministre en charge des questions d'environnement, avait la responsabilité politique de conduire le processus d'élaboration du PNAE.

[427] Ce forum a été précédé d'une large concertation et par l'organisation de neufs (09) ateliers régionaux et soixante (60) ateliers locaux qui ont regroupé environ deux mille cinq cent (2500) participants.

[428] Politique Nationale de Protection de l'Environnement, volume II, (Résumé du Plan National d'Action environnementale), p.10

niveau de chaque région et responsabilisées pour l'élaboration des Programmes d'Action Régionaux et Locaux (PARL)[429], comme pour dire qu'il s'agit d'un processus s'inscrivant dans la démocratie participative. Ce processus fut sanctionné en fin Mai 1998 par un forum d'amélioration et de validation du PNAE/PAN, qui a recommandé, entre autres, l'adoption diligente et la mise en œuvre effective d'une Politique Nationale de Protection de l'Environnement[430]. C'est donc, dans cette ambiance effervescente que la Politique Nationale de Protection de l'Environnement a été élaborée et adoptée en 1998. Et depuis, plusieurs autres politiques sectorielles et multisectorielles ont vu le jour[431], de même que des stratégies,[432] des plans et des programmes relatifs à l'environnement et à la biodiversité. Ainsi, il importe d'analyser d'abord la PNPE afin de savoir quel impact peut-elle avoir sur la protection de la biodiversité.

B/ les orientations de la PNPE en vue d'une protection de la biodiversité

Il s'agit concrètement d'examiner d'une part les principes institués en vue d'atteindre des objectifs assignés et d'autre part des stratégies de sa mise en œuvre. Les principes et objectifs de la PNPE sont nombreux et diversifiés. De prime abord, il convient d'élucider les principes avant de préciser les objectifs.

1- les principes de la PNPE

Manifestement, la PNPE s'inscrit dans un processus dynamique visant le développement social et économique durable du pays. Pour ce faire, elle renferme un certain nombre de principes nécessaires à

---

[429] Idem, opt. Cit.

[430] Idem, page 10.

[431] Dont la Politique Nationale des Zones Humides (PNZH), la Politique Nationale de l'Eau (PNE), la Politique Nationale de Développement de l'Élevage (PNDE), la Politique Nation de l'Agriculture (PNA) La Politique Nationale des Mines (PNM), pour ne citer que celles-ci.

[432]Par exemple, dès le mois d'octobre 2000, une Stratégie Nationale et Plan d'action en matière de Diversité Biologique au Mali, fut élaborée sous l'égide du Ministère de l'Equipement de l'Aménagement du Territoire de l'Environnement et de l'Urbanisme, avec l'appui du PNUD et du Fonds pour l'Environnement Mondial.

l'atteinte de ses objectifs. Pour l'essentiel, ces principes peuvent se résumer à quatre.

D'abord, nous avons le principe d'équité et d'égalité, qui rend obligatoire le devoir pour tous ceux qui exercent des activités ayant un impact sur l'environnement d'observer la législation environnementale du pays. En effet, ce principe renvoie aux dispositions de l'article 15 de la constitution malienne en vigueur[433], qui consacre non seulement le droit de tous à un environnement sain, mais aussi et surtout, le devoir de tous les citoyens de protéger l'environnement. De même, la PNPE prend en compte le principe d'implication, de responsabilisation et de participation de l'ensemble des acteurs, publics et privés, dans les actions de protection, de restauration, et de conservation des ressources naturelles notamment la biodiversité. Ce principe est conforme au processus de décentralisation en cours dont l'objectif est de créer les conditions d'une réelle implication des populations locales et de la société civile dans la réalisation des activités de développement durable au niveau national et local.

Ensuite, le principe de prévention et de précaution, qui sont des mesures prudentielles permettant de prévenir les problèmes susceptibles d'entraîner des conséquences néfastes sur l'environnement, en développant l'information et l'éducation environnementale, en définissant les normes de rejets autorisés et en systématisant les études d'impacts environnementaux. L'admission de ces deux principes phares en matière d'environnement demeure une affirmation du respect par le pays de ses engagements internationaux. Ils trouvent tout leur sens dans la déclaration de Rio de Janeiro de 1992 sur l'environnement qui stipule que « *Pour protéger l'environnement, des mesures de préventions doivent être largement appliquées par les Etats selon leurs capacités. En cas de risque de dommages graves et irréversibles, l'absence de certitude scientifique absolue ne doit pas servir de prétexte pour remettre à plus tard l'adoption des mesures effectives visant à prévenir la dégradation de l'environnement* »[434]. C'est justement à la suite de cette déclaration que le principe de précaution va se généraliser à tous les instruments juridiques internationaux relatifs à l'environnement.

---

[433] Constitution malienne du 25 février 1992.

[434] Principe 15 de la déclaration de Rio adoptée en 1992 en Rio de Janeiro.

Pour ce qui est du principe de prévention, il a aussi émergé au principe 13 de la même déclaration de Rio mais dans un moule plus restrictif en ces termes « *Les Etats ont le devoir de veiller à ce que les activités qui relèvent de leur compétence ou de leur pouvoir ne porte pas atteinte à l'environnement d'autres Etats ou des zones situées au-delà des limites de leur juridiction nationale* »[435]. Consacrés dans la sphère internationale au demeurant, le principe de précaution et de prévention exerce de facto une influence déterminante sur l'évolution de la planification environnementale et des législations nationales maliennes. En effet, ces dernières ne manquent pas d'inciter les autorités publiques à prendre des mesures de protection de l'environnement à titre préventif comme témoigne l'esprit de la PNPE.

Enfin, le principe d'internalisation des coûts de protection de l'environnement, qui conduit à la prise en compte des coûts des nuisances dans les coûts de production ou de l'activité pouvant être à l'origine d'une dégradation, y compris les études d'impact. Ce principe permet de ne pas faire payer par la collectivité des dépenses dues à des atteintes ou dégradations occasionnées par une ou plusieurs personnes. En effet, il se fonde lui-même sur le principe du pollueur-payeur, qui responsabilise celui qui pollue ou dégrade l'environnement dans la réhabilitation des ressources dégradées. Le principe pollueur-payeur est inspiré par la théorie économique selon laquelle les coûts sociaux externes qui accompagnent la production industrielle doivent être internalisés, c'est-à-dire pris en compte par les agents économiques dans leurs productions. Il a été consacré par le principe 16 de la déclaration de Rio de 1992.

Sûrement, l'énoncé d'un tel principe aux allures de slogan publicitaire ne peut que satisfaire le défenseur de l'environnement. Pourtant, sa simplicité cache des problèmes économiques et juridiques complexes. Dans son acception large, ce principe vise à imputer au pollueur le coût social de la pollution qu'il engendre. Cela conduit à entrainer un mécanisme de responsabilité pour dommage écologique couvrant tous les effets d'une pollution non seulement sur les biens et les personnes mais aussi sur la nature et la biodiversité. Dans l'esprit

---

435 Idem, principe 13.

des concepteurs de la PNPE, la mise en œuvre de ces principes permet sans doute de réaliser les objectifs dont il importe d'en évoquer.

2- les objectifs de la PNPE

La PNPE constitue le cadre d'orientation pour une gestion et une planification efficace et durable de la biodiversité. Elle vise à atteindre des objectifs globaux et spécifiques. Ainsi, la PNPE entend contribuer au développement économique et social durable du pays. Plus singulièrement, elle vise à contribuer à la recherche de la sécurité alimentaire, à lutter contre toute forme de pollution ou nuisance, contre le processus de dégradation de la biodiversité. Au-delà, elle s'est fixé des objectifs globaux qui sont les suivants[436]:

- Assurer la sécurité alimentaire et la fourniture des produits en quantité et en qualité suffisantes à travers une gestion durable des ressources naturelles renouvelables ou précisément de la diversité biologique ;
- Préserver, protéger et améliorer le cadre de vie de l'ensemble des citoyens, notamment en luttant contre toute forme de pollution ou de nuisance ;
- Développer les capacités nationales, techniques et financières d'intervention aux différents échelons[437] et promouvoir la participation de toutes les composantes de la société malienne à la protection de l'environnement ;
- Promouvoir la création d'emplois alternatifs dans le domaine de la protection de l'environnement ;
- Et contribuer de manière active au développement de la coopération sous régionale et internationale en matière de protection de l'environnement et de la biodiversité.

En plus de ces objectifs globaux, elle se fixe des objectifs spécifiques qui sont les suivants. D'abord, en matière de gestion des ressources naturelles et de la protection de l'environnement en milieu rural, la PNPE vise à développer et appuyer la mise en œuvre d'une gestion décentralisée et participative des ressources naturelles renouvelables notamment la biodiversité. Il s'agit donc d'appuyer les

---

[436] Ces objectifs sont prévus dans le volume II du document Politique Nationale de Protection de l'Environnement, PNAE/PAN-CID, 1998, p. 61.

[437] L'échelon national et local.

différentes collectivités territoriales, les organisations et associations de producteurs notamment les organisations paysannes, les organisations socio-professionnelles et toute autre partenaire de la société civile comme les ONG, afin qu'ils jouent pleinement leur rôle dans la gestion et la protection de l'environnement global.

Un autre objectif est de promouvoir des systèmes de productions agricoles durables et des méthodes d'exploitation minière respectueuses de l'environnement et de la diversité biologique. De même, la PNPE attend permettre l'élaboration et l'appui de la mise en œuvre de programmes participatifs de gestion de la diversité biologique au moyen des schémas régionaux d'aménagement du territoire et les schémas d'aménagement, de gestion des terroirs villageois aux fins de réduire les effets de la dégradation, de la désertification et de la sécheresse.

En matière de protection de l'environnement en milieu urbain, la PNPE ambitionne de renforcer la lutte contre toute forme de nuisance et de pollution, en occurrence à travers la création de stations d'épuration ou de dépollution des rejets liquides, solides et gazeux des unités industrielles et artisanales des principales villes. Par ailleurs, elle se propose d'encourager les initiatives locales en matière d'assainissement et de collecte et de traitement des déchets domestiques, d'élaborer ou de renforcer la planification en matière d'assainissement et de maitriser les interactions entre milieu rural et milieu urbain[438].

Dans le domaine des mesures institutionnelles et législatives, il s'agit de mettre en place un cadre institutionnel approprié en vue d'assurer la coordination, le contrôle et le suivi de la mise en œuvre de la PNPE. Un affermissement des capacités de tous les acteurs, l'harmonisation des textes législatifs et réglementaires tout comme l'exigence des études d'impacts environnementales demeurent essentielles. En fin, dans le domaine de la coopération sous régionale ou internationale, la politique nationale de protection de l'environnement pointe sur la mise en œuvre des diverses conventions, accords et traités internationaux signés et ratifiés par le Mali en matière d'environnement. Pour ce faire, elle entend développer les programmes de coopération sous régionale et internationale plus

---

[438] MEA, Politique Nationale de Protection de l'Environnement, PNAE/PAN-CID, 1998, volume II du document, p. 64.

particulièrement autour des ressources partagées tels les cours d'eau et les paysages transfrontaliers[439]. L'application de la PNPE en vue d'atteindre ses objectifs repose sur plusieurs axes stratégiques.

A priori, la PNPE ne pose pas de problème en ce qui concerne la protection de la biodiversité. La conservation des ressources naturelles et dont les ressources biologiques et de manière générale l'environnement est une priorité absolue pour le Mali sachant qu'elle constitue la base d'un développement durable. A titre de rappel, cette volonté est déjà affirmée par la loi fondamentale du pays[440]. Elle s'appuie sur le bilan diagnostic de l'état des ressources de l'environnement, surtout de la biodiversité. L'un de ses objectifs spécifiques est de développer et d'appuyer la mise en œuvre d'une gestion décentralisée et participative des ressources naturelles renouvelables (la biodiversité floristique).

Pour le reste, la PNPE prévoit des stratégies spécifiques sur la biodiversité. Elle demeure un document politique global. De facto, son application passe par des stratégies sectorielles. De ce fait, en matière de biodiversité, certains documents stratégies propres accompagnent la PNPE, dont il convient d'en examiner. En réalité, la Convention sur la diversité biologique avait projeté des perspectives mondiales à travers son Plan Stratégique 2006-2010. L'objectif affiché était de *« contribuer à réduire la perte de la diversité biologique »*. Une post-évaluation a montré que cet objectif est loin d'être atteint. C'est d'ailleurs dans ce contexte que les Etats parties à la convention ont adopté, en 2010 à Nagoya (au Japon) le Plan Stratégique pour la Diversité Biologique 2011-2020[441]. Le but est d'inspirer des actions de grande envergure par

---

[439] Ibidem.

[440] Constitution, Opt. Cit., art. 15

[441] Plan stratégique pour la diversité biologique 2011-2020 et les Objectifs d'Aichi « Vivre en harmonie avec la nature ». Le Plan stratégique pour la diversité biologique 2011-2020 – Un cadre d'action échelonné sur dix ans pour tous les pays et les parties prenantes engagés à préserver la biodiversité et accroître ses avantages pour les peuples. Ce Plan assigne aux Etats, la mission de « Prendre des mesures efficaces et urgentes en vue de mettre un terme à l'appauvrissement de la diversité biologique, afin de s'assurer que, d'ici à 2020, les écosystèmes soient résilients et continuent de fournir des services essentiels, préservant ainsi la diversité de la vie sur Terre, et contribuant au bien-être humain et à l'élimination de la pauvreté. Pour garantir ceci, les pressions exercées sur la diversité biologique sont réduites, les écosystèmes sont restaurés, les ressources biologiques sont utilisées d'une manière durable et les

tous les Etats et parties prenantes en soutien à la protection de la biodiversité au cours de cette décennie. Ce plan contient une vision commune, une mission, des buts stratégiques et des objectifs ambitieux appelés « *les Objectifs d'Aichi* »[442]. Il sert de cadre flexible pour la mise en place d'objectifs nationaux et régionaux, favorisant du coup la mise en œuvre des trois objectifs de la convention.

C'est dans l'optique de se conformer à ce nouveau Plan Stratégique que l'Etat du Mali a révisé sa Stratégie Nationale sur la Biodiversité ainsi que son Plan d'actions[443]. A la lumière des diagnostics faits à travers les

---

avantages découlant de l'utilisation des ressources génétiques sont partagés d'une manière juste et équitable; des ressources financières suffisantes sont fournies, les capacités sont renforcées, les considérations relatives à la diversité biologique et la valeur de la diversité biologique sont intégrées, des politiques appropriées sont appliquées de manière efficace, et les processus décisionnels s'appuient sur des bases scientifiques solides et l'approche de précaution. »

[442] La diversité biologique soutient le fonctionnement des écosystèmes et fournit des services écosystémiques essentiels au bien-être humain. Elle assure la sécurité alimentaire, la santé humaine, ainsi que l'approvisionnement en air pur et en eau potable ; elle contribue aux moyens locaux de subsistance, au développement économique, et elle est essentielle à la réalisation des objectifs du Millénaire pour le développement, incluant la réduction de la pauvreté. De plus, elle représente une composante centrale de plusieurs systèmes de croyances, de visions du monde et d'identités. Mais malgré son importance fondamentale, la biodiversité continue de s'appauvrir. C'est dans ce contexte que les Parties à la Convention sur la diversité biologique, en 2010 à Nagoya, au Japon, ont adopté le Plan stratégique pour la biodiversité 2011-2020, dans le but d'inspirer des actions de grande envergure par tous les pays et parties prenantes en soutien à la biodiversité au cours de la prochaine décennie. Reconnaissant le besoin urgent d'agir, l'Assemblée générale des Nations Unies a également déclaré 2011-2020 « la Décennie des Nations Unies pour la biodiversité ». Le Plan stratégique comprend une vision partagée, une mission, des buts stratégiques et 20 objectifs ambitieux mais réalisables, nommés « Objectifs d'Aichi ». Le Plan stratégique sert de cadre flexible pour la mise en place d'objectifs nationaux et régionaux et favorise la mise en oeuvre cohérente et efficace des trois objectifs de la Convention sur la diversité biologique. La vision est « d'ici à 2050, la diversité biologique est valorisée, conservée, restaurée et utilisée avec sagesse, en assurant le maintien des services fournis par les écosystèmes, en maintenant la planète en bonne santé et en procurant des avantages essentiels à tous les peuples. » Les objectifs d'Aichi sont aux nombres de 20.

[443] Préalablement et plus précisément en 2000, le Mali avait mis en place une Stratégie et un Plan d'actions sur la biodiversité. Cette stratégie et son plan d'actions visent améliorer les connaissances sur le fonctionnement des écosystèmes et sur les espèces animales et végétales présentant un intérêt économique et écologique.

études sur l'inventaire et l'état de prise en compte de la biodiversité dans les politiques nationales, il a été constaté que les menaces, la dégradation et la perte de la biodiversité demeurent endurantes. La version révisée entend pallier aux insuffisances afin de répondre aux questions telles, le genre, la réduction de la pauvreté, les droits des communautés locales et autochtones, des plantes envahissantes, les aspects frontaliers, les changements climatiques etc. Elle vise plusieurs objectifs et cela dans l'esprit des objectifs d'Aichi. Dans cette stratégie, les moyens requis pour l'intégration de la biodiversité dans la planification du développement ainsi que le renforcement des capacités sont déterminés. En plus, d'autres stratégies relatives à la biodiversité ont été adoptées et dont la Stratégie Nationale de Développement des Biocarburants, et la Stratégie Nationale pour l'Energie Domestique.

Quant à la Stratégie Nationale de Développement de Biocarburants (SNDB)[444], l'objectif principal est d'instaurer un cadre unique d'actions susceptible d'assurer une meilleure cohérence dans le développement des biocarburants, partant des meilleures potentialités identifiées, évaluées et planifiées afin de maximiser leur contribution au développement durable du pays. En conséquence, ses orientations stratégiques se résument à l'établissement d'une feuille de route, l'affermissement des capacités des acteurs, l'amélioration de l'attrait du secteur biocarburant. Comme on peut bien le constater, l'atteinte de ces objectifs permettra de réduire la pollution atmosphérique, facteur de dérèglements climatiques et donc de la dégradation de la biodiversité.

Enfin, l'adoption d'une Stratégie Nationale pour l'Energie Domestique (SNED)[445] constitue un fait marquant dans la protection de

---

Elle entend améliorer les connaissances sur le patrimoine génétique national des plantes cultivées, des espèces sauvages apparentées, des races d'animaux domestiques et des espèces sauvages ; promouvoir l'utilisation durable de la faune et de la flore et assurer la conservation in situ des plantes locales cultivées et des races d'animaux menacées de disparition.

[444] Cette stratégie adoptée le 27 juin 2008 vise à accroitre la production locale d'énergie par le développement des biocarburants en vue de fournir à moindre coût de l'énergie pour satisfaire les besoins socio-économiques du Mali. Pour atteindre ces objectifs, elle est basée sur des principes et des orientations portant sur la recherche et le développement, le renforcement des capacités des acteurs, la création de conditions favorables aux investissements dans les biocarburants et l'approche participative.

[445] Depuis 2006, la Mali a adopté sa Politique énergétique nationale qui contient des stratégies de mise en œuvre dont la Stratégie nationale pour l'énergie domestique.

la biodiversité végétale. Deux objectifs sont visés à travers cette stratégie. Tout d'abord, le premier relatif à la demande vise à améliorer l'accès à l'énergie et son utilisation notamment pour ses formes modernes, et permettre une amélioration des conditions de vie des populations. Quant au second objectif, il est relatif à l'offre et entend garantir un approvisionnement en combustibles ligneux sans préjudice à la biodiversité végétale à travers une gestion rationnelle des ressources forestières par les communautés locales.

En effet, le caractère transversal de la gestion de la biodiversité implique une recherche permanente de synergie, de cohérence et la mise en place de cadres de concertation et d'harmonisation des approches et méthodes d'intervention aux divers niveaux et entre les différents acteurs. D'ailleurs, c'est cette transversalité qui caractérise en partie la planification environnementale au Mali, d'où l'existence de politiques multisectorielles prenant en compte la protection de la biodiversité forestière.

Paragraphe II : les politiques sectorielles et multisectorielles touchant la biodiversité

L'absence de politique nationale de protection de la biodiversité ouvre la voie aux approches sectorielles avec leurs imperfections et la difficulté de coordination de leurs actions. C'est d'ailleurs la raison principale qui explique que les différentes législations et réglementations touchant la biodiversité ne disposent pas de fondement politique spécifique. Les politiques multisectorielles constituent une fragmentation de l'activité gouvernementale au Mali. Elles permettent, ainsi, de mieux intégrer les problèmes environnementaux dans le développement durable du pays. C'est pour cela que le pays dès son accession à la souveraineté internationale, a mis en place des programmes et stratégies sectoriels à l'intérieur desquels il a créé un régime juridique en constante évolution. La diversité de ces politiques multisectorielles se comprend par la pertinence des secteurs visés. Toutefois, une préoccupation sectorielle donnée n'est pas à priori nécessairement liée à l'environnement ou la biodiversité. Le lien avec la biodiversité peut ne pas être direct ou même pas existé.

Afin de mieux cerner les vastes domaines, une distinction peut être faite de façon thématique entre les politiques sectorielles ou multisectorielles. De ce fait, on distinguera les politiques relatives à la défense du milieu de vie (A), et celles concernant l'utilisation judicieuse de l'espace (B).

A/ les politiques de défense de milieu de vie

La défense du milieu de vie se traduit par la protection de la nature et des ressources naturelles, et par la lutte contre les pollutions et nuisances. Plusieurs politiques interviennent dans ces domaines touchant à la fois l'environnement urbain que rural tout comme la biodiversité. Ces politiques sont diverses et multiformes.

1- les politiques multisectorielles

Elles sont nombreuses et diversifiées car elles s'inscrivent dans une approche globalisante. Ainsi, au premier abord, nous avons le Cadre Stratégique pour Croissance et la Réduction de la Pauvreté[446]. La pauvreté et la dégradation de l'environnement cohabitent de plus en plus souvent partout au monde et chacun de ces problèmes peut, à tour de rôle, devenir la cause de l'autre. En effet, la pauvreté se présente sous forme différente suivant que l'on soit au Mali, en Chine, au Brésil, ou même en France. Si l'objectif des populations est d'être respectées en tant qu'humains, sortir de la pauvreté signifie aussi pouvoir travailler, se loger, se nourrir, se soigner, s'instruire et accéder à des services essentiels[447] avec dignité. Or, pour qu'elles bénéficient de ces services essentiels à leurs subsistances, des mutations économiques sont indispensables afin de créer plus de richesses et aboutir in fine à une amélioration de leurs conditions de vie. Et ces mutations économiques ne sont pas sans impacts sur la diversité biologique surtout la faune et flore.

De nos jours, la protection de la biodiversité, faune et flore, apparait comme essentielle à un développement durable de tout Etat. L'Homme, de par ses interactions avec la nature, doit évoluer pour faire face à des nouvelles contraintes : perte de la biodiversité, ressources naturelles limitées et fragilisées, changements climatiques etc. De ce

---

[446] Cadre Stratégique pour Croissance et la Réduction de la Pauvreté au Mali a été adopté en 2012, pour une durée d'exécution de cinq ans.

[447] Tels, l'eau, l'énergie, l'électricité qui sont besoins des hommes.

fait, pour une vie digne des populations et pour le maintien des équilibres écologiques, une réflexion sur l'approche intégrée et sur les moyens économiques permettant une transition et une réponse efficace au double objectif de lutter contre la pauvreté et de protéger la biodiversité paraît à l'ordre du jour. Donc, c'est en riposte à cela que l'Etat du Mali a mis en place un Cadre Stratégique pour la Croissance et de Réduction de la Pauvreté[448].

L'objectif principal de ce cadre stratégique est de *« promouvoir une croissance distributive et une réduction de la pauvreté, par la relance des secteurs productifs et la consolidation des reformes du secteur public* [449]*»*. Plus spécifiquement, ce cadre stratégique vise à booster la croissance économique et à améliorer le bien-être des populations maliennes. A travers ces objectifs, il fait implicitement référence à la biodiversité car le bien-être des populations passe par un développement social et économique durable. D'ailleurs, la gestion de la biodiversité et de l'environnement, constitue *« le domaine 29 du deuxième axe stratégique du CSCRP* [450]*»*. Pour le reste, ce cadre entend renforcer les capacités des acteurs dans le domaine environnemental, restaurer et récupérer des zones et sites dégradés et enfin préserver les ressources naturelles et la faune sauvage. La protection de la biodiversité est tout à fait intégrée dans l'esprit de ce cadre stratégique.

Puis, la Politique Nationale de Santé et Environnement (PNSE) qui parait assez pertinente. Le contrôle de l'hygiène publique est un facteur d'atténuation des nuisances domestiques qu'urbaines. La politique nationale de ce cadre vise à promouvoir et à maintenir un environnement favorable à la santé publique pour un développement durable à travers le contrôle de la qualité de l'eau et l'approvisionnement en eau potable, la gestion des déchets solides et liquides, le contrôle d'exposition aux contaminants de l'environnement. Cette politique

---

[448] Le Cadre Stratégique pour la Croissance et de Réduction de la Pauvreté est un cadre unique de référence à moyen terme de la politique de la politique de développement du Mali et le principal référentiel pour l'ensemble des Partenaires Techniques et Financiers dans leurs appuis au pays. Son exécution est prévue pour une période de 2012 à 2017.

[449] Rapport Final du Cadre de gestion de gestion environnementale et sociale, Agence pour l'Environnement et le Développement Durable (AEDD), Avril 2013, p. 43.

[450] Idem,

s'inscrit dans l'esprit de certains instruments internationaux dont : la Convention de Stockholm[451] sur les polluants organiques persistants[452], la Convention sur les droits de l'enfant dans sa composante eau-hygiène-assainissement, la Convention africaine[453] sur l'interdiction d'importation des déchets dangereux en Afrique et le contrôle du mouvement transfrontière des déchets dangereux produit en Afrique. Sa mise en œuvre est assurée par des services techniques notamment la Direction Nationale de l'Assainissement, du Contrôle des Pollutions et des Nuisances et ses services déconcentrés.

Ensuite, il convient d'évoquer la Politique Nationale sur les Changements Climatiques (PNCC)[454] en raison de son opportunité. L'objectif principal de cette politique est de faire face aux défis des changements climatiques en assurant le développement durable du

---

[451] Négociée sous les auspices du Programme des Nations Unies pour l'Environnement, la convention sur les polluants organiques persistants a été adoptée le 22 Juin 2001 à Stockholm au Suède. La convention crée des mécanismes de contrôle pour la production, l'importation, l'exportation, l'élimination et l'utilisation de ces substances polluantes.

[452] Les polluants organiques persistants sont utilisés comme pesticides, fluides thermiques et diélectriques ou intermédiaires de synthèses. Ils font partie des substances les plus toxiques. Ils menacent l'environnement notamment la biodiversité et même la santé humaine. Ils se déplacent sur de grandes distances et s'accumulent dans la chaîne alimentaire : poissons, mammifères et êtres humains qui sont au sommet de cette chaîne.

[453] La Convention africaine sur l'interdiction d'importation des déchets dangereux en Afrique et le contrôle du mouvement transfrontière des déchets dangereux produit en Afrique a été adoptée à Bamako le 30 Janvier 1991. En effets, les Etats africains ont considéré que le système de la convention de Bâle (sur le contrôle des mouvements transfrontières de déchets dangereux et de leur élimination adoptée à Bâle le 22 mars 1989), calqué sur les règles de l'OCDE, était inadaptée pour eux. Que ce système légitimait les mouvements transfrontières de déchets dangereux, que des sanctions n'étaient pas prévues pour les trafics illicites, que les déchets radioactifs étaient exclus. Selon eux, la convention n'est pas explicite quant à l'application au transit par les eaux territoriales et les zones économiques exclusives. Ces lacunes de la convention de Bâle ont amené les Etats africains à l'élaboration d'une convention régionale africaine, dont celle de Bamako au Mali.

[454] Adoptée en 2011 pour une durée d'exécution de 15 ans (2011-2025), La Politique Nationale de lutte contre les Changements Climatiques du Mali ainsi formulée, donne les fondements pour un cadre unique référence pour la coordination et la mise en synergie des différentes interventions en matière de changements climatiques ainsi que l'intégration des changements climatiques dans les différentes politiques sectorielles du pays.

pays. Aussi, elle entend faciliter une meilleure prise en compte des défis climatiques dans les politiques et stratégies sectorielles de développement socio-économique du pays, et orienter les multiples interventions des acteurs publics et privés. Elle ambitionne d'affermir la capacité d'adaptation tout comme la résilience des systèmes sociaux, économiques et écologiques face aux effets des changements climatiques par l'intégration de mesures d'adaptation surtout dans les secteurs les plus vulnérables. Elle prend en compte les questions liées à la protection de la biodiversité. La PNCC s'articule autour de huit orientations politiques intégrant ainsi cinq piliers opérationnels notamment l'adaptation, l'atténuation, le transfert de technologies, le renforcement des capacités et le financement. Elle est mise en œuvre à travers le programme d'action nationale pour l'adaptation aux effets néfastes des changements climatiques[455].

Enfin, la Politique Nationale des Zones Humides (PNZH) qui s'inscrit dans la mise en œuvre de la convention des Nations Unies sur les zones humides adopté à Ramsar en 1972. Le Mali a un potentiel écologique important sur l'une des plus importantes zones humides de l'Afrique qu'est le Delta du Niger couvrant une superficie de 30 000 km2[456]. Adoptée en 2003, la politique des zones humides s'inscrit dans l'esprit de la convention de Ramsar et envisage d'ici 2020 de donner des directives à l'action gouvernementale et aux communautés rurales en vue d'une gestion rationnelle et durable de la biodiversité des zones humides. En plus, elle vise aussi à améliorer les connaissances sur les zones humides et sites de Ramsar tout en renforçant la capacité des acteurs et la législation nationale à la matière.

2- les politiques sectorielles

Elles se singularisent par le fait qu'elles s'intéressent à des secteurs précis. En premier lieu, il y a la Politique Nationale de Développement de l'Elevage (PNDE). L'élevage est un secteur qui

[455] Ce programme a été élaboré en juillet 2007 sous l'égide de la direction nationale de la météorologie, un service technique rattaché au Ministère de l'équipement et des transports.

[456] Cette zone regorge d'importantes ressources, dont les eaux pérennes, la flore aquatique et la faune aviaire selon le rapport final du Cadre de gestion Environnementale et Sociale, Ministère de l'Agriculture, décembre 2009.

contribue à la formation du PIB à hauteur de 10%[457]. Il demeure donc le 3ème secteur d'exportation après l'or et le coton. Ainsi, l'adoption en 2003 d'une politique nationale du développement de ce secteur se justifiait à plus d'un titre. Elle exhorte à une meilleure valorisation des ressources pastorales, et une gestion rationnelle et durable des pâturages et des points d'eau aménagés. L'établissement de schémas d'aménagement pastoraux aussi bien que la restauration des terres dégradées et des glacis, tout comme le développement du suivi des écosystèmes pastoraux en sont des axes stratégiques. Enfin, la PNDE prône la lutte contre les feux de brousse, la régénération et l'enrichissement des parcours pastoraux. Il faut noter que sa mise en œuvre a nécessité de nombreux projets et programmes[458].

De même, une Politique Nationale de l'Eau (PNE) a été adoptée en vue de la mise en œuvre du code de l'eau. Le Mali a adopté un code de l'eau dont les orientations sont relatives aux différentes formes d'utilisation des eaux. Le cadre actuel de gestion des ressources en eau est marqué sur le plan politique par l'existence de cette politique nationale de l'eau adoptée en 2006. Elle a pour objectif global de contribuer au développement socio-économique du pays, en apportant des solutions appropriées aux problèmes liés à l'eau dans le respect d'une gestion durable de la biodiversité halieutique. Elle a aussi des objectifs spécifiques. Elle vise, d'abord à satisfaire les besoins en eau, en quantité et en qualité de la population en croissance ainsi qu'en veillant au respect des écosystèmes aquatiques et en préservant les besoins des générations futures. Ensuite, elle contribue au développement des activités agro-sylvio-pastorales par leur sécurisation vis-à-vis des aléas climatiques. Elle assure la protection des hommes et des biens contre les actions agressives de l'eau ainsi que la protection de la biodiversité aquatique contre les diverses pollutions. L'application de cette politique

---

[457] Rapport final du Cadre de gestion environnementale et sociale, cellule de coordination Programme d'Appui aux Services Agricoles et aux Organisations paysannes (PASAOP), Ministère de l'Agriculture, décembre 2009, p. 34.

[458] Parmi ces projets/programmes, on peut citer : le Programme Quinquennal d'Aménagements Pastoraux, le Programme d'Appui au Développement de l'Elevage au Sahel Occidental (PADESO), le Projet d'Appui au Développement de l'Elevage dans la Zone de Kayes-sud, le Projet de Développement de l'Aviculture-Phase II, le Programme de Valorisation du Lait cru Local et de l'Industrialisation de la Production de Viande Rouge.

se fait à travers des instruments comme le Programme national d'aménagement hydraulique.

A ces deux s'ajoutent la Politique Nationale Forestière (PNF)[459]. La politique forestière nationale a pour objet de contribuer à réaliser les objectifs de croissance économique, d'autosuffisance alimentaire, de l'augmentation des revenus et de protection de l'environnement à travers la gestion de la biodiversité forestière. Pour cela, elle s'articule autour de trois options spécifiques. D'abord, l'option sociale qui vise à responsabiliser les populations rurales pour une gestion durable des ressources en leur reconnaissant la capacité de gestion rationnelle. Ensuite, l'option économique qui consiste à favoriser l'investissement foncier par le cofinancement de l'Etat si nécessaire et en offrant des garanties d'une sécurité foncière. Enfin l'option écologique, laquelle pointe sur la conservation de la diversité génétique, de la diversité des productions et de la diversité écosystémique. La PNF est mise en œuvre à travers différents programmes dont le Programme de Gestion Décentralisée des Forêts (GEDEFOR)[460].

B/ les politiques d'utilisation rationnelle de l'espace

Les politiques d'utilisation rationnelle de l'espace concernent les établissements humains, particulièrement les zones urbaines et les zones rurales et surtout l'aménagement du territoire.

1- l'aménagement du territoire

L'aménagement du territoire est un domaine beaucoup important pour la protection de l'environnement en général et de la

---

[459] C'est en 1982 que la première Politique Forestière Nationale a été formulée. Des annexes ont été adoptées et ajoutées à ce document en 1995. Elle était novatrice dans le sens où elle introduisait la notion de participation des populations. La politique forestière nationale a pour objectif d'assurer une gestion intégrée et durable des ressources forestières, fauniques et aquatiques, de développer la qualification des emplois en vue de leur pérennisation, de renforcer la compétitivité des filières de production, de récolte et de valorisation et de satisfaire les demandes sociales relatives aux dites ressources. Mais cette politique forestière n'a pas été effectivement opérationnelle en raison de la mainmise de l'Etat sur la gestion des ressources forestières, fauniques et halieutiques.

[460] Programme de Gestion Décentralisée des Forêts (GEDEFOR), a été adoptée en 2008.

biodiversité en particulier. C'est pourquoi au Mali, il est pris en compte à travers la Politique de Décentralisation et de l'Aménagement du Territoire (PDAT). L'objectif principale de la politique de décentralisation est de renforcer le processus de démocratisation de la société, d'adapter l'organisation et les missions de l'Etat à l'exigence de promotion des initiatives locales. Il s'agit aussi d'instituer un cadre de développement et d'organisation de l'espace compatible avec les compétences transférées aux collectivités territoriales en matière de conception, de programmation et de mise en œuvre des actions de développement socio-économique et culturel d'intérêt local.

Le cadre opérationnel de mise en œuvre de la décentralisation au Mali est fixé par le Schéma National d'Aménagement du Territoire tout comme les Schémas Régionaux et Locaux d'Aménagement du Territoire. Ces instruments visent à donner à la planification du développement économique une dimension territoriale à travers une organisation de l'espace prenant en compte les exigences liées à la décentralisation. Les orientations stratégiques découlant de ces outils se structurent autour de quatre axes essentiels. Le premier concerne le rééquilibrage du processus de développement urbain par la promotion de centres secondaires d'appui capables de modérer l'extension irrationnelle des grandes agglomérations. Le second axe pointe sur la concentration des activités industrielles dans un nombre limité de centre urbains afin de favoriser une meilleure maîtrise des phénomènes de pollutions et nuisances. Le troisième axe s'inscrit dans une dynamique de raffermissement du processus d'intégration régionale par la mise en place d'infrastructures de liaison et par l'interconnexion des systèmes urbains régionaux. Enfin, le quatrième et dernier axe intéresse la sauvegarde du milieu naturel et des écosystèmes plus ou moins menacés. La réalisation de ces axes stratégiques fait impliquer les collectivités territoriales dans la protection de la biodiversité pour un développement durable du pays.

2- le développement rural

Le but principal de la politique économique des autorités maliennes est de parvenir à une croissance orientée vers la réduction de la pauvreté. Pour atteindre cet objectif, elles ont décidé de soutenir la principale base de l'économie à savoir le secteur de l'agriculture. En effet, ce dernier contribue pour environ 40% du PIB et occupe 80% de la population. Sa part dans les exportations atteint les 2/3[461]. Le développement de l'agriculture n'est pas sans impact sur l'environnement et la biodiversité d'où la Politique de Développement Agricole (PDA). Adoptée en 2006 la loi d'orientation agricole détermine et conduit la politique de développement agricole du pays à long terme. L'un des défis et enjeux fondamentaux de cette politique est *« la gestion durable des ressources naturelles dans un contexte de changements climatiques profonds. Il s'agira de développer des stratégies visant la réduction des effets des changements climatiques et faire en sorte que l'intensification et la modernisation de l'agriculture soient compatibles avec la préservation de l'environnement et des ressources naturelles pour des générations futures* [462]».

En effet, le but principal de cette politique agricole est de promouvoir une agriculture familiale durable, moderne ainsi que l'entreprise agricole à travers la création d'un environnement propice au développement d'un secteur agricole structuré. De même, elle entend contribuer à la promotion économique et sociale des populations en milieu rural, à la souveraineté alimentaire du pays, à la modernisation de l'agriculture familiale et le développement de l'agro-industrie. Elle fait aussi référence à la protection de l'environnement et la gestion durable de la biodiversité forestière et domestique sans oublier l'aménagement agricole équilibré et cohérent du territoire[463]. Son

---

[461] DIALLO (A), « *Cours de Droit Rural* », actualisation 2015, Faculté de Droit Public, Université des Sciences Juridiques et Politiques de Bamako.

[462] Document Politique Nationale de développement Agricole du Mali, élaborée 2013 p. 13.

[463] Le développement du secteur agricole est soutenu au Mali par divers programmes et projets, notamment le Programme d'Appui aux services Agricoles et aux Organisations Paysannes (PASAOP) ; le Programme National d'Infrastructures Rurales (PNIR) ; le Programme National d'Aménagement Hydraulique ; le Projet d'Appui aux Communautés Rurales (PACR) etc.
En plus une stratégie nationale d'irrigation est mise en place pour permettre une gestion optimale et durable des aménagements dans le respect de la politique nationale de l'environnement. Elle vise aussi la promotion de systèmes de production agricole durable et de méthodes d'exploitation des ressources respectueuses de l'environnement ; de même que des systèmes de surveillance environnementale des zones irriguées. Pour sa mise en œuvre on notera le Projet de Promotion de l'Irrigation Privée (PPIP).

application est assurée par le Ministère en charge de l'agriculture et ses services rattachés aussi bien que les organisations paysannes.

Par ailleurs, à ces deux, il convient d'ajouter la Politique nationale de l'Energie (PE). A travers cette politique, l'Etat entend procéder à une utilisation rationnelle de toutes les formes d'énergies susceptibles de favoriser le développement humain, économique et industriel. La P.E vise à améliorer les conditions d'accès aux énergies modernes des populations, en particulier celles démunies, à moindre coût dans une perspective durable. Elle met un accent particulier sur la protection de la biodiversité forestière et cela à travers la promotion des énergies renouvelables. La fourniture énergétique du pays dans une proportion importante est tributaire des combustibles. Or, la production de ces combustibles ligneux est un facteur destructeur de la biodiversité végétale du pays. Ainsi, l'atteinte des objectifs de cette politique permettra de pallier au défi énergétique du pays et de permettre l'utilisation rationnelle et le maintien des équilibres naturels.

En somme, il parait assez évident que tous ces instruments de la planification environnementale intègrent la protection de la biodiversité de manière explicite ou implicite. Cela dit, il importe de se rendre compte de leur application corollaire de l'effectivité et de l'efficacité du régime juridique de protection.

Section II : l'application de la planification sur la biodiversité

Pour réaliser véritablement la protection juridique de la biodiversité, notamment dans ses composants faune et flore, au Mali, il faut des mécanismes d'application des politiques (Parag I). Cette application des politiques est contrôlée dans le cadre du droit positif en vigueur malgré quelques faiblesses tenant à des raisons diverses. C'est pourquoi, au Mali, des moyens de contrôle de l'application des instruments de la planification sur l'environnement et la biodiversité existent (Parag II).

Paragraphe I : les mécanismes d'application de la planification sur la biodiversité

Les mécanismes d'application peuvent être compris comme des techniques ou des moyens devant servir de support à l'application des politiques environnementales. Parmi ces techniques ou moyens, certains sont traditionnels et appliqués par presque tous les Etats modernes. Il s'agit notamment de la législation, de l'éducation et de la formation, de la recherche scientifique et technique[464]. D'autres, plus récents telle l'évaluation environnementale qui se réalise par les études d'impact environnemental et l'audit environnemental, sont aussi utilisés. L'Etat du Mali, à l'instar du Sénégal ou du Burkina Faso, utilise toutes ces techniques pour l'application de ses politiques d'environnement. Ces techniques seront examinées selon leur pertinence. Ainsi, certaines sont conçues comme instruments de base : la réglementation et l'évaluation environnementale (A) et d'autres comme techniques d'appui : l'éducation, l'information, la formation et la recherche scientifique et technique (B).

A/ les techniques de base de l'application de la planification

Comme nous l'avons si bien souligné, les techniques de bases de l'application de la planification environnementale au Mali sont entre autres les outils de l'Evaluation Environnementale. La réduction des conséquences négatives des activités humaines sur l'environnement nécessite une démarche de prévention qui favorise des choix plus judicieux que ceux du passé. En conséquence, le développement futur de nos sociétés ne pourrait s'accomplir que par l'utilisation de processus et d'outils d'évaluation environnementale. D'abord employée dans les pays industrialisés, et pour un certain nombre de projets, l'évaluation environnementale se propage peu à peu à l'ensemble des pays et pour un éventail plus étendu de projets. Dans la foulé, la plupart des pays en développement, comme le Mali depuis 1992[465], entend désormais respecter cette pratique.

---

[464] LY (IB), opt. cit. p.186

[465] La pratique d'évaluation environnementale était plus ou moins respectée même si elle ne faisait pas encore l'objet d'une réglementation. Son application a eu lieu dans certains de développement du pays mais de manière ad hoc et sous l'influence des partenaires financiers et des institutions financières internationales comme la banque mondiale. Toutefois, à partir des années 2008-2009, le Mali s'est doté, une fois pour toute, d'une réglementation de l'évaluation environnementale dans le cadre de son processus de développement durable, à travers les deux décrets sur l'étude d'impact environnementale et l'audit environnemental.

L'évaluation environnementale peut être cernée comme l'étude qui consiste à déterminer, à évaluer de manière rationnelle les impacts qu'un projet peut avoir sur l'environnement et recommander des moyens d'éviter ou de réduire ceux qui sont néfastes. C'est donc une évaluation de l'impact ou des effets néfastes d'une activité politique ou économique sur l'environnement. Elle se distingue donc de l'évaluation environnementale stratégique, qui se définit comme l'ensemble des procédures susceptibles de contribuer à l'élaboration, l'exécution et le suivi des politiques, programmes conformément aux normes environnementales existantes.

Elle apparait à toute évidence, comme une démarche visant à intégrer l'environnement dans l'élaboration d'un projet, d'un document de planification, d'un plan ou programme, et cela, dès les phases amont de réflexions. Elle sert à éclairer le décideur sur la décision à prendre au vu des enjeux environnementaux et sanitaires du territoire concerné, ainsi qu'à informer et garantir la participation du public. Elle doit rendre compte des effets potentiels ou avérés sur l'environnement de toute initiative et permettre d'analyser ou de justifier les choix retenus aux regards des enjeux identifiés sur le site du projet. L'évaluation environnementale permet ainsi de prévenir les dommages potentiels à une phase pertinente de conception du projet envisagé. Elle ne doit donc pas être réalisée lorsque tous les choix relatifs à l'élaboration du projet, plan ou programme sont finalisés. Sa réalisation se fait par les études d'impact environnemental et social et l'audit environnemental.

1- l'Etude d'Impact Environnemental et Social (EIES)

Elle fait l'objet d'une réglementation depuis 2008 au Mali. Elle est régie par le décret n°08-346/P-RM du 26 juin 2008 relatif à l'étude d'impact environnemental et social, modifié par le décret n°09-318/P-RM du 26 juin 2009. D'ailleurs, la définition donnée par ce texte à l'étude d'impact environnemental et social est suffisamment évocatrice. Aux termes de ce texte, on entend par l'étude d'impact environnemental et social *« l'identification, la description et l'évaluation des effets des projets sur l'homme, sur la faune et flore, le sol, l'eau, l'air, le climat et le paysage, y compris les interactions entre ces facteurs, le patrimoine culturel, socio-économique et d'autres biens matériels* [466]*»*. C'est donc une étude visant à s'assurer que les informations écologiques et sociales, techniques et politiques ont effectivement été respectées pour permettre une évaluation. Et d'après, le Professeur Ibrahima LY, *« sur le plan juridique, l'étude d'impact est une procédure administrative qui oblige les Ministères, organismes et entreprises concernés par un projet d'aménagement, d'extension, de rénovation ou de protection, à une réflexion préalable prenant en compte les préoccupations environnementales avant toute décision* [467]*»*.

Il faut dire aussi que les composantes techniques et les éléments de l'environnement d'accueil, ainsi que les exigences administratives et réglementaires, sont spécifiques à chaque projet. Il est donc hors de question de reprendre intégralement les données et les méthodes employées par les études antérieures. Toutefois, les méthodes employées et les résultats obtenus peuvent fréquemment être transposés aux fins d'études ultérieures, surtout lorsque ceux-ci sont clairement exposés et reproductibles. La nature même du projet, autant que la compétence et les moyens dont dispose l'équipe d'évaluateurs, détermine amplement l'approche méthodologique retenue et ultimement la ou les méthodes d'examen employées. D'ailleurs, le contexte législatif et réglementaire délimite lui aussi le choix des approches utilisées, sans pour autant être dirigiste ni impératif, sauf parfois en ce qui concerne le contenu du rapport à être présenté aux autorités. A ce sujet l'article 12 du décret relatif à l'étude d'impact environnemental est assez explicite en ces termes *« A la réception de la demande, l'Administration compétente indique au promoteur la nature de l'étude à mener. Si le projet est assujetti à une étude d'impact environnemental et social, le promoteur élabore le projet de termes de références de l'étude d'impact à réaliser conformément aux directives fournies »*[468].

L'étude d'impact environnemental et social au sens de la réglementation a pour objet : la prévention de la dégradation de

[466]Décret n°08-346/P-RM du 26 juin 2008 relatif à l'étude d'impact environnemental et social, modifié par le décret n°09-318/P-RM du 26 juin 2009, article 3 al. 4.
[467] LY (IB) Opt. Cit., p 188.
[468]Décret n°08-346/P-RM du 26 juin 2008 relatif à l'étude d'impact environnemental et social, Op. Cit. art.12 al.1 et 2.

l'environnement et de la détérioration du cadre de vie des populations suite à la réalisation des projets. Elle entend assurer la réduction et/ou la réparation des dommages causés à l'environnement par l'application des mesures d'atténuation, de compensation ou de correction des effets néfastes issus de la réalisation des projets. Elle vise l'optimisation de l'équilibre entre le développement économique, social et environnemental. Elle prend en compte la participation des populations et organismes concernées aux différentes phases des projets, sans oublier la mise à disposition d'informations nécessaires à la prise de décision[469]. Dans la réglementation malienne, c'est un outil d'évaluation environnementale obligatoire pour tous « *les projets pouvant avoir des impacts négatifs, généralement irréversibles sans précédent, et le plus souvent ressentis dans une zone plus vaste que les sites faisant l'objet de travaux* »[470] ; ou même « *des projets dont les impacts négatifs sur l'environnement et sur les populations sont moins graves, d'une nature délimitée et rarement irréversibles* »[471]. Ainsi, tous les projets de développement qu'ils soient publics ou privés, consistant en des travaux, des aménagements, des constructions ou d'autres activités dans les domaines agricole, énergétique, industriel, minier, artisanal, commercial dont la réalisation est susceptible d'avoir un impact sur l'environnement, sont obligatoirement soumis à l'étude d'impact environnemental et social au Mali[472].

Néanmoins, il faut dire que cette obligation n'est pas toujours respectée. C'est ce qui a été déploré par l'Association Malienne pour l'Evaluation Environnementale (AMEE) en ce qui concerne l'étude d'impact environnementale réalisée pour la mine d'or de Kalana. Pour cette Association, « *le rapport d'étude d'impact environnemental élaboré en 1997 par la société Knight Piésold ne satisfait pas aux dispositions du décret instituant les études d'impact environnemental, d'où une actualisation sur certaines composantes* [473] ». Or, la violation

---

[469] Idem, article 2.

[470] Ils sont qualifiés de projets de catégorie A par l'article 4 n°08-346/P-RM du 26 juin 2008 relatif à l'étude d'impact environnemental et social, modifié par le décret n°09-318/P-RM du 26 juin 2009

[471] Idem, projets de catégorie B

[472] Ibidem, article 5.

[473] COULIBALY, (A), « *Enjeux socio-économiques et consultation publique Mine d'Or de Kalana, République du Mali* », Association Malienne pour l'Evaluation

de la réglementation est assortie de sanctions dissuasives[474]. Toutefois, l'étude d'impact environnemental et social n'est pas le seul outil d'évaluation institué au Mali.

2- l'Audit Environnemental (AE)

L'audit est un outil de gestion utilisé surtout dans le domaine des entreprises industrielles. L'expression audit environnemental désigne l'examen interne, systématique, périodique et objectif des pratiques de gestion de l'environnement au sein de l'entreprise. Il est réglementé au Mali par le décret n°06-258/P-RM du 22 Juin 2006 fixant les conditions d'exécution de l'Audit de l'Environnement. D'ailleurs, ce texte le conçoit comme *« l'outil d'évaluation et de gestion internes qu'effectuent les sociétés et les services de l'administration publique afin de s'assurer que les exigences politiques, réglementaires et normatives en matière de protection de l'environnement sont respectées [475]»*. D'un autre point de vue, son objet est de veiller au respect de la législation et de la réglementation environnementale, de prescrire des mesures correctives et de contribuer au maintien de la conformité environnementale ou écologique de l'entreprise.

Pour ce faire, l'Audit Environnemental constitue un outil permettant de faciliter le contrôle opérationnel des pratiques susceptibles d'avoir des incidences sur l'environnement notamment sur la biodiversité. Il permet aussi d'évaluer la conformité des pratiques de l'entreprise avec les normes édictées et avec les politiques environnementales de l'entreprise, afin de mettre en évidence les

---

Environnementale, Institut de l'Energie et l'Environnement de la Francophonie, Mars 2006.

[474] L'article 34 du décret précité prévoit les sanctions ci-après :

- L'avertissement par lettre recommandée ;
- L'injonction de remise en état des lieux ;
- L'injonction de procéder dans un délai préfixé à la mise en œuvre des mesures de correction et de compensation ;
- La suspension ou le retrait du Permis Environnemental ou le retrait de l'approbation du rapport de la Notice d'Impact Environnemental et Social.

Ces sanctions sont prononcées par le Ministre chargé de l'Environnement en concertation avec le Ministre sectoriel compétent.

[475]Décret n°06-258/P-RM du 22 Juin 2006 fixant les conditions d'exécution de l'audit d'environnement au Mali, article 2 al.2.

impacts négatifs et d'y apporter des mesures correctives ou des remèdes aux fins d'améliorer la gestion écologique. Autre part, en plus de la qualité de l'environnement, l'audit d'environnement permet aussi d'améliorer les performances techniques et la productivité de l'entreprise[476]. L'usage de cet outil est parfois obligatoire au Mali notamment pour *« tout travail, tout aménagement dont l'activité peut être source de pollution, de nuisance ou de dégradation de l'environnement* [477]*... »*. Ces instruments de base pour assurer l'application des politiques d'environnement, notamment en matière de protection de la biodiversité, sont complétés par des techniques d'appui.

B/ les techniques d'appui à l'application de la planification

Les techniques d'appui pour l'application des politiques de la planification environnementale sont : l'éducation, l'information, la formation et la recherche scientifique et technique[478].

1- l'Education Environnementale (EE)

Elle est la plus ardue des éducations en ce sens qu'elle vise à changer le comportement des citoyens devant les graves périls qui les menacent[479]. En effet, le terme éducation varie d'un contexte à l'autre. Le Petit Larousse de 2015 définit *« l'éducation comme l'action d'éduquer, de former, d'instruire quelqu'un ; la manière de comprendre ou de mettre en œuvre cette formation* [480]*»*. L'idée c'est de former l'esprit d'une personne et ses aptitudes intellectuelles, physiques dans un sens moral, ou bien d'apprendre les bonnes manières selon la société dans laquelle, elle se trouve. Pour notre part, nous cernons l'éducation comme un vecteur de transmission de valeurs et des normes à travers le savoir, le savoir-faire et le savoir-agir. C'est dans ce sens que le développement d'un esprit critique et l'action individuelle permettent de répondre aux défis contemporains, surtout les défis liés à la protection de la biodiversité floristique et faunique.

---

[476] Par exemple : la réduction de la consommation d'énergie, le recyclage et réutilisation des eaux usées ou de certaines catégories de déchets.
[477] Idem, article 4 al.1.
[478] LY (IB) opt. cite, p. 194.
[479] Idem,
[480] Le Petit Larousse 2015, Op. Cit., p. 617.

Quant à l'éducation environnementale, elle peut être définie comme le processus de reconnaissance des valeurs et de clarification de concepts qui développent les compétences et les attitudes nécessaires pour comprendre et apprécier les relations entre les personnes et leur environnement. Elle comporte aussi une démarche décisionnelle et d'autoformation du comportement par rapport à la qualité environnementale. En 1976, la Conférence des Nations unies de Belgrade considérait que « *l'objectif de l'éducation relative à l'environnement est de développer une population mondiale consciente et engagée dans l'environnement et dans les problèmes qui y sont liés ; dotée des connaissances, des compétences, des attitudes, des motivations et de l''engagement à travailler individuellement et collectivement pour la solution aux problèmes actuels et pour la prévention des problèmes futurs* ».

En 1987, l'UNESCO et le PNUE définissent un cadre de référence sur l'éducation et la formation relatif à l'environnement[481]. L'objectif global est de former une population mondiale consciente et préoccupée de l'environnement et des problèmes s'y rattachant. Une population qui aura les connaissances, les compétences, les motivations, l'état d'esprit, et le sens de l'engagement lui permettant d'œuvrer individuellement et collectivement afin de résoudre les problèmes écologiques actuels et d'en empêcher dans le futur. De la sorte, l'éducation à l'environnement consiste à aider les populations maliennes à faire comprendre l'existence et l'importance de l'interdépendance des questions économiques, sociales, politiques et écologiques. Elle consiste à donner à chaque individu la possibilité d'acquérir les connaissances, le sens des valeurs, les attitudes, les compétences essentielles pour protéger la nature et la biodiversité. Elle permet aussi d'inculquer de nouveaux modes de comportement aux individus, bref à la société malienne dans son ensemble.

Dès lors, on aide les groupes sociaux et les individus à prendre conscience de l'environnement, ce qui favorisera leur sensibilisation à ces questions. Il s'agit aussi de les aider à acquérir une expérience

---

[481] L'UNESCO et le PNUE ont défini un cadre de référence sur l'éducation à l'environnement et au développement à l'issue d'un congrès international organisé à Moscou (Russie) en 1987.

variée ainsi qu'une connaissance fondamentale de la biodiversité afin qu'ils puissent participer activement à l'amélioration, à la protection de l'environnement de façon globale. En somme, il s'agit donc de sensibiliser et d'attirer l'attention des populations maliennes, surtout celles se trouvant dans les zones rurales, qui sont en contact permanent avec la biodiversité. Ainsi, il parait évident que l'éducation soit perçue comme un outil d'appui à l'application de la planification sur la biodiversité. La formation et la recherche scientifique et technique sont aussi des outils pouvant relever ce défi.

2- la formation et la recherche scientifique et technique

La formation en matière d'environnement au Mali, est assurée essentiellement par les Universités et les Grandes écoles. S'agissant de la recherche scientifique et technique, elle relève de diverses structures créées à cet effet. De prime abord, il convient de souligner que la formation en matière d'environnement ne date pas d'aujourd'hui au Mali. De nombreux centres ou structures de formation, datant souvent de la période coloniale connaissaient de programmes de formation relatifs à l'environnement de manière plus ou moins directe. Certains de ces centres continuent à assurer ces formations, en plus des jeunes Universités de Bamako[482] et de Ségou[483]. Parmi ces structures, on peut citer : Institut d'Economie Rurale (IER) ; Institut Polytechnique Rurale de Katibougou (IPR) ; Institut de Formation et de Recherche Appliquée, IPR supérieur (IPR-IFRA) ; Ecole Nationale des Ingénieurs (ENI) ; Ecole Normale Supérieure (ENSUP), Ecole National d'Administration (ENA).

---

[482] Précédemment appelée Université du Mali et ce jusqu'en 2001, l'Université de Bamako a été créée en 1996. Elle est l'une des plus Jeunes Universités de la sous-région d'Afrique occidentale. Elle a été scindée en 2012 en quatre petites Universités pour permettre, selon les autorités maliennes une bonne administration de la pléthore d'effectif des étudiants. Il s'agit entre autres de : l'Université des Sciences Juridiques et politiques de Bamako (USJPB) ; l'Université des Sciences Sociales et de Gestions de Bamako (USSGB) ; l'Université des Sciences Techniques et Technologiques de Bamako (USTTB) et enfin l'Université des Sciences Humaines, des langues et des lettres de Bamako (USHLLB).

[483] L'université de Ségou est une création de 2010, elle forme dans les filières spécialisées notamment en sciences agronomiques.

Toutes ces structures interviennent dans la formation des cadres et spécialistes dans des disciplines embrassant l'environnement. Parmi ces disciplines, on peut citer l'agronomie, l'aménagement du territoire, l'aménagement hydro-électrique, génie civile et génie rurale, ingénierie des eaux et forêts, gestion de l'eau et de l'environnement, l'assainissement et la santé, le droit de l'environnement. Cependant, il faut souligner que la principale difficulté que l'on rencontre, c'est surtout la transversalité de l'environnement, c'est-à-dire son interdisciplinarité. Par ailleurs, depuis près d'une décennie, le droit de l'environnement est introduit dans les programmes de formation de la Faculté des Sciences Juridiques et Politiques (FSJP) de l'Université de Bamako. Même avec la scission de cette faculté en trois, à savoir, la Faculté de Droit Public (FDPU), la Faculté de Droit Privé (FDPRI) et la Faculté des Sciences administratives et Politiques (FSAP) le droit de l'environnement reste enseigner, mais seulement en licence 3. Or, aujourd'hui l'ampleur des questions environnementales et l'urgence de leur prise en compte nécessitent à ce que ce module soit enseigné à tous les niveaux de formation universitaire (L1, L2, L3). Toutes les ramifications[484] du droit de l'environnement ne peuvent pas être étudiées à travers un seul module.

La récente création de Master Professionnelle notamment en droit des collectivités locales, en droit de la santé et de l'environnement (FDPU) et en droit de l'environnement et droit foncier (FDPRI), est assez significative. Elle laisse planer une lueur d'espoir pour un avenir écologiquement meilleur. D'ailleurs, ce pas est emboité à travers l'initiative de certaines universités privées de la place d'ouvrir des Masters en gestion de l'eau et en sciences de l'environnement[485]. Cette initiative est assez encourageante même si l'on sait que l'accès n'est pas donné à tous en raison du coût de la formation.

Quant à la recherche scientifique et technique, plusieurs orientations et programmes entrent en ligne de compte. De nombreuses structures de recherche y sont concernées. Ainsi, au niveau de ces structures comme, le Centre National de Recherches Scientifiques et

---

[484] Le domaine du droit de l'environnement est assez vaste. Nous avons l'administration, les pollutions et nuisances, la réglementation des installations classées, la protection de la nature, la protection des cours d'eaux. Toutes ces matières sont difficiles à être étudiées dans le cadre d'un seul module.

[485] C'est le cas à l'Université Privée Hamed Baba de Bamako, UPAB.

Technologiques (CNRST), l'IER, l'IPR et bien d'autres structures impliquées, de nombreux programmes de recherches sont en cours :

- Programme sur l'agro-biodiversité ;
- Programme sur l'adaptabilité des semences aux changements climatiques ;
- Programme de diversification agricole ;
- Programme de résilience aux changements climatiques ;
- Programmes nationaux d'aménagement du territoire ;
- Programmes locaux d'aménagement du territoire ;
- Programme d'inventaire et de surveillance des écosystèmes pastoraux ;
- Programme de protection des zones humides ;
- Programme de protection des zones arides.
- Programme de protection de la biodiversité

En effet, cette liste n'est pas exhaustive. Il existe de nombreux autres programmes de recherches touchant les questions d'environnement et surtout de la biodiversité. D'autres études sont par ailleurs menées par des structures privées de consultation. Mais, ce qui est évident, c'est que ces recherches contribuent fortement à l'application de la planification environnementale. Néanmoins, cette mise en œuvre de la planification ne pourra être effective ni efficace que lorsqu'elle fait l'objet d'un contrôle efficace.

Paragraphe II : le contrôle de l'application de la planification

Dans le contexte malien, les politiques publiques sont assorties de contrôles. Ainsi, les politiques environnementales n'en font pas exception à cette règle. En effet, le contrôle de l'application des politiques environnementales est varié en référence aux différents acteurs impliqués. Ce contrôle institué par le droit positif revêt certaines modalités en considération des acteurs (A) et évolue selon des étapes (B).

A/ les modalités de contrôle instituées

Le contrôle de l'application des politiques d'environnement se réalise selon différentes modalités. Ces modalités peuvent se résumer à deux catégories : les modalités non juridictionnelles et les modalités juridictionnelles.

1- les modalités non juridictionnelles

Elles ont lieu sans intervention de la justice. Il s'agit du contrôle administratif, du contrôle exercé par des organes politiques et celui opéré par la société civile. Au préalable, nous avons le contrôle administratif de la planification environnementale. En réalité, les administrations déconcentrées et décentralisées, au-delà de leur mission d'application des politiques, participent également à leur contrôle. Ces contrôles administratifs se font par le biais de certaines structures techniques rattachées à des départements ministériels. Ainsi, le Ministère en charge de l'environnement *« élabore et met en œuvre la politique nationale dans les domaines de l'environnement et de l'assainissement. A ce titre, il exerce notamment..., la conduite des actions de protection de la nature et de la biodiversité, la préparation et le contrôle de la mise en œuvre des mesures d'assainissement du milieu...* [486]*»*.

En conséquence, le Ministre de l'environnement peut, par un arrêté, suspendre provisoirement les autorisations accordées aux installations classées soumises à autorisation. De la sorte, il peut prononcer dans les mêmes conditions, la fermeture pure et simple des installations soumises à déclaration en cas d'inobservation endurante des conditions essentielles édictées à cet effet. Il s'agit d'un contrôle de l'application des politiques dans ces domaines touchant la nature et la biodiversité. En plus de ce département ministériel, certains de ses services centraux et rattachés participent aussi à la réalisation de ce contrôle de l'application des politiques d'environnement. C'est le cas de la Direction nationale des eaux et forêts[487]. Elle est surtout chargée

---

[486]Décret n°09-164/P-RM du 17 Avril 2009 fixant les attributions spécifiques des membres du gouvernement, article 8.

[487] Pour rappel, Il s'agit d'un service central ayant pour mission d'élaborer les éléments des politiques nationales en matière de conservation des eaux et des sols, de lutte contre la désertification, de gestion durable des forêts, des zones humides, de la faune et de son habit, de préservation de la biodiversité, des espèces de faune et de flore sauvages, de promotion et de valorisation des produits de la forêt et de faune sauvage.

d'assurer la coordination et le contrôle de la mise en œuvre de ces politiques[488]. De même, la Direction nationale de la pêche[489] et celle de l'agriculture[490] sont chargées respectivement d'élaborer et de suivre l'application de la politique nationale de la pêche et de l'agriculture. Aussi, ce pouvoir de suivi et de contrôle de l'application des politiques sectorielles est donné à tous les services centraux selon leurs domaines de compétences.

En outre, on ne peut pas manquer de signaler que d'importants pouvoirs de contrôle soient confiés à des structures de coordination et de suivi dont la commission de défrichement. En effet, *« tout défrichement dans le domaine forestier de l'Etat est soumis à une autorisation écrite du représentant de l'Etat, après avis conforme de la commission de défrichement[491] ».* La commission de défrichement examine le bien fondé du défrichement et donne une suite au requérant dans les trente (30) jours qui suivent le dépôt de la requête. A travers cet important pouvoir, on peut dire que l'objectif visé par le législateur est de veiller au respect strict de la législation et de la politique forestière. En plus, on peut relever d'important pouvoir de contrôle incombant aux conseils de chasse créés au niveau de chaque collectivité

---

[488]La loi n°09-028/AN-RM du 27 Juillet 2009 portant création de la Direction Nationale des Eaux et Forêts, Op. Cit., art. 2 al.1.

[489] La Direction Nationale de la Pêche a été créée suivant la loi n°05-009/AN-RM du 11 février 2005. L'article 2 de ce texte dispose « la Direction Nationale de la Pêche a pour mission d'élaborer les éléments de la politique nationale en matière de pêche et d'assurer la coordination et le suivi de la mise en œuvre de ladite politique.

[490] Créée en 2005 suivant la loi n°05-012 AN-RM du 11 février, aux termes de cette loi, « la Direction Nation de l'Agriculture a pour mission d'élaborer les éléments de la politique nationale en matière de pêche et d'assurer la coordination et le suivi de sa mise en œuvre »

[491]Décret n°99-320/P-RM du 04 octobre 1999 fixant la procédure de défrichement dans le domaine forestier de l'Etat, article 2.

Aux termes de l'article 5 de ce texte, « la commission de défrichement est composée de :

Président :

1. le représentant de l'Etat ;

Membres :

2. le chef d'antenne de la conservation de la nature ;
3. le chef de poste de la règlementation et du contrôle de secteur du développement rural ;
4. le chef d'antenne de l'appui conseil de l'aménagement et de l'équipement rural ;
5. le représentant de la chambre régionale d'agriculture.

territoriale décentralisée qu'au niveau national, tout comme les associations des chasseurs qui concourent à la conservation de la nature et de la biodiversité. Ces associations garantissent le respect des règles de la chasse, le développement des ressources cynégétiques, la sensibilisation et l'éducation de leurs membres voire des populations, tout comme la lutte contre le braconnage[492].

Ensuite, il existe un contrôle politique exercé par des organes politiques. C'est le cas du parlement (l'Assemblée Nationale), du Conseil économique social et culturel et du Haut conseil des collectivités territoriales. Ils sont tous des organes créés par la constitution du 25 février 1992. S'agissant du parlement[493], la constitution stipule dans son article 70 que *« la loi est votée par l'Assemblée Nationale à la majorité simple »*. Cependant, avant l'adoption des projets de lois, les membres de l'Assemblée Nationale (AN) ont le droit d'amendement. Dans le cadre de la mise en œuvre de la politique de la nation, le gouvernement est responsable devant l'Assemblée Nationale[494]. Cette disposition constitutionnelle constitue la clé de voute du contrôle des politiques en matière d'environnement et de biodiversité par l'Assemblée Nationale.

Elle permet au parlement d'examiner les législations relatives à la protection de la biodiversité[495]. Elle permet aussi au parlement de contrôler le financement des politiques notamment à travers l'adoption de la loi des finances de l'année dans les dispositions relatives aux crédits alloués à l'environnement en général, sans oublier les plans et programmes de développement durable qui renferment des dispositions relatives à la protection de la biodiversité. Autant, l'application des traités ou accords internationaux relatifs à la biodiversité n'est possible qu'après approbation ou ratification à travers une loi adoptée par l'Assemblée Nationale à cet effet. Cela permet donc au parlement de

---

[492]Loi n°95-031/AN-RM du 20 Mars 1995 fixant les conditions de la faune sauvage et de son habitat, article 93.

[493] Il comporte une seule chambre dénommée l'Assemblée Nationale.

[494]La Constitution malienne du 25 février 1992, article 54.

[495] Notamment les textes législatifs et réglementaires sur les ressources forestières, la flore et la faune sauvage, l'aménagement du territoire, l'exploitation minière, l'agriculture, l'élevage et la pêche.

contrôler les actions internationales de l'exécutif dans ce domaine en vertu des dispositions des articles 115[496] et 116[497] de la constitution.

Quant au Conseil et Economique, Social et Culturel (CESC), il a compétence sur toutes les questions du développement économique social et culturel. Il est obligatoirement consulté sur tout projet de lois de finances, tout projet de plan ou de programme économique social et culturel. Le parlement et le gouvernement ont l'obligation, quand ils sont saisis, de donner une suite aux avis et rapports formulés par le CESC[498]. Certes, il n'est pas un organe législatif, mais le CESC bénéficie d'importants pouvoirs lui permettant de participer au contrôle de l'application de la planification sur la biodiversité. En effet, essentiellement composé des acteurs de la société civile, le CESC rédige à l'attention du Président de la République, du Gouvernement et du Parlement, le recueil annuel des attentes, des besoins et des problèmes de la société avec des orientations et des propositions. Ainsi, parmi ces besoins et ces problèmes, nous avons le développement durable du pays qui passe nécessairement par une utilisation rationnelle de la biodiversité et donc une bonne application des politiques y afférentes.

En ce qui concerne le Haut Conseil des Collectivités Territoriales (HCCT), son rôle est assez pertinent en matière d'environnement. Il le tient de la constitution qui stipule en ces termes *« Le Haut Conseil des Collectivités Territoriales a pour mission d'étudier et donner son avis motivé sur toute politique de développement local et régional. Il peut faire des propositions au Gouvernement pour toute question concernant la protection de l'environnement et l'amélioration de la qualité de la vie*

---

[496] L'article 115 de la constitution du Mali dispose « *les traités de paix, de commerce, les traités ou accords relatifs aux organisations internationales, ceux qui engagent les finances de l'Etat, ceux qui sont relatifs à l'état des personnes, ceux qui comportent cession, échange ou adjonction de territoire, ne peuvent être approuvés ou ratifiés qu'en vertu d'une loi.*
Ils ne prennent effet qu'après avoir approuvés ou ratifiés. Nulle cession, nul échange, nulle adjonction de territoire n'est valable sans le consentement du peuple »

[497] L'article 116 de la même constitution dispose « *les traités ou accords régulièrement ratifiés ou approuvés ont dès leur publication, une autorité supérieure à celle des lois, sous réserve pour chaque traité ou accord de son application par l'autre partie* »

[498] La Constitution du Mali du 25 février 1992, article 109 al. 2.

des citoyens à l'intérieur des collectivités. Le gouvernement est ténu de déposer un projet de loi conforme dans les quinze jours sur le bureau de l'Assemblée Nationale[499]». D'un autre point de vue, le gouvernement est tenu de saisir pour avis le HCCT pour toutes questions touchant le développement local, tout comme la protection de l'environnement. Cette disposition constitutionnelle confère un pouvoir non moins important au HCCT en matière d'environnement lui permettant de contrôler l'action des pouvoirs publics dans l'application de la planification sur la biodiversité.

Enfin, les citoyens et les organisations de la société civile participent au contrôle de l'application des instruments de la planification environnementale. Ils ne sont pas en marge du contrôle de la mise en œuvre de la planification sur la biodiversité. Certes, le pouvoir exécutif est responsable de la conception et de la mise en œuvre des politiques environnementales. L'administration est chargée de l'application de ces actes émanant du pouvoir central. Néanmoins il faut reconnaître qu'avant la prise de décision en matière environnementale, le pouvoir central doit requérir au préalable les avis des administrations régionales et locales qui sont les interlocuteurs des populations et qui assurent le suivi et le contrôle des activités environnementales.

Mieux, l'Etat du Mali a mis en place avec l'appui du PNUD[500] et d'autres partenaires, un Système National de Gestion de l'Information Environnementale (SNGIE). Le SNGIE facilite la prise de décision et permet la circulation de l'information au niveau de tous les acteurs de protection de l'environnement et de l'amélioration de cadre de vie. Le SNGIE inclue également un Dispositif d'Observation et de Surveillance de l'Environnement (DOSE) qui a trois composantes : la surveillance environnementale, le suivi-évaluation et l'alerte précoce. Sur la question d'accès à l'information environnementale, c'est la loi relative aux pollutions et nuisances, qui stipule dans son article 4 que *« toute personne a droit au libre accès à l'information en matière d'environnement »*[501]. Toutefois, cette loi ne spécifie ni les structures au sein desquelles peuvent être recueillies les informations, ni la

[499]Idem, article 99 alinéa 1 et 2.
[500] Le Programme des Nations Unies pour le Développement.
[501] Loi n°01-20/AN-RM du 20 mai 2001 relative aux pollutions et nuisances en République du Mali

démarche à suivre pour y obtenir. Cela revient à dire que les citoyens peuvent obtenir les informations environnementales auprès de n'importe qu'elle structure à moins qu'elle n'en détienne pas.

En poussant la réflexion plus loin, il est possible d'en déduire que les citoyens et les organisations de la société civile, en jouissant de ce droit à l'information, participent au contrôle de l'application des politiques sur l'environnement et la biodiversité. Ils contrôlent les actions des pouvoirs publics dans l'élaboration et la mise en œuvre de la planification environnementale. Mais face aux zones d'ombre que recèlent les mécanismes de ce contrôle, on est porté à s'interroger sur son effectivité et son efficacité d'où l'importance du contrôle juridictionnel.

2- le contrôle juridictionnel

L'accès à la justice est un droit fondamental au Mali. Ainsi de manière schématique la pyramide judiciaire du pays permet de se rendre compte que la plupart des juridictions s'insèrent dans un ordre dualiste. Ce dualisme juridictionnel se manifeste concrètement par l'existence d'une part, de juridictions de l'ordre administratif et d'autre part, celles de l'ordre judiciaire. Avant de s'intéresser aux juges relevant de ces deux ordres, il serait utile de rappeler de manière brève l'historique de ce dualisme. En effet, ce dernier a des origines lointaines. Ainsi, il plonge ses racines d'abord dans la théorie de séparation des pouvoirs[502]. Concrètement, le principe ici est celui de la séparation des pouvoirs, appliqué au rapport des pouvoirs judiciaire et exécutif ; ensuite au sein du pouvoir exécutif, la séparation entre la fonction active et la fonction juridictionnelle et d'ailleurs, de cette seconde séparation, est née la juridiction administrative. Les juridictions maliennes participent au contrôle de la mise en œuvre de la planification environnementale. Ce contrôle revêt deux formes selon la nature des juridictions.

---

[502] Une théorie dont la paternité revient à Charles MONTESQUIEU à travers son ouvrage intitulé « *l'esprit des lois* » publié en 1748. Elle fut, par la suite, consacrée par la déclaration française des droits de l'homme et de citoyens de 1789. Et depuis lors, elle obtient une popularité croissante jusqu'à ce retrouver dans la plus part des constitutions modernes dont celles du Mali de 1960, de 1974 et de 1992.

D'abord, les juges de l'ordre administratif sont compétents pour exercer un contrôle de l'application de la planification sur la biodiversité. L'histoire de la juridiction administrative est trop connue pour qu'on y revienne. Cependant, un écueil est à éviter d'entrée de jeu. Il n'est pas question de penser que le contentieux de l'environnement relève exclusivement de la compétence du juge administratif au Mali. Il n'existe pas au Mali de juridiction spécialisée en matière d'environnement, ni de « *blocs de compétence* » semblables à ceux qui ont pu être créés dans d'autres matières conduisant à regrouper dans les mains d'un même juge l'intégralité d'un contentieux en la matière. De ce fait, les règles de répartition des compétences en cette matière sont semblables à celles applicables de façon générale.

Selon une approche traditionnelle, le juge administratif est compétent pour l'ensemble des règles de droit qui s'appliquent à l'activité administrative, c'est-à-dire en particulier pour des actes et comportements des personnes publiques dès lors qu'ils ne relèvent pas d'une conduite semblable à celle des personnes privées. Cependant, il est tout aussi compétent pour connaitre les actes et comportements de certaines personnes privées, chargées de la mise en œuvre d'un service public et qui utilisent, pour ce faire, des procédés exorbitants de droit commun. Les tribunaux administratifs et la section administrative de la Cour suprême jouent le rôle de juge administratif au Mali, étant entendu qu'il n'y a pas de cour d'appel administrative.

En effet, le juge administratif aborde le contrôle de l'application des politiques sur la biodiversité à travers le contrôle du principe de légalité et du principe de la responsabilité. Le contrôle de légalité de la décision s'effectue dans le cadre des recours pour excès de pouvoir. Ce contrôle exercé par le juge administratif, sauf très rares exceptions, n'est pas limité à la seule régularité de la procédure mais porte également sur le fond de la décision, sous réserve que de tels moyens soient soulevés par les requérants. En excès de pouvoir, le juge administratif dispose du pouvoir d'annuler la décision et, sur demande, d'enjoindre l'administration d'agir dans un sens déterminé.

En plein contentieux ou contentieux de pleine juridiction, en revanche, le juge administratif dispose d'un pouvoir de réformation de la décision administrative, qui peut l'amener à substituer sa décision à celle de l'administration. Le caractère de plein contentieux découle d'un choix qui peut être jurisprudentiel ou législatif. En matière d'environnement, en principe, lorsqu'on regarde ailleurs notamment en France car il n'y en a presque pas au Mali[503], le contentieux est de pleine juridiction. Ces contrôles de légalité et de responsabilité entrainent respectivement l'annulation de la décision, et l'indemnisation des requérants. Toutefois, leurs implications écologiques emmènent le juge administratif à examiner les politiques environnementales éventuellement concernées. Cependant, il n'est pas le seul à exercer un contrôle sur ces politiques d'environnement, le juge judiciaire peut autant.

En effet, la protection de la biodiversité par le juge judiciaire implique une représentation, or la nature n'est pas un sujet de droit au Mali. Cette représentation, assurée par le biais de l'action en justice, amène à s'interroger sur ses titulaires (représentation personnelle) porteurs d'un intérêt légitime correspondant à la cause écologique (représentation matérielle). Devant le juge pénal, pouvant être saisi couramment des affaires écologiques, la spécificité provient du caractère bicéphale du contentieux. Juge de la répression lorsqu'il est saisi de l'action publique exercée par le Parquet, ce magistrat pourra dans le cadre de la même procédure, devenir juge de la réparation statuant sur l'action civile en indemnisation du préjudice né de l'infraction écologique.

C'est pourquoi la loi fixant les conditions de gestion de la faune sauvage et de son habitat[504] consacre son titre 4 à la répression des infractions. Le chapitre 2 de ce texte prévoit différentes infractions et pénalités relevant de la compétence du juge pénal. A titre d'exemple ladite loi réprime certains comportements en ces termes : « *Sera puni d'une amende de 50 000 à 150 000 FCFA et d'un emprisonnement de trois mois à trois ans ou de l'une de ces deux peines seulement sans préjudices des dommages et intérêts et de la confiscation de son*

---

[503] Dans le cadre de nos recherches dans les juridictions administratives au Mali, la désolation fut grande, nous n'avons trouvé aucune décision afférente en matière d'environnement et de biodiversité.

[504] Loi n°95-031/AN-RM du 20 mars 1995 fixant les conditions de gestion de la faune sauvage et de son habitat en République du Mali.

matériel quiconque aura, dans les réserves intégrales et les parcs nationaux :

- chassé ou capturé des animaux sauvages ;
- pêché ;
- procédé à des travaux de fouilles, de terrassement et de prospection ;
- installé une exploitation agricole ;
- procédé à une exploitation forestière. [505]»

Toutefois, les deux actions, publique et civile, peuvent être séparées en ce sens l'action publique exercée devant le juge pénal et l'action civile devant le juge civile. Dans ce cas, l'un ou l'autre contrôle les atteintes éventuelles aux politiques relatives à la protection de la biodiversité à la suite d'infractions commises par les personnes morales et physiques. En effet, au Mali, la plupart des textes sur l'environnement et surtout sur la biodiversité énoncent des prohibitions dont l'inobservation entraine des sanctions civiles que pénales. L'application de ces sanctions peut donc faire intervenir le juge pénal, tout comme le juge civile ou commercial, les faisant participer ainsi, au contrôle de l'application de la planification sur la biodiversité. Toutes ces modalités de contrôle s'exercent à des étapes différentes dont il convient d'élucider.

B/ les étapes du contrôle

Les contrôles de l'application de la planification sur la biodiversité se font en amont et aval. Ainsi, l'élaboration du document politique fait l'objet de contrôles à priori. Après son adoption, d'autres contrôles sont exercés, il s'agit des contrôles à posteriori.

1- les contrôles à priori

L'élaboration des politiques environnementales fait l'objet d'une large concertation au niveau national et local. Elle respecte le processus de décentralisation et prend en compte les spécificités physiques, écologiques et socio-économiques des collectivités locales. Donc, il faut dire que la méthodologie adoptée pour leur élaboration est participative et itérative. Elle se caractérise surtout par la volonté d'impliquer l'ensemble des partenaires et acteurs nationaux et locaux.

---

[505] Idem, art. 130.

Dans une telle dynamique, l'occasion est donnée à ces acteurs de procéder à un contrôle à priori quand bien même que le document politique n'est pas encore adopté. C'est le cas de certains organes politiques, de certaines administrations, et de la société civile.

Au niveau administratif, l'importance de la coordination et de l'efficacité des politiques d'environnement nécessitent un contrôle en amont. L'erreur serait de voir des législations s'imbriquées ou se superposées paralysant ipso facto les mécanismes de protection. En outre, le respect de la légalité par l'administration impose la plus grande prudence dans l'élaboration des instruments de la planification en matière d'environnement. Toute chose qui nécessite un contrôle administratif dès le processus de conception et de formulation. Comme nous l'avons évoqué plus haut, la loi est votée et adoptée par l'Assemblée Nationale, la seule chambre parlementaire. Les projets[506] ou propositions[507] de textes font l'objet d'examens par la commission environnement et développement durable de l'Assemblée Nationale. Cet examen donne droit aux parlementaires d'amender le projet de texte. C'est donc dire que les parlementaires ne laisseront pas passer un texte, surtout en matière d'environnement, qui ne répondrait pas aux exigences de développement durable. Ils veilleront au respect des besoins socio-économiques et écologiques, d'ailleurs l'effectivité de ces politiques y va de soi. Il s'agit là d'un contrôle à priori.

De la même façon, des institutions constitutionnelles, telles que le Conseil Economique, Social et Culturel, et le Haut conseil des Collectivités Territoriales, participent au contrôle en amont des politiques d'environnement. Le constituant de 1992, exige à que le CESC soit consulté sur tout projet de loi de finances, tout projet et programme de développement économique et social. On le sait, la loi des finances contient des volets de financement des politiques d'environnement. Les projets et programmes de développement s'inscrivent aujourd'hui dans l'application de la planification environnementale. S'agissant du HCCT, rappelons qu'il doit être consulté afin de donner son avis à toutes les politiques de développement local. Il a d'ailleurs la possibilité de faire proposition à

---

[506] Lorsque l'initiative du texte vient du gouvernement, on parle de projet de texte ou projet de loi.

[507] Il y a proposition de texte ou de loi lorsque l'initiative vient du parlement.

cet effet, surtout en matière environnementale. L'intervention de ces deux organes dans le processus d'élaboration des politiques de développement constitue une sorte de contrôle à priori.

Enfin, la large concertation des acteurs y compris ceux de la société civile, dans la conception et la formulation des instruments politiques de la planification environnementale n'est pas fortuite, loin sans faut. Elle vise à leur permettre d'y voir claire et d'apprécier la portée réelle de ces instruments dans la quête du développement durable du pays. C'est pourquoi, il existe d'autres contrôles qui s'effectuent après l'adoption des politiques pour en assurer l'application effective.

2- les contrôles à posteriori

Les contrôles à posteriori interviennent en aval c'est-à-dire après l'adoption, pendant et après l'exécution des politiques de protection de la nature et de ses ressources. Au Mali, les contrôles à posteriori concernent autant la sphère administrative, parlementaire que juridictionnelle. D'abord au niveau parlementaire, la mission de contrôle de l'action gouvernementale consiste à faire l'analyse, le suivi et le contrôle de l'action du gouvernement et des organismes publics, y compris la mise en œuvre de la législation et des politiques d'environnement. Elle couvre les travaux des commissions parlementaires et des séances plénières, ainsi que les auditions et les interpellations des membres du gouvernement. Donc, « *les députés peuvent faire une demande pour interpeller le gouvernement sur l'exécution d'un programme adopté par l'Assemblée Nationale ou sur une question d'actualité.*[508]»

En effet, en plus du vote de la loi, l'Assemblée Nationale essaie donc de suivre de très près l'application des lois votées et des politiques adoptées et s'emploie très souvent à convoquer les membres du gouvernement pour leur soumettre les préoccupations des populations. A cet effet, ce travail se fait par des questions orales posées par un député ou un groupe de députés à un membre du gouvernement. Signalons à toutes fins utiles que le contrôle de l'action gouvernementale par le parlement peut, si besoin est, être matérialisé

---

[508]Règlement intérieur de l'Assemblée Nationale du Mali adopté le 24 Septembre 2000, article 90.

par une création de commissions d'enquêtes parlementaires. Il peut aussi se réaliser par le rôle d'information des commissions permanentes, les motions de censure contre le gouvernement et de défiance contre un membre du gouvernement.

Aussi, les descentes sur terrains de la commission du développement rural et de l'environnement pendant la compagne d'environnement[509] témoignent l'attention des parlementaires à une meilleure application des lois et des politiques d'environnement. Cette commission parlementaire s'est rendue sur des sites faisant l'objet de protection juridique, notamment des forêts classées[510]. L'objet de ces déplacements est donc évident, constater l'état de la biodiversité et s'enquérir de l'effectivité des politiques de protection y afférente.

S'agissant des contrôles administratifs à postériori, ils se traduisent en des évaluations périodiques de l'exécution des politiques d'environnement. La méthode de la concertation et de la consultation entre les administrations compétentes, notamment l'AEDD, la DNAE et la DNCPN, demeure l'instrument privilégié. Elle permet à l'administration de contrôler régulièrement l'application des politiques même si son efficacité peut être contestée au regard de l'état de la biodiversité. En fin, quant au contrôle juridictionnel, il n'intervient qu'à posteriori. D'ailleurs, dans le système judiciaire malien, il n'existe guère de contrôle juridictionnel à priori sur les instruments de la planification environnementale. Le juge administratif, tout comme le juge judiciaire, exerce le contrôle de l'application des politiques par le biais du contentieux environnemental. Ces contrôles se manifestent par des décisions rendues principalement en matière administrative, en cas de recours en annulation ou de plein contentieux, et en matière pénale, lorsque des infractions environnementales sont réprimées. Certes, la transaction est assez fréquente en la matière, mais les décisions de justice demeurent plus répressives et permettent de mieux contrôler l'application de la planification sur l'environnement et la biodiversité.

---

[509] Cette campagne s'ouvre en mois de juin et s'étend sur la période l'hivernage au Mali. Au cours de la campagne, deux activités majeures font l'objet de visibilité : la quinzaine de l'environnement et la semaine de reboisement.

[510] Surtout dans les forêts classées de Kégnéba à Kayes, de Faya et de Tienfala à Koulikoro.

CONCLUSION DU TITRE II

A bien des égards, l'administration de la biodiversité sauvage, faune et flore, nonobstant l'instauration de la démocratie pluraliste, et donc de la décentralisation à partir de la décennie 1990, reste sous l'emprise du pouvoir central. C'est ce qui explique un certain nombre de retour en arrière dans la mise en œuvre de la réglementation. Cette « recentralisation » a eu des effets pervers, car elle a aggravé l'impression de complexité qui se dégage de l'observation du système d'administration local de l'environnement. Et l'intervention de toutes ces structures, centrales, rattachées, de différents départements ministériels, parfois incohérente et mal coordonnée, présente l'inconvénient de ne pas clairement traiter la biodiversité comme un tout. Cependant, la gestion décentralisée de la biodiversité est une lueur d'espoir, annonçant un avenir radieux, même si elle peine à se réalisée.

Par ailleurs, les organisations de la société civile et celles du secteur privé, ne sont pas en reste dans l'administration de la biodiversité. Elles ont pu profiter des créneaux de collaboration que leur offre la conservation des espèces menacées de disparition, des écosystèmes humides notamment dans le Delta du Niger. L'acception plus récente de société civile comporte la contribution active des particuliers dans l'élaboration et la mise en œuvre des normes protégeant un intérêt collectif selon le modèle de la démocratie participative. C'est pourquoi au plan international, elle a profondément influencé le texte des grandes conférences des Nations Unies sur l'environnement, notamment celle de Stockholm, de Rio, et de Johannesburg. Or, les textes issus de ces rencontres posent des principes généraux de protection de l'environnement et ses ressources.

La planification environnementale au Mali, assez fournie, traduit la volonté politique, et constitue un atout essentiel pour la mise œuvre des nombreux textes juridiques. Le bilan est, certes contrasté, ce qui paraît relativement logique, si l'on veut bien considérer que l'exigence de prise en compte de la diversité biologique ne date finalement en droit malien que de 1992, même s'il existait une administration de l'environnement bien avant. En tout cas, ces nombreuses structures sont appelées à appliquer les divers textes juridiques que nous avons analysé plus haut.

CONCLUSION DE LA PREMIERE PARTIE

Dans cette première, nous nous sommes attelés à démontrer l'existence d'un cadre juridique de protection de la biodiversité au Mali. Il ne s'est pas agi de citer les institutions intervenantes, ni les moyens politiques mis à leur disposition, ou même les textes normatifs établis, mais plutôt de les analyser afin de mesurer leur importance. En effet, l'adoption en 1998 et la mise en œuvre d'une Politique de protection de l'environnement a rendu nécessaire la mise en place d'une administration qui reste centralisée, nonobstant l'existence d'une décentralisation. Ainsi, de nombres difficultés n'ont pas manqué d'apparaître avant que le Ministère de l'environnement, créé en 2002, ne trouve sa place au sein des administrations centrales de l'Etat. Il devait affronter d'autres départements ministériels qui ne sont pas en reste dans le domaine environnemental en raison de sa transversalité. On constate donc une dispersion des responsabilités administratives sans qu'aucune structure ne soit capable d'assurer véritablement la coordination.

La décentralisation est essentielle dans la protection de l'environnement. Ce constat est aujourd'hui conforté par la prise en charge de nombreuses questions au niveau local sous forme de compétences transférées ; on parle de développement par le bas, par apport au sommet de l'Etat. Perçue comme étant incontournable, elle doit être nécessairement prise en compte dans l'élaboration des différentes actions locales, de façon à les rendre compatibles avec les exigences d'un développement durable. C'est bien pour cela que les collectivités décentralisées sont fortement impliquées dans la protection de la biodiversité au Mali, même si leur rôle reste assez limité. Aux côtés de ces structures publiques, il existe d'autres relevant du domaine privé qui jouent un rôle important malgré les infortunes sur leur chemin.

Depuis, l'adoption de la Politique Nationale de Protection de l'Environnement en 1998, la planification environnementale a connu un essor remarquable. Plus d'une dizaine de politiques sectorielles ou multisectorielles, de documents stratégiques, de programmes et plans ont été élaborés. Ces instruments politiques servent à la mise en œuvre des textes juridiques. En outre, on constate un foisonnement normatif en la matière. Aux nombreux textes internationaux ratifiés ou approuvés, s'ajoutent plusieurs dizaines de textes nationaux. Ces textes ont institué un réel cadre normatif de protection.

A la lumière de ce qui précède, On peut donc affirmer, au risque de paraphraser le Professeur Ibrahima LY, que les conditions d'existence d'un régime juridique de protection de la biodiversité sont réunies au Mali dans la mesure où :

- un objet nouveau : la réglementation de la biodiversité et de l'environnement, existe pour singulariser le droit de l'environnement.
- des procédures spécifiques et des techniques juridiques originales sont applicables à cette réglementation. Il s'agit de ces différents aspects techniques. Ils traduisent l'originalité de la matière : régimes spéciaux de protection, études d'impact, contrôles juridiques des nuisances, etc.
- Les juridictions maliennes peuvent statuer sur les litiges dans les domaines de la biodiversité.

Si ces conditions sont réunies, il faut tout de même souligner qu'elles sont exclusivement de droit moderne et laissent peu ou pas du tout de place au droit traditionnel de protection de la nature. Cela soulève quelque fois des difficultés dans certains secteurs où les conflits sont fréquents, notamment le conflit tradition-modernité, et démontre l'urgence des adaptations à faire. C'est pourquoi, dans la deuxième partie nous allons illustrer que ce régime juridique de la biodiversité est en quête d'effectivité et d'efficacité, en exposant et en expliquant les raisons.

DEUXIÈME PARTIE

UN DROIT EN QUÊTE D'EFFECTIVITÉ ET D'EFFICACITÉ

« Notre maison brûle et nous regardons ailleurs. La nature, mutilée, surexploitée, ne parvient plus à se reconstituer et nous refusons de l'admettre. L'Humanité souffre. Elle souffre de mal-développement, au nord comme au sud, et nous sommes indifférents. La terre et l'Humanité sont en péril et nous en sommes tous responsables [511] *».*

[511] Jacques CHIRAC, ancien Président de la République Française, lançait ce cri d'alarme lors du Sommet Mondial du développement durable, tenu à Johannesburg le 02 Septembre 2002.

L'existence des conditions juridiques de protection n'est pas suffisante pour préserver la vie sauvage, loin de là. Il faut que ce cadre juridique soit effectif et efficace. Mais à quoi serviraient des normes qui ne seraient pas acceptées par la société, son principal destinataire, des normes mal appliquées, voire inappliquées ? Concrètement, le droit ne peut plus être perçu comme un ensemble de règles avec à la clef une sanction visant à encadrer les comportements des citoyens, mais plutôt, comme un instrument beaucoup plus complexe visant directement ou indirectement la promotion du changement social. Il est donc question de sa validité sociale. Or, on le sait, la réalisation de la protection juridique de la biodiversité floristique et faunique passe par l'effectivité des textes applicables. Sous cet angle, l'effectivité tend à se confondre, d'une part avec l'efficacité permettant d'évaluer les résultats obtenus par rapport aux effets sociaux visés, et d'autre part avec l'efficience consistant à vérifier si les objectifs assignés ont été atteints au meilleur coût. Néanmoins, ces deux dernières notions se rapprochent plus de la sphère économique que juridique.

La notion d'effectivité du droit est complexe et rebel à toute tentative de rationalisation, tant les approches sont diverses et les angles d'attaque variés[512]. Néanmoins si nous partons d'une argumentation tout à fait simple, nous pouvons dire que la finalité de la règle de droit est la codification du fait social. L'effectivité, qui n'est, d'ailleurs, pas un concept purement juridique, fait partie de ces concepts caméléons, usités au départ par les sociologues et repris par les sociologues du droit comme Jean CARBONNIER. En effet, est effectif ce qui se traduit par des actes réels, tangibles, c'est-à-dire ce qui existe réellement, ce qui est une réalité. En ce sens, dire qu'une norme juridique est effective, c'est indiquer qu'elle existe dans la réalité, autrement dit qu'elle est appliquée dans les faits. C'est cette acception que retient, en première analyse, Jean CARBONNIER dans son article précurseur publié en 1958, où il décrit l'effectivité comme l'application effective d'une norme[513]. Or, selon lui, ce ministère revient aux gouvernants chargés de son application. Le corollaire de ce point de vue, est que l'inapplication des règles juridiques dénote des manquements à la fonction administrative.

---

[512] SOW (A.A.), Op. Cit, p.13

[513] Jean CARBONNIER, « *Effectivité et ineffectivité de la règle de droit* », L'année sociologique, 1957-1958, p. 3.

D'une manière générale, l'effectivité implique le caractère d'une règle de droit qui produit l'effet voulu, car elle est appliquée réellement. C'est en effet, l'écart mesuré entre la règle et son application. Donc, l'effectivité est le degré de réalisation des règles énoncées par le droit dans les pratiques sociétales. Elle désigne d'une part, un « *fait vérifiable, voire mesurable* », qui est constitué par son applicabilité et d'autre part, les effets réels de la règle sur les comportements des membres de la société. Il faut noter, tout de même, l'existence dans la doctrine de deux approches du concept à savoir celle des juristes et celle des sociologues. Les juristes optent pour une conception restrictive en s'intéressant aux effets produits. Pour eux l'effectivité est conçue d'une manière normative, et le droit par nature a vocation à être appliqué correctement, conformément à sa lettre et à son esprit. A contrario, l'ineffectivité constituerait un échec, une lacune, voire même un défaut de la norme.

Quant aux sociologues, leur conception s'avère être beaucoup plus extensive. En effet, selon François RANGEON[514], si l'approche juridique inscrit la question de l'effectivité dans le cadre des rapports entre le droit et son application, l'approche sociologique l'élargit aux relations entre le droit et la société. Dans les deux cas, il y a une volonté de mettre en place une technique de mesure du degré de pertinence et d'efficacité de la norme juridique. Ainsi, pour les sociologues, l'effectivité résulte principalement de la réceptivité accordée à la règle par les destinataires. Pour Emanuel KANT, le droit peut être perçu comme le pouvoir de contraindre, conféré à un individu faisant usage de sa volonté sous l'égide d'une loi de liberté générale. Le droit se réalise donc, selon POULANTZAS « *par le fait même qu'il réalise les conditions dans lesquelles la volonté arbitraire d'un individu peut se combiner à celle d'un autre* »[515]. Dans cette perspective, le droit se distingue des faits, et de la loi positive qui ne reste valable que lorsqu'elle incarne la rationalité et l'universalité. Dans la conception hégélienne, l'effectivité du concept de droit est séparée du réel existant. Le réel effectif qui compte essentiellement pour la définition du concept de droit est « *ce qui se donne à soi-même les conditions de son*

---

[514] RANGEON (F.), « *Réflexions sur l'effectivité du droit* » in les usages sociaux du droit ; ouvrage collectif, édition PUF 1989, pp.126-149.

[515] POULANTZAS (A), « *Nature des choses et droit* », vol 5, p. 5, édition Paris LGDJ, 1965, 364p.

existence, et ne les tire pas d'une cause contingente, de la présence aléatoire des représentations[516] ».

Une systématisation des diverses approches de l'effectivité du droit permet de repérer trois approches différentes du concept, et par là même, trois directions successives dans la définition de l'écart entre droit et société : d'abord, une approche normative abordant l'effectivité en terme de lacune de la loi et visant à définir d'une part, la flexibilité de la règle de droit par rapport à l'évolution sociale et d'autre part, une insuffisance de la norme par rapport à son fonctionnement interne. Ensuite, un questionnement en termes d'effectivité de la règle dans laquelle, l'interaction entre droit et société est saisie sous l'angle du comportement des individus vis-à-vis du droit. Enfin, une recherche formulée en termes d'efficacité du droit et évaluant la réalisation du droit en fonction de son but social et non par rapport aux représentations et aux actions individuelles[517]. En suivant la logique des sociologues du droit, et dans le souci de respecter l'aspect finaliste qui gouverne le droit de l'environnement, nous posons deux conditions pour que l'effectivité soit remplie, d'une part, il faut que la règle de droit soit appliquée et d'autre part, qu'elle produise les effets attendus.

S'agissant de l'efficacité, elle se conçoit par une approche « *économiste* » du droit, en ce sens qu'elle constitue le caractère d'une règle qui produit effectivement l'effet recherché par ses auteurs[518]. Afin de démontrer l'efficacité du droit, nous partirons de l'inefficacité. En effet, la démonstration de l'inefficacité du droit peut se faire au niveau des objectifs visés ou des effets pervers à éviter. Dans le premier cas d'inefficacité, la législation n'a pas atteint les objectifs visés, dans le second la norme a produit d'autres résultats que ceux attendus. L'inefficacité est appréciée directement lorsqu'on considère que les résultats attendus de la réglementation ne sont pas obtenus. Ainsi, on se réfère à un « *but idéal sous entendant une vertu d'opérationnalité directe des textes*[519]». Ainsi par illustration, l'ensemble de la législation

---

[516] THIES (R.), « *Volonté et liberté, commentaire de l'introduction à la philosophie du droit de Hegel* » dans Archivfür Rechts-und Sozialphilosophie, IXV/3, 1979, p.373 ; cité dans la thèse de SOW (A.A.), Op. Cit, p.15.

[517] SOW (A.A.), Op. Cit, p.15 et suiv.

[518] RANGEON (F.), « Réflexions sur l'effectivité du droit », Opt. Cit., p.130

[519] SOW (A.A.), Op. Cit, p.18

en matière de protection de la biodiversité au Mali est considéré comme inefficace dans la mesure où, il apparaît que les pratiques destructives se maintiennent à un niveau élevé.

L'efficacité se manifeste lors de l'appréciation a posteriori de ses effets concrets. Cependant, l'efficacité recouvre un champ différent de l'effectivité, dans la mesure où, un droit peut être effectivement appliqué, sans pour autant, être efficace, c'est-à-dire, produire l'effet recherché[520]. Ces différences entre l'effectivité et l'efficacité du droit s'expliquent en général par l'opposition des valeurs fondant ces deux notions. Lorsque l'efficacité mesure un résultat en fonction d'un objectif et dans des conditions données, elle suppose le choix de critères d'appréciation tels que la théorie du bilan des coûts-avantages[521]. L'inefficacité peut se manifester autrement, par les effets pervers du système juridique. On part du constat que la législation ou le texte juridique ciblé, en particulier, a conduit à un résultat différent de celui que l'on escomptait. Par exemple, la loi n'a pas atteint la cible, la finalité, le but que ses concepteurs lui avaient assigné.

En effet, il est aisé de constater qu'au Mali, l'application effective des instruments juridiques en vue d'une protection efficace de la biodiversité demeure un défi. Un état des lieux nous permettra d'une part, de relever que cette protection se trouve manifestement compromise par différents facteurs (Titre I), et d'autre part que le respect de certaines conditions s'impose pour renverser la situation (Titre II).

---

[520] RANGEON (F.), « Réflexions sur l'effectivité du droit », Opt. Cit., p 131.
[521] Idem, p.133

TITRE I

LES FACTEURS D'INEFFECTIVITÉ ET D'INEFFICACITÉ

Rappelons-le, la mise en œuvre d'une règle de droit, surtout en matière d'environnement, fait présumer l'existence de certaines conditions, dont une condition institutionnelle et une condition matérielle. D'abord la première est relative au cadre structurel c'est-à-dire les acteurs chargés d'une manière à l'autre de cette mise en œuvre. Ces acteurs, comme étudiés en première partie relèvent du secteur public, notamment de l'administration centrale, déconcentrée ou décentralisée. Certains, non moins important, appartiennent aussi à la société civile et au secteur privé. La seconde est relative aux instruments, moyens ou méthodes qui sont utilisés pour parvenir à cette mission. Ces instruments politiques n'ont pas la même valeur que les textes juridiques en ce sens qu'ils sont dépourvus de force obligatoire.

En outre, le fonctionnement des structures publiques et l'utilisation de ces moyens politiques, nécessitent des coûts financiers qui proviennent des ressources publiques de l'Etat et de ses émanations ou des partenaires sociaux. C'est la belle osmose de ces différents acteurs d'une part, des différents moyens mis à leur disposition d'autre part, qui permet le cadre favorable à une mise en œuvre effective des règles de protection de la biodiversité. L'absence, voire l'insuffisance d'un de ces éléments paralyse l'application des règles et plombe leur effectivité. C'est justement le cas du régime juridique de protection de la biodiversité au Mali. Pour constater cette paralysie, il paraît judicieux, d'insister sur les facteurs entravants, notamment sur le plan politique et institutionnel, social et économique sans oublier les lacunes des textes juridiques.

De la sorte nous allons établir l'existence à bien des égards, des entraves structurelles (Chapitre I) et des entraves normatives (Chapitre II) paralysant cette protection juridique de la biodiversité, faune et flore au Mali.

CHAPITRE I

LES DÉFICIENCES STRUCTURELLES

Certains obstacles à la mise en œuvre des règles juridiques ont souvent été présentés comme trouvant, sinon leurs sources, du moins la cause de leur extension, dans le non agir ou le laxisme des autorités publiques chargées d'en assurer l'application. Ainsi, traitant de l'inertie de la tolérance des pouvoirs publics, Georges RIPERT disait qu'il y a « *des lois qui paraissent ne pas avoir été votées* ».[522] Georges RIPERT développe la question de la « *réception des lois* ». Il expose ainsi le rôle du pouvoir exécutif dans l'application des lois, insiste sur l'inertie et les tolérances administratives mais étend le champ de la réflexion au rôle des juges et de l'interprétation dans la réception des lois comme à celui de l'application de ces dernières par les intéressées. Donc, il situe l'une des grandes causes d'insécurité juridique dans la pratique administrative, notamment quand l'autorité n'a pas la force ou l'habileté nécessaire pour assurer à tout moment l'exécution des lois.

Pourtant au Mali, la situation ne se résume pas seulement à cela. Il existe d'autres obstacles non moins entravant cette application, tels, la centralisation assez persistante en matière environnementale, une décentralisation malmenée et une société civile à la dérive. En effet au Mali, l'administration de la biodiversité se caractérise surtout par la verticalité et l'horizontalité dans son fonctionnement entrainant ainsi une centralisation assez persistante (Section I). Aux côtés de cet appareil central, il existe d'autres acteurs très impliqués, mais aux moyens limités dans la réalisation de la protection juridique de la biodiversité (Section II).

Section I : Une administration centrale défaillante

Comme nous avons si bien évoqué dans la première partie de cette thèse, au Mali, la protection de la diversité biologique relève de la compétence de diverses structures administratives au niveau central. Elles se résument entre autres à des départements ministériels et dont le Ministère de l'environnement et de l'assainissement, plusieurs autres

[522] RIPERT (G.), « *les forces créatrices du droit* », Paris, LGDJ, 1955, p.372.

départements ministériels, à des services déconcentrés, des autorités administratives autonomes. Cependant les actions entreprises par ces structures demeurent incohérentes par manque de coordination. Par ailleurs, une Politique Nationale de Protection de l'Environnement élaborée, et par la suite, plusieurs politiques sectorielles, des stratégies nationales sur la biodiversité, des plans et des programmes, ont été mis en place. Toutefois, ces instruments se caractérisent en général par leurs faiblesses et leurs inadaptations au contexte global de protection de l'environnement.

Dans cette rubrique, il convient d'examiner ce foisonnement de ces structures administratives aux faibles moyens (Parag I) d'une part, et les faiblesses des politiques, des stratégies et plans de protection (Parag II) d'autre part.

Paragraphe I : le foisonnement des organes aux faibles moyens

La prise en charge des questions de la conservation des ressources naturelles en général, de la diversité biologique en particulier, a émergé progressivement à partir de l'héritage colonial. Elle s'est développée et amplifiée au fil du temps notamment avec la grande sècheresse des années 1970 ayant occasionnée des famines au Mali. Dans une phase assez récente, cette prise en charge a connu un affinement, une plus large détermination en vue de la conservation et l'utilisation de la diversité biologique. Depuis, la ratification de la convention spécifique des Nations Unies, le pays a fait de la protection de la diversité biologique, une des priorités nationales[523].

L'administration de la biodiversité est assurée par les organes chargés de la protection de l'environnement en général, de la nature et des ressources naturelles en particulier. Elle est assurée essentiellement par divers organes administratifs centraux. Cette administration de la biodiversité par les organes centraux de l'Etat se trouve paralyser par plusieurs facteurs dont la dispersion des responsabilités administratives, corollaire d'un manque de coordination (A) et surtout l'instabilité politique affaiblissant des moyens (B).

[523] MEA, document PNPE/PAN, Opt. Cit., p 12.

A- la dispersion des responsabilités administratives

Après l'installation des premières autorités démocratiques, au lendemain du sommet de Rio sur l'environnement et le développement, le Mali a opté pour un renforcement des acquis structurels de façon générale dans la gestion de l'environnement, et singulièrement dans la conservation de la vie sauvage. S'il y a eu, de tout temps des services administratifs chargés de gérer la nature et ses ressources, il est à noter, qu'il n'existait pas globalement de politique globale à proprement parler de protection de l'environnement au Mali avant la décennie 1990[524]. Par la ratification des instruments issus du sommet de Rio de 1992 tels l'Agenda 21 et les deux conventions de 1992, tout comme la ratification de plusieurs autres conventions sur l'environnement, le Mali confirmait l'intégration de ces instruments dans son droit positif et dont il a obligation de les mettre en œuvre. Cette mise en œuvre a nécessité la réadaptation du cadre institutionnel.

En raison de la transversalité de la protection de l'environnement, surtout des ressources biologiques, en plus du MEA avec ses diverses structures sus-évoquées, de multiples autres structures publiques se voient concernées directement ou indirectement, faisant du coup, du MEA, une structure au rabais. Cela s'explique par plusieurs raisons : d'abord, ce département partage ses compétences en matière de protection de l'environnement avec plusieurs autres départements ministériels. La quasi-totalité de ces départements ministériels, comprend en leur sein, des structures spécialisées ou des points focaux pour les questions environnementales et un nombre grandissant d'agences ou d'organes rattachés, touchant souvent un seul aspect lié aux ressources biologiques. Ce cadre institutionnel est complété par de nombreux conseils nationaux, des commissariats spéciaux. Manifestement, on assiste à une profusion institutionnelle dans la gestion de l'environnement en général et de la diversité biologique en particulier, ce qui affaiblit le MEA dans

[524]Avant 1998, il n'existait pas de Politique Nationale de Protection de l'Environnement pouvant traiter globalement toute la problématique environnementale au Mali. La volonté politique dans le domaine s'était concrétisée par l'élaboration d'un Plan National de lutte contre la Désertification, dont la mise en œuvre a permis de développer de nombreuses initiatives et projets nationaux, locaux en matière de gestion des ressources naturelles au niveau des terroirs villageois.

l'accomplissement de ses missions et rend le cadre institutionnel assez complexe.

Aux yeux de certains auteurs, « *les rôles et tâches du Ministère de l'environnement et de l'assainissement par rapport aux autres ministères, ne sont pas clarifiés. Cela peut expliquer en partie la nature de ses relations avec les autres départements qui ne prennent pas souvent la juste mesure de son importance* ».[525] Pour eux, la concertation entre ces structures reste extrêmement difficile et faible en principe. C'est pourquoi, il est aisé de constater, entre autres, une juxtaposition, une faible harmonisation et surtout un très peu de synergie entre eux. De même, il existe un réel chevauchement entre les missions de ces différentes structures qui se traduit par des duplications fonctionnelles et des conflits de compétences dans la définition et l'exercice de leurs missions[526]. Une telle dispersion des compétences environnementales, surtout en matière de protection de la biodiversité, paralyse la mise en œuvre des instruments juridiques et politiques. Nonobstant, la création d'un Conseil National d'environnement, d'un Comité interministériel, d'un Comité consultatif, de l'AEDD, la mise en œuvre d'une politique nationale cohérente et effective et d'une stratégie nationale de protection de la diversité biologique s'avère difficile ou même compromise pour la simple raison que chaque structure intervenante applique de façon isolée une politique sectorielle et sans concertation.

La transversalité de la protection de l'environnement porte sur son intégration dans les politiques de développement rural, de l'eau, de l'industrie, de l'énergie, des mines, du commerce, des transports, de l'artisanat et du tourisme. Le corollaire de ce système, c'est non seulement l'existence de nombreux instruments politiques, législatifs et réglementaires ; mais aussi et surtout de plusieurs structures administratives impliquées dans la gestion avec des compétences parfois chevauchées, des actions incohérentes. Or, l'harmonisation des

---

[525] HAIDARA (C.M.), « *Analyse des processus décisionnels et définition du rôle de la population, projet amélioration de la résilience des populations sahéliennes aux mutations environnementales, Rapport de l'étude Nationale au Mali* », Consultant, document publié le 02 Août 2013, par l'Observatoire du Sahel et du Sahara, P. 20.

[526] République du Mali, MEA, Révision du Profil Environnemental, Rapport final, AGRECO, 05 Octobre 2014.

actions est un facteur essentiel pour le renforcement des capacités des structures en vue d'une meilleure protection de la biodiversité. D'ailleurs, les autorités maliennes en ont conscience lorsqu'elles estiment dans la Politique Nationale de Protection de l'Environnement que « *l'absence d'une structure plus efficace chargée de la coordination et du suivi en matière environnementale rend aléatoire tout contrôle et la gestion cohérente des questions environnementales. Or, la gestion de l'environnement est d'autant plus complexe qu'elle implique un grand nombre d'acteurs et de partenaires qui agissent souvent de manière indépendante et sans concertation* »[527]. Comme on peut le constater, la ventilation des attributions administratives entre les différentes structures pose le problème de la cohérence des actions menées à l'échelon central. Toute contradiction en la matière, ou même insuffisance complémentaire, seraient hautement dommageables. Cela est loin d'être aisé.

Ce passage prouve à suffisance l'existence des actions menées de manière dispersée depuis la décennie 1990, d'un déficit de relation et de coordination entre les différentes structures impliquées dans l'application des législations et des politiques de protection de l'environnement en général et de la biodiversité en particulier. Ceux qui constituent des facteurs compromettant la protection de la diversité biologique. Ils sont cependant combinés à d'autres, dont la faiblesse des moyens financiers mise à la disposition des structures et l'instabilité politico-sécuritaire.

B/ l'instabilité politique et sécuritaire

Dans les pays politiquement stables et industrialisés, la prise en compte de l'environnement s'inscrit dans la démarche d'un développement durable. Loin de ne pas rencontrer d'obstacles, l'élan environnemental possède les leviers juridiques et technologiques qui lui permettent de croître. En ce qui concerne les pays en voie de développement, les moyens financiers, techniques et de gouvernance étant beaucoup plus faibles et fragiles, il leur faut passer par un développement minimal sous la tutelle de l'Organisation des Nations

[527]Ministère de l'équipement, de l'aménagement du territoire, de l'environnement et de l'urbanisme, « *Politique Nationale de Protection de l'environnement* », adoptée à Bamako, Juin 1998, volume II.

Unies (ONU). Ainsi, avant de parler de développement durable, ces pays ont à atteindre les Objectifs du Développement Durable (ODD), dont le douzième, treizième, quatorzième et quinzième visent à assurer un environnement durable.

La prospérité des pays en développement ne peut en effet se faire sans stabilité politique ni respect des droits de l'homme. La démocratie, l'égalité hommes/femmes, l'alphabétisation, la scolarisation, l'accès à l'eau potable, à la nourriture et aux soins de base sont autant d'éléments fondamentaux que les conflits armés rendent difficiles à mettre en place. Aussi, « *Les guerres entre États font désormais partie du passé et ont fait place aux conflits au sein même des frontières, situation plus fréquente dans les pays pauvres* »[528]. Les affrontements ethniques au sein d'un même pays empêchent la consolidation d'une nation, et par conséquent le partage d'un projet commun de développement. Les enjeux et tensions entre ethnies puisent leurs raisons dans des sources historiques et politiques et demeurent complexes. L'environnement de ces pays souvent riches en ressources naturelles, fait l'objet de toutes les convoitises, tout en étant le terrain d'affrontement et d'annihilation de l'autre. C'est ainsi qu'à travers la destruction des forêts pour débusquer les ennemis, celle des cultures pour les affamer, ou encore l'empoisonnement des puits pour les assoiffer, il est sujet à des dommages importants, parfois irréversibles.

Concrètement, l'environnement est très souvent malmené lors d'un conflit armé, que ce soit par l'exploitation illégale et sauvage de ressources naturelles, par sa pollution et par sa destruction pour affamer l'ennemi ou pour le débusquer. Il se retrouve bien souvent au cœur des conflits. Les exemples du Soudan et de la Sierra Leone viennent ainsi le confirmer. Ainsi, au-delà des enjeux humanitaires évidents, les conflits armés soulèvent des enjeux environnementaux assez importants et cruciaux. En effet, ces enjeux paraissent de plus en plus manifestes quand on songe aux effets immédiats que peuvent engendrer les déplacements massifs de populations ou l'installation de camps de réfugiés. Ces conflits en détruisant la qualité de vie, la santé humaine et la biodiversité, remettent en cause les bases même du développement durable des pays

[528] Programme des United Nations pour le Développement (PNUD) « *Rapport mondial sur le Développement humain 2005* » (chap. 5, p. 164). Paris, Economica.

et menacent la survie des populations. Les exemples des pays africains[529]ayant subi des perturbations politiques, socio-économiques, environnementales et sanitaires, dont le Mali, en illustrent bien.

Ayant connu la rébellion touarègue sous toutes ses Républiques depuis son accession à la souveraineté internationale, le Mali a subi trois coups d'Etat militaire[530]. Pourtant, cité il y a quelques années comme un modèle de démocratie en Afrique, voire au Monde, il a été dès le début de l'année 2012, le théâtre d'une grave crise inédite. Les attaques armées déclenchées le 17 janvier 2012 par le Mouvement National de Libération de l'Azawad (MNLA)[531], conjuguées au coup d'Etat du 22 Mars 2012 et à l'occupation des régions du nord par des groupes terroristes[532], ont plongé le pays dans une situation de chao politique, social, institutionnel, sécuritaire et économique sans précédent. L'intégrité territoriale étant menacée, la capacité interne de l'Etat à faire face à d'innombrables défis notamment la protection de l'environnement et de la biodiversité ne relevaient que de la simple utopie. Cette crise politico-sécuritaire a donné un coup de frein brutal à l'atteinte des Objectifs du Développement Durable (ODD) et des objectifs du Cadre Stratégique pour la Croissance et la Réduction de la Pauvreté (CSCRP 2012-2017)[533].

L'instabilité institutionnelle pendant cette période a entraîné la suspension de la quasi-totalité de l'aide publique au développement, excepté l'aide d'urgence et l'aide directe à la population notamment les

---

[529] Sur le continent Africain, c'est un phénomène récurent qui a atteint sa vitesse de croisière ces dernières années avec des conflits un peu partout, notamment au sud du Sahara (le cas du Mali, de la Côte d'ivoire, la Guinée Conakry), dans la région des grands lacs (République Démocratique du Congo…), le Maghreb (Egypte, la Libye etc...).

[530] La première date de Mai 1968, la seconde de Mars 1991 et la dernière de Mars 2012.

[531] Il s'agit d'un mouvement indépendantiste ou sécessionniste Touareg au Nord du Mali dans les Région d de Kidal, de Ménaka, de Taoudéni, et une partie des Région de Gao et de Tombouctou.

[532] On pouvait noter la présence des groupes tels le Mouvement pour l'Unité et Djihad en Afrique Occidentale (MOUJAO), l'Al-Qaïda en Maghreb Islamique (AQMI), Am sardine et autres groupes terroristes.

[533] Profil National de Protection de l'Environnement du Mali, révision 2014. p.09

déplacées et les réfugiées dans les pays voisins[534]. Dans les régions du Nord[535], le fonctionnement des structures administratives était totalement affecté, il n'y avait plus de services sociaux de base (éducation, santé, eau et assainissement) encore moins des actions destinées à la mise œuvre de la législation environnementale. Cette situation semble corroborer le point de vue d'Al-hamandou DORSOUMA et Michel-André BOUCHARD, lorsqu'ils affirment que « *les conflits armés s'accompagnent aussi d'effondrement de la gouvernance environnementale, qui engendre à son tour une dégradation accélérée de l'environnement, (...). Parfois la destruction provoque des dégradations irréversibles dans les écosystèmes ; c'est le cas lorsque des espèces peuvent être amenées à l'extinction, ou que des écosystèmes fragiles peuvent être irréversiblement dégradés, ou des ressources irrémédiablement détruites ou contaminées* »[536].

Dans le pays, pendant la crise, tous les systèmes de protection institutionnelle, notamment les aires protégées, les zones spéciales de protection tel le Delta Intérieur du Niger (véritable sanctuaire de biodiversité), étaient devenues des zones d'appel de personnes déplacées ou de combattants avec des conséquences immédiates et irréversibles sur la vie sauvage et les écosystèmes. Ainsi, dans les régions du nord et du centre[537], la diversité biologique se trouve considérablement affectée faute d'instabilité structurelle et cela pour plusieurs raisons :

- l'enfouissement, stockage et dissimilation des explosifs et des mines anti personnelles dans les forêts ;

---

[534] Un Rapport du Fond Monétaire International publié en 2013, estime qu'environ 292 000 personnes seraient déplacées vers les Régions sud du pays et 177 000 se seraient réfugiées à l'étranger pendant la crise malienne de 2012.

[535] Notamment les Régions de Gao, de Tombouctou et de Kidal.

[536] DORSOUMA (A.H.), BOUCHARD (M.A.), « *conflits armés et environnement* », développement durable et territoires, Dossier 8/2006, mise en ligne le 25 juillet 2014, http//developpementdurable.revues.org/3365, consulté le 14 décembre 2015, p. 3 et suiv.

[537] Notamment la région de Mopti et celle de Ségou qui sont en partie affectées par une insécurité résiduelle perpétrée par des Maitres coraniques dont Amadou KOUFFA, alliés de l'association islamiste am-çar-dine de Iyad Agali et d'AQMI. Selon les informations données par les Forces armés et de sécurité maliennes, ces groupes seraient à l'origine des attaques terroristes qui sèment la terreur dans certaines zones de ces Régions du centre.

- la chasse à outrance et le braconnage des espèces fauniques parfois menacées de disparition et sous protection juridique ;

- le défrisement et la coupe abusive des espèces végétales endémiques ;

- la dégradation des écosystèmes dans les aires protégées.

Pendant ces crises, l'instabilité politique ayant affaiblit la capacité opérationnelle des structures administratives face aux nombreux défis à relever, la protection de la biodiversité sauvage n'apparaissait pas aux yeux des politiques comme une priorité. Les structures qui en ont la charge sont restées dans un carcan d'instabilité politique sans aucune capacité financière et opérationnelle d'accomplir leurs missions régaliennes.

En effet, l'environnement ne peut pas être la préoccupation principale quand des vies humaines sont en danger ou que des valeurs humaines fondamentales doivent être défendues. De ce fait, la biodiversité présente en effet des enjeux et de destruction et de préservation intrinsèquement liés au potentiel de survie des belligérants et de développement économique. Aussi, les conséquences sur la biodiversité des conflits armés, souvent secondaires par rapport à l'urgence de paix et de sauvegarde des vies humaines, n'en demeurent pas moins systématiques, néfastes et parfois irréversibles. Cependant, après les conflits, c'est sur l'environnement et ses ressources que devra se fonder la reconstruction. On connaît à ces fins l'importance de l'eau, de la biodiversité, de la forêt, des espaces agricoles. Les dommages causés à ces ressources peuvent entraîner, bien après les conflits, des effets néfastes, voire létaux, sur les populations affectées[538].

Par ailleurs, il faut noter que même en temps normal, les structures chargées de la protection de la vie sauvage ne sont pas suffisamment dotées de ressources financières adéquates dans l'accomplissement de leurs missions. Le budget du département en charge de l'environnement est insignifiant face aux missions qui lui sont assignées, car il ne dépasse pas 1% des dépenses publiques globales de l'Etat[539]. Cette modicité du budget est un facteur

---

538 DORSOUMA (A.H.), BOUCHARD (M.A.), « *Conflits armés et environnement* », Opt., p. 6.

539 LAWSON (A.), BOUARE (S.), « *L'appui budgétaire, les instruments d'aide et l'environnement : le contexte National* » étude du cas : le Mali, Rapport final, Mars 2008, p.24 et suiv.

affaiblissant le département en charge de l'environnement et ses structures techniques dans la mise en œuvre de la planification environnementale. Or, une protection juridique effective et efficace de la diversité biologique nécessite des structures plus opérationnelles dotées de ressources financières, techniques et humaines adéquates. Elle nécessite une stabilité politique et institutionnelle. Elle passe aussi par des politiques et une planification environnementale assez cohérente tant à l'échelon national que local.

Paragraphe 2 : Une planification environnementale assez lacunaire

Quels que soient les contextes politico-institutionnels nationaux, la mise en œuvre des politiques et autres instruments de la planification de protection de la biodiversité pose un certain nombre de couacs. En effet, les politiques environnementales cherchent souvent à imposer aux individus de nouveaux modèles de conduite. Leur mise en œuvre se heurte aux décalages existants entre ces nouvelles normes standardisées et la diversité des comportements ou des contextes sur lesquels, elles s'appliquent. La planification en matière de biodiversité devient, de facto, un problème en tant qu'elle se situe dans le contexte social spécifique par rapport à des enjeux, à des populations, à des structures. Elle se confronte de façon parfois brutale, à des intérêts sociaux, à des pratiques, à des traditions ou rituels, et à des routines résistantes aux changements.

Dans le cas spécifique de la protection de la vie floristique et faunique, aux enjeux écologiques sont opposés des enjeux économiques, sociaux, politiques, ou même culturels liés à leur exploitation et à leur mise en valeur. Les usages de la biodiversité forestière, les savoirs faire qui y associés, sont constitutifs d'une culture locale propre à tel ou tel milieu. Dans ce cas, l'adhésion des populations locales à la planification environnementale qui leur est proposée, voir imposée, par les autorités étatiques est alors très incertaine. Elle suppose à la fois des compromis et des engagements individuels, tout comme un ajustement des intérêts individuels avec des intérêts communs et l'élaboration d'un référentiel collectif qui transcende la diversité des représentations sociales.

C'est peut-être pour cela qu'au Mali, il est facile de constater que toutes les politiques relatives à la protection de la biodiversité ont pour dénominateur commun leur faible intégration à la politique globale de développement durable du pays. Cette situation constitue un énorme handicap pour une gestion efficace de l'environnement en général et de la biodiversité en particulier, rendant difficiles l'analyse et le diagnostic de l'état de ces ressources, de leur dynamique, ainsi que le suivi-évaluation des diverses actions.

Donc, l'inadéquation de la planification (A) et le manque de coordination des politiques sectorielles (B) constituent des facteurs paralysant l'effectivité et l'efficacité du régime de protection de la biodiversité au Mali.

A/ l'inadéquation de la planification en matière de diversité biologique

Les instruments politiques destinés à la protection de la biodiversité sont assez nombreux et diversifiés au Mali. La politique de planification du pays en matière d'environnement se caractérise d'une part, par une approche multisectorielle et d'autre part une approche sectorielle. En effet, au cours de la décennie 2005-2017, plusieurs politiques et stratégies liées à la protection de l'environnement ont été ajoutées à la Politique Nationale de Protection de l'Environnement. Et depuis, on assiste à une prolifération des politiques, stratégies, plans et programmes, qui se caractérisent par le non ou la faible application. Ceci s'explique par le fait que le degré de mise en œuvre de ces instruments est largement au-dessous des objectifs fixés[540].

Ces instruments politiques recèlent d'énormes insuffisances dans leur mise en œuvre. Parmi ces insuffisances, Nous pouvons évoquer :

- le chevauchement des politiques, le manque de cohérence entre les politiques sectorielles et le cadre global de gestion de l'environnement et des ressources naturelles ;
- les conflits d'intérêts entre certaines structures administratives impliquées dans leur mise en œuvre et la mise en avant des intérêts personnels par certaines autorités ;

540 Profil National Environnemental du Mali, rapport final, Op. Cit, p.4

- le déficit opérationnel et le cloisonnement[541] des structures, parfois dû à un manque de suivi et de contrôle[542] ;

- le manque de coordination, de synergie entre les structures de pilotage de ces instruments politiques ;

- la prolifération des politiques, stratégies, programmes etc.., rendant du coup leur mise en œuvre assez difficile ;

- l'insuffisance des ressources humaines qualifiées pour la plupart des structures au niveau national et local ;

- la faible mobilisation des ressources financières qui paraissent souvent insuffisantes et aléatoires et l'instabilité politico-sécuritaire du pays ;

- le déficit d'information, de formation et de sensibilisation des populations par rapport aux enjeux environnementaux.

En effet, comme il est aisé de le constater, l'application des instruments de la planification environnementale reste un défi. La critique principale est surtout l'affluence, la faible opérationnalité des structures chargées de leur mise en œuvre et le manque de ressources adéquates tant sur le plan humain que financier. A ceux-ci s'ajoutent la méconnaissance des instruments tant par les populations que par certains cadres de l'administration. Les populations semblent avoir adopté une attitude de résignation. Les textes, le plus souvent présentés dans un style juridique sont diffusés en français pour une population à majorité analphabète. Ils font rarement l'objet de transcription dans les langues locales d'où les difficultés que rencontrent les acteurs dans leur appropriation. D'ailleurs, ces instruments de la planification demeurent mal connus par de nombreux cadres de l'administration. Le droit de l'environnement n'étant incorporé dans le curricula de formation universitaire que récemment à la faculté de droit public et comme matière à option, beaucoup de cadres sortant n'en ont pas eu de culture juridique.

---

[541] Il existe des points focaux et des services techniques sans mécanisme clair de collaboration, ni définition claire des mandats, bien que AEDD soit investie d'une mission de coordination dont elle a du mal à en exercer pleinement faute de moyens techniques, matériels et financiers.

[542] La plus part des structures créées pour veiller, superviser le processus de mise en œuvre de certains instruments n'a pas fonctionné, Stratégie Nationale sur la biodiversité, révision 2014.

Du coup, en dépit de la volonté politique affichée des pouvoirs publics, les instruments élaborés pour la protection de la biodiversité demeurent lacunaires. Il parait nécessaire d'apporter urgemment les correctifs nécessaires afin de permettre une meilleure intégration des préoccupations environnementales dans tous les secteurs d'activité. Pour ce faire, il serait judicieux d'engager une large concertation avec les populations à la base dans une dynamique de démocratie participative beaucoup plus large, tout en informant, en formant, et en sensibilisant davantage ces populations par rapport aux enjeux liés à la mise en œuvre de ces instruments. Une mise en cohérence des actions, une redéfinition claire et nette des compétences des structures pour éviter tout conflit de compétence. De même, une coordination assez efficace de celles-ci parait opportune.

B/ le manque de coordination des politiques sectorielles

La diversité des instruments politiques applicables peut constituer de sérieuses importunités dans l'atteinte des objectifs de protection de la biodiversité au Mali. En effet comme sus-évoqué, ce pays connait une floraison d'instruments politiques et de structures afin d'assurer l'exécution des règles juridiques d'où la nécessité de leur coordination. D'ailleurs, cette situation n'est pas propre au Mali seul, elle concerne aussi d'autres pays de l'Afrique subsaharienne, tel le Sénégal. C'est pourquoi le Professeur Ibrahima LY disait à ce sujet que *« Si la coordination s'impose, c'est principalement dans le souci de rationaliser l'action des pouvoirs publics concepteurs des politiques. En effet, plusieurs politiques sont appliquées avec peu ou pas de concertation avec les auteurs : c'est le cloisonnement des politiques. Au sens inverse, les cas de chevauchement ou double-emploi sont fréquents pour un problème donné : c'est l'imbrication des politiques* [543]*»*. En réalité, l'inflation des instruments politiques applicables dans la protection de la biodiversité peut, en toute évidence, constituer une entorse dans l'atteinte des objectifs de la planification.

Pratiquement au Mali l'équation est excédentaire et se présente comme suite : trop de structures créées que d'instruments politiques à mettre en œuvre. Et le corollaire de cette situation, c'est que cette

---

[543] LY (I), Op. Cit. p. 312

panoplie de structures applique une multitude d'instruments politiques sans aucune concertation ou coordination préalable. C'est donc dire qu'il existe un cloisonnement des politiques de protection de l'environnement et de la biodiversité. En plus, le chevauchement se manifeste dans l'application de nombreuses politiques sectorielles. Pour parvenir à une valorisation efficiente des potentialités et opportunités de la biodiversité, il s'avère nécessaire de récuser la logique de cloisonnement qui présente les systèmes d'exploitation des ressources biologiques naturelles comme des entités sectorielles distinctes. Or, si l'on perd de vue les interrelations étroites qui existent entre les différents modes de mise en valeur du milieu naturel, on risque de compromettre la base des ressources et de rendre aléatoire toute perspective de développement durable. Du reste, l'objectif de développement durable tel que conçu par la Commission Brundtland[544] impose une coordination des instruments de la planification et une approche intégrée s'appuyant sur des leviers permettant de dépasser l'étroitesse des stratégies sectorielles et de lever les contraintes qui hypothèquent les efforts engagés.

L'élaboration des instruments de planification sur la biodiversité a, certes, permis d'enregistrer des acquis certains en matière de clarification des enjeux liés aux priorités des ressources ciblées, d'implication des acteurs et d'amélioration des politiques engagées dans le secteur rural. Cependant, au-delà de ces aspects positifs et eu égard au faible niveau de développement des capacités nationales et à la faiblesse institutionnelle, on constate que les cadres de planification n'ont pas su définir de façon explicite leurs mécanismes d'articulation aux autres politiques sectorielles et transversales. En d'autres termes, les synergies entre les démarches de planification actuelles sont globalement faibles et nécessitent un renforcement des capacités nationales dans un certain nombre de domaines. Par exemple, la politique minière au-delà des intérêts directement liés doit, tout au plus, prendre en considération les aspects de la politique forestière, de la politique de l'eau, de la politique foncière et même de la politique d'aménagement du territoire. Elle doit aussi tenir compte des aspects de la PNPE dans sa stratégie de protection de la biodiversité. On dénote un

---

[544] Commission mondiale pour l'environnement et le développement mise en place par les Nations Unies en 1983.

manque de concertations ou de suivis de concertations entre la Direction nationale des eaux et forêts et la Direction des mines et de la géologie ou toute autre structure.

Par ailleurs, l'imbrication entre la politique foncière, la politique de l'urbanisme et les plans d'aménagement du territoire n'est pas de nature à permettre une application plus efficiente desdites politiques. Le foncier est relatif au mode d'appropriation des terres, l'urbanisme ne peut être dissocié de l'aménagement des agglomérations, l'aménagement du territoire tient compte de la planification des espaces et aux schémas d'utilisation des sols. Pourtant, ces différentes politiques, au-delà du fait qu'elles traitent pratiquement les mêmes aspects ne sont pas appliquées par les mêmes structures[545]. De même, la politique forestière, la politique agricole, la politique de l'élevage et de la pêche et la stratégie de la biodiversité ont pratiquement le même cadre d'intervention. Par exemple, elles visent les ressources forestières, animales et végétales, les ressources piscicoles et les variétés agricoles. Sauf que toutes ces ressources constituent des éléments de la biodiversité. Malheureusement, en absence d'une politique nationale, le manque de coordination entre ces différentes politiques ne facilite pas la compréhension de la dynamique globale de gestion de la biodiversité. Il existe donc des besoins réels de coordination susceptibles de renforcer le rôle des différents acteurs dans l'application de la planification environnementale.

En toute évidence, ces besoins de renforcement des capacités pour la création d'un environnement politique, législatif et institutionnel porteur, sont encore plus pressants avec le processus de décentralisation qui peine à s'accomplir effectivement au Mali. A cela s'ajoute le défi de la continuité institutionnelle. Il faut maintenir la mémoire institutionnelle dans un contexte d'instabilité institutionnelle marqué par des changements fréquents dans la dénomination des ministères et de leurs missions. De la sorte, le taux élevé de rotation du personnel administratif et technique, en particulier les responsables, le renouvellement à intervalle régulier du personnel politique dans les Collectivités Territoriales peuvent paralyser la mise en œuvre de la planification sur la biodiversité.

---

545 Chaque domaine cité est piloté par un organe administratif à part, en ce sens, il existe une Direction nationale des domaines et du cadastre, une Direction nationale de l'urbanisme, une Direction du plan.

Tous ces facteurs peuvent entraîner des problèmes de déperdition lorsque des mécanismes institutionnels efficaces de partage de l'information et des expériences ne sont pas mis en place pour éviter que le départ d'une personne n'entraîne une discontinuité ou une rupture dans le processus de mise en œuvre. D'ailleurs pour éviter cela, nous pensons qu'il est important de promouvoir la participation des organisations de la société civile et des populations constituant le levier immuable des processus de gestion des questions environnementales. Mais hélas, il n'en pas ainsi, car sous une apparence évidente la société civile tout comme les structures décentralisées sont à la débandade dans la protection juridique de la biodiversité.

Section 2 : Des acteurs émergents aux moyens limités

Nous les désignons ici sous le vocable 'acteurs émergents' en ce sens que les acteurs privés, aussi bien que les collectivités décentralisées sont effectivement nouveaux dans la protection de la nature par rapport aux structures classiques de l'Etat. Ces acteurs publics décentralisés que privés demeurent limités dans l'accomplissement de leurs actions de protection de la biodiversité. Comme nous l'avons souligné dans la première partie, depuis les premières heures de son adhésion à la démocratie pluraliste, le Mali s'est inscrit dans un long processus de décentralisation en créant et en octroyant la personnalité juridique à des collectivités locales pour une gestion des affaires locales.

Ces collectivités ont ainsi bénéficié des compétences transférées en matière environnementale avec beaucoup de lacunes (Parag I). Par ailleurs, d'autres organes au rôle limité dont l'ensemble forme la société civile se trouvent activement impliqués au côté de ces collectivités locales dans la gestion des questions environnementales. Toutefois, malgré l'importance de leur rôle, ils demeurent limités dans la réalisation de leurs objectifs (Parag II).

Paragraphe I : la problématique de la gestion décentralisée de la biodiversité

D'une manière générale, les collectivités décentralisées, en charge de la gouvernance environnementale, manquent de moyens institutionnels, humains, techniques et financiers pour en assurer le bon fonctionnement. La mise en œuvre incomplète des processus de décentralisation les rend fortement dépendantes des transferts des fonds de l'Etat souvent insuffisants ou inadaptés aux besoins. Dans cette partie, nous allons d'abord mettre l'accent sur les obstacles juridico-structurels des collectivités décentralisées en matière de gestion de la biodiversité (A), et ensuite il conviendra d'analyser les difficultés d'ordre technique et financier auxquelles ces structures sont confrontées (B).

A/ les obstacles juridiques et structurels à la gestion décentralisée

D'abord, sur le plan juridique, la répartition des compétences entre l'Etat et les collectivités locales est gouvernée par deux principes essentiels : Transférer des compétences et Eviter les chevauchements de compétence[546]. Les transferts de compétence ne doivent pas aboutir à la tutelle d'une collectivité sur l'autre. En effet, le risque d'une telle éventualité est fort grand au Mali du fait « *des financements croisés* ». Faute de ressources suffisantes pour la réalisation des projets ou politiques locales sur l'environnement, la commune est, parfois, obligée de faire appel au concours financier du cercle ou de la région. Ceux-ci peuvent, à cette occasion, rétablir une « *tutelle de facto*[547] » sur la commune pour l'obtention de certaines subventions. En plus, les transferts de compétences sont, en principe, globaux en ce sens chaque domaine est attribué en totalité soit à la région, soit au cercle, soit à la commune. Or, l'environnement est un domaine transversal et se trouve traiter par l'ensemble des collectivités avec des risques de confusion de compétences.

Le pouvoir central joue un rôle clef dans toute décentralisation efficace bien que la plupart des résistances à la décentralisation viennent de lui. La décentralisation n'a pas pour objectif, à notre avis, l'affaiblissement ou le démantèlement de l'Etat central. Elle fait plutôt appel à un soutien mutuel entre les organes centraux et les collectivités territoriales. Au Mali plusieurs textes législatifs et réglementaires ont été

---

546 JEAN, (R.), JEAN, (W.), « *Droit administratif* », Précis Dalloz, 20ème édition 2004, p.88

547 Une tutelle qui n'est pas juridiquement prévue, mais qui se réalise dans les faits. En réalité, il n'existe pas en droit de la décentralisation une quelconque tutelle entre les collectivités elles-mêmes, ni une quelconque hiérarchie.

adoptés pour transférer aux autorités décentralisées, les responsabilités en matière de gestion des ressources biologiques. Ces textes de la décentralisation formalisent le partage des pouvoirs entre l'Etat et ces différentes autorités dans la gouvernance environnementale. Toutefois, ils ne définissent pas suffisamment les modalités et les règles. En effet, les collectivités décentralisées bénéficiaires de pouvoirs transférés par les législations demeurent confrontées à de nombreuses entraves dans la gouvernance locale de la biodiversité. Ces entraves sont diversifiées et constituent des lacunes dans la mise en œuvre du régime juridique de protection de la vie sauvage. Elles sont d'ordre juridique, institutionnel, sociologique, technique et financier, et dont les deux premières mériteront notre attention dans cette rubrique.

Sur le plan institutionnel, ces collectivités décentralisées, loin d'être les maîtresses du développement local, se trouvent insérées dans un carcan politique qui les empêche de se consacrer à l'essentiel de leurs tâches[548]. Au Mali, dans l'arène environnementale, la résistance à la décentralisation de la part des autorités centrales se reflète dans le transfert de pouvoirs limités et excessivement spécifiés paralysant ainsi le rôle des collectivités décentralisées dans l'application des lois gouvernant la biodiversité. En réalité, les services en charge de l'environnement n'ont pas effectivement transféré les pouvoirs aux structures locales élues, quand bien même, c'est une exigence de la législation du pays telle qu'exprimée en ces termes *« chaque collectivité territoriale décentralisée est tenue d'édicter les mesures de protection et de conservation appropriées de son domaine forestier* [549]*»*. Mieux, la législation forestière stipule que les collectivités décentralisées peuvent, par mesure réglementaire, protéger partiellement ou totalement, de façon temporaire ou définitive dans leur domaine toutes les espèces qu'elles jugeront utiles de protéger[550].

Ainsi, ces règles juridiques donnent aux autorités locales les compétences de gérer les ressources biologiques, mais, elles sont soumises à des exigences restrictives de gestion et à des plans et stratégies imposés par des structures relevant du pouvoir central. Ces

---

548 SOW (A.A.), Op. Cit., p. 83.
549 Loi n°95-004 du 18 janvier 1995 fixant les conditions de gestion des ressources forestières, Article 52.
550 Idem, article 18.

plans et stratégies recentralisent, à notre avis, toute autonomie mise en œuvre pour le transfert des pouvoirs. Les leaders politiques et les agents de l'Etat résistent au transfert de pouvoirs pour diverses raisons. Tout simplement, ils ont peur de perdre les profits économiques qu'ils tirent du contrôle exercé sur les ressources naturelles, et aussi des pouvoirs qui définissent et soutiennent leurs rôles politiques et administratifs. Au-delà de cette résistance des autorités centrales, il y a une grande confusion et un manque de clarté à propos de ce qui constitue la décentralisation démocratique, sentiment fréquemment récupéré pour éviter les réformes démocratiques.

Et pourtant, les lois de la décentralisation prônent pour le principe de subsidiarité. Selon ce principe, le pouvoir central devrait assumer une fonction subsidiaire, en exécutant que les tâches qui ne peuvent pas être réalisées efficacement à un niveau inférieur ou local. De ce fait, les règles adoptées pour guider la répartition des pouvoirs en matière de prise de décision, d'élaboration des règlements, de mise en œuvre, d'application et de résolution des conflits entre les niveaux de l'administration et entre les structures à chacun des niveaux, sont désignées sous le vocable de *« principe de subsidiarité »*. Dans la pratique, il en est tout autre au Mali. Or, ce principe est nécessaire en tant que mesure de sauvegarde pour la sécurisation du transfert des pouvoirs et pour faciliter la mise en responsabilité sociale des autorités décentralisées. A l'occasion du forum de Bamako en 2003[551], consacré

---

[551] Le CILSS a pris une importante initiative en lançant à partir de 1994 un processus d'enracinement de la bonne gouvernance des ressources naturelles et du foncier en Afrique de l'ouest. Ce processus qui a démarré par la conférence régionale sur la problématique foncière et la décentralisation au Sahel, tenue à Praia, au Cap Vert, en juin 1994 a permis d'une part, aux Etats de cet espace, après un diagnostic de la situation du foncier dans la sous-région, de fixer des principes minima devant garantir une meilleure gouvernance des terres et des autres ressources naturelles et d'autre part de créer les conditions d'une appréciation périodique du chemin parcouru dans la mise en œuvre de ces principes par les pays de la sous-région qui ont adhéré à la démarche. Il convient de souligner qu'effectivement, le forum régional, appelé « Praia +9 » organisé par le CILSS, à Bamako, en novembre 2003, pour « évaluer » la mise en œuvre des orientations de la conférence de Praia a regroupé les acteurs de tous les Etats de l'Afrique de l'ouest, que ces Etats soient sahéliens ou côtiers. En s'ouvrant à tous les Etats membres de l'espace de la Communauté Economique de Etats de l'Afrique de l'Ouest (CEDEAO), le forum de Bamako dont le thème fût « foncier et développement durable au Sahel et en Afrique de l'Ouest » avait permis à tous les

au foncier, à la décentralisation, à la gestion des ressources naturelles et l'environnement, et à l'intégration sous régionale, tout comme auparavant ce fut ce cas à Praia en 1994, des principes ont été affirmés dans le but de renforcer les capacités aussi bien des Etats que des collectivités dans la gouvernance environnementale autrement que par les textes. Au forum de Bamako, on a surtout déploré le fait qu'il y a peu d'avancée dans la prise en charge réelle de l'environnement et des ressources naturelles contrairement aux attentes de Praia.

Pour le reste, la question se pose de savoir, qui de la région, du cercle, ou de la commune peut initier des actions, telles que par exemple la création de réserve cynégétique, délimitation d'une zone pastorale ou agricole, gestion des points d'eau, protection des ressources forestières. Des précisions méritent d'être faites à ces niveaux, pour éviter tout chevauchement de compétence entre les différents organes décentralisés dans la gestion des forêts et de ses ressources biologiques. En effet, les collectivités décentralisées, même si elles sont, en principe, les artisans du développement local, ne sont pas véritablement en mesure de prendre en charge le volet environnemental. Au Sénégal, c'est une triste réalité déplorée par le Professeur Samba TRAORE en ces termes, *« Les collectivités locales sont, en outre, limitées par des coutumes et pratiques locales qui semblent les maintenir dans des situations de stagnation* [552]*».* Cette situation reflète exactement celle des collectivités locales maliennes. Les pratiques locales et coutumières plombent l'action des collectivités surtout en matière de gouvernance de la biodiversité floristique et faunique.

Ce point de vue du Professeur TRAORE est exactement étayé par certaines autorités locales, tel, le Président du conseil régional de Sikasso en ces termes « *les pratiques coutumières de gestion des terres et des ressources naturelles paralysent sérieusement nos activités de gestions de la nature des ressources naturelles. En plus, nous décrions*

---

acteurs de la sous-région de faire le bilan des engagements pris neuf (9) ans plus tôt à Praia.

552 TRAORE (S), « *Evaluation de la gestion des ressources naturelles et de l'environnement par les collectivités locales* », étude pour le compte de l'UICN, mai 2005, 30 p. inédit, cité par Abdoul Aziz Sow, « l'effectivité du droit de l'environnement au Sénégal », Thèse de doctorat d'Etat soutenu en 2012 à l'Université Gaston Berger de Saint Louis au Sénégal.

le fait qu'il n'y a pas de réel transfert de compétences en matière de gestion de la nature de la biodiversité malgré l'existence des textes juridiques. On constate plutôt un partage très contrôlé de compétences qui nous poussent à nous détourner de l'environnement et de ses ressources pour faire face à d'autres priorités[553] *»*. Ces facteurs ne sont pas les seuls à miner le chemin des collectivités décentralisées maliennes vers la gouvernance de la biodiversité. D'autres, plutôt humains, techniques et financiers ne sont pas les moins importants.

B/ les déficiences humaines, techniques et financières

Les ressources financières constituent le problème essentiel et le plus délicat des collectivités locales. Le principe est évidemment la corrélation entre le transfert des compétences et les ressources nécessaires à leur exercice après l'évaluation de celles-ci[554]. Techniquement, les transferts financiers de l'Etat aux collectivités locales s'opèrent par le biais de subventions. Il s'agit d'un meilleur moyen de l'Etat pour mettre sous tutelle les collectivités locales car il suffit de refuser la subvention destinée à tel ou tel financement pour que celui-ci ne puisse pas être réalisé. Or, la dotation générale de décentralisation destinée à compenser les charges financières correspondantes reste insignifiante. Au Mali, ces insuffisances financières, empêchent les collectivités décentralisées d'exercer convenablement leurs compétences en matière de gestion de la biodiversité.

Ainsi, au cours de nos recherches de terrains, nous avons recueillis plusieurs avis auprès des autorités locales dans quatre régions différentes. Ce sont relativement les mêmes préoccupations qu'on nous souligne. Selon un conseiller municipal de la commune rural de finkolo Ganadougou[555], *« La protection de la nature et de ses ressources nécessite des moyens techniques adéquats, un personnel qualifié et des ressources financières suffisantes et disponibles. Ce qui n'est pas*

---

[553] L'entretien avec M. Nanzanga DISSA président du conseil de cercle de Sikasso (3ème Région du Mali à la frontière avec le Burkina et La Côte d'Ivoire), entretien accordé le 09 Juin 2016 dans son bureau au Conseil Régional.

[554]JEAN, (R.), JEAN, (W.), Op. Cit., p.120.

[555] La zone de Ganadougou se situe entre le Bagoé à l'Ouest et la zone sénoufo à l'Est, la commune de finkolo Ganadougou se trouve dans le cercle de Sikasso, et à 25 km environ de Nièna sur la route de Bamako-Sikasso ; l'interview a eu lieu courant septembre 2015.

aujourd'hui le cas, d'ailleurs nous avons du mal à faire face aux dépenses de fonctionnement ».[556] Ce témoignage parmi tant d'autres, est, on ne peut plus claire, les collectivités décentralisées n'ont ni les moyens techniques, ni les moyens humains, encore moins les moyens financiers leur permettant d'exercer leurs compétences en matière d'environnement. En effet, en raison de la modicité de leurs budgets, ces collectivités n'inscrivent pas leurs actions dans la protection de la biodiversité, et comme on le dit souvent, elles ont d'autres chats à fouetter.

En claire, les entraves d'ordre humain et technique ne sont pas de nature à favoriser l'activité des collectivités dans la gestion de la biodiversité. Leurs avoirs financiers ne leur permettent pas de recruter des agents dotés d'une expérience susceptible de répondre aux besoins locaux en matière d'environnement. De même, l'absence de ressources humaines qualifiées, crée l'incapacité de la plupart des collectivités à planifier des plans, des stratégies ou politiques locales assez cohérentes de gestion des ressources biologiques conformément à la législation. D'ailleurs, même si on constate l'intention affichée dans les plans et schémas locaux d'aménagement du territoire en faveur de l'environnement, force est de souligner la déficience de la mise en œuvre des instruments.

Bref, c'est tout l'arsenal de protection de ces ressources au niveau local qui se trouve en mal. L'élaboration et la mise en œuvre des politiques, des plans locaux d'aménagement du territoire et de

---

[556] M. COULIBALY, conseiller municipal à la Mairie de Finkolo-Ganadougou, interviewé par nous le 28 septembre 2015, à son domicile à Mandela (village de la commune). Le choix de cette localité n'est pas fortuit car à Mandela, il y a un gigantesque site d'orpaillage additionnement. L'exploitation de ce site a véritablement dégradé la biodiversité et affaibli les écosystèmes de cette zone. A notre avis, il existe une complicité entre les autorités locales et les habitats de la localité car chacun trouve compte même si on se rejette la responsabilité de façon réciproque. La supercherie est simple à comprendre : les autorités locales désignent comme seuls responsables, les chefs coutumiers, propriétaires des terres ; alors que la face cachée c'est les recettes générées par ces activités pour la municipalité. De leur côté, les chefs coutumiers évoquent l'autorisation préalable des autorités municipales et l'impératif de développement local. Or, l'orpaillage traditionnel nécessite le défrisement des forêts, la dégradation des sols, l'utilisation des substances chimiques qui extrêmement biodiversiticides. Ce qu'ils ignorent, c'est que ces activités compromettent leur développement local durable.

protection des ressources biologiques restent un défi à relever. A ceux-ci, s'ajoutent la méconnaissance des textes de protection par certains élus locaux, le manque de coordination, de concertation entre les structures décentralisées et les communautés de base[557] pourtant prôné par les textes. Ces insuffisances constatées sont de nature à compromettre la mise en œuvre des règles de protection de la diversité biologique. Elles poussent aussi à affirmer, sans risque de se tromper, que « *la décentralisation est encore virtuelle* [558]» au Mali. D'ailleurs, ces insuffisances ne sont pas imputables aux seules collectivités décentralisées, il en est de même pour les structures centrales de l'Etat[559], aussi bien que pour les organisations de la société civile malienne. Pour y pallier, des réformes urgentes s'imposent tant sur le plan structurel, juridique, technique et financier.

Une définition claire et nette des compétences et responsabilités des structures décentralisées pour éviter toute confusion et amalgame paraît être assez opportune. Enfin, ces collectivités décentralisées ont besoin d'une assistance technique et financière de l'Etat, des partenaires financiers et des acteurs privées dans le cadre d'une coordination et d'une coopération plus responsable.

Paragraphe 2 : les entraves à l'action de la société civile

La considération de la société civile malienne comme acteur du droit de l'environnement n'a d'intérêt que si, seulement si, elle participe efficacement ou du moins effectivement à la protection de l'environnement. Il est important de noter que progressivement, la protection de la nature et ses ressources est devenue une condition imposée aux Etats par les bailleurs de fonds et les organisations pour octroyer une aide. Et lorsque, l'on connait les besoins techniques et financiers

---

557 Les communautés de base, autochtones disposant des droits coutumiers sur les terres ne s'entendent pas très souvent avec les autorités locales par rapport à la gestion des ressources naturelles. Or leur adhésion et leur coopération seront un atout considérable pour ces autorités dans l'accomplissement de leur mission de gouvernance locale en la matière.

558 Certes, il en existe un ancrage normatif et institutionnel, cependant, la concrétisation peine à s'affirmer, d'où la virtualité.

559 Trop de confusions et de chevauchement, d'insuffisances financières, règnent dans les rangs de ces structures Etatiques dans la protection des ressources biologiques.

des Etats en développement comme le Mali, notamment pour sortir de la pauvreté, l'on comprend donc que les autorités étatiques mettent tout en œuvre pour donner une apparence de conformité aux dispositions du droit international de l'environnement. Alors que, la réalité serait toute autre. Dès lors, l'on constate au-delà des apparences marquées par le dynamisme institutionnel, l'existence de multiples obstacles sur le chemin des acteurs de la société civile pour l'atteinte des objectifs.

De ce fait, le rôle de la société civile malienne dans l'accomplissement des actions à la faveur de la biodiversité est fortement altéré par diverses raisons. Les unes tiennent au mode de fonctionnement et à l'organisation même de leur institution : difficultés intrinsèques (A). Les autres sont relatives au contexte socio-économique et politique souvent hostile dans lequel elle évolue : difficultés extrinsèques (B).

A- les difficultés intrinsèques

Les difficultés intrinsèques sont celles qui limitent l'activisme des acteurs de la société civile indépendamment de toute influence extérieure. Ces difficultés sont liées tantôt aux moyens d'action, tantôt aux actions entreprises dont elles limitent la portée.

1- les difficultés relatives aux moyens d'action

Comme toute institution, les organisations de la société civile ont besoin, pour mieux fonctionner, de ressources et de moyens nécessaires. Or, précisément ce qui caractérise les organisations de la société civile malienne, c'est une insuffisance évidente de ressources tant financières qu'humaines.

D'abord, qu'il s'agisse des ONG nationales ou internationales, on note d'une manière générale que l'absence ou l'insuffisance des moyens financiers ou matériels constitue leur faiblesse majeure. Or, comme le dit un adage courant *« l'argent est le nerf de la guerre »*. Ainsi, la quasi-totalité des organisations de la société civile malienne se caractérise par la faiblesse des ressources financières et humaines. Dépourvues très souvent de financement de la part des pouvoirs publics[560] et des partenaires financiers, certaines associations de base, certains mouvements associatifs, n'existent réellement que par leur acte de création. D'autres, notamment des ONG bénéficiant de quelques soutiens financiers manquent de moyens matériels[561] et de ressources humaines qualifiées[562], ce qui handicapent leurs actions. Les ONG internationales qui sont censées être les plus nanties, affectent souvent une bonne partie de leurs ressources à des domaines autres que l'environnement ou parfois manifestent des méfiances vis-à-vis de leurs homologues nationales.

Quoi qu'il en soit, les capacités d'autofinancement de ces organisations de la société civile malienne sont dans l'ensemble limitées, d'où une dépendance poussée à l'égard des financements extérieurs. En principe, elles s'emploient à mener des activités qui leur permettent de subvenir à leurs besoins ou même procèdent à des campagnes de récolte de fonds d'autant que les populations sont en grande partie pauvres. Du coup, bon nombre d'entre elles ne dispose pour seule source de revenu que des fonds ou financements accordés par les bailleurs de fonds et les organisations internationales, les cotisations de leurs membres étant insignifiants face aux besoins.

---

560 Soulignons qu'au Mali, le canevas des relations formelles entre l'Etat et les OSC sont : l'agrément, l'accord cadre, les réunions nationales et régionales et les concertations. Cependant, il n'existe pas de cadre formel de concertation pouvant réunir toutes les organisations de la société civile. Le seul cadre régulier et clairement établi concerne les associations signataires d'accord-cadre avec le gouvernement, notamment les ONG. Dans ce contexte le financement des OSC demeure un défi à relever.

561 Les capacités matérielles sont un reflet de l'activisme des organisations de la société civile. Au Mali, 20% de ces organisations de la société civile (OSC) disposent de ressources matérielles selon l'atelier de Bamako de validation de la synthèse des rencontres sur les rôles et responsabilités de la société civile dans un contexte démocratique au Mali. Ces 20% sont en général des ONG. Celles-ci sont équipées et disposent d'un siège avec le matériel de bureau, les moyens de communication, une adresse postale et électronique, des moyens de mobilité…etc. La plupart des OSC n'ont comme siège que le domicile de leur président, se trouvant ainsi dépourvue de moyens matériels.

562 Le domaine de l'environnement est assez complexe et technique, les personnes y intervenant doivent avoir une certaine connaissance, une certaine maîtrise des éléments et des règles au risque de voir leurs actions vouées à l'échec. Les acteurs de la société civile doivent former au mieux leurs membres aux techniques nécessaires à l'accomplissement de leurs actions, ce qui n'est toujours pas le cas au Mali.

Dans cette dérive, ces acteurs perdent leurs autonomies et deviennent, de ce fait sur le terrain, des simples exécutants des politiques environnementales plus ou moins orientées des pouvoirs politiques. Du coup, elles ne sont plus à l'abri d'être transformés en « fausses ONG[563] » loin de servir la cause environnementale et contribuer à la protection de la biodiversité gage d'un développement durable du pays.

Enfin, l'insuffisance de ressources humaines et techniques réside essentiellement dans l'indisponibilité et le manque de qualification du personnel. En effet, la plupart des organisations de la société civile qui sont nées dans la mouvance des années 1990, répondaient plus à un besoin d'opportunisme qu'à une connaissance réelle des problèmes environnementaux. Ainsi, elles sont souvent constituées de « *Petits Cercles d'Amis* [564]» sans aucune qualification qui, par concours de circonstances, ont entrepris une aventure environnementale sans en mesurer la portée réelle. Par ailleurs, le personnel de la plupart de ces organisations est en général flottant et instable. Tantôt, il s'agit de fonctionnaires déjà très occupés, tantôt des jeunes diplômés en quête d'un emploi temporaire, ou tantôt des hommes d'affaires pour qui la gestion d'une organisation non gouvernementale n'est d'autre qu'un passe-temps. En tout cas, la permanence du personnel n'est pas la chose la mieux partagée dans le monde des ONG au Mali. Certes, les bailleurs de fonds ne facilitent pas les choses lorsqu'elles récusent que les ONG incorporent des salaires dans les budgets qu'elles proposent, mais feignent hypocritement de croire qu'elles agissent tout à fait bénévolement.

Or, cette déficience des ressources humaines engendre des conséquences néfastes sur le fonctionnement des organisations de la

---

[563] Les « fausses ONG » sont celles constituées dans l'intérêt de leurs membres fondateurs. Contrairement aux « vraies ONG » qui ont un but non lucratif, les « fausses ONG » sont des organes de séduction des bailleurs de fonds pour obtenir des financements servant à enrichir leurs membres plutôt que satisfaire aux objectifs. Le phénomène est très répandu dans les pays du sud ou pays en voie de développement notamment en Afrique. Au Mali, de nombreuses associations tombent dans cette dérive et augmentent inutilement la liste des ONG.

[564] Certaines se résument presque à des grins ou à des groupes d'amis parfois sans emploi permanent qui décident de se créer des opportunités de revenus pour assurer leur quotidien.

société civile. D'abord, le personnel de certaines de ces organisations connaissent mal les problèmes environnementaux et cherchent bien souvent leurs propres intérêts au détriment de la cause environnementaliste. En réalité, la présence des fonctionnaires dans le milieu contribue à la reproduction des attitudes bureaucratiques dans le management de ces structures[565]. Enfin, il faut noter que la culture d'association reste encore faible au Mali, toute chose qui justifie très souvent la fragilité de l'institution. Tous ces encombres contribuent à limiter la portée des actions de ces organisations de la société malienne et les détourne de leurs actions sur le terrain.

2- les difficultés liées aux actions entreprises

En matière de protection de la biodiversité au Mali, deux situations majeures viennent dulcifier l'action des associations et ONG. Tantôt il s'agira de l'insuffisance de coopération entre elles, tantôt encore le problème des objectifs mal définis. De prime à bord, l'insuffisante de coopération entre les mouvements écologiques sévit au Mali. En effet dans les pays du nord, il existe une collaboration entre les ONG et associations d'environnement en vue d'entreprendre des actions collectives de protection de la nature et ses ressources. Cette collaboration se traduit par une synergie d'actions dans la conception et la mise en œuvre des projets et programmes de protection et de promotion de l'environnement.

Par contre dans les pays du sud, surtout ceux d'Afrique et plus précisément au Mali, en principe, les ONG et association d'environnement évoluent en rang dispersé. Quand bien même la promotion d'une large coopération est prônée sous tous les cieux[566] , il règne au Mali, un climat de rivalité et de lutte pour le leadership. Cette faiblesse de cohésion et de collaboration constitue très souvent une source de conflits et de suspicions au sein des groupements d'ONG. Dans le même sens, il est très ardu de déterminer le rôle, les unes et des autres dans les groupements d'ONG existants au Mali, d'où les

[565] Les attitudes bureaucratiques et lentes sont les principaux griefs généralement apportés dans la gestion des fonctions publiques africaines. Or, avec la présence des fonctionnaires dans le management de ces organisations, elles n'en restent du moins affectées par ce phénomène bureaucratique paralysant son efficacité.

[566] Comme le dit à travers un adage courant « l'union fait la force », en réalité c'est ensemble tous unis que l'on pourra faire bouger les montagnes.

hypothèses de double emplois et d'incohérence liés à la difficulté de véhiculer les informations. Il y a lieu de croire cependant que ces difficultés de coopération sont exacerbées par les *« fausses ONG*[567]*»* présentes dans le milieu.

Au fait, nous avons déjà évoqué le contexte d'opportunisme dans lequel sont nées de nombreuses associations et ONG nationales ou locales au Mali. Cette situation est aggravée par le fait que les organisations tendent à se politiser, gardant alors un statut hybride entre l'entreprise créée pour servir les intérêts de l'Etat et la vraie organisation non gouvernementale dont l'idéologie est tournée vers l'altruisme. D'autres ont été créées avec l'aide des entreprises nationales ou multinationales ou autres pouvoirs économiques afin de s'assurer d'une certaine emprise sur la sphère de la société civile. C'est justement ces situations qui créent un flou artistique dans lequel il parait difficile de savoir où se trouve l'intérêt général rattaché à l'environnement. En tout état de cause, l'on se retrouve avec le phénomène de *« fausses ONG »* en tant qu'acteurs de protection de la biodiversité. En plus de ces entraves intrinsèques, il existe d'autres dues à des facteurs externes.

B/ les difficultés extrinsèques

Il s'agit ici des facteurs externes aux organisations de la société civile qui les empêchent d'agir ou tout simplement limitent la portée de leurs actions en matière environnementale. Bien qu'incontestablement consistant, le potentiel des composants de la société civile malienne n'est pas toujours suffisamment exploité dans la mesure où ils sont traités de manière inégalitaire (1). Autre part, le contexte socio-politique et économique ne prête pas à une bonne réceptivité de leur emprise en matière de protection de la biodiversité (2).

1- l'existence d'inégalités dans la gestion des questions d'environnement

Les inégalités dans la gestion des questions d'environnement tiennent à la prise en compte insuffisante des opinions des associations

---

[567] Il s'agit des Organisations non gouvernementales fictives, qui n'existent que par acte de création, sans aucune activité réelle.

et ONG. Cependant l'on notera avec désolation la marginalisation des groupements et organisations paysannes au niveau local. En premier lieu, il convient de souligner la prise en compte insuffisante des opinions des ONG et autres mouvements écologiques. Le moins que l'on puisse dire, c'est que l'intégration des organisations de la société civile dans les processus environnementaux dans la plupart des Etats du sud notamment en Afrique, n'est pas manifeste. C'est pourquoi d'ailleurs, réuni le 07 Juin 1998 à Bata, les ONG d'Afrique centrale ont mis à jour une déclaration dans laquelle, elles précisent que « *les positions des ONG sont difficilement prises en compte et qu'une confusion persiste toujours dans la définition du rôle des ONG dans le processus de développement du droit de l'environnement* ». Cette situation n'est pas propre à l'Afrique centrale, elle reflète celle du reste de l'Afrique. De nombreuses organisations de la société malienne décrient cette marginalisation à bien des égards.

Selon des dirigeants d'associations écologiques telles, les Jeunes Volontaires pour l'Environnement ou même l'Association Malienne pour la Protection de l'Environnement, bon nombre d'organisations de la société se sentent bifurquées dans le processus de protection de l'environnement[568]. En effet, les ONG maliennes sont confrontées à l'hostilité des autorités publiques mais aussi à l'indifférence des populations cibles dont la méfiance suscitée depuis au demeurant à l'égard de toute institution tarde à s'effacer. En outre, des organisations locales sont très peu impliquées, consultées lors des activités de gestion de l'environnement. Elles ne sont pas considérées comme partenaires efficaces ni par l'Etat et les bailleurs de fonds ni par les ONG internationales. D'abord, l'Etat s'estime banalisé et combattu par celles-ci et ne les intègre pas toutes dans le processus d'élaboration et de mise en œuvre des programmes nationaux de gestion de l'environnement. Ensuite, les bailleurs de fonds s'estiment incompris par ces acteurs locaux et préfèrent souvent coopérer avec les ONG internationales censées être plus crédibles. Enfin, les ONG internationales préfèrent agir par le biais de leurs représentations plus crédibles à leurs yeux plutôt que collaborer avec des groupements locaux parfois mal structurées. Tous ces facteurs contribuent à

---

568 Entretiens accordés en juin 2017 au siège de leurs structures respectives.

exacerber la dépendance de ces organisations si bien que finalement l'on s'interroge sur la reconnaissance réelle de leur rôle.

2- le contexte politique, économique et social défavorable

L'existence des conflits ou de rébellion à répétition dans le pays, sources d'instabilité sociale et la constante pauvreté des populations constituent autant d'obstacles à l'action des acteurs de la société civile malienne. D'emblée, admettons que l'instabilité socio-politique est un facteur entravant l'action des organisations de la société civile. Avec cette instabilité politique et sécuritaire qui perdure depuis des années dans le pays, on comprend les difficultés qu'ont ces organisations de la société civile à se déployer et à exercer véritablement leurs actions. Or, il est indéniable que « *la guerre exerce une action intrinsèquement destructive sur le développement durable*[569] », que « *la paix, le développement et la protection de l'environnement sont interdépendants et indissociables*[570] ». Fort constat de cela, l'on comprend les difficultés de ces organisations de la société civile à se déployer véritablement au Mali. Pendant ces crises à répétition, la plupart des organisations non gouvernementales, faut de sécurité, suspendent leurs actions ou préfèrent les réorienter à d'autres secteurs plutôt que l'environnement. L'Etat n'étant pas en mesure d'assurer la sécurité de leurs agents dans les zones sous tension, les groupements écologiques évacuent leurs personnels dans la capitale, cessant ainsi les activités à la faveur de l'environnement et de la biodiversité.

Ainsi, l'impuissance de ces organisations vient conforter l'idée selon laquelle « *la nature a besoin de la paix*[571] ». La guerre exerce une action essentiellement dévastatrice sur le développement durable. Sur certains cieux, ces ressources environnementales servent à financer des conflits inutiles. Aussi, l'instabilité économique notamment la pauvreté des populations n'en demeure pas en reste. La pauvreté des populations maliennes demeure un facteur paralysant le dynamisme de la société civile dans ses actions de protection de la biodiversité. Comme le disait François WALTER, *« l'altruisme est le propre des robinsonnades…où*

---

[569] Principe 24 de la déclaration de Rio de Janeiro de 1992 sur l'environnement.
[570] Principe 25 de la même déclaration de Rio de 1992.
[571] LAVEILLE, (J.M.), « *Droit international de l'environnement* », 2ème édition, Ellipses, 2004, p.42

naufrage reste insensible aux beautés de son île[572] ». En réalité au Mali, les populations vivent dans un tel état de pauvreté que toute source de revenu leur semble opportune indépendamment des conséquences que son exploitation pourrait causer à long terme sur la biodiversité.[573]

Dans un tel contexte, le respect de la diversité biologique ne constitue pas un souci majeur, et toute tentative de conscientisation par les organisations de la société civile, a peu de chance d'être un succès. Comme l'a souligné le Professeur Maurice KOMTO, « *la lutte pour la survie et la course au mieux-être n'embrassent pas des exigences normatives*[574] ». Il semble donc que dans les pays en développement, à l'instar du Mali, envisager une protection juridique de la biodiversité sans le bien-être social relèverait d'une ambition utopique. Or, ironie du sort, la destruction de l'environnement et de la biodiversité compromet fortement le développement durable contribuant ainsi à aggraver l'état de pauvreté de ces populations.

En effet, on assiste à une sorte de cercle vicieux de la pauvreté dont le schéma est fort simple : pour survivre, les populations à revenus modestes sont obligées de puiser dans les ressources environnementales au risque de les épuiser, et cette dégradation des ressources ne fait qu'accroitre leur pauvreté. Ces pauvres, en grande partie agriculteur, sont parfois éjectés des terres fertiles par les puissants hommes politiques ou économiques, lesquels peuvent acheter les terres ou user d'influences politiques pour obtenir des titres de propriété. Sans même le réaliser, ces paysans spoliés perpétuent leur propre situation de par leur rôle dans la déforestation. Ce qui empire leur qualité de vie en augmentant leurs risques de maladie, en délabrant leurs réserves d'eau

---

[572] WALTER, (F.) « *Les suisses et l'environnement : une histoire du rapport à la nature du XVII ème siècle à nos jours* » éd. ZOE, Genève 1990, p. 49

[573] La pauvreté est un facteur de destruction de l'environnement. Les populations à la recherche des moyens de survie n'attendent accorder aucune attention à la sensibilisation, au conseil des acteurs de terrain par rapport aux effets pervers de leurs activités à l'environnement et à ses ressources. C'est du moins le point de vue de M. Koniba TRAORE, cultivateur et exploitant de Charbon et de bois de chauffage, qu'il nous a confié à l'occasion d'un entretien accordé à Tiola un village situé sur le tronçon Bamako - Sikasso, (commune rural de Nièna, cercle de Sikasso).

[574] KAMTO, (M.), « *les conventions régionales sur la conservation de la nature et des ressources naturelles et leur mise en œuvre* », REJ 1997/4, pp. 417-420 et 437-442.

potable, en accélérant l'érosion du sol et en ne laissant aucun espoir d'une vie meilleure pour leurs progénitures. L'on comprend dès lors l'urgence de la lutte contre la pauvreté qui permettrait par la même occasion d'affermir le rôle des organisations de la société civile en matière d'environnement.

Tous ces facteurs qui entravent le dynamisme des organisations de la société civile malienne, méritent aujourd'hui une correction nécessitant un renforcement de leurs capacités structurelles et financières. Cependant, ces facteurs institutionnels sont combinés à d'autres liés notamment aux règles juridiques de protection et dont l'ensemble paralyse le régime juridique de protection de la biodiversité au Mali, dont l'objet d'étude du chapitre suivant.

CHAPITRE II

LES LACUNES NORMATIVES

Le droit n'est pas dissociable de la protection de la vie sauvage, parce qu'il est étroitement lié à toute forme de protection. Ainsi, il ne peut y avoir de protection sans prohibition ou plus largement, sans prescription de comportement. Or, le droit, sous une représentation assez simple, n'est rien d'autre qu'un ensemble de prescriptions prohibitives ou permissives. C'est donc dire que toute volonté de protection de la biodiversité ou même de l'environnement doit essentiellement s'appuyer sur des normes juridiques.

Cet arsenal juridique constitue le levier de la mise en œuvre effective des politiques environnementales, admet-il le Professeur Maurice KAMTO[575], lorsqu'il affirme « *Il est indéniable aujourd'hui que le droit est le moteur des politiques environnementales. Il en facilite l'adoption et la mise en œuvre* [576]». Le droit de l'environnement est un outil indispensable à la gestion et à l'administration de la biodiversité. Il sert de fondement aux politiques gouvernementales et aux actions de protection de l'environnement qui garantissent un usage à la fois équitable et durable de la biodiversité.

En dépit du développement rapide du cadre juridique environnemental, de nombreux problèmes subsistent, en particulier en ce que concernent l'application et la mise en œuvre des instruments juridiques. Le droit international de l'environnement, malgré une profusion institutionnelle et normative, présente des insuffisances liées surtout à ses difficultés d'application, c'est donc un droit défaillant (Section I). Quant au droit national de la biodiversité, il se caractérise par une prolifération normative assez étouffante remettant en cause son application effective (Section II).

Section I : Le problème de l'application des normes internationales au Mali

Les instruments juridiques internationaux ratifiés par le Mali en matière d'environnement font partie d'un ensemble appelé Droit

[575] KAMTO Maurice est un Professeur Agrégé de Droit Public à l'Université de Yaoundé II, au Cameroun.
[576] KAMTO Maurice, « *Droit de l'environnement en Afrique* », EDICEF, 1996, p. 17

International de l'Environnement (DIE). Aujourd'hui, on ne saurait mettre en doute l'existence de ce droit en tant que catégorie du droit international, tant il a accompli un parcours impressionnant pour se forger une identité propre. Le DIE se définit comme l'ensemble des règles d'origines coutumières et conventionnelles dont l'objet est la protection de l'environnement contre les détériorations majeures et les déséquilibres qui pourraient en perturber le fonctionnement normal.[577] Son objet est en effet, de sauvegarder les éléments de l'environnement essentiels au maintien des grands équilibres qui régissent la vie de notre planète, et qui sont nécessaires pour la survie même de l'Humanité.

Or, il existe un nombre considérable de ces instruments juridiques avec des régimes complexes impliquant un grand nombre d'acteurs. Plusieurs de ces instruments juridiques, ratifiés par le Mali, portent sur la protection de la nature et de la diversité biologique. Nonobstant le problème de la vitalité dont témoigne ce droit, qui le rend peu propice à la fonction juridictionnelle (Parag I), sa mise œuvre reste un défi majeur auquel l'Etat du Mali se trouve confronter (Parag II).

Paragraphe I : le DIE, un ensemble de normes peu propices à l'application effective

Le droit international de l'environnement connait une vitalité impressionnante. Jamais un droit n'avait réussi en un temps record à limiter la liberté individuelle et brimer les dogmes ayant façonné les réflexes humains telle la propriété, la croissance ou le développement. Chaque année, on assiste à la naissance de plusieurs dispositions normatives soucieuses de la protection de l'environnement. Il s'agit donc d'un édifice juridique insolite. Et cela se traduit par le foisonnement d'éléments frisant le désordre dans l'application. Le DIE se singularise d'emblée en se donnant une finalité globale qui est l'Humanité[578]. C'est aussi une discipline transversale, un véritable confluent, « *son corollaire étant l'interdisciplinarité, il rompt avec une tradition jadis répandue qui consistait à présenter l'univers du droit*

[577] KISS (A), BEURIER (J.P), « Droit international de l'environnement », Paris, Pedone, 2000, p.19.

[578] KAMTO (M), « *Singularité du droit international de l'environnement* », les hommes et l'environnement. Quels droits pour le XXI ème siècle ? Etudes en Hommage à A. KISS, Frison Roche, 1998, pp. 315-322.

international comme un monde où les différentes branches étaient isolées de manière quasi hermétique et traitées comme des parties du droit international général sans aucune connexion entre elles »[579]. C'est admettre donc qu'il existe une véritable chaîne de solidarité entre le D.I.E. et les autres disciplines du droit international.

Néanmoins, le DIE a connu une remarquable expansion aussi bien sur le plan quantitatif qu'au regard des domaines couverts. Son application demeure un des défis posés à la gouvernance mondiale. L'ensemble de règles qui constituent le DIE offrent en réalité peu de perspectives à la fonction juridictionnelle. De ce fait, la vitalité de ce droit, qui s'exprime aussi bien sur le plan normatif qu'institutionnel, n'est guère de nature à faciliter sa justiciabilité. Profusion et originalité caractérisent la matière de ce double point de vue, si bien que le DIE offre une image quelque peu brouillonne, voire désarticulée[580]. Ainsi, les juges, nationaux et internationaux, se trouvent en quelque sorte excluent des mécanismes concourant au respect des règles de ce droit. Les déficiences juridiques du DIE constituent un facteur compromettant son application (A). En plus, l'existence de la multitude d'acteurs, devait garantir une certaine effectivité dans l'application de ce droit, tant au plan interne qu'international, or, il n'en est rien (B).

A/ Des déficiences juridiques, facteurs compromettant l'effectivité et l'efficacité du D.I.E

En réalité, pour atteindre leurs objectifs, les normes du droit international de l'environnement doivent répondre à une double condition d'efficacité et d'effectivité. Mais l'effectivité du droit international de l'environnement rencontre des difficultés : les unes, d'ordre général, tiennent aux spécificités du droit international ; les autres, d'ordre particulier, tiennent au champ de l'environnement[581]. Si l'on s'en tient au seul plan conventionnel, pour que les normes posées

---

579 KEMFOUET KENGNY (E. D.) « *Droit international de l'environnement et fonction juridictionnelle* », Thèse pour obtenir le grade de docteur en droit de l'Université de Limoges, Présentée et Soutenue le 24 Juin 2008, p.4

580 MALJEAN-DUBOIS (S.), « *la mise en œuvre du droit international de l'environnement* », les notes de l'Iddri, n°4, 2003, p.9.

581 MALJEAN-DUBOIS, (Sandrine), « *La mise en œuvre du droit international de l'environnement* », Les notes de l'Iddri n°4, 2003, p.22

soient concrètement réalisées, encore faut-il que les conventions répondent cette double condition, être effectives, efficaces.

Comme l'estime Charles De VISSCHER, on peut tenir « *pour efficaces les dispositions d'un acte international (...) quand, considérées en elles-mêmes, elles sont en adéquation aux fins proposées* »[582]. Cette première condition n'est pas aisément remplie dans le domaine de l'environnement, surtout de la biodiversité. Par manque de connaissance ou par défaut de consensus, les objectifs environnementaux à atteindre ou les méthodes à suivre sont souvent vaguement formulés. Ce niveau de réflexion mène hors des frontières du droit, dès lors qu'il s'agit de répondre, à partir d'une analyse substantielle, à la question suivante : la qualité ou l'état de la biodiversité peut-il être amélioré grâce au régime ou au traité ? Encore faut-il connaître les besoins de la biodiversité et être en mesure de les combler, ce qui s'avère plus ou moins facile selon les cas.

Ensuite, les normes doivent être effectives, car l'efficacité d'un instrument international ne préjuge pas de son effectivité. Avec Charles De VISSCHER, on peut tenir pour effectives les dispositions d'un traité « *selon quelles se seront révélées capables ou non de déterminer chez les intéressés les comportements recherchés* »[583]. Or, la remarque d'ordre général de cet auteur selon laquelle, « *trop de traités dotés d'une efficacité certaine et pourvus d'adhésions nominales nombreuses restent démunis d'effectivité* », s'applique bien au droit international de l'environnement. Si les progrès de la coopération internationale sont notables, encore faut-il que les instruments entrent en vigueur rapidement et reçoivent une participation large et adaptée à leur objet. Or, il est évident que l'application nationale, notamment par la transcription des normes dans les droits internes, demeure insuffisante. La plupart des obligations ne sont pas auto-exécutoires. De plus, les mécanismes classiques de réaction à la violation substantielle d'une obligation conventionnelle sont mal adaptés lorsque l'obligation constitue un engagement unilatéral, exempt de réciprocité. Cela contribue à rendre difficile la mise en œuvre des règles posées.

---

[582] De VISSCHER, (Charles), « *Les effectivités du droit international public* », Pédone, Paris, 1967, p. 18.
[583] Idem. p.68.

A priori, si ces deux conditions d'efficacité et effectivité sont remplies, in fine la qualité de l'environnement ou l'état de la biodiversité sera amélioré grâce au régime ou traité. En plus du caractère polysémique du terme, l'évaluation de l'efficacité n'est toutefois pas facile en raison de la complexité de systèmes sociaux et de systèmes écologiques en perpétuelle évolution, mais aussi de la difficulté d'établir un lien de causalité entre la mesure de politique internationale et le résultat observé. Selon Sandrine MALJEAN DUBOIS, « *la chaine d'action reliant les régimes, les politiques, les personnes, et l'environnement naturel est complexe et incertaine voire discontinue. Certains succès politiques ne sont pas conjugués avec des réussites sur le plan environnemental. Des indicateurs adéquats de cette effectivité font encore défaut* »[584].

Ainsi, avec Sandrine MALJEAN DUBOIS, disons que l'effectivité du droit international de l'environnement est multidimensionnelle. De ce fait, « *le régime pourra être jugé effective s'il :*

- assure la protection de l'environnement ;

- conduit au respect des règles et standards posés ;

- conduit à la modification souhaitée du comportement humain ;

- est transposé aux différents niveaux institutionnels (régional, national, local) par l'adoption de lois, règlements et la conduite de certaines activités administratives ;

- a un impact à travers sa seule existence, indépendamment de l'adoption de mesures spécifiques »[585]. Le plus souvent, un régime n'est effectif qu'au regard de l'une ou l'autre de ces dimensions. Or, rares sont les régimes qui réunissent toutes ces dimensions. Cela n'est possible que lorsque les problèmes environnementaux sont bien délimités et bien compris, et que les changements économiques et sociaux requis sont réduits.

D'ailleurs, ces difficultés ne concernent pas que le droit international de l'environnement. Il concerne tout le droit international public en général. En effet, le droit international bute sur un dilemme. Le besoin d'une hiérarchie et d'une contrainte pour négocier, coopère,

---

[584] MALJEAN-DUBOIS, (Sandrine), Op. Cit. p.23

[585] Ibid.

définir des instruments de régulation et les appliquer n'a jamais été aussi vif[586]. Mais la société internationale actuelle demeure une société de juxtaposition d'entités souveraines non hiérarchisés, encore marquée par le primat du consentement. L'une des caractéristiques de l'ordre juridique international dont les Etats sont les principaux acteurs, est que ces derniers sont à l'origine de la formation du droit ou tout au moins des sources classiques et sont chargés de son exécution. Ils sont donc libres de s'engager ou non, en acceptant des normes externes. Bref, ils s'autolimitent.

Sauf très rares exceptions, dans une logique subjective, l'accord de l'Etat demeure seul à l'origine des obligations à sa charge. Le volontarisme fait obstacle au développement d'un droit commun, en témoigne l'échec de constructions collectivistes passées, tel le patrimoine commun d'humanité[587]. Les progrès dans la construction d'un ordre public international sont tout à fait relatifs. Ils le sont également dans la reconnaissance de l'environnement « *comme une valeur commune humanité toute entière* », dont la préservation est l'affaire de la communauté internationale dans son ensemble, et que l'on retrouve dans les règles qui lui sont applicables, la plupart des principes relatifs au patrimoine commun de l'Humanité : absence de réciprocité, obligation de conservation et de gestion rationnelle, non-appropriation.

Il est un fait que, les Etats conservent des compétences quasi-exclusives et ont une responsabilité première en la matière. L'engouement, surtout doctrinal, pour le concept de bien public mondial ne devrait pas changer la donne, tout au moins dans l'immédiat, en raison de ses imprécisions juridiques. Avec Sandrine MALJEAN-DUBOIS, nous nous accordons à admettre que « *malgré d'importants progrès aussi bien institutionnels que normatifs, le célèbre passage du Lotus selon lequel les règles de droit liant les Etats procèdent de la volonté de ceux-ci, demeure valide* »[588]. Les conceptions patrimoniales ne sont pas en adéquation avec la structure de la société internationale, d'où sont absentes la hiérarchie des organes

---

[586] Ibid.
[587] Ibid.
[588] Ibid.

et l'intégration nécessaires à la détermination plus précise de leur substance et à leur mise en œuvre. En réalité, il est bien difficile d'élaborer des règles dans un secteur comme la biodiversité où il existe un intérêt général, mais dont la prise en charge présumerait l'acceptation de contraintes supérieures à la somme des intérêts individuels.

Or, il ne faut jamais occulter le fait que le droit international de l'environnement n'a cessé d'être élaboré et mû par les intérêts individuels des Etats et en fonction du rapport de leur puissance respective. Il est plus fréquent que la mise en œuvre des conventions environnementales se heurte en pratique à de grandes difficultés : lenteur des processus, faiblesse des contenus, reflétant par définition un consensus d'autant plus minimal que les Etats concernés sont nombreux et diversifiés, insuffisance des financements et moyens d'application, faiblesse du contrôle, absence de sanctions du non-respect. Ainsi à lui seul, le domaine du changement climatique illustre cette problématique. D'un côté, le Protocole de Kyoto à la Convention-cadre des Nations Unies sur le changement climatique introduit le régime international sans aucun doute le plus abouti et le plus original pour la gestion d'un bien commun, un régime qui, sur le plan juridique, se révèle d'une complexité déroutante. D'un autre côté, la lenteur des négociations et des progrès, l'insuffisance des engagements, trop modestes et peu lisibles, se conjuguent à l'impossibilité de contraindre des grandes puissances comme les Etats-Unis, principal émetteur de gaz effet de serre, à participer, au rythme trop lent des ratifications et aux questions complexes de contrôle, de mise en application.

En effet, ces difficultés générales sont encore amplifiées dans le domaine de l'environnement et de la biodiversité. En matière d'environnement, la transgression d'une obligation conventionnelle résulte rarement d'un acte délibéré et prémédité. La mise en œuvre des règles est rendue particulièrement ardue par trois facteurs : la mollesse des normes due à l'abondance de la *soft law*, caractère souvent très général des obligations, faiblement contraignantes, non quantifiées, atténuées ; le caractère non auto-exécutoire de la plupart des obligations ; le fait que les mécanismes classiques de réaction à la violation substantielle d'une obligation conventionnelle sont mal adaptés lorsque l'obligation constitue un engagement unilatéral, exempt de réciprocité[589]. Les manquements trouvent aussi leur source dans les difficultés d'interprétation de conventions peu claires et/ou peu précises ou encore dans l'incapacité de la convention à évoluer et à prendre acte de changements de circonstances. Aussi, le foisonnement normatif est également source de difficultés. En réalité, le D.I.E est un corps de règles construit dans l'urgence, au coup par coup. Il souffre d'incohérences internes voire de problèmes d'articulation externes dus à des cloisonnements normatifs et institutionnels par rapport à d'autres corps de règles tels que le droit du commerce international, le droit des investissements, les droits de l'homme etc.

La vitalité normative du DIE qui se traduit par une profusion remarquable n'a d'égale mesure que son ineffectivité. En effet, au-delà de ce foisonnement normatif semé d'embuches, il faut reconnaitre que la nature même du DIE n'est pas des plus certaines. Il embrasse des domaines aussi hétéroclites que variés et va largement au-delà de ce qu'on peut attendre d'une application effective. Aussi, sa justiciabilité demeure ainsi peu certaine. En outre, les insuffisances de la mise en œuvre trouvent aussi leur source dans l'incapacité matérielle des Etats du sud comme le Mali, à se conformer à des obligations internationales dont l'application a souvent un cout économique et social très important. Pour rendre compte de la réalité dans son ensemble, l'analyse juridique doit être au moins complète par des analyses sociologiques et économiques. De ce point de vue, la théorie des régimes[590] contribue à expliquer les différences de résultats et d'effectivité d'un régime à l'autre. Dans une réflexion plus prospective, elle permet débaucher les formes que doivent prendre les dispositifs internationaux pour être les plus efficaces et effectifs.

Les analyses faites sur le D.I.E rendent bien compte des difficultés pratiques rencontrées par les régimes ou institutions internationales. Ces difficultés sont rangées en trois catégories :

- des problèmes d'adéquation, de décalage entre les besoins de l'environnement, des écosystèmes et les institutions. En tant que

---

[589] KISS (Alexandre Charles), « *Un nouveau défi pour le droit international* », In Projet, vol. 226, 1991, p. 53.

[590] C'est un ensemble de principes, de normes, de règles et de procédures de décision implicites ou explicites, autour desquels les attentes des acteurs convergent dans un domaine spécifique.

construits sociaux, les institutions devraient pouvoir être adaptées aux caractères géophysiques des problèmes environnementaux. Or, il existe des décalages et, même lorsqu'ils sont identifiés en tant que tels, il est difficile d'y remédier ;

- des problèmes d'interactions qui concernent les liens horizontaux ou verticaux existant entre les différentes institutions ;
- des problèmes d'échelle, qui concernent les différences dévolution de différentes échelles spatiales et temporelles[591].

De ce fait, ces difficultés rencontrées ont entrainé le développement de techniques spécifiques de mise en œuvre, en cherchant à adapter le droit et les procédures aux enjeux.

B/ Une vitalité institutionnelle balbutiante du droit de la biodiversité

Plusieurs institutions internationales sont concernées d'une manière ou d'une autre par la protection de la diversité biologique. Cependant, deux organes des Nations Unies demeurent spécifiquement chargés de ces questions : il s'agit du Programme des Nations Unies pour l'Environnement et la Commission du Développement Durable (CDD). Crée en 1972 dans la foulée de la conférence de Stockholm, le PUNE a été conçu à l'origine comme un organe catalyseur susceptible de stimuler l'action des autres institutions. C'était une façon pour l'Assemblée Générale de se déclarer consciente de la *« nécessité d'élaborer d'urgence, dans le cadre des Organisations des Nations Unies, des arrangements institutionnels permanents pour la protection et l'amélioration de l'environnement »*[592]

Nonobstant les espoirs et les attentes nés de sa création, le PNUE demeure un organe peu efficace et cela pour diverses raisons. D'abord, il souffre de déficiences structurelles. Son statut et les moyens mis à sa disposition, ne le permettent pas d'exercer une grande autorité sur les Etats ou même sur leurs émanations notamment les organisations internationales. Il est dépourvu de tout moyen de contrainte à leurs égards. En fin, il convient de souligner la lourdeur et la complexité de

---

591 MALJEAN-DUBOIS, (Sandrine), Op. Cit. p.27

592 Résolution 2997 (XXVII), dispositions institutionnelles et financières concernant la coopération internationale dans le domaine de l'environnement.

son ossature institutionnelle, que bon nombre d'Etats critique l'opacité, chose synonyme d'inefficacité.

S'agissant de la CDD, elle fut créée vingt ans après le PNUE à la suite de la conférence de Rio de Janeiro de 1992 par le Conseil Economique et Social, sur recommandation de l'Assemblée Générale des Nations Unies. Sa mission consiste essentiellement à assurer le suivi efficace de la conférence des Nations Unies pour l'environnement et le développement, d'impulser la coopération internationale, de rationaliser les capacités intergouvernementales en matière de prise de décision et d'évaluer l'état d'avancement de la mise en œuvre du programme d'Action 21. L'accomplissement de ces différentes missions, reste un défi pour cette structure, surtout en ce qui concerne la mise en œuvre de l'Agenda 21.

En plus de ces deux institutions, presque toutes les institutions spécialisées des Nations Unies telles : l'UNESCO[593], la FAO[594], l'OMS[595], l'OIM[596], l'OMC[597], l'AIEA[598], tout comme des organisations régionales voire sous régionales dont : l'Union Européenne, l'Union Africaine, la CEDEAO[599], l'UEMOA[600], présentes au Mali, ont établi des programmes environnementaux. Il convient d'ajouter aussi le phénomène d'institutionnalisation dans le cadre conventionnel à travers les secrétariats permanents. On peut donc, bien constater que le droit international de l'environnement demeure fourmillant et novateur, tant sur le plan normatif qu'institutionnel, au point d'être parfois qualifié de « *laboratoire du droit international* ».[601] Cette belle vitalité ne doit pourtant pas occulter les difficultés de mise en œuvre des règles du DIE.

En particulier, ces institutions ad hoc aux conventions présentent une grande diversité qui tient en partie à leur caractère

---

593 L'Organisation des Nations Unies pour l'Education, la Science et la Culture.
594 L'Organisation des Nations Unies pour l'Alimentation et l'Agriculture.
595 L'Organisation Mondiale de la Santé.
596 L'Organisation Internationale Maritime.
597 L'Organisation Mondiale du Commerce.
598 Agence Internationale d'Energie Atomique.
599 La Communauté Economique des Etats de l'Afrique de l'Ouest.
600 Union Economique et Monétaire Ouest Africaine.
601MALJEAN-DUBOIS (S.), Op. Cit., p.22.

régional, sous régional, universel, et à leur objet. De nature juridique incertaine et variable, ces structures ont des attributions et des moyens assez disparates. Cette opulence institutionnelle ne va pas sans poser d'entraves pratiques. C'est du moins le constat dressé par un rapport du PNUE en ces termes *« l'accroissement de la complexité et du morcellement de la gouvernance internationale en matière d'environnement tient en partie à l'augmentation du nombre d'acteurs, tant gouvernementaux que non gouvernementaux, dans le domaine de l'environnement. En outre, la prolifération des organes des Nations Unies et d'autres organismes internationaux qui s'occupent de questions d'environnement ne fait qu'ajouter à cette complexité »*[602].

Appuyées mollement et œuvrant en ordre dispersé, ces institutions internationales sont moins efficaces qu'elles ne pourraient l'être, tandis que leurs fonctions et moyens continuent d'augmenter. La diversité des exigences internationales a, en effet, imposé d'énormes contraintes aux Etats en développement tel que le Mali, qui, souvent, ne dispose pas de moyens nécessaires pour jouer efficacement son rôle dans l'élaboration et dans la mise en œuvre des politiques internationales en matière d'environnement. Dans ces conditions, la problématique d'articulation institutionnelle devient centrale. Malgré, la coopération dans la sphère conventionnelle, des difficultés subsistent et plusieurs pistes restent à explorer. L'idée de création d'une Organisation Mondiale de l'Environnement, soutenue notamment par la France depuis quelques années, reste loin d'être une réalité[603].

---

602 PNUE, 2001. « *Gouvernance internationale en matière d'environnement* », Rapport du directeur exécutif, UNEP/IGM/1/2, 4 avril, p. 17.

603 Des trois piliers du développement : économique, social et environnemental, le dernier est éclaté en plus de 500 conventions ou accords multilatéraux, fragmentaires et cloisonnés. D'ailleurs, le Programme des Nations Unies pour l'Environnement (PNUE) ne compte que 58 Etats-membres et son financement ne dépend que de versements volontaires. C'est l'une des raisons qui pousse la France à cherche à mettre en place une Organisation Mondiale de l'environnement (OME). Son objectif serait d'être une autorité politique internationale qui prenne des initiatives environnementales et qui fasse appliquer les décisions politiques existantes comme le Protocole de Kyoto, le Protocole de Cartagena, ou l'accord de Paris sur le climat. Le projet est reçu de manière inégale : certains voient dans cette organisation une menace pour leur développement, d'autres y voient une nouvelle organisation puissante et bénéfique. Les enjeux de la Création de cette organisation sont importants. En effet, au jour d'aujourd'hui, la gestion des ressources naturelles notamment de la biodiversité à l'échelle globale n'est régulée par aucune autorité. Ces ressources ne

Ainsi, le Droit international de l'environnement reste confronté à des déficiences structurelles dans sa mise en œuvre. Mais cette situation n'est pas propre à ce droit seul, elle concerne toutes les disciplines du droit international. L'ordre juridique international se trouve confronter à un dilemme : le besoin d'une hiérarchie et celui d'une contrainte, pour négocier, coopérer, réguler de façon effective. Or, la société internationale demeure sous l'emprise d'entités souveraines non hiérarchisées, et dont l'instrument du jeu reste le consentement. Ces acteurs souverains du jeu international sont libres de s'engager ou non, de s'autolimiter ou pas. C'est justement ce volontarisme qui freine l'envol du Droit international public dans toutes ses ramifications. S'agissant du DIE, il souffre d'incohérences internes des règles, de problèmes d'articulation externes dus à des cloisonnements normatifs et structurels. La mise en œuvre des règles s'avère assez difficile pour les raisons suivantes : d'abord, le DIE est un droit mou, et la mollesse de ses normes ne favorise guère leur mise en œuvre. Ensuite, il existe une opulence de la soft law, c'est-à-dire des règles qui formulent des obligations générales et peu contraignantes ; et enfin, des obligations non auto-exécutoires.

Il convient, en outre, de souligner la faiblesse des moyens matériels et financiers, pour permettre aux acteurs de remplir leurs obligations internationales. La réalisation des objectifs fixés par les différents instruments, a un coût économique et social important, auquel les Etats peinent à répondre. Sur le plan juridictionnel, il convient de signaler que la justiciabilité du DIE est peu évidente. Au-delà du foisonnement normatif semé d'embûches pour un juge, il faut reconnaître que la nature du DIE n'est pas du tout authentique. C'est

---

sont considérées que comme des marchandises par les entreprises exploitantes, qui cherchent des positions de monopole en oubliant de penser les ressources naturelles comme un stock limité, qu'il faut renouveler afin d'assurer la durabilité de l'exploitation et également la survie de l'espèce humaine entre autres. Aussi, le réchauffement climatique est un autre de ces enjeux. La COP 21 en novembre/décembre 2015, puis la signature de l'accord de Paris sur le climat en 2016 n'a pas empêché que les grandes entreprises mondiales du pétrole se retrouvent à Pau du 05 au 07 avril 2016 pour se mettre d'accord sur leur stratégie mondiale afin de pouvoir continuer à creuser toujours plus profond dans les océans à la recherche d'hydrocarbures. Ainsi, la création de cette Organisation Mondiale de l'Environnement compléterait de manière déterminante l'architecture institutionnelle internationale.

une discipline qui embrasse des domaines aussi hétérogènes que variés et va largement au-delà de ce qu'on peut attendre ou imaginer être du ressort du ministère d'un juge.

En réalité, le DIE se veut un droit inquiet de l'avenir de notre biosphère. A cet effet, il véhicule un nouvel art de vivre, et l'éthique qu'il cherche à définir, l'amène à forger au rythme rapide de la prise de conscience des dangers auxquels il tente de remédier des thèmes assez mobilisateurs. Ses concepts et principes fondateurs, rendent aisément compte du peu d'intérêt que la discipline porte aux procédures juridictionnelles et par conséquent, à l'exercice de la fonction y afférente. Pour ce faire, il s'affirme avant tout comme une discipline de prévention plutôt que de contrainte[604]. Sa justiciabilité reste pour ce faire, un défi pour le juge international, que pour le juge national. Du coup, sa vitalité est loin de satisfaire au besoin d'application effective et efficace.

Paragraphe II : la question de la justiciabilité des normes internationales au Mali

Les normes internationales d'environnement consacrent des principes ou des règles générales. Ainsi, la notion de principes en DIE recouvre une réalité assez vaste. Ce sont des règles souvent coutumières qui ont été proclamées par les grandes déclarations. Ces principes ont presque tous été repris par le législateur malien lorsqu'il a été amené à mettre en place des règles devant régir la biodiversité ou l'environnement. Certes, comme souligne M. Oumar SENOU, conseillé à la Cour Suprême du Mali, « *Le Mali a ratifié une trentaine de conventions. Certaines font l'objet de réserves et d'autres ne sont pas ratifiées pour préserver l'avenir ou, à défaut de moyens humains et techniques pour la mise en œuvre. Il existe une réelle prise de conscience au niveau de la société civile et des entreprises sont parfois déférées devant les tribunaux. Les juges doivent faire face à un double défi : d'une part la complexité, et d'autre part, la transversalité du secteur de l'environnement qui*

---

604 KEMFOUET KENGNY E. D., « *Droit International de l'Environnement et Fonction Juridictionnelle* », Thèse de doctorat en droit de l'environnement, Université de Limoges, Faculté des Sciences Juridiques et Politiques, Centre de Recherches Interdisciplinaires en Droit de l'Environnement de l'Aménagement et de l'Urbanisme (CRIDEAU), soutenue le 24 Juin 2008, p. 37.

implique plusieurs compétences »[605]. Il souligne d'une part, l'admission au plan interne de plusieurs instruments internationaux soucieux de la protection de l'environnement et de la biodiversité, et d'autre part, que ces normes, de par leurs caractères hétéroclites, offrent en réalité peu de perspectives à une application effective[606]. Autrement dit, intégration dans l'ordre juridique interne suffirait- elle à leur conférer une valeur contraignante pour une application effective ?

De là, ramenée dans la sphère du droit interne, la question de l'application du droit international de l'environnement ne paraît pas non plus relever d'un traitement satisfaisant. Au-delà des interrogations sur la valeur juridique des principes généraux du DIE au plan interne (A), il existe des déficiences juridictionnelles et des limites factuelles qui plombent la mise en œuvre effective de ces normes. (B).

A/ la difficile opérationnalisation des principes du DIE au plan interne

L'autorité d'une règle juridique est, en principe, à rechercher dans son mode d'élaboration, lequel détermine généralement la force de celle-ci au regard des autres actes juridiques. Ainsi, pour ce qui est des règles émanant du droit international, la solution prévue par le droit interne malien doit être nuancée eu égard à leur mode d'élaboration. Selon la constitution malienne, *« les traités ou accords internationaux régulièrement ratifiés ou approuvés ont dès leur publication une autorité supérieure à celle des lois nationales sous réserves pour chaque traité ou accord de son application par l'autre partie »*[607]. C'est en substance la réponse apportée par le constituant malien à la question relative à la valeur de la norme internationale en droit interne. En effet, ces dispositions reprennent celles de la constitution Française[608]. Cela ne devrait d'ailleurs pas étonner, vu que, « *les constitutions africaines*

---

[605] L'entame des propos du rapporteur du Mali, M. Oumar SENOU, conseiller à la Cour Suprême du Mali, à l'occasion de la réunion constitutive du comité sur l'environnement de l'AHJUCAF ténue à l'Ecole Régionale Supérieure de la Magistrature de l'OHADA à Porto-Novo (Bénin) les 26 et 27 Juin 2008, Actes, p.345.
[606] Ibidem.
[607] Les dispositions de l'article 116 de la constitution malienne du 25 février 1992.
[608] La Constitution française de la 5ème République Française entrée en vigueur le 04 octobre 1958.

ne sont que des copies non certifiées conformes à l'original qu'est la constitution française du 04 octobre 1958 [609]».

A défaut d'une jurisprudence sur la question au Mali, il nous parait judicieux de prêter le regard sur d'autres pays. Ainsi au Gabon[610], la position du juge paraît beaucoup plus claire et fidèle aux textes, comparée à l'ambiguïté qui a prévalu parfois dans la jurisprudence du Conseil d'Etat en la matière. En réalité, les textes internationaux n'ont pas été toujours traités par le Conseil d'Etat comme sources de l'égalité. Néanmoins, le revirement a commencé avec l'arrêt Dame KIRKWOOD de 1952[611]. Dans cet arrêt, le Conseil d'Etat affirme qu'un acte administratif méconnaissant une norme du droit internationale public peut être annulé ou déclaré illégal par le juge administratif. Or, selon des auteurs comme Maurice KAMTO, il convient d'opérer une distinction au sein même de ces instruments internationaux. Pour lui, il y a parmi eux, des actes de nature conventionnelle qui constituent de véritables normes juridiques avec une force contraignante, alors que d'autres restent des simples déclarations. Mieux, il conclut que parmi les principes généraux du DIE, il y en a ceux qui sont énoncés dans des conventions et qui sont de véritables règles du droit positif. C'est le cas des principes comme le principe de précaution, le principe de prévention, le principe d'intégration, le principe de restauration, le principe d'information, ou le principe pollueur payeur, contenus dans la Convention sur la diversité biologique. En revanche, ceux qui sont contenus dans des déclarations, des chartes voire d'autres documents relèvent du « *soft Law* » dénués de valeur juridique, sauf à leur reconnaitre une valeur juridique potentielle. Il en ainsi des principes contenus dans la déclaration de Stockholm, celle de Rio de Janeiro ou de la charte mondiale de la nature.

---

609 MISSANG BIBANG, (Covacks), « *la part des influences internationales dans l'édification d'un droit national de l'environnement en Afrique* », in palabres Actuelles n°6, « la Fabrique du droit en Afrique », actes du premier symposium Juridique de Libreville (21-22 novembre 2013), p.339-349.

610 Indépendant depuis 1960, le Gabon est un pays de l'Afrique centrale situé sur la côte atlantique. Il a comme pays limitrophes : la République démocratique du Congo à l'est, au sud-est et au sud, la Guinée équatoriale au nord-ouest et le Cameroun au nord. Il est traversé par l'équateur et possède d'importants parcs protégés.

611 C.E, Ass., 30 mai 1952, Dame KIRKWOOD, Leb., p.291.

Il s'agit, en effet, de quelques lignes directrices ou règles de conduite susceptibles d'inspirer les Etats dans l'élaboration des textes ou des politiques sur l'environnement. Les principes dans ces déclarations ou chartes doivent être considérés comme des principes non juridiques d'origines diverses pouvant inspirer ou orienter les décideurs nationaux ou internationaux. Toutes fois, ce caractère non contraignant de certains principes qui relèvent de la Soft Law ne doit pas faire oublier que bon nombre d'entre eux ont été intégrés dans l'ordre juridique interne et qu'ils acquièrent à ce titre une validité normative incontestable.

En outre, les choses sont loin d'être claires du fait de la situation confuse entre les traités et les accords qui ne sont pas du tout distingués dans la convention de Vienne. Cette dernière en fait une seule et même catégorie juridique. De telles imprécisions rendent un peu flou les contours des traités internationaux et ne facilitent guère leur bonne incorporation dans l'ordre juridique interne. Il importe aussi de noter que le contrôle de l'incorporation a été longtemps déficient, en raison à la fois de la nature des actes. Ainsi, les traités furent longtemps considérés comme mettant en cause les rapports internationaux et à ce titre ne pouvant être justiciables au plan interne suivant une jurisprudence du conseil d'état français[612]. Quant au caractère purement formel du contrôle, le juge accepte alors de se borner à vérifier l'existence matérielle des opérations de ratification et/ou approbation[613]. Par la suite, on a assisté à un renforcement de ce contrôle tant en ce qui concerne les juridictions administratives que judiciaires. Depuis la célèbre jurisprudence « *Sarl du parc d'activités de Blotzheim* »[614], le Conseil d'état français a ainsi instauré un contrôle normal de ces opérations. La portée du contrôle a été précisée dans le cadre de l'application de la théorie de l'écran législatif par cette même juridiction, le 08/07/2002 dans l'affaire « *Commune de Porta*[615] ».

---

612 Conseil d'Etat, l'arrêt dame Caraco rendu le 05/02/1926.

613 Conseil d'Etat, Ass., le 16/11/1956, affaire Villa, rec. p.133.

614 Conseil d'Etat, affaire Sarl du parc d'activités de Blotzheim, cf. C.E.F. le 18/12/1998, rec. p.483 conclusion Bachelier.

615 Conseil d'Etat, le 08/07/2002, l'affaire Commune de Porta, AJDA, 2002, n°15, p.1005.

Par ailleurs, pour ce qui est de l'impératif de publication, considérée comme un acte de droit interne, elle n'a pas soulevé de problème particulier une fois qu'elle ait lieu. Cependant dans la pratique, il n'en a toujours pas été ainsi du fait d'une application quelque peu erratique de cette condition[616]. Quant à la ratification, les incidences d'une telle politique sont assez minimes car seul le décret de ratification ultérieurement publié donne force juridique interne à l'engagement international. En revanche, s'agissant de l'approbation, un accord était susceptible d'entré en vigueur par le seul fait de sa signature, surtout s'il est fait en forme simplifiée. La difficulté récemment mise en lumière tient au fait qu'un tel accord peut être pris dans le champ des engagements internationaux particulièrement importants. Pour cela, la constitution malienne exige une autorisation parlementaire de ratifier ou d'approuver[617]. De là, il est de toute évidence que désormais, les traités ou accords ne peuvent être considérés comme régulièrement publiés si leur ratification ou approbation n'a pas été elle-même régulièrement faite.

Outre ces difficultés relatives au contrôle de la réception nationale des normes internationales, il faut noter l'existence d'autres insuffisances liées à l'adaptation nationale de ce droit. Il s'agit, on l'aura compris, d'une adaptation matérielle par le biais de laquelle le juge national donne un contenu concret aux règles du DIE. Or, cette adaptation soulève une double difficulté relative à l'effet juridique des normes environnementales : le juge national est appelé à se prononcer d'un côté sur l'applicabilité et de l'autre sur la validité des normes nationales édictées sur le fondement du DIE. Pour que les règles du droit international environnemental produisent plein effet de droit, il faut une harmonisation des deux ordres juridiques interne et international tout en ayant une applicabilité directe des règles de ce dernier. Et pourtant de facto, le droit international général ne doit pas

---

[616] Elle consiste à ce que des traités et accords, y compris en matière d'environnement soient publiés avant même d'avoir été ratifiés ou approuvés.

[617] L'article 115 de la constitution du 25 février 1992 dispose « *les traités de paix, de commerce, les traités ou accords relatifs aux organisations internationales, ceux qui engagent les finances de l'Etat, ceux qui sont relatifs à l'état des personnes, ceux qui comportent cession, échange ou adjonction de territoire, ne peuvent être approuvés ou ratifiés qu'en vertu d'une loi.*
Ils ne prennent effet qu'après avoir été approuvés ou ratifiés »

méconnaître la nécessité de son application directe au plan interne. Mais malheureusement, la mise en œuvre du DIE reste renvoyer au régime d'application indirecte, bien que le contraire soit théoriquement admis à la constitution malienne.

Eh bien, cela ne doit surprendre personne, car c'est la règle générale en la matière, qui consiste à cantonner les effets juridiques de ces règles aux seuls rapports entre Etats. Même si, le droit positif est en cours de bouleversement du fait de l'irruption de l'individu dans la sphère internationale surtout en matière pénale. La règle demeure aux vues de l'avis consultatif de la Cour Permanente de Justice Internationale (CPJI) qui admet un principe selon lequel, un accord international ne peut comme tel, créer directement des droits et des obligations pour les particuliers.

C'est d'ailleurs cette solution que les juges nationaux appliquent en matière d'environnement comme le, montre le récent arrêt du conseil d'état français du 03 décembre 2003, dans l'affaire Association pour la Protection des Animaux Sauvages. Dans cette affaire, il est jugé à propos d'une convention importante au plan régional européen que *« le moyen tiré de ce que l'arrêté ministériel attaqué violerait les stipulations de la convention de Berne du 19 septembre 1979 ne peut être utilement invoqué dès lors que les stipulations de cette convention créent seulement des obligations entre les Etats parties et ne produisent pas d'effets directs dans l'ordre juridique interne* [618]*»*, En effet, il ressort de cette décision que les dispositions des normes internationales sur l'environnement ne produisent pas d'effet direct, au contraire elles voient leur portée annulée puis qu'elles ne sont pas invocables devant le juge national.

Comme le disait KEMFOUET, « parmi *les besoins qu'aucun homme ne renonce à éprouver, figure la justice. Elle est une valeur inhérente à l'être humain et il serait absurde de vouloir dissocier celui-ci de celui-là. S'il est établi que l'Homme est un animal social comme l'affirmait Aristote, la vie en société ne saurait se concevoir sans justice* »[619]. Cette justice essentielle et universelle ne peut se réaliser

---

[618] Conseil d'Etat français, le 03 décembre 2003, l'affaire Association pour la Protection des Animaux Sauvages, inédit au recueil Lebon, req. 251908.

[619] KEMFOUET KENGNY (E. D.), « *Droit International de l'Environnement et Fonction Juridictionnelle* », Thèse de doctorat, l'Université de Limoge. p.328

que par l'application des règles établies à cet effet, et donc par l'exercice de la fonction juridictionnelle. Or, la justiciabilité du Droit international en général, et singulièrement du Droit international de l'environnement, demeure un défi constant au plan national. Fort de ce constat, il parait assez manifeste que la justiciabilisation des principes généraux du DIE interpelle constamment les juges maliens. Il leur appartient à l'image de leurs homologues internationaux, de mettre de l'ordre dans l'édifice complexe qu'est le DIE. Cette besogne parait difficile voire ennuyeux pour les juges maliens, tout comme d'ailleurs les juges nationaux de la plupart des Etats de la tradition française. Ce qui explique en partie le fait qu'au Mali, on note une pénurie du contentieux en matière d'environnement surtout dans l'application des règles internationales sur la biodiversité.

En tout cas, il y a lieu de s'interroger si le faible développement du contentieux international environnemental n'exerce pas un pouvoir d'attraction sur les contentieux nationaux. Les relations entre cet arsenal juridique et les juges maliens sont parfois qualifiés de problématiques, tant ils méconnaissent le plus souvent son existence, tant ils sont frileux face à son application. A côté de ces nombreux couacs juridiques, il existe d'autres entraves factuelles qui paralysent la mise en œuvre effective des normes du droit international de l'environnement.

B/ les entraves factuelles à la mise en œuvre du DIE au Mali

Une analyse socio-économique, politique et culturelle permet de montrer qu'en dehors des arcanes juridiques, on note un certain nombre de pratiques au plan interne qui n'est pas sans limiter sérieusement l'application des règles du DIE. D'ailleurs, il parait assez difficile d'édicter des règles en matière d'environnement où il existe un intérêt général, mais dont la prise en charge supposerait l'acceptation de contraintes supérieures à la somme des intérêts individuels. Or, il ne faut jamais occulter le fait que le droit international de l'environnement n'a cessé d'être élaboré et mu par les intérêts individuels des Etats en fonction de rapport de leur puissance respective. Ce jeu d'intérêt scelle fréquemment l'application des conventions internationales d'environnement.

De ce fait, la mise en œuvre des normes internationales de l'environnement au Mali est en pratique biaisée pour diverses raisons. D'abord, il est aisé de remarquer que le laxisme des pouvoirs publics se trouve très souvent à l'origine d'un déficit de pragmatisme dans l'application des règles environnementales. En effet, il est assez fréquent de voir des conventions ratifiées par le pays, surtout en matière de ressources naturelles[620], et laisser aux oubliettes en raison d'un manque de suivi et d'application effective. Cela peut paraître assez absurde, mais, il faut dire que certains Etats adhèrent de manière formelle à des conventions juste pour se coller à une certaine tendance sur la scène internationale. En poussant la réflexion plus loin, il faut noter que la prise en charge de certaines exigences environnementales (surtout en matière de biodiversité), correspond quelques fois à des conditionnalités d'aide au développement. Dès lors l'adhésion à ces conventions, notamment celle sur la diversité biologique, par certains Etats du sud comme le Mali, ne signifie pas forcément une réelle volonté de prise en charge des exigences environnementales, mais plutôt des motivations économiques. Ainsi, le jeu d'intérêt noté au niveau international se projette au plan interne.

En conséquence, il existe un manque de volonté des Etats à se conformer à des obligations internationales dont l'application a un cout économique et social très important. Certes, l'Etat du Mali, déjà plongé dans des crises politiques et sécuritaires à répétition, peine à trouver une stabilité économique lui permettant d'assumer le coût de la mise en œuvre des règles internationales d'environnement qu'il a ratifié. Depuis le début de la crise en 2012, le pays semble avoir d'autres impératifs[621],

---

620 Les ressources de l'Etat du Mali constituent les réserves dont il dispose, son potentiel économique. C'est donc la valeur économique de la biodiversité qui fait qu'on la considère comme une ressource naturelle. D'ailleurs, plusieurs éléments de la biodiversité constituaient, dès avant la convention sur la diversité biologique, des ressources naturelles. Cette convention sur la diversité biologique affirme la souveraineté permanente des Etats sur leurs ressources naturelles, on nombre desquelles figurent désormais clairement les éléments de la biodiversité. Le texte insiste sur le statut des gènes dans son article alinéa 1 en ces termes : « Etant donné que les Etats ont droit de souveraineté sur leurs ressources naturelles, le pouvoir de déterminer l'accès aux ressources génétiques appartient aux gouvernements et est régit par la législation nationale ». La biodiversité est donc sous un certain angle une ressource naturelle.

621 Les autorités Maliennes sont très préoccupées par la recrudescence des conflits armés dans le pays et surtout dans la partie septentrionale. Ces conflits ont affaibli le

même si cela n'est pas une excuse valable. Mais les points classiques de friction entre intérêts propres de l'Etat et l'intérêt général lié de la biodiversité restent toujours d'actualité et leur résorption semble être le premier et véritable pas vers une application effective des normes internationales.

De même, cette difficulté d'application ne concerne pas seulement les normes internationales environnementales, loin de là, elle concerne aussi le droit national de la biodiversité qui se singularise par une [2] exubérance normative au point de se voir étouffer.

Section II : les écueils dans l'application de la législation nationale

Certes, le droit de la biodiversité au Mali, malgré l'instabilité sociale et économique, bénéficie d'une attention soutenue de la part des autorités nationales. Bien que jeune, imprécis sur plusieurs aspects, voire complexe, il apparaît comme un droit florissant au point d'être salué comme l'expression d'un progrès social majeur. Toutefois, cette flamboyance ne doit pas faire d'illusion. En effet, dans la pratique, la plupart des dispositions prévues par les textes juridiques sont peu connues, peu appliquées, et pour ce faire peu effectives. Ce régime juridique constitue, par conséquent, un droit dormant d'où le problème de son efficacité.

D'ailleurs, cet état de fait est décrié par les autorités maliennes en ces termes : « *l'effectivité du droit de l'environnement constitue sans nul doute un des défis les plus cruels auxquels le Mali se trouve actuellement confronté....* [622]» ; avant d'ajouter qu'« *il n'échappe à personne que le droit généré par l'Etat malien a une très faible emprise sur la société et sur la vie quotidienne de la grande majorité de la population, dont les comportements sont davantage régis par les règles coutumières que par le droit moderne de l'Etat. Si cet état de fait est généralement attribué à l'importance de l'analphabétisme qui domine*

---

tissu social aussi bien que les institutions de l'Etat. De ce fait la recherche de la paix, de la stabilité et la cohésion sociale, la consolidation des pouvoirs publics, corollaires de développement, semblent passer au premier plan à leurs yeux.

[622] MEA, Agence de l'Environnement et du Développement Durable, « *Profil national pour évaluer les capacités nationales de mise en œuvre du principe 10 de la déclaration de Rio* », document élaboré en février 2011, p.11.

dans la société malienne, il n'empêche qu'elle est aussi le reflet de la faiblesse générale de l'Etat dans la vie quotidienne des citoyens [623]». Il est alors évident que cette situation concerne l'ensemble du système juridique malien. Toutefois, elle est encore plus accentuée en matière de droit de l'environnement. Dans ce domaine, les normes édictées ne sont pas, en pratique, appliqués de manière adéquate (A). Comme corolaire, cette ineffectivité des textes met en péril le développement durable du pays.

Paragraphe I : les facteurs entravant l'application des textes

Au Mali, le droit de la biodiversité caractérise par l'abondance et la diversité de règles instituées. Néanmoins, cette opulence normative contraste avec la réalité en ce sens que la plupart de ces normes demeurent relativement inappliquées. Cette inapplication peut s'expliquer par des lacunes. A cela, s'ajoutent l'inflation des textes et l'inefficacité des systèmes de contrôle (A). Toutefois, il faut dire que des facteurs socio-culturels ne sont pas de nature à permettre une réelle application des textes (B).

A/ les lacunes des textes juridiques

Elles s'expliquent par le foisonnement normatif, qui, au lieu d'être un atout, demeure plutôt une entrave à l'effectivité des textes. Dans le domaine de l'environnement, il existe une floraison remarquable de textes juridiques. Il s'agit des textes disparates et épars rendant leur compréhension assez difficile par les acteurs. A cela s'ajoute l'inefficacité des mécanismes de contrôle institués. En réalité, il serait fastidieux d'exposer toutes les lacunes dont souffre la réglementation de la biodiversité au Mali. Seulement, nous allons en lister quelques-unes qui, pour nous, représentent des entraves réelles à l'application effective et efficace de ce droit.

1- la non codification, un facteur entravant

Confiné, pendant longtemps, à quelques règles sectorielles disparates héritées le plus souvent de la période coloniale, ce droit

[623] Idem, p.12

connaît un essor remarquable depuis la participation du pays aux différentes rencontres internationales sur l'environnement. Ce déploiement normatif se traduit surtout par une profusion des textes juridiques. Il se singularise aussi par l'aptitude de plus en plus marquée des pouvoirs publics à recours au droit comme instrument de lutte contre les formes de détérioration de l'environnement. Un régime juridique à identifier dans un tissu normatif aussi disparate ne peut manquer de soulever de difficultés au niveau de sa mise en œuvre, bref de son effectivité. Cet ensemble normatif de protection de la biodiversité, aussi impressionnant soit-il, est vide de sens s'il n'est pas assorti de son ticket d'application réelle.

Ce foisonnement des règles sur la biodiversité ou sur l'environnement, n'est-il pas en soi un réel facteur d'inapplication ? Une floraison normative associée à une dispersion des règles ne sont pas de nature à garantir une quelconque efficacité. Même si l'on sait que cette pluralité s'explique par le caractère transversal de ce droit, il paraît tout à fait difficile d'appréhender plusieurs dizaines de textes à la fois. En outre, la dispersion constitue un corollaire de la méconnaissance des règles par les acteurs. Celle dispersion des textes est due en grandes partie par l'absence de code en la matière au Mali. En vérité, il n'y a pas de code de l'environnement, encore moins de la biodiversité au Mali.

Or, la complexité du droit est un sujet récurrent au Mali et sa simplification est souvent mise en avant parmi les préoccupations des pouvoirs publics. La codification constitue un facteur de plus grande lisibilité et d'accessibilité du droit, c'est pourquoi, en France, le rapport « *Simplifions nos lois pour guérir un mal français* [624]», de député Jean-Luc WARSMANN[625], plaidait en cette fin. L'utilité de cette technique lui confère un rôle politique essentiel. D'origine très ancienne (Codes napoléoniens au 19ème siècle), la codification n'est plus au service du pouvoir, elle est désormais conçue comme un instrument au service du citoyen et un outil de la réforme de l'État.

[624] Rapport remis au Premier Ministre François FILLON en janvier 2009.

[625] Jean-Luc WARSMANN, était un Député, Président de la Commission des Lois constitutionnelles, de la législation et de l'administration générale de la République, un Parlementaire en mission auprès du Premier ministre Décembre 2008.

En effet, le rapport WARSMANN affirme qu'elle « *a fait ses preuves comme technique de rationalisation, d'organisation et de présentation de pans entiers du droit. Elle est un outil d'amélioration de l'accès et de la lisibilité de la réglementation car elle permet de regrouper des textes épars tout en les clarifiant, par l'actualisation de leur terminologie, et en les reclassant conformément à la hiérarchie des normes. Elle évalue la cohérence des textes entre eux et permet ainsi une harmonisation de l'état du droit* »[626]. C'est pourquoi, elle est perçue comme un remède aux problèmes récurrents de complexité et de dispersion des textes juridiques, dénoncés parce qu'ils affectent la sécurité juridique des citoyens. C'est donc un remède à la complexité et à la dispersion des textes juridiques comme en témoigne le droit de l'environnement et de la biodiversité au Mali.

Dès lors, la codification du droit de la biodiversité au Mali, qui permettra de rassembler selon un plan cohérent l'ensemble des dispositions existantes se rapportant à ce domaine particulier, contribue à le rendre plus lisible et plus accessible. Limitant les inconvénients inhérents à la sédimentation, à la dispersion et à l'inflation des normes, comme c'est le cas aujourd'hui, elle est un facteur précieux de sécurité juridique et de réappropriation de la loi par les citoyens, auxquels l'adage *« nul n'est censé ignorer la loi »* ne saurait être décemment opposé sans que soient mis en place les instruments en facilitant la connaissance. A cet égard, la codification du droit de la biodiversité constituera un moyen d'améliorer la qualité des textes, qu'il s'agisse de l'adoption de terminologies plus adaptées, du retrait des dispositions implicitement abrogées, inconstitutionnelles ou inconventionnelles, ou de la répartition du contenu normatif entre parties législatives et réglementaires conformément aux prescriptions constitutionnelles délimitant les domaines d'intervention respectifs de la loi et du règlement. Aussi, elle rendra plus aisées les réformes de fond, non pas en les réalisant elle-même, ce qui prendrait trop de temps, mais en en circonscrivant le champ opératoire : l'œuvre réformatrice du législateur s'exerce d'autant plus aisément qu'elle intervient dans un cadre rendu au préalable clair et exhaustif. Ainsi, en concentrant un droit jusqu'alors éclaté, la codification permettra de consolider l'acquis environnemental,

---

[626] M. Jean-Luc WARSMANN, « Rapport sur la qualité et la simplification du droit », publié en 2009, p. 27, 28.

car l'acte de codification vaut aussi en quelque sorte confirmation du droit en vigueur. Ainsi, dans un souci d'unifier le droit et par là même, la société en vue d'une protection plus efficace, il est essentiel que les textes environnementaux soient réunis en un seul corps. Comme par exemple, le code de l'eau, le code domanial et foncier, le code pénal, le code minier. Elle évalue la cohérence des textes entre eux et permet ainsi une harmonisation de l'état du droit.

Il s'agit aussi de clarifier le droit de l'environnement et de l'actualiser en abrogeant les textes obsolètes, de mettre en évidence les lacunes du système juridique et préparer les réformes nécessaires. Toutefois, cette opération concerne uniquement les textes législatifs et réglementaires. Au Mali, en dépit de l'importance que revêt cette codification, on s'est contenté de faire édicter des règles sans se soucier de la cohérence, pourtant garant de leur appréhension en vue d'une réelle protection de l'environnement. On dénombre plus de 300 textes législatifs et réglementaires dans la seule matière au Mali[627], et dont la quasi-totalité traite les questions liées à la protection de la biodiversité. Ce déploiement normatif aurait pu être un atout, plutôt qu'une entrave, si on avait pris la mesure de codification assurant l'homogénéité de ces règles. En plus de ce tissu normatif largement fourni et incohérent, des mécanismes institués pour assurer l'application restent défaillants.

2- l'inefficacité des moyens de contrôle

Les règles de droit aussi pertinentes qu'elles soient ne produisent pas par elles-mêmes les effets attendus. Le plus souvent, leur efficacité dépend des mécanismes de contrôle institués pour en assurer leur respect. Le régime juridique de protection de la biodiversité n'en fait pas exception. Or au Mali, ces règles souffrent d'un réel déficit de contrôle. La multitude de règles prévoit, en effet, deux types de mécanismes de mise en œuvre de leurs dispositions : les mécanismes administratifs et les mécanismes juridictionnels.

En premier lieu, les mécanismes administratifs consistent en des procédures administratives non contentieuses mis en œuvre, soit pour prévenir les atteintes aux ressources biologiques, soit pour en réprimer

[627] Ministère de l'environnement et de l'assainissement, *« Recueil des nationaux régissant l'environnement au Mali »*, Tome I, 2ème édition 2010.

les atteintes avérées. Réellement, il s'agit des mesures que peuvent prendre le Ministère de l'environnement et les autres départements intervenants, ainsi bien que les services ou structures rattachées, compétentes pour les questions d'environnement. Il s'agit entre autres des mesures d'interdiction ou de suspension d'une activité jugée préjudiciable aux ressources biologiques ou à leur habitat. Ainsi, les activités sur les pentes des montagnes, des collines, des dunes, des plateaux, et les abords des cours d'eau permanent ou semi-permanent sur 25 m à partir de la berge, doivent respecter les mesures de conservation des ressources biologiques[628]. Dans le cas contraire, ces activités pourraient faire l'objet d'interdiction administrative.

Les autorités décentralisées peuvent protéger par décision administrative, partiellement ou totalement, de manière temporaire ou définitive dans leur juridiction toutes les espèces qu'elles jugeront utiles de protéger[629]. Ces mesures peuvent consister en des amendes de police en réparation d'un dommage causé à la nature, en des saisies et confiscation de produits forestiers ou denrées obtenues en violation des dispositions de la législation environnementale[630]ou en une transaction consécutive à une atteinte à l'environnement. Enfin, elles peuvent revêtir la forme de mesure de surveillance, de contrôle régulier, ou encore de mesures d'octroi de permis, d'autorisations préalables pour la réalisation d'une activité déterminée.

Donc, le Mali dispose d'un dispositif institutionnel important de contrôle de la mise en œuvre de son droit de la biodiversité. Cependant, l'arbre ne doit pas cacher la forêt, on peut bien constater qu'en pratique ces moyens sont rarement mis en exergue. Car on déplore un laxisme des autorités administratives compétentes pour prévenir ou réprimer les violations ou les dommages causés à l'environnement. Ce laxisme s'explique par le fait que de nombreuses activités pourtant soumises à des autorisations préalables, soient impunément entreprises par des individus dépourvus de toute permission. Les coupes abusives de bois, les feux de brousse et le braconnage dont les conséquences, assez bien connus, sont ainsi largement pratiqués, parfois dans l'indifférence totale

---

[628] Loi n°95-004 AN/RM du 18 janvier 1995 fixant les conditions de gestion des ressources forestières, art. 14.

[629] Idem, art. 18.

[630] Ibidem, art. 69.

des autorités administratives compétentes. Il se développe dans ce domaine une certaine tolérance administrative qui affecte l'application réelle du droit de la biodiversité.

S'agissant des mécanismes juridictionnels, ils constituent des procédures contentieuses mises en œuvre par les juridictions et qui aboutissent à sanctionner par décision de justice des atteintes à la nature et à ses ressources[631]. Lorsqu'un citoyen estime qu'un préjudice causé à l'environnement lui a porté un dommage personnel, notamment dans son patrimoine, celui-ci peut exercer une action civile devant les tribunaux civils contre le ou les auteurs présumés en vertu des dispositions des articles 125[632], 140[633] et 149[634] du code des obligations[635]. Ces articles posent le principe de la responsabilité civile du fait personnel, du fait des choses ou des personnes dont on a sous responsabilité et ouvrent la voie à la réparation du préjudice causé.

Les juridictions répressives peuvent être saisies par le Ministre de l'environnement, les procureurs de la République, le directeur national des eaux et forêts, lorsque ceux-ci ont connaissance d'une infraction pénale en la matière. Elles peuvent aussi être saisies par des individus qui s'estiment victimes d'infraction pénale notamment dans leur domaine forestier privé. En outre, les tribunaux administratifs peuvent censurer les décisions prises par les autorités administratives en violation de la législation sur la biodiversité ou sur l'environnement. C'est ainsi que les individus, les associations ou groupements

---

631 Par exemple la loi n°95 fixant les conditions de gestion des ressources forestières prévoit dans ses articles 75 à 91 des infractions punissables d'amende allant de 100 000 F CFA à 300 000 F CFA, et des peines d'emprisonnement de 1 à 6 mois. De même, la loi n°95 du 20 mars 1995 fixant les conditions de gestion de la faune sauvage et son habitat, réprime dans ses articles 130 à 154, des infractions à des peines d'amende de 100 000 F CFA à 500 000 F CFA et des peines de prison allant de 1 mois à 1 an.

632 L'article 125 dispose « *Toute personne qui, par sa faute, même d'imprudence, de maladresse ou de négligence, cause à autrui un dommage est obligée de le réparer* ».

633 L'article 240 du RGO dispose « *On est responsable non seulement du dommage que l'on cause par son propre fait, mais encore de celui qui est causé par le fait des personnes dont on doit répondre* ».

634 L'article 149 du RGO dispose « *Toute personne est responsable du dommage causé par le fait des choses ou des animaux dont elle a la garde* ».

635 La loi n°87-31/AN-RM du 29 Août 1987 fixant le Régime Général des Obligations au Mali.

écologiques pourront obtenir la censure de certaines décisions administratives illégales peu soucieuses de l'environnement.

En principe, l'on s'accorde à admettre que le moyen technique de respect des règles de droit est la sanction, qui a une fonction tant préventive que répressive. La sanction d'une règle de droit suppose à la fois l'existence de peine s'appliquant aux comportements récalcitrants vis-à-vis des lois, et l'existence d'organes chargés de veiller au respect d'elle. Certes, théoriquement le droit prévoit des sanctions pour les atteintes aux ressources biologiques et ouvre la voie à la justiciabilité de ces infractions. Or, en pratique de telles sanctions sont rarement appliquées. Cette situation peut s'expliquer par le défaut de formation des juges dans le domaine d'environnement. Justement, dans le programme de formation des magistrats à l'école de la magistrature, le droit de l'environnement ne figure pas. A lorsqu'il s'agit d'une discipline assez technique dans ses règles et ses méthodes. Cette méconnaissance du droit de l'environnement a créé une certaine frilosité chez les juges maliens face aux litiges environnementaux[636].

D'un autre point de vue, il est assez rare que les justiciables saisissent les juridictions pour les atteintes à la biodiversité. Cela peut s'expliquer par le fait que les citoyens considèrent que les atteintes à la biodiversité ne représentent pas véritablement des actes préhensibles capables d'être portés devant un juge. Une telle conception procède d'une certaine représentation culturelle des ressources environnementales qui sont généralement considérées comme appartenant à tout le monde et donc à personne. Donc de facto, il s'ensuit une certaine indifférence de bon nombre de citoyens à l'égard des atteintes à ces ressources[637]. L'existence de toutes ces lacunes que nous venons d'évoquer permet de conclure à

---

[636] D'ailleurs, c'est ce qui explique la pénurie du contentieux environnemental au Mali en matière d'environnement. En effet, nos recherches effectuées dans les juridictions notamment les Tribunaux de Grande Instance de Bamako, de Sikasso, de Kayes, de Ségou, et Mopti, permettent de conclure à la quasi-absence du contentieux environnemental. Il en est de même qu'au niveau des Cours d'Appel, tout comme à la Cour Suprême. Presque, tous les juges que nous avons rencontrés, ont évoqué la technicité du droit de l'environnement et l'inexistence d'une procédure propre. Alors que selon eux, la constations des infractions, la recherche des preuves en matière d'environnement obéissent à des mécanismes spécifiques qu'il convient d'établir au préalable.

[637] GRANIER (L), (Coord.) « *Aspects contemporains du droit de l'environnement en Afrique de l'Ouest et centrale* », UICN, Gland, Suisse. Xvi, 2008, p.23

l'ineffectivité du droit de la biodiversité au Mali. A ces lacunes juridiques, s'ajoutent des facteurs sociaux qui plombent l'application réelle de ce droit.

B/ les facteurs sociologiques

En plus des lacunes d'ordre juridique, l'application des textes de protection de la biodiversité demeure paralysée par des facteurs sociaux. L'inobservation de ces règles est le plus souvent due soit à l'état de pauvreté des populations, soit à la méconnaissance des conséquences des atteintes aux ressources environnementales voire à la faible réceptivité des règles applicables.

1- la pauvreté et l'ignorance des populations

En 2010, juste avant la crise politico-sécuritaire, l'indice de développement humain a classé le Mali au rang de 160ème pays sur 169[638]. Ce rang est lié à l'état de pauvreté qui règne dans le pays, relégué au banc des nations les moins développées. Au Mali, plus de la moitié de la population vit sous le seuil de la pauvreté avec un Produit Intérieur Brut (PIB) par habitant estimé à entre 691 $[639] et 1200 $[640]. En effet, le PIB du pays s'élève à entre 9 milliards à 16,7 milliards de dollars et la dette publique à 25, 3% du PIB[641]. Pourtant, en se fondant sur quelques données macroéconomiques du pays en 2014, certains Partenaires Techniques et Financiers jugeaient la situation économique du pays satisfaisante et même meilleure que celle de l'ensemble des pays de la sous-région[642]. Donc, après la crise de 2012 qui avait économiquement effondré le pays, le Mali a relancé sa croissance économique au point de

---

638 Ce classement a été donné par le Programme des nations Unies pour le développement en 2010.

639 Le sigle du Dollar américain.

640 Banque Mondiale, Rapport publié en 2009.

641 Idem, Rapport publié en 2009.

642 France Diplomatie, Ministère des affaires Etrangères et européennes, « *Présentation du Mali* » article consultable au lien internet : http://www.diplomatie.gouv.fr/fr/pays-zones-geo_833/mali_350/presentation-du-mali_996/index.html , (page consultée le 23 décembre 2015).

nourrir l'espoir d'un avenir prometteur et d'avoir des encouragements de certains chefs d'Etat en début 2017[643].

A la vérité, ce ne sont pas forcément les populations qui sont bénéficiaires de cette croissance économique en raison de la mauvaise gouvernance de l'Etat. La réalité est que les ressources de l'Etat sont détournées par une minorité d'agents au détriment de l'Etat et des populations. Donc, ces dernières ne profitent pas de cette croissance économique. Certes, la pauvreté n'est pas, en soi, une raison du non-respect de la règle de droit. Elle ne justifie pas sa violation non plus. Ce point de vue est corroboré par des auteurs comme Laurent GRANIER en ces termes : *« il n'y a pas de corrélation directe entre pauvreté et non-respect de la loi. L'on peut être pauvre tout étant digne et respectueux de la loi. A l'inverse, la richesse ne conduit pas non plus automatiquement au respect de la loi* [644]». Toutefois en matière d'environnement et surtout de biodiversité, la réalité est toute autre. En vérité, la pauvreté peut être, à certains égards, un facteur d'inobservation de la législation. Dans la mesure où la biodiversité constitue la base de leurs alimentations, de leurs sources d'énergie, les populations dans leur état pauvreté n'ont pas d'autre choix que d'exploiter pour répondre aux besoins quotidiens. Elles n'ont pas d'alternative qu'abuser des ressources biologiques pour survivre. A ceux-ci, il faut ajouter l'agriculture extensive et l'élevage transhumant qui ont des effets pervers sur la biodiversité.

L'inapplication du droit de la biodiversité peut être due aussi à la méconnaissance des textes juridiques par les populations. En réalité, « *il est évident que l'on peut difficilement respecter une norme si on en ignore l'existence ou si l'on ne peut en saisir la signification. Si le destinateur de la règle de droit se voit imposer un modèle de comportement auquel il doit se soumettre, encore faut-il qu'il en ait connaissance* [645]». Justement, c'est cette exigence élémentaire du droit que traduit l'adage hérité du droit romain selon lequel « *nemo censetur*

---

643 Discours prononcés par les Présidents, Français M. François HOLLANDE et Tchadien Idriss Deby, lors du 23 ème sommet « Afrique-France » qui s'est tenu le 13 et 14 Janvier 2017 à Bamako.
644 GRANIER (L), Op. Cit., p.25
645 Idem, p.26

ignorare lege [646]». Or, au Mali, cet adage ne colle pas avec la réalité, loin de là. Les textes de loi édictés par le pouvoir étatique demeurent ignorés par la grande majorité de la population malienne. L'équation demeure difficile à résoudre en ce sens le droit moderne de l'Etat est rédigé dans une langue étrangère « le français [647]». Or, la majeure partie de la population est analphabète, elle n'a pas accès à cette langue. Le corollaire d'une telle situation est que cette majorité n'a pas accès au droit moderne de l'Etat, donc, elle ignore ses règles. Dès lors, il parait évident que la compréhension et le respect du droit moderne passent essentiellement par une traduction des règles dans les langues locales. A défaut, la maxime « *nul n'est censé ignorer la loi* » demeure chimérique. Elle ne traduit pas la réalité et ne permet pas non plus une application effective du droit, surtout en matière d'environnement.

En plus, le droit de la biodiversité, comme nous l'avons sus-évoqué, se caractérise par la complexité de ses règles. C'est un droit plus technique, ce qui rend son accessibilité assez difficile aux analphabètes qu'à certains intellectuels. Cela paralyse son application. Tout comme la pauvreté et l'ignorance sont des facteurs d'inapplication du droit de la biodiversité au Mali, l'incivisme n'en demeure pas moins. En dépit des campagnes de sensibilisation, d'information et de formation des citoyens à la cause environnementale, certains restent indifférents. Ils vident les forêts de leur contenu en violation de toute réglementation. Cette situation qui se perdure, traduit la faiblesse de l'Etat de droit au Mali, et risque, si l'on ne prend pas garde, de faire tomber l'arsenal juridique de protection de l'environnement dans la désuétude, en raison de son inapplication.

2- le défaut de réceptivité des textes par les populations

Pratiquement, les règles juridiques sont plus faciles à élaborer qu'à mettre en œuvre. La raison est simple, il faut l'adhésion des

---

646 Cette expression française traduite en français signifie que « *Nul n'est censé ignoré la loi* ».

647 Le français est la langue officielle au Mali. Par conséquent, tous les textes juridiques sont rédigés en français. Or, une grande majorité de la population malienne ne comprennent pas le français. Celle parle couramment dans les langues locales comme le Bambara, le Peulh, le sénoufos, le sonrhaï etc. Le français reste utilisé par les seuls bureaucrates.

populations, les principaux destinateurs. Cette adhésion sociale est fonction de leur adéquation avec le contexte social, culturel voire cultuel de la société au sein de laquelle, elles sont appliquées. On comprend, donc le souci du directoire de l'AEDD, lorsqu'il admet que le droit généré par l'Etat malien a une très faible emprise sur la société et sur la vie quotidienne de la grande majorité de la population, dont les comportements sont davantage régis par les règles coutumières que par le droit moderne de l'Etat[648]. Il y a lieu de s'interroger sur l'adéquation de ce droit moderne au contexte socio-culturel. Ce droit moderne de l'Etat, surtout en matière d'environnement, prend-il en compte les réalités socio-culturelles du pays au point de bénéficier d'une réelle appropriation des populations ?

On peut aisément répondre négativement à cette interrogation, car le droit de l'environnement au Mali, s'inspire des principes et mécanismes établis par des instruments internationaux. Ces textes internationaux de protection de l'environnement posent des règles générales qui méritent une réelle transposition au plan nationale et non une reproduction systématique, comme c'est le cas aujourd'hui au Mali. C'est pour cela que le droit de la biodiversité souffre d'un défaut d'enracinement culturel et apparaît comme un arsenal juridique en total déphasage avec les pratiques socioculturelles du pays. Cette situation n'est d'ailleurs pas propre au Mali, elle en est de même que pour tous les Etats sahéliens, à en croire, à Olivier BARRIERE en ces termes « *le droit posé par l'Etat sahélien relève souvent d'une rationalité juridique occidentale qui vise le développement d'une économie de marché de type capitaliste. En cela, il s'oppose au pragmatisme juridique sahélien qui, lui, vise l'équilibre du groupe, dont il veut assurer la reproduction, le maintien culturel essentiel pour ne pas être dissous dans les autres, mais aussi l'adaptation écologique à son environnement. Le droit vécu localement est imbriqué dans la construction qui existe entre les systèmes de production locaux* [649]». Nous souscrivons à ce point de vue. En réalité, les populations maliennes dont la grande majorité reste

[648] Agence de l'Environnement et du Développement Durable, « *Profil national pour évaluer les capacités nationales de mise en œuvre du principe 10 de la déclaration de Rio* », Op. Cit., p.12.
[649] BARRIERE (O.), « *Une anthropologie juridique de l'environnement* », in Cahiers d'Anthropologie du Droit 2004, Revue Droit et Cultures, hors-série 2004/4, pp. 51-58, p.53

analphabète et mue par leur droit local, ne se retrouvent pas dans l'esprit des textes juridiques sur l'environnement.

Par ailleurs, les populations prennent le droit moderne de l'Etat comme *« un produit importé et imposé »*, d'où le problème de sa réceptivité. Or, la place du droit s'aperçoit souvent entre les impératifs d'une cohésion sociale et les intérêts des groupes stratégiques. En réalité, pour une protection participative de la biodiversité, il paraît essentiel de descendre jusqu'à l'échelle local. Car si l'on entend obtenir l'effectivité voire l'efficacité, force est de constater qu'il n'est plus concevable de s'appuyer sur un modèle préconfiguré de droit**. Et selon Oliver BARRIERE, « *l'affranchissement vis-à-vis de cette notion de modèle permet d'envisager un régime de droit plus adapté au présent et qui prend en compte l'intérêt des générations futures* [650]».** Ainsi, l'application effective et efficace du droit de la biodiversité nécessite que l'on tienne compte des valeurs locales protectrices de la nature, plutôt que s'engloutir dans des systèmes inadaptés[651].

A présent, il convient de savoir qu'elles peuvent être les conséquences de cette ineffectivité du droit de la biodiversité sur le développement durable du pays.

Paragraphe II : les effets de l'inefficacité du droit de la biodiversité sur le développement durable

Derrière tout déploiement juridique, il y a un dessein. Ce mobile peut consister à prévenir ou à réprimer une atteinte quelconque à des intérêts publics ou privés. Et quelle que soit la règle édictée, son auteur entend toujours à ce qu'elle produise les effets escomptés qui justifient sa prescription. La finalité de cette protection juridique de la biodiversité devrait être la réduction des atteintes à ces ressources dans l'intérêt des générations présentes et futures. On devrait aboutir à un recul voire un arrêt de la dégradation de cette diversité biologique. Effectivement, on devrait parvenir à une utilisation rationnelle des ressources forestières, une protection des espèces de la flore et de la faune sauvages plus ou moins menacées d'extinction, ou même une

---

[650] Ibidem, p.54.
[651]

restauration des écosystèmes, un recul de la désertification et la sècheresse, et enfin le maintien des grands équilibres écologiques. De même, on devrait assister à un développement durable du pays.

Même si, il paraît évident que cette situation n'est pas singulière au Mali. Des recherches attestent, en effet, que de nombreux pays subissent le même sort. C'est du moins l'avis de certains chercheurs en ces termes « *les rapports, les études, l'actualité, et même la réalité que nous vivons quotidiennement nous replongent dans un cauchemar où la planète souffre, s'étouffe et se retranche derrière ses ultimes remparts. En effet, cet environnement que le droit a tenté de protéger par des interdits et des sanctions se dégrade de jour en jour, mettant le Droit dans l'expectative. Ce Droit qui a su protéger l'homme, n'a pas pu protéger convenablement le gît de l'homme* »[652]. L'état de dégradation de la biodiversité au Mali, est bien visible. Il est inquiétant dans la mesure où il reste en principe irréversible. Justement, les conséquences perverses de ce fait paralysent le développement durable du pays. Il s'agit d'un développement qui tente de concilier le développement et le respect de l'environnement. Ainsi, pour parvenir à un développement durable, la protection de la faune et flore doit faire partie intégrante du processus de développement et ne peut être considéré isolement[653].

Un examen méticuleux de la notion de développement durable (A), nous permettra de mieux cerner tous les contours du concept. Cependant, la situation désastreuse de la biodiversité, faune et flore, au Mali laisse entendre que le développement durable du pays est hypothéqué (B).

A/ la notion de développement durable

La problématique de l'environnement a pris des dimensions considérables ces dernières années si l'on en juge par la mobilisation internationale et nationale qu'elle a suscitée et continue de susciter. Préoccupation de plus en plus partagée, l'environnement n'en constitue pas moins un objet de polémique entre pays industrialisés eux-mêmes et pays en développement. En effet, si les premiers le relient davantage à la

---

[652] SOW (A.A.), Op. Cit., p.229

[653] Organisation des Nations Unies, Principe 4 de la Déclaration de Rio sur l'environnement et le développement, 1992.

qualité du cadre de vie, ils ne manquent pas de voir opposer à leur conception l'association de l'environnement au développement, revendication des pays en développement. Associé à de nombreux enjeux tels, la biodiversité, les effets de serre, le mode de vie autochtone, le développement durable, l'environnement a, depuis quelques décennies, élargi sa perspective en vue d'une adhésion planétaire.

Le concept du développement durable qui a, sans nul doute, des origines théoriques lointaines s'inscrit dans cette dynamique. En réalité, une vaste littérature a permis de raffiner la définition conceptuelle de cette notion que l'on associe souvent aux négociations internationales portant sur l'environnement et le développement. Le concept a débuté à se forger très tôt, mais ce n'est que dans la décennie 1980, qu'il a été employé au sens qu'on lui attribue aujourd'hui. De nos jours, le développement durable est un concept de plus en plus répandu, cependant les enjeux entourant sa définition suscitent encore beaucoup de discussions. Il importe de tracer son évolution historique avant de cerner son contenu.

1- l'historique de la notion

Historiquement, on peut dire que le concept de développement durable correspond à la rencontre de deux courants de réflexion déjà anciens. Le premier s'est développé dès les années 1950 autour de l'idée de « développement » qui s'est peu à peu opposée au concept purement économique de « croissance ». Le terme « développement » a surtout concerné au début les pays du Sud[654] : il s'agissait du processus par lequel ces pays cherchaient à sortir du sous-développement. Le sous-développement n'est pas seulement caractérisé par le niveau de revenu ou les structures économiques, mais aussi par le niveau de la santé, de l'éducation, l'ampleur de la pauvreté, des inégalités.

Sur le plan sémantique, il est beaucoup plus large que celui de croissance, expansion forte et soutenue de la production matérielle, croissance du Produit Intérieur Brut (PIB) ou du revenu national.

---

[654] Les pays du sud sont ceux qui sont sous-développés ou en retard de développement par rapport aux pays industrialisés.

Le développement intègre, en effet, des valeurs sociales et culturelles ainsi que des données non comptabilisées par le calcul économique classique comme autoproduction, valeur des biens naturels etc. Ce concept peut prendre en compte aussi de nombreuses consommations intermédiaires, par exemple les prélèvements sur la nature dans le cadre des processus de production, ainsi que les dérèglements ou perturbations des écosystèmes liés à l'activité économique. L'idée de « développement » s'est progressivement généralisée et s'est appliquée aux pays industrialisés pour désigner certains aspects de leur activité économique et sociale. Le second concerne la prise de conscience écologique. L'idée d'une nécessaire protection de l'environnement naturel et d'une utilisation aussi économe que possible des ressources naturelles s'est imposée à partir des années 1970. Il fallait mettre un frein aux gaspillages et aux dérèglements occasionnés par la croissance extrêmement rapide des années de l'après-guerre. Cette prise de conscience des risques que nous faisons prendre à nos écosystèmes a conduit à élaborer dans un premier temps des actions et des politiques défensives, protectrices ou réparatrices. Il fallait avant tout préserver la nature contre les risques d'agression du fait des activités humaines.

Dans ce contexte, protection de l'environnement et activité économique s'opposent. A partir des années 1980, une nouvelle étape est franchie dans la prise de conscience des menaces qui pèsent sur l'environnement. Les atteintes portées par l'homme à son milieu ne concernent pas uniquement les écosystèmes locaux et ne sont pas toutes visibles. Les menaces sont également globales et affectent la biosphère. Aussi, c'est la découverte du trou dans la couche d'ozone, de l'existence et de l'accroissement de l'effet de serre, du phénomène de désertification. Les politiques simplement protectrices ou réparatrices montrent leurs limites. Dès lors, le mode de développement de nos sociétés ne peut que susciter de véritables interrogations.

En effet, les travaux du Club de Rome, à la fin des années 1960, sont souvent cités comme point de départ[655]. Le Massachusetts Institute

---

[655] Le débat lancé par le Club de Rome avec le concept de croissance zéro mettait en exergue le fait que la disponibilité des ressources de la biosphère est limitée. En effet, le modèle classique touche sa propre limite car la destruction des écosystèmes pour générer des revenus et pourvoir à leur conservation et leur rétablissement ne s'avère pas rentable. Au contraire, les tenants de ce modèle sont désormais conscients que

of Technology (MIT) dénonce dans un rapport publié en 1972 et intitulé « *Halte à la croissance* », le danger que représente une croissance économique et démographique exponentielle du point de vue de l'épuisement des ressources naturelles, de la pollution et de la surexploitation des systèmes naturels. Donc, le Club de Rome, avec le rapport de Meadows de 1972, est le premier à dénoncer clairement les actions anthropiques sur la nature. La publication de ce rapport va marquer le début d'une série de critiques adressées aux modèles de développement conventionnels. Ces critiques, dont Susan BAKER dresse une typologie, « *sont à la fois d'ordre écologique, social et économique. Elles identifient certaines des lacunes et problèmes engendrés par des modèles de développement conventionnels* [656]». Au fait, il y a une remise en question du fait que ces modèles perçoivent le progrès comme la domination humaine croissante sur la nature. C'est donc « *une instrumentalisation de la nature au bénéfice de l'espèce humaine* [657]». Cette critique essentiellement d'ordre écologique, montre à suffisance qu'il y a une forme de séparation entre l'Homme et le milieu naturel dans lequel il vit.

Dès 1972, les Nations Unies, à la demande du Suède, organisent à Stockholm la première conférence internationale sur l'environnement qui aboutit à la création du Programme des Nations Unies pour l'environnement (PNUE). A cette occasion apparaît le concept « *éco-développement* », qui s'attache à réconcilier deux approches apparemment antagonistes : celle du développement et celle de l'environnement, mais indissociables l'une de l'autre. Il s'agit d'un concept qui contribue à remettre en cause les modes de développement du Nord et du Sud, générateurs de pauvreté et de dégradations environnementales. La conférence de Stockholm qui devait, à l'origine, être consacrée à l'environnement, s'ouvre donc modestement aux questions du développement. La notion *d'éco-développement* aura cependant une vie courte puisqu'elle sera désormais écartée du vocabulaire institutionnel international. L'idée d'un développement qui ne soit pas uniquement guidée par des considérations économiques, mais également par des exigences sociales et écologiques va faire son chemin. La notion *d'éco-*

l'environnement, lorsqu'il est affaibli, nuit gravement au développement économique. C'est un constat avait aussi été repris dans le rapport de Brundtland en 1987.

[656] BAKER (Susan), « *Sustainable Developpment* », London 2006, Routledge, p.14

[657] Idem,

développement fera, en effet, l'objet d'une réappropriation par les Anglo-saxons qui lui substitueront la notion de « *Sustainable Developpment* ». L'expression « *Sustainable Developpment* » traduite de l'anglais, d'abord par « *développement soutenable* » puis aujourd'hui par « *développement durable* », apparaît pour la première fois en 1980 dans la Stratégie Mondiale de la Conservation[658].

Quelques années plus tard, elle se répandra dans la foulée de la publication en 1987 du rapport de la Commission Mondiale sur l'Environnement et le Développement, intitulé « *Notre avenir à tous* »[659]. En 1992, les Nations Unies organisent à Rio la deuxième conférence sur l'environnement et le développement, également appelée « *Sommet de la terre* ». Les Etats présents à Rio ont également signé un document de propositions, non juridiquement contraignantes, mais faisant autorité, le programme d'action pour le 21ème siècle, dit

---

[658] La Stratégie Mondiale de la Conservation est un document politique international et élaboré et publié conjointement par le Programme des Nations unies pour l'environnement (PNUE), l'Union mondiale pour la nature (UICN) et le Fond mondial pour la nature (WWF). Ainsi, dans la « World Conservation Strategy » publiée en 1980 on voit apparaître pour la première fois l'expression « développement durable ». L'essentiel des notions fondatrices du concept y est développé. Le texte d'introduction pose avec force un concept d'avenir : conjuguer protection de la nature et développement humain.

[659] « Un programme global de changement », c'est ce qu'on avait demandé à la Commission mondiale sur l'environnement et le développement d'établir. Ainsi, l'Assemblée générale des Nations unies lui avait demandé instamment :

• de proposer des stratégies à long terme en matière d'environnement pour assurer un développement durable d'ici à l'an 2000 et au-delà ;

• de recommander des méthodes pour faire en sorte que l'intérêt porté à l'environnement se traduise par une coopération plus étroite entre les pays en développement et entre des pays ayant atteint différents niveaux de développement économique et social et débouche sur la réalisation d'objectifs communs s'appuyant mutuellement et tenant compte des relations réciproques entre la population, les ressources, l'environnement et le développement ;

• d'envisager des moyens permettant à la communauté internationale de faire plus efficacement face aux problèmes de l'environnement, et

• de contribuer à définir les identités de vues sur les problèmes à long terme de l'environnement et les efforts qu'il conviendrait de déployer pour résoudre les problèmes que soulèvent la protection et l'amélioration de l'environnement, l'adoption d'un programme d'action à long terme pour les prochaines décennies et des objectifs auxquels la communauté mondiale devrait tendre.

« *Agenda 21* [660]». L'Agenda 21 a le mérite de déterminer les responsabilités qui incombent à chacun des acteurs de la société civile dans l'application du principe de développement durable. Les États, notamment, sont invités à agir en réalisant des Agendas 21 nationaux et les collectivités locales en mettant au point des Agendas 21 locaux. Le Sommet de Johannesburg de 2002[661], fait un bilan alarmant de l'état de la planète : épuisement des ressources naturelles, pollution, réchauffement climatique, mais aussi sous-alimentation, manque d'eau dans de nombreux pays. Les engagements signés en 1992 à Rio n'ont pas été respectés. Ce sommet mondial sur le développement durable va cristalliser la notion dans une dynamique trilogique « *économie-social-environnement* ». Ainsi, le développement durable apparaît comme une notion vaste, car il tente de réorienter le développement vers un modèle plus englobant créant des liens entre l'économie, la société et l'environnement.

2- la définition de la notion

Le développement durable est une notion polysémique[662]. Cependant, les nombreuses définitions, qu'il a fait l'objet ne sont point un exercice de linguistique, mais présentent plutôt de réelles distinctions entre les interprétations du concept. Cet ensemble de définitions montre

---

660 Etabli lors de la Conférence des Nations Unies sur l'Environnement et le Développement en 1992 à Rio De Janeiro au Brésil (Sommet de la Terre), l'Agenda 21 est un guide de mise en œuvre du développement durable pour le 21ème siècle. Les nations qui se sont engagées pour sa mise en place doivent l'appliquer au niveau national, régional et local. L'Agenda 21 se compose d'une déclaration énonçant 27 principes et d'un programme d'action de 4 sections, 40 chapitres et environ 2500 recommandations. L'Agenda 21 constitue un cadre non contraignant mais qui se traduit progressivement dans les politiques publiques et les initiatives des acteurs économiques, sociaux, associatifs.

661 Le Sommet mondial sur le développement durable, aussi appelé sommet de la Terre de Johannesburg ou sommet de Johannesburg, s'est tenu du 26 août au 4 septembre 2002, à Johannesburg en Afrique du Sud.

662 Selon un rapport publié par l'UICN en 1991, cette expression a été critiquée comme se prêtant à des interprétations parfois antinomiques. La confusion a été favorisée par le fait qu'on employait indifféremment « développement durable », « croissance durable » et « utilisation durable », comme si ces expressions revêtaient une signification identique. Tel n'est pas le cas. La notion de « croissance durable » comporte en effet une contradiction dans les termes, puisque rien de physique n'est susceptible de croître indéfiniment. Quant à la formule « utilisation durable », elle s'applique par définition exclusivement aux ressources renouvelables : elle implique une utilisation respectant la capacité de renouvellement.

aussi la difficulté de combiner l'idée de développement avec les considérations environnementales. L'ambivalence du concept ouvre la porte à des critiques dont deux nous paraissent importantes. D'abord, pour certains chercheurs, l'opérationnalisation du développement durable n'est possible que s'il existe une seule définition précise du concept[663]. Ensuite, d'autres se redoutent qu'un manque de précision dans la définition permette à certains groupes d'utiliser l'appellation de « *durabilité* » pour des produits, des services ou même des projets voire des politiques même il n'est rien aujourd'hui[664]. Or, en dépit de ces critiques, Michael JACOBS[665] considère que la recherche d'une définition unique parait maladroite, car elle ne prend pas en considération l'aspect contestable du développement durable[666].

En réalité, tout comme la liberté, la justice sociale, la justice climatique ou même la démocratie, le développement durable est un concept politique qui a des effets sur la société. Le débat sur sa signification est donc un débat politique portant sur les moyens de son application. Ainsi, les différentes entités sociales : les gouvernements, les organisations internationales, les ONG et autres groupements sociaux, offrent des définitions distinctes sur l'application du développement durable et la raison est simple, chacun tente de valoriser ses intérêts ou les intérêts des groupes qu'il défend[667]. Malgré les disparités qui existent dans la définition du développement durable, il nous parait important d'adopter celle offerte par le Rapport de Brundtland, qui le cerne comme « *un développement qui répond aux besoins du présent sans compromettre la capacité des générations*

---

663 BECKERMAN (W.), « *Sustainable Developpment* », Is It a Useful Concept? Environmental Values 3, 1994, pp. 191- 209, p.192

664 JACOBS (Michael.), « *Sustainable Developpment as a contested concept* », in Dobson, A. *Fairness and futurity: Essays on environmental sustainable and social justice*, Oxford University Press, 1999, p.24.

665 Michael JACOBS est un chercheur américain ayant publié the « Sustainable Developpment as a contested concept », in Dobson, A. Fairness and futurity: Essays on environmentally sustainable and social justice, Oxford University en 1999.

666 Ibid., p.25

667 BROCHARD, (L. D.), « *le développement durable : Enjeux de définition et de mesurabilité* », mémoire de maîtrise en science politique, Université du Québec à Montréal, services des bibliothèques, juin 2011, p.12

futures de répondre aux leurs[668] ». Plusieurs auteurs s'accordent pour admettre que cette définition de la Commission Mondiale sur l'Environnement et le Développement reste la plus répandue et la plus acceptée. Le développement durable peut donc être compris comme la modification de la biosphère et l'emploi de ressources humaines, financières, vivantes et non vivantes, pour satisfaire aux besoins des hommes et améliorer la qualité de leur vie.

Donc pour assurer la durabilité du développement, il faut tenir compte des facteurs sociaux et écologiques, ainsi que des facteurs économiques, de la base des ressources vivantes et non vivantes, des avantages et désavantages à long ou à court terme des autres solutions envisageables. Le développement durable consiste à améliorer les conditions d'existence des hommes tout en restant dans les limites de la capacité de charge de la biodiversité. Ainsi, un développement qui se fait au détriment de la qualité de l'environnement, surtout de la diversité biologique, ne peut pas être viable à long terme. Cela signifie que la réalisation du développement durable obéit à des exigences, parmi lesquelles nous avons la mise en œuvre des instruments politiques, économiques et juridiques favorable à la biodiversité.

B/ un développement durable hypothéqué au Mali

Il convient d'emblée de souligner que l'un des objectifs fondamentaux du développement durable est la tentative de créer un modèle de développement qui intègre à la fois l'économie, la société et l'environnement. Cet objectif naît de l'idée que le bien-être de l'environnement, de l'économie et de la société sont intimement liés. Les objectifs du développement durable aussi bien que la nature intégrée des défis environnementaux et de développement posent des problèmes aux institutions nationales qu'internationales. Car, en général, celles-ci ont été créées à partir des préoccupations étroites et des problématiques fragmentaires[669]. Ainsi, la réalisation des objectifs du développement durable interpelle les pouvoirs publics, tout comme

[668] Commission Mondiale sur l'Environnement et le Développement, Rapport de Brundtland « *Notre avenir à tous* », Editions du Fleuve, 1989, p.59

[669] Organisation des Nations Unies, Commission Mondiale sur l'Environnement et le Développement, « *Rapport de Brundtland : Notre avenir à tous* », Publié en 1987, p.15

les autres acteurs du développement. D'où l'importance d'une coopération efficace entre Etats, et entre tous les acteurs de développement pour gérer les interdépendances écologiques et économiques.

A partir du sommet de la terre de Rio de Janeiro de 1992, des engagements ont été souscrit par l'ensemble des parties prenantes aux différentes conventions et autres instruments[670] et le Mali n'est pas en reste. Le respect de ces engagements internationaux nécessite des actions telles que la mise en place d'un cadre structurel adéquat, l'adaptation des législations et l'adoption d'un modèle économique en harmonie avec le potentiel productif de l'écosystème. Cela dit, le développement durable n'est pas un état d'équilibre, mais plutôt un processus de changement dans lequel l'exploitation des ressources, le choix des investissements, l'orientation du développement technique, ainsi que le changement institutionnel et l'adaptation législative, sont déterminés en fonctions des besoins tant actuels qu'à venir. Des choix douloureux s'imposent au vu des enjeux multiformes au Mali.

Pour ce faire, le Mali, face aux nombreux enjeux de son développement durable, a entrepris diverses actions néanmoins qui restent assez modestes. Ces actions ne sont pas à la mesure des enjeux, elles sont assez limitées au point d'hypothéquer le développement durable du pays.

1- les enjeux du développement durable au Mali

Le sommet de Rio de Janeiro en 1992 a été l'occasion d'une prise de conscience mondiale sur les enjeux globaux et locaux liés à la perte de biodiversité et sur la responsabilité collective à gérer les ressources naturelles en tenant effectivement compte des générations futures. Pendant la décennie qui a suivi, l'accent a été mis sur les questions écologiques et, dans une moindre mesure, sur celles économiques. Dix ans plus tard, le sommet mondial du développement durable de Johannesburg a remis les aspects sociaux au centre des

[670] Il s'agit notamment de la déclaration de Rio sur les forêts, l'Agenda 21, la déclaration de Johannesburg sur le développement durable de 2002, les protocoles de Cartagena (Montréal au Canada) sur la biotechnologie, de Nagoya au Japon sur l'accès et le partage équitable des ressources transgéniques (les OGM), l'accord de Paris sur le climat de 2015.

problématiques environnementales, en attirant l'attention des décideurs et des principaux acteurs, qu'ils soient publics ou privés, sur la lutte contre la pauvreté. Les enjeux de protection de la biodiversité sont, en effet, étroitement corrélés aux différentes dimensions du développement durable et à l'amélioration des conditions de vie des populations locales.

C'est donc le sommet mondial sur le développement durable de 2002 qui a consacré la nécessité de l'intégration des trois composantes du développement durable : le développement économique, le développement social et la protection de l'environnement, en tant que piliers interdépendants qui se renforcent mutuellement. Au Mali, ces trois piliers constituent des enjeux fondamentaux pour le développement durable du pays. D'abord, il faut noter que l'économie malienne repose essentiellement sur le secteur primaire, à savoir l'agriculture, l'élevage, la pêche et la foresterie. En effet, le sous-secteur agricole contribue, à elle seule, pour environ 44% du PIB et occupe environ 85% de la population active[671]. Les autres secteurs n'en demeurent pas moins importants pour le développement du pays. Le tissu industriel s'améliore de plus en plus, surtout avec l'accroissement des activités minières. Le Mali est le troisième producteur de l'or en Afrique.

L'enjeu, ici, c'est comment parvenir à un développement économique et social, essentiellement basé sur ce secteur primaire, sans compromettre la durabilité environnementale. Or, partant du constat que la prospérité des pays développés est basée sur l'utilisation intensive des ressources naturelles, utilisation à l'origine de la pollution, voire de la destruction de nombreux écosystèmes, il est à craindre que le souhait d'évolution du Mali vers un état de prospérité similaire, édifié sur les mêmes principes, n'implique une dégradation encore plus importante de la nature et de ses ressources. Autrement dit, comment parvenir à la durabilité économique au Mali ?

Ainsi, la réalité est qu'au Mali, la pauvreté des populations est la cause principale du sous-développement en général et de la

[671] République du Mali, « *Rapport National sur le Développement Durable du Mali, dans la perspective de RIO+20* », Document élaboré sous la coordination de l'Agence de l'Environnement et de Développement Durable, p.8

dégradation parfois irréversible de la nature et des ressources naturelles d'où les enjeux sociaux. Enfin, l'environnement, les changements climatiques, la lutte contre la désertification, la préservation de la biodiversité, constituent des enjeux écologiques, de plus en plus structurants des facteurs déterminants le bien-être des populations maliennes. Le patrimoine naturel du Mali qui contribue de manière délicate à la production nationale et aux conditions de vie des ménages, mérite une protection beaucoup plus efficace. En effet, les ressources naturelles à base du développement restent soumises à un processus important de détérioration sous les effets conjugués d'une surexploitation et des dynamiques écologiques aggravées par les changements climatiques d'où les enjeux écologiques.

Ces trois enjeux s'inscrivent dans une logique de durabilité : la durabilité économique, la durabilité sociale et la durabilité écologique telles qu'elles résultent de la définition de la notion du développement durable donnée par le Rapport de Brundtland. D'abord, la durabilité économique implique des politiques économiques adéquates, une affectation et une utilisation efficaces des ressources, un accès plus équitable aux ressources et un accroissement de la capacité productive des populations. Quant à la durabilité sociale, elle exige une meilleure répartition des revenus et une mise à contribution accrues des bénéficiaires de l'aide au développement dans les décisions qui les concernent. Enfin, la durabilité écologique ou environnementale, sous-tend la gestion et la protection des écosystèmes afin de maintenir leurs fonctions économiquement productives, leurs fonctions passives, telles, la protection de la biodiversité ou de l'environnement contre les pollutions.

Il existe une sorte d'équité d'abord au sein de la génération présente et ensuite entre la génération présente et la génération future. Certains auteurs parlent d'équité intergénérationnelle et d'équité intergénérationnelle[672]. L'équité intra générationnelle fait référence au besoin d'égalité au sein de la génération présente et plus singulièrement entre les classes sociales (riches et pauvres). Il s'agit d'une notion qui met l'accent sur l'importance de l'utilisation équitable des ressources[673]. Cette idée réside dans le Rapport de Brundtland qui souligne l'importance

---

[672] BAKER (Susan), Op. Cit., p.36
[673] Idem, p. 37-38.

de la distribution des richesses entre les Etats et surtout les Etats en développement. Enfin, l'équité intergénérationnelle est fondée sur l'idée de justice et d'obligations entre les générations, présente et future[674]. Elle réside aussi dans la définition du développement durable car la durabilité doit profiter au présent comme au futur. Voilà à quoi représentent les enjeux du développement durable au Mali, comme cela doit l'être dans tous les Etats. Pour y faire face, le Mali a entrepris des actions qui peinent à s'affirmer.

2- la difficile atteinte des objectifs du développement durable

Au Mali, l'insertion du référentiel du développement durable dans les instruments de la planification du développement s'est faite tardivement et selon des modalités différentes. Certes, la préoccupation pour un environnement fragile date, toutefois de la grande sécheresse qu'a connue le pays dans les années 1970, bien antérieurement à l'émergence internationale de la notion de développement durable. Cela dit, le développement durable est abordé au Mali par des actions sectorielles, au travers de ses composantes environnementales[675] et sociales[676]. Il existe un réel décalage entre le discours politique et les actions relevant du développement durable. Concrètement, dans une volonté d'affichage et une recherche de légitimité sur la scène internationale, le pays a signé et ratifié un nombre important de conventions internationales relatives à l'environnement et au développement. Et depuis 2002, les textes et discours politiques dans lesquels apparaît le terme développement durable, foisonnent. En un mot les autorités évoquent un « *verdissement* [677]» des textes politiques[678].

---

674 Ibid.

675 Nous avons par exemple, les plans de lutte contre la désertification adoptée dans les années 1975-1980, et les lois sur la gestion des ressources naturelles des années 1985-1995.

676 Sur le plan social, l'Etat du Mali a mise en place des cadres stratégiques de réduction de la pauvreté à partir des années 2000.

677 Cela signifie que les politiques doivent se construire dans des cadres stratégiques, définis pour la plupart en partenariat avec les bailleurs, et qui insistent surtout sur les dimensions économiques, sociales et environnementales des processus de développement. L'exemple, c'est bien le cas du Cadre Stratégique de Lutte contre la Pauvreté qui renferme une dimension environnementale, donc un contenu verdissant.

678 GABAS (J.J), MAINGUY (C.), EGG (J.), « *Processus d'émergence d'une politique publique de développement durable : le cas du Mali* », PROPOCID, Working Paper n°7, 2008.

Nonobstant l'existence d'instruments politiques ciblés, visant surtout à lutter contre la pauvreté et la dégradation de la nature, très peu d'action mis en place peuvent à ce jour être considérées comme relevant du développement durable. D'ailleurs, l'analyse historique des actions publiques corrobore cet avis, et permet de constater une émergence séparée de chacun des trois piliers du développement durable. D'abord, la décennie 1970 voit émerger les préoccupations environnementales comme une priorité du fait des sécheresses, de la vulnérabilité des communautés rurales aux aléas climatiques, et surtout des problèmes d'érosion des sols limitant ainsi le potentiel productif des terres. Du coup, la question de la sécurité alimentaire des populations sahéliennes se trouve au cœur des préoccupations internationales. Des crises écologiques émergent de nouvelles formes d'actions qui combinent le secteur public et le secteur privé. Plusieurs initiatives, bénéficiant une mobilisation inédite de « *la société civile nordiste* [679]» émergent à la faveur d'un développement durable.

A partir de là, le Mali et le sahel deviennent un terrain d'actions privilégié d'un accompagnement dans la durée de dynamiques associatives locales, puis, à plus vaste escabeau. Dans la foulé, le pays, avec huit autres Etats subsahariens créent le Comité Inter-Etats de Lutte contre la Sécheresse au Sahel (CILSS)[680] dont les actions vont s'orienter vers la lutte contre la dégradation des sols et la désertification. Ces préoccupations touchent toute l'étendue du territoire malien, du nord au sud. Au sud, l'objectif n'était pas seulement les aléas climatiques, mais aussi le maintien des capacités productives des zones cotonnières ou zones CMDT[681].

---

[679] Il s'agit des ONG et mouvements écologiques venant des pays du nord ou pays riches et qui œuvrent dans le domaine de l'environnement et de développement au Mali.

[680] Le Comité Inter-Etat de Lutte contre la Sécheresse au Sahel (CILSS) a été créé le 12 septembre 1973 à la suite des grandes sécheresses qui ont frappé le Sahel dans les années 1970. Il regroupe treize Etats membres dont : huit Etats côtiers (le Bénin, la Côte d'ivoire, la Gambie, La Guinée Conakry, la Guinée-Bissau, la Mauritanie, le Sénégal et le Togo) ; quatre pays enclavés (le Burkina Faso, le Mali, le Tchad) ; et un Etat insulaire (le Cap Vert).

[681] La CMDT est la Compagnie Malienne de Développement textiles. Elle se charge du développement de la production cotonnière, notamment dans les régions de Sikasso, de Ségou et de Mopti et de Kayes. La zone CMDT est une zone dans laquelle se concentre le développement de la production du coton depuis l'indépendance du

Dans la décennie 1990, émergent les préoccupations de lutte contre la pauvreté, qui s'installent dans les discours politiques. Appuyées par les partenaires financiers, les actions de lutte contre la pauvreté vont s'insérer dans le cadre des Objectifs du Millénaire pour le Développement (OMD)[682], puis les Objectifs du Développement Durables (ODD)[683]. Ainsi, la question de la durabilité économique se

---

pays. Créée le 5 Février 1975, la CMDT est une société mixte de 200 millions de francs malien dont 60% appartient à l'Etat malien et 40% à l'Etat français à travers la Compagnie Française de développement Textiles (CFDT).

682 Les problèmes auxquels l'Humanité est confrontée sont intimement liés entre eux. D'où l'importance capitale d'une approche globale et d'une stratégie coordonnée permettant de s'attaquer simultanément sur un large front, à de multiples problèmes. C'est pourquoi, 189 Etats membres des Nations Unies, dont le Mali, ont adopté la déclaration du Millénaire, en émergent 8 Objectifs essentiels qui constituent depuis le schéma directeur de la lutte contre la pauvreté et le sous-développement. *Les Objectifs du Millénaire pour le Développement sont :*

1- *Réduire l'extrême pauvreté et la faim ;*
2- *Assurer l'éducation primaire pour tous ;*
3- *Promouvoir l'égalité des sexes et l'autonomisation des femmes ;*
4- *Réduire de deux tiers la mortalité infantile ;*
5- *Améliorer la santé maternelle ;*
6- *Combattre le VIH/SIDA, le paludisme et d'autres maladies ;*
7- *Assurer un environnement durable ;*
8- *Mettre en place un partenariat mondial pour le développement.*

683 Le Programme pour le Développement durable, adopté par l'ensemble des États membres des Nations unies en septembre 2015, ambitionne de mettre fin à l'extrême pauvreté, combattre les inégalités et l'injustice et lutter contre le changement climatique et ses conséquences à l'horizon 2030. Ce nouveau cadre d'action mondial, aussi appelé Agenda 2030, fixe 17 Objectifs de Développement Durable (ODD), eux-mêmes déclinés en 169 cibles spécifiques et 232 indicateurs de suivi1. L'adoption de l'agenda 2030 guidé par 17 Objectifs et 169 cibles de mesure des progrès associés vient garantir la continuité des OMD (8 objectifs et 60 indicateurs de suivi des progrès). Les fondements conceptuels (structures, dimension, portée, échéance) visent à terme à corriger les faiblesses et parachever les inachevés des OMD, aussi bien au plan de la définition, de la mise en oeuvre que du suivi-évaluation. Les ODD tirent leur origine des résultats de la conférence de Rio+20 qui marquait les 20 ans de l'Agenda 21 pour le développement durable. L'une des nouveautés majeures des ODD réside dans leur dimension universelle, notamment au plan des domaines couverts et du public cible. En effet, alors que les OMD s'attaquaient essentiellement aux déficits sociaux des pays en développement (notamment vulnérables et pauvres), l'agenda 2030 tire leçons de la mise en oeuvre des OMD en s'attaquant aux déficits de l'ensemble des trois piliers fondamentaux de développement (social, économique et environnemental) impliquant tous les pays de la planète. En outre, la recherche d'un monde de prospérité, d'équité, de liberté, de dignité et de paix constituant toujours le

pose surtout pour le coton, qui fait vivre plus de 30% de la population malienne[684]. L'avenir de la production cotonnière se trouve fortement compromis non seulement par les contraintes du marché international, mais aussi et surtout par les aléas climatiques, le problème de la fertilité des sols voire la problématique foncière.

Autre part, il faut noter que « *l'ouverture du pays à l'agrobusiness et à l'agriculture industrielle, ayant impliqué la présence d'un très grand nombre d'acteurs étrangers ou non dans la gestion du foncier et par ricochet dans le processus de développement durable, ajoute encore à la confusion* [685]». Pour faire face à cette crise cotonnière, l'Etat met en place des projets de financement de coton biologique et équitable.

Dans cette riposte, si les préoccupations environnementales et sociales sont présentes, la question de la rentabilité économique demeure crucial dans la conduite de ces projets réalisés les acteurs concernés : la CMDT[686] et les producteurs. Certes, l'élaboration de la Loi d'Orientation Agricole (LOA) par le gouvernement en concertation avec la Coordination Nationale des Organisations de Producteurs (CNOP) en 2006, et l'adoption d'une Stratégie Nationale de Développement Durable (SNDD) en 2011, marquent une réelle volonté de transversalité, mais dans la pratique il n'en est rien, car on demeure cloisonné dans les approches sectorielles.

En somme, le Mali a entrepris beaucoup d'actions pour son développement durable. Toutefois, le constat est que la conception du développement durable qui ressort de ces instruments met l'accent plutôt sur les aspects économiques et sociaux du développement. Cela ne signifie pas pour autant que les trois dimensions de développement durable n'en sont pas intégrées. Mais nous voulons juste attirer l'attention sur le fait que ces actions entreprises restent fortement cloisonnées. Or, l'objectif fondamental du développement durable est de définir des politiques, des schémas viables et conciliant les trois

---

foncement commun aussi bien pour la déclaration du millénaire que pour l'agenda 2030.

[684] République du Mali, « *Rapport National sur le Développement Durable du Mali, dans la perspective de RIO+20* », p.6

[685]CHENE-SANOGO (A), Op. Cit. P.773

[686] La Compagnie Malienne de Développement Textiles, une entreprise publique en charge de la gestion et de la promotion de la production cotonnière au Mali.

aspects économique, sociale et environnemental des activités humaines. Il s'agit de trois piliers à prendre en compte par les acteurs publics que privés, tel que prévu par le Rapport Brundtland.

Dans ce cas, les actions entreprises par l'Etat du Mali demeurent très limitées à tous bout de champ. Il importe aujourd'hui d'amorcer bien d'autres en mettant l'accent sur les trois piliers. La prise en compte cumulée de ces trois dimensions s'impose si le Mali veut réaliser son développement durable. La réalisation du développement durable passe aussi par l'application réelle des instruments juridiques. L'effectivité de la réglementation peut constituer un garde-fou contre les actions ou activités dangereuses pour la biodiversité. Elle reste l'unique issue pour opérer un développement durable au Mali. En revanche, l'inapplication peut entrainer l'ouverture de la porte à toutes sortes de dérives ou d'abus compromettant ipso facto la réalisation des objectifs du développement durable du pays.

CONCLUSION DU TITRE I

Dans ce titre, nous avons essayé d'énoncer les nombreuses carences et lacunes d'inapplication du droit de la biodiversité voire du droit de l'environnement au Mali. Il est évident que l'application des textes constitue la principale condition de l'effectivité et de l'efficacité de ce droit. Nous avons exposé les raisons de la faible effectivité et de l'inefficacité, qui sont de nature juridique, institutionnelle, sociologique, anthropique et financière. En dépit de l'impressionnant déploiement juridique dont les fondements sont aussi bien internationaux que nationaux, les exemples de mise en œuvre sont quasi inexistants. A la limite, sur un plan pratique, cette protection juridique paraît irréalisable au Mali. Cet état de fait, interpelle tous les acteurs principalement l'Etat, les collectivités décentralisées et dans une moindre mesure les acteurs privés surtout la société civile malienne qui n'ont pas su jouer pleinement leur partition en restant un contre-pouvoir des pouvoirs publics.

En effet, notre démonstration de l'existence, de l'ineffectivité et de l'inefficacité de ce droit aurait dû s'arrêter là, puisque, si le droit n'est pas appliqué correctement, on ne peut s'attendre véritablement à des effets produits. Donc, on aurait pu considérer qu'aucune protection juridique de la biodiversité n'est concrètement réalisable au Mali. Mais nous avons compris que l'effectivité ou l'inefficacité de la règle de droit surtout en matière d'environnement, demeure un idéal jamais atteint. Dans des cas, certaines règles sont relativement observées, même si, les objectifs poursuivis ne sont pas atteints. L'objectif principal étant le développement durable du pays. Or, lorsque les textes, même appliqués parfois, ne produisent pas les effets voulus, l'atteinte des objectifs reste vouer à l'échec. C'est pourquoi, nous pensons qu'il y a urgence de revoir les mécanismes existants, de corriger les imperfections afin de parvenir à une protection juridique effective et efficace de la biodiversité faunique et floristique. Cela passera un changement du paradigme malien, tant sur le plan structurel, politique, que normatif. Il nécessitera aussi la fabrique d'un droit communautaire ouest africain de l'environnement, harmonisé ou unifié.

TITRE II

LES CONDITIONS D'EFFECTIVITE ET D'EFFICACITE DU DROIT DE LA BIODIVERSITÉ AU MALI

Après avoir tenté d'exposer dans le titre précédant le constat d'une faible effectivité et de l'inefficacité du droit de la biodiversité au Mali, à travers son inapplication, ainsi que ses contrecoups sur le développement durable du pays. Eh bien, les résultats sont clairs, il faudrait dégager les voies pour un droit de la biodiversité bien adapté et réellement appliqué. Il est souvent dit qu'un problème bien posé est à moitié résolu. Le diagnostic des causes de l'ineffectivité et de l'inefficacité du droit de la biodiversité ainsi que ses effets nous serviront de tableau de bord. Concrètement, la situation actuelle doit être inversée, la tendance renversée. Le droit ne peut pas être étranger à la société, au fait social, du coup, il ne sert à rien s'il n'est pas appliqué ou s'il ne produit pas les effets attendus par ses rédacteurs. Pour mémoire, nous disions que l'application d'une règle de droit, surtout en matière d'environnement, suppose la réunion de deux éléments fondamentaux : il s'agit d'un éventail d'acteurs et d'une panoplie de moyens juridiques ou politiques.

Notre diagnostic a été très clair et s'est articulé autour de deux axes : d'une part, nous avons des infortunes sur le chemin des acteurs et d'autre part, des obstacles liés aux moyens. De ce fait, l'état des lieux sur les causes de l'inapplication nous a conduit à relever notamment les entraves d'ordre normatif et institutionnel, ce qui nous a permis donc d'intégrer les faiblesses d'ordre financiers et les obstacles sociologiques. Dès lors, envisager les conditions d'une protection de la biodiversité beaucoup plus effective et efficace suppose la correction de ces imperfections en procédant à une refonte du cadre juridique. Ainsi, le *Dictionnaire de l'académie française* distingue deux sens du terme « condition ». Selon le premier, une condition est « *ce qui exerce une influence déterminante sur une chose, une action, un événement* ». Selon le second, une condition est « *ce qui contribue à rendre une chose possible* »[687]. La différence entre ces deux acceptions se situe au niveau

[687] Entrée « condition », *in Dictionnaire de l'académie française*, 9ème éd., 1992.

de la rigueur du lien qui réunit la condition et la conséquence de sa satisfaction.

En effet, ce lien peut être de deux natures différentes. D'une part, la première définition fait référence à une influence « *déterminante* ». Or, l'expression « *déterminant* » s'entend comme ce « *qui constitue l'élément déclenchant d'un phénomène, d'un mouvement* »[688]. Cette première acception renvoie donc à la catégorie des conditions dites, en logique, « *nécessaires et suffisantes* »[689]. Une condition est considérée comme telle lorsque la condition et sa conséquence sont dépendantes l'une de l'autre. D'autre part, la seconde définition du terme « *condition* » utilise un rapport logique beaucoup plus souple. La condition « *contribue* », parmi d'autres éléments, à une chose « *possible* », c'est-à-dire « *qui peut être ou ne pas être* ».[690] Appliqué à notre sujet, il pourra être mis en évidence que si la condition est satisfaite, alors elle est susceptible d'influencer favorablement l'effectivité voire l'efficacité de la norme. Par conséquent, dans les deux cas, la mise en évidence d'une condition doit démontrer une « *implication* », c'est-à-dire une relation logique consistant en ce qu'une chose en implique une autre. [691]

A présent quelles peuvent être les exigences de ce remodelage pour que le droit de la biodiversité au Mali soit effectif, efficace, c'est-à-dire appliqué et produisant les effets attendus ? Deux conditions s'offrent à ce niveau : D'abord, on reprend le droit existant en palliant aux blocages dont nous avons déjà fait état dans le titre précédent. Il s'agirait donc de reformer le paradigme existant. Ensuite, on prête une attention particulière aux méthodes traditionnelles de protection de la nature et de la biodiversité dans le but de mettre en place un nouveau système. S'offrir des moyens pour l'effectivité souhaitée présume l'intégration des valeurs traditionnelles qui sont effectivement partagées par les destinateurs du droit de la biodiversité. Cependant au-delà de cet aspect purement normal de réforme d'un droit ineffectif, c'est la réinvention du droit de la biodiversité (Chapitre1) qui s'avère essentielle.

---

[688] Ibid.

[689] Entrée « logique », in *Le Petit Robert de la langue française 2015.*

[690] Entrée « possible », in *Le Petit Robert de la langue française 2014.*

[691] Entrée « implication », in *Le Petit Robert de la langue française 2015.*

Par ailleurs, chaque Etat africain a un modèle juridique de protection de l'environnement qu'il convient d'harmoniser dans une commune mesure. De ce fait, la fabrique d'un droit de l'environnement transcendant les frontières des Etats africains est plus qu'indispensable (Chapitre 2). Ainsi, au plan sous régional, il existe des prémisses qui méritent d'être consolidées aux vues de leur pertinence dans la gouvernance de la biodiversité. Il existe en la matière des initiatives en gestation au niveau de certaines organisations pouvant servir à la construction de ce droit communautaire. Du moins, il ne s'agira pas de créer, mais plutôt de construire car tous les éléments essentiels sont en place.

CHAPITRE I

UN CHANGEMENT DU PARADIGME

Le mot paradigme tient son origine du mot grec *paradeigma* qui signifie « *modèle* » ou « *exemple* »[692]. Un paradigme est une représentation du monde, une manière de voir les choses, un modèle cohérent de vision du monde qui repose sur une base définie : matrice disciplinaire, modèle théorique ou courant de pensée. C'est en quelque sorte un rail de la pensée dont les lois ne doivent pas être confondues avec un autre paradigme. En des termes clairs, on peut dire qu'un paradigme est un ensemble de notions, de conceptions, de valeurs, de croyances qui servent en quelque sorte de grille d'analyse de la réalité. L'expression nous permettra d'englober dans une même moule toutes nos propositions relatives aux paramètres à intégrer ou adapter pour une effectivité du droit de la biodiversité au Mali. Poser donc les conditions de ce droit appliqué effectivement et produisant les conséquences attachées à son existence suppose d'abord une refonte en profondeur des textes qui passe indubitablement par la forme de la règle.

Certes, il est simple de parler d'une refonte d'un droit jugé ineffectif ou inefficace, cependant la problématique centrale revient à déterminer les axes d'une éventuelle réforme. En d'autres termes, l'on se demande quoi refonder ? Et comment refonder ? En cela, le droit de l'environnement et de la biodiversité présente des particularités qui suscitent une prudence dans le choix d'une réforme, mais aussi dans la méthode. Il parait assez évident que le Mali a un droit inappliqué, un droit qui produit des effets indésirables dans la mesure où il est inadapté. Or, cette inadaptation est aggravée par une défaillance des structures et des moyens aussi bien humains que financiers pour appliquer effectivement ces règles juridiques. Par ailleurs, la non-réceptivité des règles par les populations constitue une raison qui engourdit l'éclosion d'un droit protecteur de la diversité biologique, soucieux du développement durable du pays. En réalité, le Mali tire essentiellement son droit de l'environnement du modèle occidental préexistant. C'est la fameuse thèse du mimétisme juridique qu'il soit intégral, circonstanciel, sélectif voire même de la reconduction du droit

---

692 Dictionnaire « Le Robert illustré », Opt. Cit., p. 1415.

français au Mali. C'est ce qui explique en partie l'inadéquation des normes édictées, et donc l'ineffectivité du droit dans ce pays.

Pour ce faire, le Mali doit refonder son droit de l'environnement à partir des sources qui lui sont propres, dont, les mœurs, les usages et coutumes, à partir des réalités économiques, culturelles, sociales et conjoncturelles. En effet, dans ce pays, de nombreuses méthodes de sauvegarde et de conservation de la biodiversité ont été utilisées dans les différentes sociétés. A titre d'exemple, la sacralisation par la religion traditionnelle[693]; les interdits d'ordre mystique, totémique, coutumier, le droit coutumier et les pratiques culturels ; la littérature orale et l'art exaltant la beauté de la nature[694], constituent des méthodes de protection de la vie sauvage.

Ces pratiques traditionnelles, bien qu'elles relèvent d'une simple croyance culturelle, bénéficient à présent l'adhésion de bon nombre des populations. Certes, de nos jours, dans certaines contrés du pays, ces méthodes traditionnelles qui ont fait leurs preuves s'effondrent et les acquis tendent à disparaître. Il est temps qu'elles soient revalorisées par le législateur. Car toute règle de droit, qui ne prend pas en compte ces sources, qui ne tient pas compte de ces réalités, ne peut bénéficier de l'adhésion des populations, d'où la problématique de leur réceptivité. Dès lors, comment pouvons-nous prétendre à l'effectivité voire l'efficacité d'un droit, alors même qu'il est fondé sur des valeurs qui ne sont pas du tout partagées par ses destinateurs ?

Penser à réformer un droit de l'environnement, jouissant d'une vitalité impressionnante, revient donc à revoir et à réadapter les textes juridiques existants d'une part et d'autre part, raffermir et veiller à leur application. De la sorte, les deux principales causes de l'ineffectivité du droit de l'environnement et de la biodiversité, que nous avons soulevées tantôt, serviront encore de tableau de bord : il s'agit du cadre juridique et institutionnel. En effet, un droit de la biodiversité effectivement appliqué et efficace au Mali suppose d'abord, une réelle prise en compte des méthodes traditionnelles de protection de la nature et des ressources

[693] A travers notamment des mythes et des rites des bois, des forêts, bosquets, arbres et de certaines espèces végétales et animales.
[694] Surtout par les contes, les récits, les mythes, poésies et chansons.

naturelles (Section I), ensuite, une réadaptation du cadre socio-structurel (Section II).

Section I: La codification du droit traditionnel de la nature

Selon Rosnert ALISSOUTIN, « *le principal malaise du droit en Afrique, c'est que le législateur s'est plusieurs fois contenté de transposer dans l'ordre interne, les réglementations en cours dans l'ancienne puissance coloniale. Les dispositions nées de ce plagiat n'ont à l'évidence aucune emprise sur les réalités locales souvent fondamentalement différentes. L'examen de ces réalités découvre un certain nombre de pratiques qui se sont cristallisées au cours des âges pour donner naissance à des coutumes bien ancrées* [695]». C'est pour dire que les normes traditionnelles de protection de la nature et des ressources naturelles demeurent toujours prégnantes en Afrique. La forte prégnance du droit traditionnel dans la protection de la biodiversité est une constante partout en Afrique et singulièrement au Mali. Or, parallèlement à ces normes endogènes parfois perçues comme inadaptées dans le contexte d'Etats modernes et démocratiques, coexiste un droit moderne considéré comme positif. Ce droit positif est scruté comme savant et rationnel pour protéger de manière durable la nature et ses ressources. Pourtant, nonobstant la vigueur de ce droit positif, le droit traditionnel reste vivace et arrive même parfois à supplanter le premier.

En effet, la flamboyance du droit moderne notamment de l'environnement au Mali ne doit pas faire illusion. Dans la pratique, la plupart des règles édictées en matière d'environnement restent peu connues, peu appliquées et donc ineffectives. Le droit moderne étatique a une très faible emprise sur la société et sur la vie quotidienne des populations, alors que les comportements de ces dernières, en matière d'environnement sont davantage régis par les règles traditionnelles. Les règles traditionnelles ou coutumières sont très souvent invoquées, observées au détriment du droit moderne. Cet état de fait se traduit par un conflit entre tradition et modernité. La tradition et la modernité

---

695 ALISSOUTIN (R. L.), « *la gestion de l'eau en milieu aride* », Thèse de doctorat, soutenue à Université Gaston Berger, 2006, p.38.

désignent des modes particuliers d'existence sociologiques d'une communauté, c'est-à-dire la manière d'avoir, d'être et de faire des hommes à des moments donnés de leurs existences.

Le droit traditionnel et le droit moderne, souvent considérés comme relevant de l'opposition entre la tradition et la modernité, représentent pourtant des éléments constitutifs de l'univers du droit en Afrique et surtout au Mali. De ce fait, l'articulation de la tradition et de la modernité autour du droit au Mali augure la reconstitution de la nécessaire connexion entre la société et l'Etat. Ainsi, comment peut-on penser à l'effectivité, l'efficacité du droit moderne étatique sans que celui-ci ne prenne en compte le droit traditionnel ? La réponse est certainement négative car l'effectivité du droit moderne, surtout en matière d'environnement, passe nécessairement par la codification des règles traditionnelles de protection (Parag. I), et par la valorisation juridique des conventions locales d'environnement (Parag. II).

Paragraphe I: la prégnance des règles traditionnelles de protection de la nature

La fabrique d'un droit de l'environnement tel qu'il pourrait exister au Mali, en tenant compte de la convention sur la biodiversité et de ses protocoles additionnels, et de l'analyse des connaissances des communautés traditionnelles, est vraisemblablement de nature à contribuer à la protection efficace des ressources biologiques. Le rapprochement entre savoirs traditionnels et science moderne, dépassant les clivages créés par la prétendue supériorité de l'une sur l'autre ou les effets de mode, peut considérablement enrichir la connaissance de la biodiversité et contribuer ainsi à l'émergence d'un droit original fondé sur l'observation et la rationalité, et respectueux des valeurs de sociétés différentes. C'est pourquoi, le préambule de la convention sur la biodiversité affirme qu'un grand nombre de communautés locales et de populations autochtones dépendent étroitement et traditionnellement des ressources biologiques sur lesquelles sont fondées leurs traditions et qu'il est souhaitable d'assurer le partage équitable des avantages découlant de l'utilisation des connaissances, innovations et pratiques traditionnelles relatives à la protection de la biodiversité et à l'utilisation durable de ses éléments.

Donc, une protection efficace et effective de la biodiversité nécessite la prise en compte de ces méthodes traditionnelles ou savoirs locaux. En matière d'environnement, le concept des savoirs locaux devient de plus en plus incontournable. Un grand pas fut accompli depuis le début de la décennie 1950, pendant laquelle le monde des intellectuels et scientifiques a commencé à s'interroger sur ces savoirs populaires[696]. C'est en effet, trente ans plus tard que le concept va émerger en s'érigeant en discipline académique. Dès lors, naît une littérature très abondante sur le concept au point d'embrasser le vocabulaire juridique international de l'environnement. C'est ainsi qu'on retrouve ce concept au paragraphe 12 du préambule, aux articles 8, 9 et 10 de la convention sur la biodiversité. Les savoirs locaux ou méthodes traditionnelles dans le sens où nous les entendons ici peuvent se définir comme l'ensemble des connaissances et techniques très souvent séculaires acquises et accumulées par les populations autochtones dans tous les domaines de la vie rurale. Au Mali, ils peuvent se résumer aux totems et tabous, aux rites et pratiques des activités agricoles, et de protection de la nature.

Souvent appelés savoirs écologiques traditionnels, savoirs locaux ou encore savoirs autochtones, les savoirs traditionnels se reflètent dans les pratiques communautaires, les institutions ou encore dans la relation entre les individus et les rites ancestraux. Cependant, il est difficile de cerner cette notion en raison de sa nature insidieuse et complexe. Tout en étant ancrés dans la tradition, ils apparaissent également comme des savoirs au sens moderne du terme, définis comme fondamentalement dynamiques. En effet, les savoirs traditionnels évoluent continuellement comme une réponse aux changements de l'environnement. Ils sont un corps cumulatif de connaissances, de savoir-faire, de pratiques et de représentations maintenues et développées par les peuples dont l'histoire se confond avec l'environnement naturel. Cette collection sophistiquée de compréhensions, interprétations et significations, fait partie d'un ensemble culturel encore plus complexe qui comprend le langage, les rites, la spiritualité et la cosmogonie. Ces savoirs fournissent la base de la prise de décisions relatives aux différents aspects de la vie de tous les jours : la chasse, la pêche, la

---

696 SARDAN, (Olivier), « *Anthropologie et développement. Essai en socio-anthropologie du changement social* », Paris, Karthala 1998, p.46, 221p.

cueillette, l'agriculture ; la conservation et la distribution de la nourriture ; la localisation et la collecte des plantes utiles pour combattre les maladies et les blessures, ; l'interprétation des phénomènes climatiques ; l'orientation et la navigation ; l'aménagement des relations entre la société et la nature ; l'adaptation aux changements sociaux et environnementaux, et bien plus encore. Ils forment de ce fait un corps de normes traditionnelles essentielles pour une protection rationnelle de la nature. Au Mali, ces règles sont si pertinentes qu'il convient de les intégrer dans les législations sur la biodiversité.

Il nous parait important d'étudier quelques-uns, singulièrement ceux qui sont relatifs à la protection de la faune et de la flore (A), avant de savoir si la survivance même de ce droit endogène ne doit-il pas être une raison de sa prise en compte par le droit moderne (B).

A/ un aperçu sur les règles traditionnelles de protection de la nature

Au Mali, tout comme partout en Afrique, la protection de la nature et de la vie sauvage par les populations rurales passe moins par des actions positives de protection que par le respect des interdits. En d'autres termes, l'obligation de faire est l'exception, et le principe reste l'obligation de ne pas faire, d'où la notion d'interdits. Ces interdits, bien qu'étant rigoureux et omniprésents, constituent un moyen efficace empêchant à l'homme de commettre sur la nature des actes de détérioration. Il en est ainsi de l'interdiction du gaspillage des ressources naturelles notamment animales et végétales. Le gaspillage est puni par les esprits et par les divinités qui procurent les ressources[697]. La religion ancestrale du Mali est l'animisme. L'islam et le christianisme sont des religions importées qui ont été imposées au pays par des conquêtes

[697] Selon Zan COULIBALY, agriculteur et notable à Nonsombougou, village relevant du cercle de Kolokani, zone de Bélédougou, « *malgré la présence de l'administration, et du droit moderne pour gérer la nature les ressources naturelles, ces règles traditionnelles et ancestrales constituent des outils supplétifs de gestions toujours efficaces, car ce qui n'est pas interdit est permis et ce qui est interdit ne peut être fait sous peine de représailles* », entretien accordé le 25 novembre 2016.

notamment le mouvement almoravide[698], puis la colonisation[699]. En animisme, toute plante ou toute animale a une valeur spécifique et mérite protection pour des raisons culturelles, sociales ou religieuses. Il existe donc sur ces entités des interdits collectifs ou individuels qui ont pour source l'importance accordée à la nature et aux ressources qu'elle fournit dans la tradition. C'est ainsi qu'on retrouve plusieurs types de protection accordés aux espèces animales (1) et végétales (2) selon leurs fonctions sociales.

1- la protection due à certaines espèces de faune sauvage

La protection des animaux sauvages est ouverte soit en raison de la culture, soit en raison de la religion. D'abord, dans toutes les ethnies du Mali, certaines espèces de la faune font l'objet d'une protection culturelle, on parle d'animaux totems. Un totem est un animal, une plante voire un objet perçu comme protecteur d'un individu ou comme ancêtre mythique d'un groupe social. Toutefois, en général au Mali, le totem est un animal protecteur d'un groupe ethnique, d'un clan ou d'une localité. Le totem, appelé en langue bamanan « *dougoudassiri* » peut-être soit un reptile, un lion, une chèvre, ou même un oiseau qui est censé protéger le groupe, l'ethnie, ou la localité contre le mauvais sort. Cet animal totem a une fonction culturelle capitale qui fait qu'on croit à sa bienfaisance éternelle et perpétuelle sans faille, de génération en génération de l'ensemble des personnes qu'il protège. Cette fonction de protection couvre tous les aspects de la vie sociale. Par exemple, un membre du groupe qui rencontre des difficultés quelconques dans la vie peut aller implorer l'aide du « *dougoudassiri* » en accomplissant des rituels. Et généralement les attentes sont comblées.

Au-delà de l'aspect culturel, cette pratique permet de protéger l'espèce en question, car aucun membre du groupe n'ose s'attaque à elle. Dans la civilisation occidentale, on parle d'espèces protégées alors

---

698 Au XI ème siècle, précisément en 1076, les almoravides venus du Maroc conquièrent l'Empire du Ghana puis, imposèrent la doctrine musulmane ou islamique, selon PIGNON Tatiana, dans « *les Almoravides, l'Andalûs et l'Afrique musulmane (1042-1147)* », article publié le 22/02/2013, disponible sur le lien http//www. lesclesdumoyenorient.com.

699 La colonisation a commencé au Mali en 1798, donc à la fin 18 ème siècle.

que dans la tradition africaine, on parle d'interdits culturels. Mieux encore, dans la tradition africaine, ces animaux totems une fois désignés, cessent d'être perçus comme des animaux. Ils deviennent de ce fait des bienfaiteurs. A côté des animaux totems, il y a d'autres espèces animales qui sont certes moins emblématiques, mais non moins protégés culturellement. On les appelle en langue locale bamanan « *tana* [700]». Les espèces animales « *tana* » existent presque dans toutes les ethnies du Mali. Chaque ethnie ou lignage a donc son « *tana* », c'est-à-dire l'animal qu'elle ne doit pas manger ou tuer. Elle doit la protéger.

Par exemple, chez nous les Peulhs de Ganadougou, notamment les SIDIBE, nos « *tana* » sont : le Singe rouge « *Erythrocebus patas* [701]» appelé en langue locale « *warablen* » ; le Chimpanzé « *Pan troglodytes* [702]» appelé en langue locale « *woronin* » ; et la Cynhyène ou Lycaon « *Lyacaon pictus*[703] » appelé en langue locale « *naasiwulu* ». De même, pour nos frères Diallo, le « *tana* » est le francolin commun ou perdrix « *Francolinus bicalcratus* » en langue locale « wôlô ». D'après les explications des anciens[704], ces espèces animales auraient aidé nos ancêtres dans certaines circonstances. D'autres ethnies évoquent des raisons qui pour elles justifient cette protection de l'animal. Ce qui est sûr, c'est qu'il y a une explication culturelle qui sous-tend tout cela. Dans cette même localité, plusieurs autres espèces animales ne sont ni tuées ni mangées en raison des vertus pour la société. Parmi ces espèces, nous pouvons citer : les Cigognes « *Ciconiidae spp* », l'Ombrette « *Scopus umbretta* » en langue locale « *nkunanj* » ; le Héron garde bœuf « *Ardeola ibis* » ou « *baninkônô* » en langue locale ; le Marabout « *Leptoptilos crumeniferus* » ou « *temu* » en langue locale. En revanche, d'autres espèces sont méprisées pour le danger qu'elles peuvent représenter pour l'homme. C'est le cas par exemple des Vautours et Charognards « *Peudogyps africanus* » ou « *Aegyppius monachus* », l'Oricou « *Torgos tracheliotus* », tous appelés en langue locale « *duga* ». En tout cas, ce qui important c'est la protection dont bénéficient ces espèces qui sont d'ailleurs emblématiques. Elles font parties des espèces protégées par

[700] COULIBALY Zan, Op. Cit.
[701] Le nom scientifique de l'espèce.
[702] Le nom scientifique de cet animal.
[703] Le nom scientifique de cet animal.
[704] Nous utilisons le mot « ancien » pour désigner les vieilles personnes qui nous transmettent ces traditions.

la législation nationale. De nombreuses autres espèces ont trouvées protection pour des raisons plus ou moins similaires dans presque toutes les zones du pays[705].

Il nous paraît puéril de penser que les gens qui ont adhéré à cette pratique l'aient fait au hasard sans raison valable. En réalité, l'origine de la pratique paraît moins importante au vue du nombre d'espèces animales protégées. Le Mali comporte douze grands groupes ethniques, et plusieurs autres ethnies minoritaires. Imaginons le nombre d'espèces protégées par ces groupes ethniques, on se rendra compte qu'il s'agit d'une pratique impressionnante. En plus de ces espèces protégées pour raisons culturelles, d'autres bénéficient d'une protection pour raisons sociales ou religieuses. En effet, la région de Sikasso, « *l'ex-kénédougou* » est réputée pour ses mythes et rituels. Dans la ville de Sikasso, notamment dans les familles fondatrices, la tortue est plus qu'un animal. Elle bénéficie d'une protection sociale et jouit d'une proximité très étroite avec l'homme. Cette proximité fait que les tortues terrestres « *Testudo sulcata*[706] » en langue bamanan « *kooro kaara* » errent dans ces concessions et s'offrent comme escabeau aux femmes lorsque celles-ci cuisinent. En réalité ces tortues demeurent plus que des animaux aux yeux de ces personnes. Cette protection culturelle ou sociale de ces espèces de la faune sauvage est beaucoup efficace que la protection par le droit moderne. Au-delà, de cette protection de la vie faunique, il existe d'autres méthodes de protection visant les espèces végétales ou la flore.

2- la protection de certaines espèces végétales et plantes

La protection des espèces floristiques se fait sous deux angles. Il s'agit de la protection des lieux sacrés et celle accordée à certaines espèces végétales en raison de leurs utilités ou de leurs vertus pour l'homme et la société. Les lieux sacrés peuvent être des bois, une rivière, une mare, un marigot ou une végétation. Ils ont été identifiés dans la forêt profonde et ne tolèrent pas qu'on s'y aventure du moins lorsqu'on n'est pas initié. Par exemple, pour la rivière, la mare ou le marigot sacré, l'accès est fortement règlementé. La pêche y est interdite

---

[705] Par exemple la zone de Bélédougou, de Djitoumou, de Kénédougou ou de Mandé.
[706] Le nom scientifique de l'espèce.

périodiquement ou totalement. C'est le cas de la mare de Nangola dans le cercle de Sikasso, Commune rurale de Finkolo. Selon un notable du village « *l'exploitation de cette mare est interdite sauf autorisation. Après des rituels, une pêche collective est organisée chaque année courant le mois d'Avril. Les rituels sont accomplis par les chefs coutumiers qui implorent les autres utilisateurs de ce cours d'eaux, car nous le partageons avec d'autres esprits. Nous ne devons pas offenser ces forces invisibles sous peine de représailles* [707]». Ici, la pratique n'a pas pour but la protection des espèces aquatiques, mais elle permet tout de même de réaliser cette protection, en ce sens que les ressources de la mare se reconstituent.

Dans les rivières et les marigots sacrés, surtout dans la Région de Mopti, la même règle est presque observée. Leur accès est aussi réglementé. La pêche y est prohibée. Toutefois, il peut y arriver que la communauté via le maître de l'eau ou en langue bamanan « *le jitigui* » instaure des périodes annuelles de pêche. D'ailleurs, cette même règle est quasiment observée par les confréries de pêcheurs. La même règle subsiste pour les bois ou végétations sacrées dans lesquelles, toute exploitation de bois est interdite. Même la coupe du bois de chauffage ne peut être effectuée habituellement par les usagers en raison du fait que la forêt en question demeure l'antre des esprits et des divinités. En plus d'être le lieu de villégiature des esprits, la végétation ou forêt sacrée est le temple d'initiation, de purification, et de culte au même titre que les églises en Occident. C'est le cas par exemple de « *Kômô tou* » qui sert à l'initiation au « *Kômô* [708]». Ainsi, pour conjurer le mauvais sort, les initiés vont se faire purifier dans ces forêts sacrées selon les codes et procédures pas connus de tous. De plus « *dans les bois sacrés, tous les arbres n'ont pas la même importance. Certains incarnent les esprits, d'autres permettent de sanctifier, de purifier ou même de neutraliser les mauvais sorts et les malédictions. Les cérémonies de vénération sont sécrètes, réservées aux initiés. C'est dans le bois sacré que se déroule le culte des ancêtres, avec l'ensemble*

---

[707] DIALLO Lanceni, Notable et conseiller au chef du village de Nangola dans la commune rurale de Nièna, cercle de Sikasso. Entretien accordé le 20 Novembre 2016 à son domicile.

[708] Le Kômô est un fétiche qu'on retrouve en général dans la région de Sikasso notamment dans les milieux sénoufos (cercle de Sikasso), et minianka (cercle de Koutiala).

des incantations qui l'accompagnent[709] ». Ces règles, au-delà des considérations spirituelles et mystiques, permettent de protéger les espèces animales et végétales dans les aires sacrées.

Par ailleurs, la protection culturelle s'étend à des espèces végétales, désignées pour des raisons sociales ou à cause de leurs vertus curatives ou alimentaires. Elles sont parfois perçues comme des essences sacrées. Parmi ces espèces protégées, nous avons le Karité, le Néré, le Baobab, le Rônier, le Palmier à huile, le Caïlcédrat, le Balansan et le colatier. D'abord, le fruit du colatier « *wôrô sou* [710]» appelé le cola ou la noix de cola « *wôrô*[711] », conditionne la faisabilité de certaines cérémonies au Mali. C'est le cas du Mariage. Dans le milieu Bamanan, le Karité « *Butyrospermum paradoxum* », le Rônier « *Borassus aethipium mart* », le Palmier à huile « *Elaeis guineensis Jacq* », le Caïlcédrat « *Kaya senegalensis Juss* », le Balansan « *Acaciaalbida* », le Néré « *Parkia biglobosa* » et le Baobab « *Adansonia digitata* », constituent des essences sacrées car offertes par le créateur et entrant dans les rites culturels. La question qui reste posée aujourd'hui est l'origine de cette sacralité. En général, les anciens interviewés répondent par les mythes fondateurs. Certains anciens font comprendre que les ancêtres ont pu être interpellés par des hallucinations. Ce qui importe actuellement pour nous, c'est cette capacité communautaire de se souvenir, de se comporter conformément à la sacralité originaire, et de protéger ces espèces si vitales pour la société. Ces essences, non seulement matérialisent les esprits qui animent la vie de la communauté, mais elles permettent de se repérer et de s'identifier en tant que membres d'une communauté et de se comporter comme tels[712].

Les Bamanan constituaient essentiellement un peuple d'agriculteurs intimement attachés à la tradition. Ces différentes

---

709 CHENE-SANOGO, (A.), Op. Cit., p.724

710 L'appellation en langue Bamanan de cette plante assez symbolique dans les milieux Bamanan dans les régions du centre et du sud et de l'ouest du Mali.

711 Le « wôrô » en langue Bamanan ou la noix de cola est le fruit du colatier. Elle est fréquemment utilisée au Mali à l'occasion des cérémonies, des évènements heureux ou malheureux. La noix de cola est aussi utilisée dans l'accomplissement des rites et rituels, des cultes. Elle a une valeur assez symbolique dans les traditions culturelles maliennes.

712 Bablen DIARRA, paysan et notable à Kononbougou, localité située dans le cercle de Fana, Région de Ségou. Entretien accordé à son domicile le 12 Janvier 2017.

espèces végétales font parties des essences sacrées reproduites et protégées par les génies pour le bien des hommes. Dans la tradition bamanan, cette œuvre est poursuivie par les hommes et notamment les chefs de familles. Le chef de famille est un propriétaire terrien, un paysan dans l'âme[713]. Il est chargé, à la suite des ancêtres, de l'application et du respect strict de la coutume surtout en ce qui concerne l'interdiction de couper ces différentes essences. Lui seul peut décider de la coupe pour des raisons précises. Aussi, chaque chef de famille est tenu de protéger ces essences sur le terroir qui lui est donné par le chef des terres. Elles doivent être préservées dans les champs. Le chef de famille éduque sa famille sur cette mission de régénération de la biodiversité, mais sur fond religieux, à savoir prendre soin de la brousse, la demeure des génies.

En outre, ces essences constituent à la fois sacrées, médicinales et alimentaires. A partir de la farine de néré plusieurs mets sont préparés : bouillie, couscous, etc. Les graines, quant à elles, servent à produire au bout d'une semaine de traitement du « *soumbala*[714] », une sorte d'arôme. Dans la tradition, la bouillie de poudre de néré est un fortifiant laxatif, tandis que le « *soumbala* » est un bon régulateur de tension. La noix de karité est le produit de base pour la production du beurre de karité servant à la cuisine, au massage et à l'éclairage. Les déchets issus de la transformation servent à enduire les toits pour empêcher les suintements des casses et des huttes durant la saison des pluies. Les feuilles de rônier sont utilisées pour couvrir les huttes en brousse, pour se protéger du soleil et de la pluie. Elles permettent aussi de confectionner les objets de vannerie : paniers, chapeaux, nattes, berceaux, etc.

La tradition est une somme d'expériences accumulées depuis des siècles voire des millénaires. La durabilité de la tradition et des coutumes en tant que survivances dépend de leur enracinement dans la vie religieuse qui nourrit l'imaginaire, encourage l'initiative culturelle et suscite l'émergence de nouvelles mémoires culturelles. La sauvegarde de ces essences à la fois sacrées et vitales par la

---

[713] Idem,

[714] C'est un condiment utilisé fréquemment dans la cuisson des aliments au Mali. il est réputé pour ses vertus dans la régulation de la tension atérienne.

communauté Bamanan s'inspire de la cosmogonie et de la religion qui en a résulté. Les coutumes entrant dans ce projet et qui ont été initiées et instituées à différentes périodes de la vie de la communauté montrent, si besoin en était encore, que la créativité et la durabilité sont filles du religieux et du sacré. Elles construisent une identité individuelle et collective et favorisent l'intégration intercommunautaire. Or, aujourd'hui, dans nos perceptions modernes, nous assistons à une dérive vers l'utilisation uniquement matérialiste de la biodiversité, oubliant que la vie d'une communauté est holiste. Alors, comment ne pas mettre à profit ces expériences millénaires des communautés pour la sauvegarde de la biodiversité ? Comment les abandonner au profit d'un droit et des techniques modernes qui ne sont nullement fiables aux yeux de leurs destinateurs, ces communautés ? La survivance de ce droit endogène de l'environnement ne justifie-t-elle pas sa prise en compte par le droit moderne ?

B/ la survivance du droit endogène de la nature, une raison de sa codification

L'inadéquation, inapplication et leurs effets sur l'efficacité du droit de l'environnement et de la biodiversité ont fait que le droit coutumier garde toujours sa place comme norme référence, malgré l'arsenal juridique moderne. Ainsi, en tant que règle intégrée par les populations, la coutume[715] en complétant le droit positif, le rivalise. Or, au regard des règles endogènes de protection de l'environnement, une certaine complémentarité entre celles-ci et celles du droit positif devait s'établir. Mais, il s'avère que les règles endogènes sont privilégiées par les populations locales, surtout rurales. C'est du moins ce qui explique en partie la faible effectivité du droit moderne de l'environnement. Concrètement, ce droit endogène, en secrétant ses propres règles de protection et de gestion de l'environnement, établit par là même son propre circuit de règlement des conflits, d'où la faible saisine des autorités judiciaires malgré les atteintes constantes à l'environnement. La conjugaison de tous ces facteurs explique l'inapplication du droit positif malien de l'environnement, et par conséquent, son ineffectivité.

---

[715] L'histoire nous enseigne que le Mali, après son indépendance, s'est retrouvée avec trois catégories de droits coutumiers. Il s'agit du droit musulman, du droit coutumier autochtone et du droit coutumier colonial.

C'est pourquoi plus de quatre décennies d'existence, ce droit n'arrive pas à s'affirmer.

Comme nous l'avons dit tantôt, avant l'introduction des nouvelles techniques, il existait partout en Afrique, des méthodes plus moins efficaces de protection de la vie sauvage. Ainsi, la protection de l'environnement n'a jamais été dissociée du fait religieux et sacré, grâce auxquels de nombreuses espèces sauvages jouissent encore de conservation tout à fait intéressante. Ceci démontre la nécessité d'une restitution systématique des savoirs locaux ou méthodes traditionnelles. Il ne s'agit pas d'un retour à la source ou au moyen âge comme le disent certains, mais plutôt de se ressourcer à travers le recensement et la revalorisation des pratiques traditionnelles ayant permis aux communautés de vivre en harmonie avec leur environnement. La validation de ces savoirs locaux et leur intégration de manière critique au mouvement de la recherche et à l'action de réappropriation entraîneront des réaménagements dont on ne peut apprécier ou prévoir ni la portée ni l'étendue à l'instant. L'essentiel est d'établir les ponts, de refaire l'unité du savoir[716].

Ainsi, l'échec des pratiques modernes oblige chaque jour un peu plus à se tourner vers ces méthodes traditionnelles, vers cette « mémoire millénaire » qu'on a voulu ignorer trop vite, voire vilipender. Il convient d'y chercher des solutions aux problèmes environnementaux que nul ne peut ignorer aujourd'hui. Il faut constater que les méthodes proposées par le droit moderne d'origine occidentale ont montré leurs limites, contrairement aux méthodes traditionnelles essentiellement fondées sur la *conservation in situ* des espèces. L'une des raisons essentielles de la survivance du droit endogène est le conservatisme local. Ce conservatisme local ou rural traduit le refus souvent inconscient d'abandonner, au profit de modes de vie dits modernes et d'inspiration étrangère, des pratiques traditionnelles qui se sont cristallisées au fil des générations[717]. Il est fondé sur le poids de l'histoire et s'exprime notamment par des résistances locales. En dépit de l'influence externe en matière de gestion de la biodiversité, les

---

[716] SOW, A.A., Op. Cit., p.211
[717] ALISSOUTIN, R. L., Op. Cit. p.45

communautés rurales au Mali tentent de rester fidèles à ces pratiques, rites ou usages résultants d'une tradition toujours vivace.

Partant de là, un droit officiel ou moderne consigné dans des codes sans aucune référence locale ne peut, comme une baguette magique, renverser des coutumes légitimées, consolidées par l'histoire et transmisses de génération à l'autre. La norme du droit moderne étatique est en principe brutale dans son énoncé et contraignante dans son application, alors que la norme coutumière ou traditionnelle est vécue, acceptée et entretenue par les générations. Donc, elle se renforce au cours du temps de sorte que ses sujets s'identifient à elle. Les communautés maliennes restent attachées à ces pratiques tirées de l'histoire, elles résistent à l'impérialisme du droit moderne. En matière de protection de la biodiversité, elles restent barricader derrière leurs coutumes afin de résister à ce qu'on pourrait qualifier d'assimilation culturelle. Cette résistance des populations maliennes, surtout en milieu rural, se manifeste par la tentative de contournement, de détournement et de domestication des législations en vigueur.

En effet, le conflit de logique résultant de la coexistence entre ordre juridique moderne et ordre juridique traditionnel rend inefficace les mesures juridiques de protection de la nature et de ses ressources. En réalité, les règles traditionnelles sont bien souvent évoquées au détriment des règles du droit moderne. Une telle situation se traduit par un conflit entre tradition et modernité, paralysant ainsi l'application de cette dernière, et le compromis entre ces deux systèmes juridiques. La coexistence des deux ordres juridiques en matière d'environnement met face à face des volontés différentes d'affirmation de la norme applicable. Or, le corollaire de cette situation c'est l'inefficacité des mesures juridiques de protection. Par ailleurs, la dualité est préjudiciable au droit moderne pour différentes raisons d'ordre sociologique et culturel. Une des raisons de cette faiblesse du droit moderne face au droit endogène, c'est le rejet même de la règle juridique par ses destinateurs.

Il faut donc un compromis entre ces deux exigences souvent antinomiques. Pour y parvenir, il convient de concilier les impératifs de la légalité aux exigences de la légitimité, disons populaire, dont bénéficient les règles coutumières de protection de l'environnement.

Dès lors, la prise en compte des antagonismes constitue un achèvement susceptible de régler ce dilemme. En fait, il s'agira de faire cohabiter les normes traditionnelles et modernes en matière d'environnement, en trouvant tant bien que mal un bon équilibre dans le mélange des deux systèmes normatifs. C'est à ce prix unique que nous pouvons espérer une réelle application voire une effectivité du droit de la biodiversité au Mali. Certes, la fabrique d'un droit malien de l'environnement ne se traduit pas seulement par un emprunt ou mieux par un recours au modèle préexistant dont la pratique est déjà lointaine, mais manifeste également une prise de conscience nouvelle : celle de la nécessité de penser le droit.

C'est pourquoi, l'article 8 de la convention sur la Biodiversité dispose à juste titre que, « *sous réserve des dispositions de sa législation nationale, chaque partie respecte, préserve et maintient les connaissances, innovations et pratiques des communautés autochtones et locales qui incarnent des modes de vie traditionnels présentant un intérêt pour la conservation et l'utilisation durable de la diversité biologique et en favorise l'application sur une plus grande échelle, avec l'accord et la participation des dépositaires de ces connaissances, innovations et pratiques et encourage le partage équitable des avantages découlant de l'utilisation de ces connaissances, innovation et pratiques* ». Le Mali qui abrite encore de nombreuses communautés traditionnelles constitue un terrain d'étude particulièrement riche pour vérifier cette hypothèse de l'intérêt et de l'applicabilité des règles endogènes en matière d'environnement. Un rapprochement, voire une intégration du droit endogène au droit moderne peut considérablement enrichir la connaissance de la biodiversité et contribuer ainsi à l'émergence d'un droit original fondé sur l'observation et la rationalité permettant « d'effectiver » les mécanismes de protection.

C'est pourquoi, nous pensons que la catégorisation sans dénaturation de ces méthodes et valeurs traditionnelles permet de les insérer plus facilement dans les stratégies de développement du pays. C'est en fait un exercice indispensable, vu l'origine diverse de ces valeurs et leur éparpillement dans le pays. Une fois de plus, il ne s'agit pas pour nous de retourner à l'antiquité. Notre logique ne consiste pas à faire passer impérativement ces valeurs dans le moule du droit moderne. Mais plutôt, elle consiste à étudier ces méthodes et valeurs et à révéler les catégories modernes auxquelles elles se rapprochent le plus, afin de voir si l'on peut leur arroger le même régime juridique que celles-ci, dans le but de faciliter leur intégration dans le système de protection. Cette catégorisation aurait été facile si ces différents savoirs locaux étaient déjà pris en compte par les textes juridiques. Mais malheureusement, il en est tout autre. Au Mali, comme ailleurs en Afrique, les pays qui ont de tels potentiels culturels, ne tiennent pas compte suffisamment de ces valeurs dans leur législation.

Toutefois, il ne s'agit pas de prendre en compte toutes les coutumes dans les législations environnementales, loin de là. D'ailleurs, cette tâche est fastidieuse voire impossible étant donné que les règles coutumières sont innombrables et variées. Pour les intégrer dans les mécanismes de protection, à notre sens, il faut seulement prendre en compte celles qui ont une dimension « *d'en commun* ». C'est-à-dire, qui renvoie comme le note Julie CANOVAS, à un concept utile à plus d'un titre en ce sens qu'« *il permet de reconnaître l'imbrication entre les diverses composantes de l'écosphère, de pointer l'actuelle convergence d'acteurs sociaux autour d'une responsabilité écocentrée, de sous tendre l'idée de l'impératif de son adoption par l'Humanité…* [718]». Ainsi, ces valeurs qualifiées « *d'en commun* » peuvent se répertorier en tant que « *bien commun de l'Humanité* ». C'est un concept qui repose sur une approche sociojuridique[719]. Il se distingue donc de la notion de « *biens communs* » par sa généralité qui inclut les fondements de la vie collective de l'Humanité sur la terre : les rapports avec la nature et la culture. Sous cette acception, le concept de « *bien commun de l'Humanité* » est un état, une sorte de patrimoine commun immatériel. Mieux, il indique l'idée de bien vivre ou de bien être issue de l'ensemble des paramètres de la vie de l'Homme sur la terre, qui mérite d'être prise en compte.

En plus, de l'intégration ou de la valorisation de ces règles de protection des espèces sauvages, il convient d'expérimenter les conventions locales de gestion de l'environnement pour une protection plus effective.

---

[718] Voir CANOVAS, (Julie), « *La nécessité d'une nouvelle conception de la responsabilité au service de l'en-commun : une approche à partir de champs spécifiques : genre, peuples autochtones, environnement* », thèse de Doctorat en Droit, Ecole Doctorale LISIT, 2012, Université de Bourgogne.

[719] SANOGO, (A.C.), Op. Cit, p. 748.

Paragraphe II : la valorisation juridique des conventions locales d'environnement

Dans la perspective de poser et de proposer les pistes de réflexion en vue d'un droit de la biodiversité plus adapté et appliqué au Mali, il nous paraît essentiel d'intégrer les outils locaux de gestion de la nature et ses ressources. A la vérité, le Mali, à l'exemple des autres Etats africains au sud du Sahara, se caractérise par le pluralisme juridique. Il s'agit d'un système où la coexistence entre tradition et modernité s'est traduite au fil du temps par la cohabitation de deux ordres juridiques : le droit traditionnel et le droit moderne. De ce fait, la fabrique d'un droit de l'environnement qui soit véritablement plus effectif qu'apparent nécessite la prise en compte des réalités socio-économiques et des types de rapports société-nature propres à chaque région. En réalité, l'objectif d'un droit de l'environnement socialement applicable nécessite des innovations pour à la fois répondre aux contraintes d'une politique publique environnementale influencée par des institutions internationales et des bailleurs de fonds, et la légitimation par les acteurs locaux d'une légalité nationale[720].

Il ne s'agit pas, bien au contraire, d'ignorer le principe de légalité, mais de porter cette légalité à la rencontre de la légitimation locale. D'abord, l'objectif consiste à légitimer aux yeux des populations la légalité nationale, pour ensuite, faire remonter auprès du législateur et de l'exécutif des constructions juridiques locales à légaliser. Ces propos s'inscrivent dans un contexte particulier où deux réalités sont séparées par un gouffre : d'un côté l'Etat et son droit écrit dit moderne et de l'autre, le monde rural et ses propres références juridiques endogènes[721]. Le droit moderne de l'Etat peine à s'affirmer dans la gestion des ressources biologiques. Face à cette situation, les conventions locales sont apparues comme une véritable alternative.

La notion de conventions locales est assez complexe. Selon le Pr. Moussa DJIRE, cette « *notion fait l'objet de « pédalages » conceptuels laborieux, chacun s'ingéniant à l'accorder à ses propres*

[720] BARRIERE, (O.), « *Vers la redéfinition d'un nouveau droit de l'environnement* », IRD, 2001, p.45

[721] BARRIERE, (O.), « *Une anthropologie juridique de l'environnement* », Cahiers d'anthropologie du droit 2004, Revue Droit et Cultures, hors-série 2004/4, pp.51-58.

visions, objectifs et actions [722]». Elle n'a fait l'objet d'aucune définition juridique au Mali, bien qu'elle soit évoquée par des textes juridiques. D'où la nécessité de partir des définitions couramment admises et des pratiques pour en saisir les contours. Ainsi, au sens *lato sensu*, le terme convention désigne l'accord, le consensus, voire l'entente entre deux ou plusieurs personnes physiques ou morales, publiques et/ou privées. L'acception juridique précise cette définition. Au sens de la loi fixant le Régime Général des Obligations au Mali, « *la convention est tout accord de volonté ayant pour objet de créer, de modifier ou d'éteindre un droit* [723] ». Selon ce même texte, le contrat est une catégorie particulière de convention, qui se définit « *comme une convention par laquelle une ou plusieurs personnes s'obligent envers une ou plusieurs autres à donner, à faire ou à ne pas faire quelque chose* [724]». Dans son ouvrage de vocabulaire juridique, Gérard CORNI y voit « *un accord de volonté destiné à produire un effet de droit quelconque* [725]».

Le terme local désigne une dimension spatiale limitée, tant en terme d'acteurs, que de l'objet de la convention. Il indique qu'une institution locale est partie au contrat. Cette institution peut être une collectivité territoriale, un établissement public, voire une association ou organisation paysanne. Donc, une convention locale d'environnement peut être définie comme un accord, écrit ou non, entre deux ou plusieurs acteurs locaux, définissant les règles d'accès et d'utilisation des ressources environnementales en vue de leur conservation ou leur exploitation durable[726]. Autrement dit, un accord écrit ou non, passé officiellement entre deux ou plusieurs parties qui s'engagent à respecter diverses obligations en matière de gestion des ressources environnementales. En effet, pour une meilleure application du droit de l'environnement, et surtout de la biodiversité, il serait judicieux d'expérimenter et de généraliser ces conventions locales qui ont prouvé leur efficacité à bien des égards. Leur examen nous permettra de voir

---

[722] DJIRE, (M.), « *Les conventions locales au Mali : une grande nébuleuse juridique et un pragmatisme en gestion des ressources naturelles* », IIED Sahel, Août 2004, p5

[723] Loi n°87 -31/AN-RM du 29 Août 1987 fixant Régime Général des Obligations, art. 20

[724] Idem, art.21.

[725] CORNI, (G.), « *Vocabulaire juridique* », Association Henri CAPITANT, PUF, 10 ème édition mise à jour « Quadrige », 2014, p.268.

[726] DJIRE, (M.), Op. Cit. p.6.

d'une part leur statut juridique (A), et d'autre part, leur pertinence dans la protection de la biodiversité (B).

A/ la question du statut juridique des conventions locales

La problématique de la valeur juridique des conventions locales a fait couler beaucoup de salives et d'ancres. Tandis que, certains chercheurs essaient de trouver dans les textes de lois, les fondements juridiques des conventions locales, d'autres au contraire, insistent sur le caractère illégal de certaines de ces pratiques. Il convient donc d'examiner les bases juridiques de ces outils locaux de gestion des ressources naturelles, avant, de faire état des critiques sur leur validité juridique.

1- les bases juridiques des conventions locales

Le statut juridique des conventions locales peut être relevé aussi bien dans les textes internationaux ratifiés ou souscrits par le Mali, que dans les textes nationaux. D'abord, parmi les textes internationaux, nous retiendrons le programme d'action pour le 21ème siècle ou Agenda 21, issu de la conférence de Rio sur l'environnement et le développement ; la déclaration de Rio sur l'environnement et le développement ; la convention de Rio sur la diversité biologique ; ou même la stratégie mondiale sur la biodiversité. Le Mali a souscrit à tous ces textes internationaux. Dans ces instruments, certaines déclarations et principes ouvrent une brèche à la légalité des conventions locales d'environnement. D'abord, la déclaration de Rio précise que « *les populations et communautés autochtones et les autres collectivités locales ont un rôle vital à jouer dans la gestion de l'environnement et le développement du fait de leurs connaissances du milieu et de leurs pratiques traditionnelles. Les Etats devraient reconnaître leur identité, leur culture et leurs intérêts, leur accorder tout appui nécessaire et leur permettre de participer efficacement à la réalisation d'un développement durable* [727]».

Ensuite, pour promouvoir la participation du public à la gestion durable de l'environnement, l'Agenda 21 atteste que « *les gouvernants, intervenant à un niveau suffisamment élevé, et ce, en collaboration avec*

---

[727] Déclaration de Rio sur l'environnement et le développement, art.22

les organisations nationales et avec l'appui des organisations régionales et internationales, doivent établir des procédures, programmes, projets et services nouveaux pour encourager et aider tous les intéressés à participer activement à la prise de décisions et à leur mise en œuvre, en particulier les groupes qui ont été jusqu'ici exclus de ce processus, tels que les femmes, les jeunes, les populations et collectivités autochtones et autres collectivités locales [728]».

De même, la Convention de Rio sur la Biodiversité, dans son article 8 (j), stipule que *«... chaque partie respecte, préserve et maintient les connaissances, innovations et pratiques des communautés autochtones et locales qui incarnent des modes de vie traditionnels présentant un intérêt pour la conservation et l'utilisation durable de la diversité biologique et en favorise l'application sur une plus grande échelle, avec l'accord et la participation des dépositaires de ces connaissances, innovations et pratiques... »*. Tous ces textes internationaux ratifiés par le Mali, ouvrent la voie aux populations locales de participer à la protection de la biodiversité à travers les conventions locales.

Au plan national, l'adoption de la démocratie et l'option de décentralisation offrent une plate-forme bien appropriée pour la participation et la responsabilisation des populations locales dans tout le processus de leur développement, et surtout, la gestion de leurs ressources environnementales. Des dispositions constitutionnelles, législatives et réglementaires sont favorables, à la fois, à la libre administration des collectivités territoriales, et à la participation des populations locales à la gestion de l'environnement. D'abord, la constitution du 25 février 1992 stipule dans son préambule que « *le Peuple souverain du Mali, fort de ses traditions...s'engage à assurer l'amélioration de la qualité de la vie, la protection de l'environnement et du patrimoine culturel* » ; avant d'ajouter dans son article 15 que « *...La protection, la défense de l'environnement et la promotion de la qualité de la vie sont un devoir pour tous et pour l'Etat* ». Ces dispositions constitutionnelles sont favorables à la participation des

---

728 Agenda 21, un ensemble de programmes d'Action pour le 21ème siècle, issu de la conférence des Nations Unies sur l'environnement et le développement, tenue à Rio en 1992, Chapitre 10.

populations locales à la gestion durable de leur environnement, à travers des moyens appropriés telles les conventions locales.

De même, la loi n°95-004 du 20 mars 1995 fixant les conditions de gestion des ressources forestières, ouvre la voie aux collectivités décentralisées de procéder à l'aménagement et la gestion de leur domaine forestier soit par contrat de gestion, par concession ou par voie réglementaire. En plus, l'analyse de la loi n°95-031 du 18 janvier 1995 fixant les conditions de gestion de la faune sauvage et de son habitat, et la loi n°95-032 du 20 mars 1995 fixant les conditions de gestion de la pêche et de la pisciculture, nous permettent aussi d'attester cette validité juridique des conventions locales. Ainsi, les articles 33 et 36 de la loi n°95 sur les conditions de gestion de la faune, offrent clairement les possibilités aux collectivités territoriales de faire procéder à des mises en défens, ainsi que la détermination des maillages par voies réglementaire ou conventionnelle.

Selon certains chercheurs, le cadre légal des conventions locales, est renforcé par la politique forestière nationale, qui souligne que celle-ci « *vise à déléguer de façon durable la gestion des ressources sur des espaces bien définis aux entités villageoises qui en feraient la demande* [729]». Pour eux, l'élaboration des conventions locales est effectivement reconnue par la législation malienne.

En somme, tous ces textes juridiques, même s'ils n'utilisent pas pour autant la notion de « Conventions locales » de manière explicite, peuvent servir à justifier juridiquement l'élaboration et la mise en œuvre de ces instruments locaux de gestion de l'environnement et de la biodiversité.

2- les défis de validité des conventions locales

Les conventions locales, au-delà de leur pertinence, ne sont pas totalement exemptes de critiques ayant trait à des difficultés d'ordre juridique et pratique. De nombreux spécialistes s'accordent sur le constat que les conventions locales présentent des limites tant sur le plan juridique, politique, social et économique. Il convient d'examiner

[729] KONATE, (Y.), « *les conventions locales de gestion des ressources naturelles en 3ème région* », Communication présentée à l'atelier sur la foresterie communautaire, ronéo, Bamako, 2000, p.5.

d'abord les bases juridiques, avant d'évoquer les critiques adressés. Les plus virulentes critiques à l'encontre des conventions locales sont afférentes à leur régime juridique. En réalité, quand certains attestent la légalité de ces conventions, d'autres soutiennent leur caractère illégal. Un véritable débat juridique où tous les arguments se valent.

Ainsi, un chercheur dont M. Abdel Kader DICKO[730], fait observer qu'au regard du corpus juridique et institutionnel malien, des pratiques administratives erronées se sont imposées dans le processus d'élaboration des conventions locales[731]. Pour lui, les démarches retenues comme facteur essentiel de validité et de mise en œuvre des conventions locales, notamment leur signature par les autorités communales, les services techniques et leur approbation par le représentant de l'Etat sont sans fondement légal. Il fonde cette affirmation sur trois arguments. D'abord, il précise que la convention locale est un engagement entre groupes sociaux acceptant selon des modalités propres de se soumettre à des règles de conduite. La commune en tant qu'entité n'est pas partie prenante au respect desdites prescriptions. Rien, de l'avis de l'auteur, ne justifie donc l'apposition de la signature du Maire dans un tel document. Ensuite, il rappelle que l'exercice de la tutelle qui accompagne la libre administration des collectivités porte sur les organes des collectivités et non sur des organisations villageoises en leur sein. En d'autres termes, la convention locale ne constitue pas un acte ressortissant du champ des actes à soumettre à l'approbation préalable.

La seconde orientation est surtout développée par certains responsables de services techniques[732] et des interprétations que certains auteurs formulent à la lumière de la législation et de la jurisprudence malienne. Les observations émises portent tantôt sur la personnalité juridique des villages et des associations de gestion des

---

[730] Abdel Kader DICKO est un chercheur et consultant ayant réalisé plusieurs études, notamment sur les conventions locales, au compte de l'ONG allemande GTZ.

[731] DICKO, (A.K.), « *Les conventions locales comme cadre de référence pour l'exercice des compétences des acteurs de la décentralisation dans la gestion des ressources naturelles au Mali : Bilan et perspectives* », Rapport d'étude, Coopération allemande au développement GTZ, PACT ronéotypé, Bamako, 2002,

[732] Notamment des agents techniques de la Direction nationale des eaux et Forêts, ou même, de la Direction des collectivités territoriales.

ressources naturelles, tantôt sur certaines dispositions spécifiques des conventions actuelles et surtout sur leur statut juridique. Des auteurs soulignent le fait que le village n'étant pas une collectivité décentralisée, il ne possède pas de personnalité juridique et à ce titre ne peut ni contracter ni ester en justice. N'étant pas une personne publique, il ne peut édicter une réglementation s'imposant à tous, surtout aux intervenants extérieurs. Pour surmonter les différents obstacles liés à l'absence de personnalité juridique du village, d'autres préconisent la mise en place d'associations de gestion des ressources naturelles. Or, le statut d'organisation de droit privé enlève à celles-ci la capacité d'édicter une réglementation s'imposant aux tiers et d'infliger certaines sanctions, en l'occurrence les amendes.

Quant aux organisations traditionnelles non formalisées, les griefs à leurs égards sont relatifs à leur incompatibilité avec la législation moderne, concernant notamment les conditions d'adhésion et de retrait non fondées sur le libre consentement de l'adhérent, la pratique des amendes et leur caractère souvent confessionnel ou culturel. Les plus radicaux, surtout lors des entretiens, précisent que si les différentes lois reconnaissent les conventions locales et envisagent divers modes de délégation par les collectivités de gestion de leur domaine, celles-ci, jusqu'à preuve du contraire, n'ont pas encore de domaine propre. Le transfert du domaine n'ayant pas été réalisé, de même que le transfert de gestion, les collectivités se trouvent juridiquement démunies de toute propriété ou possession foncière surtout en matière d'environnement. Les plus dubitatifs se demandent donc sur quoi porteraient alors les différents transferts et délégations qu'elles peuvent réaliser au profit des communautés ou de personnes physiques ou morales[733].

Toutefois lorsqu'on se fonde sur les forêts villageoises pour argumenter la thèse de la validité juridique des conventions locales, ils soulignent sans raison que la notion de forêt villageoise issue des démarches participatives n'est nulle part mentionnée dans le Code domanial et foncier ni dans les textes législatifs forestiers. Les décisions des représentants de l'Etat accordant les forêts villageoises aux villages

---

[733] DJIRE, (M.), « *Les Conventions Locales au Mali : Outils de Gestion Durable des Ressources Naturelles* », Revue de littérature, Bamako, octobre 2003, p. 33.

et les massifs forestiers aux structures rurales de gestion du bois, qui en constituent le support réglementaire, ne sont pas conformes aux dispositions législatives et réglementaires fixant les modalités d'attribution des concessions rurales. Ils reconnaissent cependant, que pour la reconnaissance juridique d'une forêt dite villageoise dans le terroir villageois, les dispositions relatives aux concessions rurales peuvent être appliquées. Mais cela non plus ne pourrait se faire qu'à travers une personne physique ou morale, d'où toujours la nécessité de mettre en place une structure de gestion officialisée[734].

En réalité, les auteurs critiques de la légalité des conventions locales, dans le principe ou dans la pratique, apprécient leur valeur juridique en se fondant sur la théorie générale des contrats. En effet, l'article 28 du code des Obligations du Mali énonce quatre conditions essentielles pour la validité d'un contrat : la capacité juridique des parties au contrat, le consentement, l'objet licite et certain, et la cause morale. La capacité juridique est l'aptitude d'une personne à acquérir un droit et à l'exercer. En matière de contrat, c'est l'aptitude à contracter. Le consentement est la manifestation extérieure de volonté de chacun des contractants, leur adhésion à l'acte. Il doit être réel, sérieux et exempt de vices tels que l'erreur, le dol ou la violence[735]. Ces éléments mettent en exergue l'aspect négociation devant précéder la conclusion de tout contrat. Au cours de cette étape, les parties ajustent leurs intérêts et leurs positions. L'objet du contrat doit être déterminé et déterminable. Il doit être personnel au débiteur (la personne qui s'engage). En d'autres termes, les contrats portant sur les biens d'autrui sont illicites. En relation avec l'objet, la cause qui est la raison pour laquelle la personne a contracté doit être licite[736]. Selon l'article 58 du RGO, le contrat est nul pour cause immorale ou illicite lorsque le motif déterminant de la volonté des parties est contraire à l'ordre public et aux bonnes mœurs.

---

[734] DJIRE, (M.), « *Les conventions locales au Mali : une grande nébuleuse juridique et un pragmatisme en gestion des ressources naturelles* », Op. Cit., p.10.

[735] Loi n°87 -31/AN-RM du 29 Août 1987 fixant Régime Général des Obligations, art. 36

[736] Idem, art.56

En matière contractuelle, c'est la volonté des parties qui donne force au contrat. Selon l'article 77 du RGO, les conventions légalement formées tiennent lieu de loi à ceux qui les ont faites. Enfin, tout contrat doit respecter les normes législatives et réglementaires en vigueur. C'est donc au regard de leur conformité aux conditions de fond ci-dessus présentées et à la législation en vigueur qu'est faite l'appréciation de la validité juridique des conventions locales. D'abord la capacité juridique. Elle est liée à la possession de la personnalité juridique qui est déniée au village. La valeur juridique des actes signés sera toutefois fonction de leur reconnaissance par les personnes concernées. Il en est de même des actes signés par les responsables des associations qui ne peuvent engager que leurs membres. Quant au consentement, la réalité de cette condition n'est pas généralement contestée dans la mesure où elle est respectée dans la plupart des conventions, sauf en ce qui concerne l'applicabilité aux intervenants extérieurs. Il en est de même de la cause qui ne peut être qualifiée d'illicite, ni de contraire à l'ordre public ou aux bonnes mœurs, dans la mesure où elle concerne la protection de l'environnement, la gestion rationnelle des ressources ou le règlement et la prévention des conflits.

De manière générale, la loi n'impose pas de condition de forme pour la validité d'un contrat. C'est la volonté des parties qui lui donne sa force. Aussi, le contrat est-il valablement formé dès l'échange de consentements sans qu'aucune forme ne soit requise. Toutefois, la loi a institué des conditions de forme pour certaines catégories de contrat. Il s'agit généralement de la rédaction d'un écrit qui peut être un acte authentique pour les contrats solennels, c'est à dire un acte rédigé et signé selon des formules et des standards préétablis, devant un officier ministériel ou un acte sous seing-privé. Toutefois, dès lors que la cause affichée est l'occupation privative de la ressource concernée et la seule volonté d'en évincer les acteurs considérés comme extérieurs, la cause devient illicite.

Enfin, en ce qui concerne l'objet, c'est là que se pose le grand débat. Certes, cet objet est certain ; il est identifié et identifiable ; il s'agit de la gestion d'une ou de plusieurs ressources bien définies. Mais celles-ci ne sont point, au stade actuel de l'évolution du droit positif malien, la propriété des personnes qui se proposent d'en fixer les règles de gestion, d'où d'un point de vue formel, l'évidence de l'illicéité des conventions.

Or, lorsqu'en se fondant sur la même logique juridique, on affirme que les conventions locales concernent la réglementation de l'exercice des droits coutumiers légalement reconnus, les juristes formalistes ne manquent pas de rétorquer que ceux-ci ne concernent que les usages à but non lucratif. En vérité, les divergences sur le statut juridique des conventions locales sont liées au caractère inachevé du processus de décentralisation et à l'absence de dispositions transitoires en précisant le cadre juridique.

En tout cas, nonobstant les divergences liées aux conclusions auxquelles elles aboutissent, les deux tendances ci-dessus présentées, procèdent d'une même démarche : celle visant à placer les conventions locales dans un cadre institutionnel et juridique officiel. Cette démarche met la loi lato sensu au sommet de l'architecture des sources du droit. Elle apprécie la valeur juridique des conventions locales en se fondant sur des prérequis juridiques. Ces prérequis sont des énoncés normatifs abstraits, généraux, non contextualisés, et de surcroît exprimés dans une langue de communication internationale qui n'est pas utilisable par bon nombre d'usagers[737]. Elle renforce la tendance à l'extraversion des sociétés sans apporter de réponse immédiate aux problèmes que se posent une grande majorité des acteurs[738]. Ils s'inscrivent dans une conception d'un Etat de droit plus apparent que réel puisque les valeurs qu'ils proclament ou poursuivent restent largement étrangères aux citoyens. Or, le pluralisme juridique qui est un trait caractéristique des sociétés africaines, se traduit par la coexistence parallèle d'un droit et des institutions modernes étatiques avec des systèmes juridiques et institutionnels traditionnels locaux. Dans bien de localités au Mali, les réglementations locales traditionnelles continuent de régir l'accès aux ressources naturelles et leur gestion, d'où leur efficacité.

---

[737] DJIRE, (M.), « *Les Conventions Locales au Mali : Outils de Gestion Durable des Ressources Naturelles* », Op. Cit., p.35.

[738]LEROY, (E.), *« Les orientations des reformes foncières en Afrique francophones depuis le début des années 90 » in Lavigne Delville Ph (dir), « Quelles politiques foncières pour l'Afrique rurale ? Réconcilier pratiques, légitimité et légalité,»* Paris 1998, Ministère de la coopération/Kartala-pp.383-389, p.386.

B/ la portée des conventions locales

Par portée, nous entendons le fait d'apprécier ces conventions locales au regard de la pertinence c'est-à-dire ce qu'elles valent dans la pratique en termes d'avantages tirés soit par les collectivités locales ou les populations elles-mêmes d'une part, et d'autre part ses impacts positifs sur les différents aspects et contours du développement local. Or, les conventions locales présentent une pertinence sans commune mesure à travers leur efficacité d'une part, et d'autre part, leur opportunité que les différents acteurs ne manquent jamais l'occasion de louer. Cette opportunité s'inscrit dans une trilogie de situation de dégradation des ressources, de l'échec des modes étatiques classiques de gestion locale et de la cohabitation d'une logique juridique plurielle, tandis que l'efficacité est déduite des expériences réussies des conventions locales.

Concrètement les sociétés africaines, la notion de convention s'est progressivement dégagée de la pratique disparate des populations locales, des autorités administratives, des structures techniques et des ONG, avant que la doctrine s'en approprie pour sa conceptualisation. Si l'expression « convention locale » est relativement récente, la notion, elle, a de tout temps existé sans le nom, certes, mais avec une conscience claire de son objet et ses finalités. En effet, la protection de la biodiversité au sahel, et singulièrement au Mali, est soumise à plusieurs aléas d'ordre anthropique que naturel. Face à la carence des mécanismes étatiques à gérer convenablement ces ressources, qui sont l'objet d'une dégradation croissante, les conventions locales apparaissent comme une alternative relativement efficace.

1- l'opportunité des conventions locales en matière d'environnement

Pratiquement, une trilogie de raisons conforte le caractère opportun des conventions locales : la dégradation des ressources, l'échec des modes de gestion étatiques, et enfin le pluralisme juridique[739]. Dans les collectivités locales au Mali, la gestion du foncier

[739] SOW, (A.A.), « *Les conventions locales : un outil novateur pour la gestion des collectivités locales au Sénégal* », Mémoire de DEA en Droit de la décentralisation et

et de la biodiversité forestière constitue le défi constant. Or, une gestion efficace de cette dernière est source de revenus et propulseur du développement local. Ce qui justifie, à juste titre, la prééminence des conventions locales dans la gestion des ressources naturelles. En effet, longtemps considérée comme secondaire, la question de la gestion de la biodiversité est devenue cruciale au Mali. La compétition pour l'accès aux ressources s'accroît sous les effets conjugués de la croissance démographique, du renforcement de l'intégration dans les échanges marchands, de l'extension des surfaces cultivables, de la crise du pastoralisme et de l'emprise croissante des élites urbaines sur les moyens de production.

Aussi, le pays se singularise par une faible pluviométrie. La disponibilité des ressources s'amoindrit d'année en année. Plus qu'une simple réduction de la disponibilité de la ressource, c'est l'irrégularité de la disposition des ressources qui bouleverse les modes de vie des populations locales. Dans cette course effrénée vers l'exploitation des ressources, les populations développent des mécanismes à l'image des conventions locales afin de sécuriser ces ressources essentielles leur survie. Les conventions locales deviennent dans ce contexte une réponse des communautés de base aux difficultés écologiques et aux insuffisances des juridiques. Les principales activités que sont l'agriculture pluviale et le pastoralisme sont fortement tributaires de ces aléas. Et les populations dépendent de plus en plus des ressources biologiques soumises à très fortes pressions. Ce qui fait qu'il y a des craintes quant au potentiel de leur renouvellement alors que les besoins s'accroissent.

Le second élément fortifiant le caractère opportun des conventions locales dans la gestion de la biodiversité est consécutif à l'échec des modes de gestion étatique appliqués par les pouvoirs locaux. En effet, tous les textes de la décentralisation et ceux relatifs à la gestion de l'environnement ont montré leurs limites car ignorés lors du processus d'utilisation directe. En renforçant le rôle et les pouvoirs des services forestiers par exemple, ils contribuent dans une certaine mesure à étouffer les initiatives communautaires seul gage d'une

---

gestion des Collectivités Locales, Université Gaston Berger de saint Louis au Sénégal, 2005, p.46

gestion efficace et participative. Ainsi, la mise en place des conventions locales consacre l'échec des stratégies étatiques antérieures de gestion souvent basées sur le dirigisme étatique.

Enfin, les régimes juridiques de gestion locale actuels sont marqués par les interférences entre d'une part, les pratiques locales fondées sur les valeurs coutumières et sociales et d'autre part, les textes législatifs[740]. Devant ces logiques, les populations sont plus susceptibles à appliquer les conventions locales considérées comme les mieux adaptées. Les méthodes locales ont leur propre dynamique et l'Etat peut les orienter ou les influencer mais ne peut jamais aller à leur contre-courant. Le processus de mise en place de la convention locale, de par son caractère participatif et endogène, démontre l'existence de normes locales capables de régir les différents aspects de la gestion locale. L'enjeu devient donc une reconnaissance juridique formelle de ces règles traditionnelles qui continuent de faire leur preuve d'efficacité.

2- l'efficacité des conventions locales

Initiées, élaborées, et mises en œuvre par les populations locales, à certaines exceptions prêtes, les conventions locales ont montré, au-delà de leur opportunité face à la dégradation de la biodiversité, leur efficacité. C'est pour concrétiser cet état de fait que bon nombre de stratégies et projets de développement à la base s'accordent à présent sur leur pertinence. Pour preuve, il faut noter la récente rencontre à l'IIED[741] de toutes les Organisations non gouvernementales afin d'harmoniser leur méthode d'intervention à travers l'outil novateur que constitue la convention locale. En effet, la participation de toutes les couches sociales de la collectivité est le gage de cette efficacité. Considérées par le droit moderne comme de simples usages, les conventions locales viennent rétablir cette injustice institutionnelle faites aux populations locales en les mettant au début et à la fin de tout le processus.

---

740 Ibidem, p.46.

741 L'Institut International pour l'Environnement et le Développement, qui est une organisation indépendante, dont la mission est de promouvoir un développement durable à travers les activités de recherche, d'analyse des politiques, de mise en réseau, de formation, de production et de diffusion de l'information. IIED fonctionne à travers un certain de programmes, plus ou moins autonomes dans leur fonctionnement dont le Programme Sahel IIED à Dakar au Sénégal.

L'expérience des conventions locales a montré l'effectivité dans la gestion durable des systèmes économiques. En engageant l'ensemble des acteurs, les conventions locales ont permis de jouer sur les synergies et d'obtenir l'adhésion de tous dans une gestion concertée des ressources communautaires. La réglementation par exemple de l'accès aux zones de parcours, la coupe du bois et la responsabilisation des populations dans la mise en œuvre de certaines règles ont permis de redresser des situations proches d'une dégradation irréversible. Des exemples de conventions locales les plus réussies et les plus souvent citées sont plus nombreuses au Mali. Toutefois, deux retiendront notre attention.

D'abord, l'expérience du Kelka[742]. En effet, la forêt de la vallée du Kelka est située dans l'ancien arrondissement de Boré (Cercle de Douentza). Elle couvre le terroir de quinze villages d'agro-pasteurs sédentaires et est traversée chaque année par les troupeaux transhumants de Djenné et Mopti vers le Gourma. Cette forêt constitue la principale zone d'approvisionnement en bois de Mopti pendant la saison sèche. Suite à la sécheresse des années 1984-1985 et surtout à la construction de la route nationale Sévaré-Gao, la pression sur ses ressources s'est fortement accrue menaçant son existence. Devant cette situation, l'ONG Near-East Foundation (NEF)[743] et le cantonnement forestier ont conjugué leurs efforts en 1992 pour aider les populations dans la sauvegarde de leur biodiversité forestière. La démarche suivie a consisté en la mise en place d'une association inter-villageoise appelée « *Waldé Kelka* [744]» regroupant les quinze villages riverains de la forêt, en l'élaboration des règles d'accès et de gestion de la forêt, un plan d'aménagement, ainsi que la signature en Septembre 1995 d'une

742 SANOGO, (M.), « *Les conventions locales de gestion des ressources naturelles-Expériences de la 3eme Région et de la DRCN de Mopti* » in Inacom, Appui à l'organisation de l'atelier d'élaboration de la convention locale de gestion des bourgoutières de Diamandoua et de Kéra Korentzé du 31 janvier au 2 février 2003, Ronéotypé, NEF, Douentza, pp.5-17.

743 L'ONG Near-East Foundation (NEF) a commencé à s'impliquer au Mali en 1984, en réponse à une grave sécheresse qui a laissé le pays en crise socio-économique. Depuis près de 30 ans le NEF a développé des approches durables et communautaires pour gérer les forêts, les pêcheries, les pâturages et les terres agricoles au Mali. Les projets NEF atténuent la pauvreté, réduisent les conflits et renforcent les capacités institutionnelles dans une région vulnérable à la famine, au changement climatique et aux conflits sur les ressources naturelles.

744 Qui signifie en langue locale la prospérité du Kelka.

convention entre l'association supra villageoise et les services techniques et administratifs[745].

Ensuite, les conventions de gestion des forêts de Dentaka et d'Akka-Goun. Ces deux conventions ont été réalisées avec l'appui technique de l'UICN qui intervient depuis 1984 dans le cercle de Youwarou. L'approche participative développée par cet organisme et les services techniques à partir de 1986 a abouti à la création en 1989 de comités de gestion des deux forêts. Les actions menées dès lors ont porté sur la régénération des pâturages, la protection des ressources forestières à travers une mise en défens établie par décisions n°15/CCY et n°16/CCY du 29 octobre, respectivement sur les forêts d'Akka-Goun et de Dentaka[746]. Les actions menées ont permis la régénération de ces forêts et la reconstitution de la biodiversité. Cependant, la mise en défens étant devenue désuète du fait des évolutions politiques et sociales en cours depuis 1991, les deux forêts furent soumises à une exploitation abusive.

Pour parer à cette situation, les populations riveraines ont entamé en 1999, en collaboration avec le Projet d'appui à la gestion des zones humides du Delta intérieur du Niger de l'UICN et les services techniques, un processus aboutissant à l'élaboration de plans d'aménagement et de gestion de leurs terroirs[747]. Les discussions et négociations autour de ces plans ont dégagé la nécessité d'élaborer une convention locale pour une gestion durable des deux forêts. La convention de Déboye porte la signature du chef de village de Dentaka, celle du maire de la commune de Déboye ainsi que celle des responsables techniques et administratifs signataires de la première convention. Manifestement, l'implication des communautés de base dans le diagnostic, la planification, l'exécution et l'évaluation des activités semble être l'une des voies les plus appropriées pour assurer une meilleure de nature et ses ressources.

---

745 CILSS, « *La gestion décentralisée des ressources naturelles dans trois pays du Sahel : Sénégal, Mali et Burkina Faso* », document publié par le PADLOS, Ouagadougou, 1997, 349 p.
746DJIRE, (M.), « *Les Conventions Locales au Mali : Outils de Gestion Durable des Ressources Naturelles* », Op. Cit., p.70.
747 Ibidem, p. 70.

Ces expériences mettent en relief l'existence de nombreuses capacités et de compétences en matière de gestion décentralisée des ressources naturelles tant à l'échelle d'un village qu'entre les villages. Ces compétences trouvent leur cadre d'expression au niveau du village du fait de la dépendance des populations locales à l'égard des ressources et d'une tradition qui réglemente leur accès. Dans la foulé, les conventions locales se sont imposées comme un outil extrêmement utile et efficace, même si leur encadrement juridique doit être amélioré. De ce fait, elles facilitent donc le processus délicat du transfert de compétences de l'Etat central vers les collectivités territoriales. Par ce contrat dans lequel l'Etat central demeure partie prenante, ce dernier garde ainsi, un droit de regard et effectue un contrôle sur le bon usage, par les collectivités locales, de leurs compétences à elles transférées. Dès lors, on peut considérer les conventions locales comme des instruments permettant d'établir la confiance nécessaire entre les populations et les autorités nationales, centrales et décentralisées, en vue de réussir pleinement la gestion décentralisée des ressources naturelles[748].

En somme, les conventions locales de gestion de l'environnement et des ressources biologiques permettent de créer du droit au niveau local en harmonie avec le droit national moderne, ce qui constituait un immense défi sociopolitique comme en concluait Laurent GRANIER[749]. Ces deux ordres juridiques doivent servir à poser un régime de protection de l'environnement beaucoup plus efficace et effectif. Elles s'inscrivent dans une perspective assez originale permettant une réelle application du droit de la biodiversité. En outre, le changement du paradigme pour une protection efficace et effective de la biodiversité passe par une refonte du cadre socio-institutionnel du pays.

Section II : La refonte du cadre socio-institutionnel

Un droit qui ambitionne d'être accepté, appliqué et « effectivé » ne doit pas simplement se limiter à des éléments de validité, elle doit

---

748 GRANIER, (L.), « *Les conventions locales de gestions des ressources naturelles et de l'environnement : légalité et cohérence en droit Sénégalais* », UICN, 2006, Gland, Suisse et Cambridge, Royaume-Uni. X + 44 p.20.

749 Ibidem, p.20

aussi rendre son cadre global assez favorable afin que ses règles puissent se propulser sans obstacles. Et à ce propos, de rénovations institutionnelles sont plus que nécessaires. Les propositions de rénovation vont consister à tenter de juguler les facteurs bloquants que nous avons évoqués tantôt dans le titre précédant sans pour autant en apporter automatiquement les réponses. Ainsi, en lieu et place d'une répétition stérile, nous allons aborder les pistes d'une réflexion sur les structures qui permettront de mettre les règles environnementales dans un contexte favorable à leur effectivité avec une restructuration des institutions et leur adaptation à cette mutation.

Une mutation qui n'intéressait pas à priori le droit positif, mais plutôt, qui nous plonge dans une approche de sociologie du droit parfaitement adapté à notre système juridique, seule capable de cerner cette problématique environnementale. Ainsi dans cette perspective, un certain nombre de structures seront ciblées, peut être arbitrairement, mais c'est la particularité du droit de l'environnement[750] qui ne rend pas du tout facile cette tâche. Tout de même, nous comptons l'aborder en partant des éléments de la séparation des pouvoirs, en insistant non seulement sur les structures législatives et exécutives, mais aussi judiciaires (Parag I). Et c'est là que notre second axe de réflexion trouve sa place avec cette éducation environnementale plus qu'essentielle qu'il va falloir administrer à tous les acteurs (Parag II).

Paragraphe I : Par une réinvention du modèle structurel

Dans le titre précédent, le constat de l'ineffectivité nous avait permis d'exposer en clair les facteurs paralysant l'inapplication des textes de protection de la biodiversité au Mali. La politique environnementale étant du ressort des pouvoirs publics, ces derniers se retrouvent interpellés lorsque cette mission n'est pas assumée au regard des multiples infractions aux règles de protection de la nature. Proposer des pistes pour une réelle mise en œuvre de ce droit revient donc à corriger ses imperfections. Nous rappelons que du point de vue institutionnel, les obstacles sont relatifs à l'instabilité institutionnelle,

---

[750] Ce droit a la particularité d'être une discipline transversale, pluridisciplinaire, et du coup, toutes les structures et institutions s'y intéressent.

aux faibles moyens aussi bien humains, financiers que matériels des agents chargés l'application de ce droit. Deux pouvoirs forts de l'Etat Républicain à savoir le Pouvoir exécutif et législatif semblent être interpellés pour qu'elles revoient leur approche de gestion de l'environnement, chacun en ce qui concerne ses pouvoirs spécifiques (A).

Notons que l'exécutif a en charge tout ce qui touche l'exécution des politiques et programmes de protection de la biodiversité. Quant au pouvoir législatif, il vote et adopte les lois[751], et autorise la mise en place de politiques et programmes y afférent ainsi que l'adoption du budget. De ce fait, pour perfectionner le système de protection de la biodiversité, des rénovations doivent être apportées, dans un premier temps, au niveau de ces deux composantes de l'Etat sans oublier d'autres institutions consultatives telles : le Conseil Economique Social et Culturel et le Haut Conseil des Collectivités Territoriales. Au niveau de l'exécutif, il s'agira de revoir les structures administratives aussi bien au niveau central, déconcentré que décentralisé. En ce qui concerne le Parlement et les autres institutions consultatives, leur place doit être redorée au vue des pouvoirs qu'ils doivent utiliser pour une effectivité du droit de la biodiversité au Mali. Cependant, ces institutions administratives ne sont pas les seules intervenantes, il existe d'autres, sans pouvoir législatif ou réglementaire jouant un rôle assez pertinent. Il s'agit des organisations de la société civile. Elles ont aussi besoin d'un renforcement de capacité (B).

A/ A travers des structures publiques plus adaptées

La question de la mise en œuvre du droit en matière d'environnement est une problématique classique. Il est probable qu'elle ne soit jamais épuisée, sinon l'on vivrait dans le meilleur des mondes[752]. Au cœur de cette problématique se trouvent deux interpellations : d'une part, la question de la profusion normative qui

---

[751] L'article 70 de la Constitution du 25 février 1992 dispose que « la loi est votée par l'Assemblée Nationale à la majorité simple… La loi des finances détermine les ressources et les charges de l'Etat. Le plan est adopté par l'Assemblée Nationale ».

[752] KAMTO, (M.), « *La mise en œuvre du droit de l'environnement : Forces et faiblesses des cadres institutionnels* », in Revue Africain de Droit de l'Environnement (RADE), N°1, 2014, p.29-36

rend le droit de l'environnement complexe voire touffu au point que se pose la question : mettre en œuvre le droit de l'environnement, mais quel droit de l'environnement ? D'autre part, la question du foisonnement institutionnel qui conduit aux interrogations suivantes : quelles institutions pour une mise en œuvre effective du droit de l'environnement ? Comment ces institutions doivent-elles opérer et à quelles conditions peuvent-elles être efficaces ? Au Mali, comme nous l'avons souligné dans la première de cette thèse, l'administration de la biodiversité et de l'environnement fait intervenir des structures administratives (1) et les institutions politiques consultatives (2), qui nécessitent des rénovations importantes.

1- une rénovation des structures administratives

D'abord, au niveau de l'administration exécutive : Rappelons que dans notre constat d'une ineffectivité du droit de la biodiversité dans le titre précédent, un certain nombre d'entraves a été soulevé. Il s'agit essentiellement de l'instabilité institutionnelle, de la nécessité d'une structure politico-administrative forte et rénovée, et d'une administration déconcentrée mieux outillée. Il faut noter que la création d'un Ministère de l'environnement au Mali[753] a été un peu tardive et lorsqu'il a vu le jour, il fut fortement concurrencé par d'autres départements chargés de la gestion parcellaire de certains aspects relatifs à la biodiversité qui, de par sa dimension, suscite cet état de fait.

Aussi, tous les cadres de concertation mis en place pour une meilleure coordination des interventions doivent être redynamisés, particulièrement au niveau de leur composition et de leur mode de fonctionnement. C'est le cas de l'Agence pour l'Environnement et le Développement Durable ; des Comités Régionaux d'Orientation, de Coordination et de Suivi des Actions de Développement (CROCSAD)

---

[753] Rappelons que c'est en 2002, que ce département a vu le jour. Depuis lors, il a subi une instabilité remarquable et fait l'objet de concurrence avec les autres départements ministériels qui traitent les questions environnement en raison de la transversalité. Ce département a été tout le temps dirigé par des hommes politiques parfois méconnaissant les questions d'environnement, même on dénote l'engagement de certains technocrates à leurs côtés en qualité de conseillers techniques. Nous pensons qu'il faut non seulement des techniciens en environnement, mais aussi et surtout des juristes d'environnement, des sociologues et anthropologue, pour aider à mettre en place des législations ou réglementations bien adaptées.

; des Comités Locaux d'Orientation, de Coordination et de Suivi des Actions de Développement (CLOCSAD) ; du Conseil national de l'environnement ; du Conseil supérieur de la chasse, et des Comités d'exploitation forestière. La première modification à opérer est l'indépendance organisationnelle et fonctionnelle de ces structures qui, le plus souvent, restent rattachées à l'administration centrale avec des modes de fonctionnement classiques (réunion, rapports parfois inadaptés aux réalités etc.). En plus les missions de ces structures doivent être revues et adaptées pour une meilleure efficacité de leurs actions. A ce niveau, leur composition doit être redéfinie afin d'intégrer des spécialistes du droit de l'environnement. Elles doivent survivre à l'instabilité de l'exécutif. Car, nous avons constaté qu'il y a un changement très fréquent à la tête de la principale structure de coordination : l'AEDD. Ce changement fréquent hypothèque l'efficacité de cette structure. Or nous l'avons souligné, la coordination des politiques d'environnement et des actions de la multitude d'acteurs intervenant le secteur paraît essentiel. En plus elle reste une meilleure option pour l'effectivité et l'efficace des normes.

Une autre proposition est le renforcement de la capacité financière des structures en charge de la protection de la biodiversité. En réalité au Mali, les moyens financiers disponibles sont limités car le pays figure parmi les pays les moins avancés au monde. Ils ne disposent pas des mêmes ressources que les pays développés pour mettre en place un programme ambitieux de protection de la biodiversité dans un contexte de pauvreté. Les moyens extérieurs prévisibles sont les soutiens financiers des bailleurs de fonds. Il faut tout de même noter que la situation mondiale actuelle ne permet pas de grands espoirs quant à la disponibilité de fonds. La somme totale de ressources que les pays industrialisés peuvent dégager pour l'assistance au développement paraît dans ce contexte limiter. L'évolution de la situation économique et financière chez ces bailleurs eux-mêmes absorbe une partie importante de ces fonds. Signalons au passage qu'en 2017, le financement alloué au Ministère de l'environnement représentait moins de 1% du budget national[754]. Ce budget doit être revu à la hausse, car

[754] TOURE, (M. E.), « *Insuffisance des ressources humaines et financières pour une meilleure application du droit de l'environnement au Mali* », in Revue Africain de Droit de l'Environnement (RADE), N°1, 2014, p. 103-116.

les défis sont nombreux, les attentes grandes. Car, comme on le dit couramment, l'argent est le nerf de la guerre, et la guerre contre les atteintes environnementales n'en fait pas acception. En plus de ces rénovations des structures exécutives de protection de la biodiversité, il convient de parachever la gestion décentralisée de la biodiversité.

En vérité, entre l'administration centrale et les collectivités décentralisées, les conflits de compétences existent à plusieurs niveaux. À titre d'exemple, le principe de subsidiarité énoncé en l'article 20 de la loi n° 93-008 du 11 février 1993 qui détermine la libre administration des collectivités territoriales se heurte à d'autres dispositions législatives qui contrecarrent ses effets. Ce qui aboutit à un conflit de compétences entre plusieurs échelons administratifs. On les repère d'abord entre l'administration déconcentrée et les collectivités décentralisées qui leur ont été substituées. En effet, l'ordonnance n° 77-44/CMLN du 12 juillet 1977 créant les entités administratives a été abrogée par la loi n° 99-035 du 10 août 1999 créant les collectivités territoriales sans qu'un terme soit mis à leur existence. Les présidents des assemblées de cercles et de régions ont voulu se substituer aux préfets de cercle et gouverneurs de région en réclamant le transfert de leurs biens à leur niveau. Pour leur part, les responsables des collectivités décentralisées des régions et cercles ont tenté d'imposer aux entités inférieures : communes, les mêmes rapports hiérarchiques existant au sein de l'administration déconcentrée.

Une relecture du code des collectivités territoriales s'avère nécessaire pour déterminer les compétences spécifiques de chaque organe tant au niveau de l'administration déconcentrée qu'à celui des collectivités locales en matière d'environnement. Les relations entre ces différentes instances sont souvent antagoniques tant les compétences sont mal définies et se chevauchent à tous les niveaux, pour finir par se neutraliser et déboucher sur l'inaction. S'il est avéré que l'environnement et la gestion des ressources naturelles constituent une partie intégrante des compétences transférées par l'Etat aux collectivités locales, il n'en demeure pas moins que l'exercice desdites compétences n'épouse pas tous les contours de ce domaine. En effet, le constat fait au niveau des collectivités locales révèle une prise en compte parcellaire de l'environnement et des ressources naturelles et ce aussi bien dans les prévisions budgétaires que dans leur exécution[755]. Cela se traduit sur le plan budgétaire par des inscriptions dérisoires ou non pour l'exercice de ces activités. Pire, une fois que les prévisions budgétaires sont faites, on note une absence totale d'initiatives de la part des autorités locales pour mener à bien les activités cantonnées sur le reboisement, le ramassage et de gestion des ordures ménagères. Il faut donc que les collectivités locales soient dotées de ressources budgétaires conséquentes et que la problématique de l'environnement surtout de la biodiversité soit érigée en dépense obligatoire.

2- un renforcement du rôle des institutions consultatives

En effet, l'Assemblée Nationale et le Conseil Economique, Social et Culturel retiendront notre attention, au regard de l'importance et la nécessité de leur participation à l'effectivité du droit de la biodiversité au Mali. D'abord, il faut un Parlement national plus vigilant. En réalité, la séparation des pouvoirs suppose que chaque structure exerce sa mission en collaborant avec les autres sans pour autant qu'il y ait une interférence. Le parlement est ainsi appelé à exercer ses deux missions classiques que sont le vote des lois et le contrôle des actions du gouvernement. Les lois environnementales sont votées par le Parlement, actuellement composé d'une seule chambre l'Assemblée Nationale. Elle procède au suivi de leur mise en œuvre. Or, procéder au suivi de la mise en œuvre des règles environnementales suppose au préalable que le Parlement répertorie les moyens juridiques entre ses mains afin qu'il puisse exercer ce devoir sans friction avec le pouvoir exécutif.

---

[755] Dans le cadre de nos recherches de terrains, de nombreux élus locaux n'ont pas hésité de nous dire « *qu'ils n'ont pas de prévisions budgétaires pour la protection de l'environnement. Notre budget ne nous permet pas de supporter les dépenses de fonctionnement de nos structures. La question de l'environnement qui résume d'ailleurs à la gestion des déchets ne concerne que nos collègues des communes urbaines* ». Des avis recueillis auprès des élus locaux, de Nonsombougou (cercle de Kolokani, Région de Koulikoro), Kononbougou (Cercle de Ségou), de N'Kourala (Cercle de Sikasso). Presque tous fustigent les services centraux de l'Etat, qui dans beaucoup de domaines refusent le transfert de compétence, surtout en matière d'environnement malgré l'existence des législations à cet effet. Ils dénoncent aussi la mauvaise foi de l'Etat dans le transfert des ressources financières. Ce qui les empêche de jouer pleinement leur rôle dans le domaine de l'environnement.

Rappelons que le Parlement a juridiquement les moyens d'assurer un contrôle des actions du gouvernement et par la même occasion, la mise en œuvre des textes relatifs à l'environnement. En l'occurrence, nous avons entre autres : les communications du gouvernement, les questions orales ou écrites, les commissions d'enquête, le rôle d'information des commissions permanentes ou spéciales, le contrôle budgétaire, les pétitions etc. Tous ces canaux constituent des voies offertes à l'A.N pour garder un regard sur l'application des lois environnementales en particulier. Au niveau de l'institution parlementaire, nous avons principalement la Commission « Environnement et développement durable » qui doit, à priori, exercer le contrôle de l'application des lois sur la biodiversité. Cependant, d'après nos enquêtes les membres de cette commission ne s'y connaissent pas en matière d'environnement, à fortiori, impulser un contrôle effectif sur les législations y afférentes.

Pour cela, nous pensons qu'il faut un Réseau des parlementaires pour l'environnement au sein de l'Assemblée Nationale afin que les particularités de l'environnement soient intégrées lors des débats parlementaires[756]. Ce réseau, tout comme la Commission « Environnement et développement durable », doit être doté d'assistants parlementaires, spécialistes du droit de l'environnement afin qu'ils appuient le Parlement dans l'élaboration et le suivi des textes en la matière. Aussi, un autre aspect qui pourrait participer efficacement à l'effectivité du contrôle parlementaire en matière environnementale est l'utilisation des technologies d'information et de communication. Il est déplorable de constater aujourd'hui que le Parlement du Mali ne dispose pas d'un site internet assez efficace. Or, lorsque le Parlement dispose de très bons sites internet et en participe aux travaux parlementaires, cela permet aussi un meilleur contrôle de la mise en œuvre des textes environnementaux. En définitive, pour arriver à une meilleure effectivité et efficacité du droit malien de la biodiversité, un véritable changement de paradigme doit s'opérer aussi bien au sein de l'exécutif que du législatif.

---

[756] Ce type de réseau des parlementaires pour l'environnement (REPES) existe depuis quelques années au sein de l'Assemblée Nationale Sénégalais. L'AN peut s'inspirer de bel exemple susceptible d'intégrer les questions environnementales dans les débats parlementaires.

Enfin, il faut un Conseil Economique Social et Culturel (CESC) reformé. Avec une relecture de la constitution, nous proposons d'intégrer le qualificatif d'« *environnemental* » dans l'appellation du Conseil économique social et culturel. Il sera donc transformé en *Conseil Economique Social et Environnemental* (CESE)[757]. Il s'agit clairement d'étendre la compétence du Conseil économique et social aux questions environnementales et d'y faire entrer les associations environnementales, bref de créer un pilier environnemental et une saisine par voie de pétition. A notre avis cela permettra de construire une démocratie écologique. En effet, le Conseil Economique Social apparaît comme l'instance à même d'accueillir les acteurs de la société civile dans le processus institutionnel qui régit notre démocratie. Or, il faut évidemment pour cela qu'il intègre la préoccupation de développement durable de manière suffisante. Le moment paraît venu, pour une meilleure gouvernance écologique, d'y faire toute leur place, de manière systématique aux acteurs concernés et à l'ensemble des parties prenantes.

Toutefois, la structuration de la composition de ce future *Conseil Economique Social et Environnemental* en trois piliers et l'entrée des acteurs environnementaux ne doivent pas conduire à une spécialisation des groupes sur une seule thématique. Les questions d'environnement, en particulier, ne devront pas être réservées aux seuls représentants des associations environnementales, de même que les représentants des associations environnementales ne devront pas être cantonnés aux seules questions environnementales. La composition des sections qui relève du bureau sur proposition des groupes devra surtout veiller à préserver cette transversalité. En outre, la création du *Conseil Economique Social et Environnemental* viendra compléter un ensemble de normes internationales, notamment le principe 10 de la déclaration de Rio de 1992 et la Convention d'Aarhus de 1998 prévoyant une association des citoyens aux décisions environnementales beaucoup plus forte qu'en tout autre domaine. Elle doit s'accompagner de la création de nouvelles possibilités de saisine du CESC, devenu CESE.

---

[757] L'environnement a été dans les attributions du Conseil Economique, Social et Culturel dans beaucoup de pays, en occurrence la France et Sénégal.

Une saisine obligatoire doit être instituée sur tout problème de caractère environnemental. Les relations entre le Conseil Economique et Social et Culturel, et le Parlement se résument aux termes de l'article 109 de la Constitution à la possibilité donnée au CESC de désigner l'un de ses membres pour exposer devant l'exécutif et l'Assemblée Nationale l'avis du conseil sur les projets ou propositions qui lui ont été préalablement soumises. En pratique, tout en restant limitée, la collaboration entre l'assemblée parlementaire et le conseil doit aller plus loin. Des rapporteurs du nouvel CESE devront parfois être auditionnés par des commissions parlementaires, de même que des parlementaires seront entendus en section au CESE. Afin de permettre au Parlement de recueillir l'avis des représentants des organisations professionnelles et des associations dans le cadre de leurs activités de prospective et d'évaluation de la législation et des politiques publiques, une nouvelle constitutionnelle devra ouvrir au Parlement la possibilité de consulter le CESE sur tout problème de caractère économique, social ou environnemental. Au-delà de ce cadre politico-institutionnelle, la mise en œuvre efficace et effective des mécanismes juridiques de protection de la biodiversité passe par un affermissement du rôle des acteurs de la société civile malienne.

B/ Un affermissement du rôle des acteurs de la société civile

La participation du public[758] au processus décisionnel constitue le deuxième « pilier » de la démocratie environnementale. Ce principe de participation du public, c'est-à-dire du citoyen, de l'administré, de l'usager, doit s'entendre comme le principe selon lequel le corps social est pleinement associé à l'élaboration de projets et de décisions publics ayant une incidence sur l'environnement, et dispose d'une possibilité de recours une fois la décision prise. Il ne s'agit nullement d'une participation à la décision, la décision relève de l'autorité légitimement compétente pour la prendre et l'assumer. Il s'agit de la participation à la procédure d'élaboration de la décision, à la dynamique qui conduira à la prise de la décision par l'administration. La concrétisation du principe de participation des citoyens au processus décisionnel offre l'occasion au public de faire connaître ses observations, d'une part, et

[758] Il faut entendre par le terme « public » toute personne physique ou morale touchée ou susceptible d'être touchée par une décision prise en matière d'environnement.

confère une transparence aux décisions des autorités publiques et à leurs répercussions sur l'environnement, le cadre de vie ou la santé, d'autre part[759]. En outre, au cas où les observations du public sont dûment prises en considération dans la décision finale, la participation des citoyens renforce les fondements des choix des pouvoirs publics.

S'il faut saluer l'existence de procédures de participation du public qui permettent à l'administration de tirer une légitimité de sa décision. Cette forme de participation reste à ce jour, comme dans celle de l'accès à l'information, inadaptée au regard des exigences liées à la protection efficace de l'environnement. Il n'est en effet pas concevable alors même que le Mali a souscrit à des engagements internationaux visant à assurer la participation effective du public, que cette question reste contingente. Le constat de la participation du public telle qu'elle est mise en œuvre au Mali donne une nette impression d'inachèvement : les citoyens sont tenus largement à l'écart des politiques publiques censées les inclure et les impliquer. En effet, on observe des procédures de participation du public, au centre desquelles l'administration joue le rôle de juge et partie.

L'administration s'observe comme une institution imposant sa volonté, c'est-à-dire agissant unilatéralement : la décision doit s'imposer de par la seule volonté de son auteur ; son contenu n'est pas déterminé par le consentement de ses destinataires. En d'autres termes, l'administration impose toujours ses décisions aux citoyens qui ne sont pas véritablement associés aux travaux préparatoires desdites décisions. Les citoyens se trouvent ainsi dans une relation subordonnée et lointaine, réduits à recevoir ou réclamer, à subir et se soumettre. Or, dans des sociétés marquées par une amélioration des connaissances et par la rapidité de circulation de l'information, les administrés admettent de plus en plus difficilement que des décisions relatives à l'environnement prises dans le secret des administrations s'imposent par l'effet de leur seule valeur intrinsèque. De cette déconnexion entre les pouvoirs publics et la société civile sur la gouvernance dans le domaine de l'environnement résulte une carence voire une absence de

---

[759] KONATE, (A.), « *Pour une démocratie environnementale en Afrique: de nouveaux droits de citoyenneté indispensables à l'effectivité du droit de l'environnement* », in Revue Africain de Droit de l'Environnement (RADE), N°1, 2014, p.37-51.

réponses aux besoins et aspirations des populations en matière de protection de la biodiversité ; et partant de là, une indifférence à l'application du droit de l'environnement. Il est désormais reconnu que les décisions seront d'autant mieux acceptées par les populations et alors appliquées parce qu'elles auront été prises à l'issue de processus auxquels celles-ci réellement été associé.

La nécessaire association du public aux processus décisionnels en matière d'environnement devrait intervenir lors de l'élaboration de politiques publiques de l'édiction de normes et de législations susceptibles d'avoir des incidences sur l'environnement à travers de nouvelles procédures de participation caractérisées par la transparence, l'ouverture, l'itération et la prise en compte des observations du public[760]. Dans cette perspective, les procédures devraient intervenir très en amont dans le processus décisionnel, offrant ainsi l'occasion d'assurer l'information et la participation du public ainsi que la prise en compte de ses observations. Les observations et propositions recueillies auprès du public dans le cadre d'un processus participatif devraient pouvoir être prises en considération par le maître d'ouvrage et par l'autorité compétente pour prendre la décision.

Le défaut de participation du public devrait pouvoir être sanctionné par le juge comme la méconnaissance d'une formalité substantielle, entachant ainsi d'irrégularité la procédure au terme de laquelle est intervenue la décision attaquée et, par voie de conséquence, l'annulation de la décision en cause. Le public devrait pouvoir s'exprimer sous le contrôle du juge dans le cadre de procédures précises telles que l'enquête publique, le débat public ou la concertation. Au regard du contexte socio-économique du Mali, nous n'ignorons pas que la mise en place de ces procédures en vue d'assurer la participation effective du public peut paraître délicate, coûteuse et juridiquement peu sûre pour les usagers, les maîtres d'ouvrage et les autorités publiques si elle n'est pas mieux garantie.

En pratique, la participation du public dans le cadre de l'élaboration de décision relative à des projets, plans ou programmes susceptibles d'affecter la biodiversité intervient selon différentes

---

760 Ibidem,

modalités. D'abord, le débat public à travers la création d'une Commission nationale du débat public. La Commission nationale du débat public (CNDP) devrait être une autorité administrative indépendante qui veille au respect de la participation du public, au processus d'élaboration des projets d'aménagement ou d'équipement d'intérêt national dès lors que ces projets présentent de forts enjeux socio-économiques ou des impacts significatifs sur l'environnement et l'aménagement du territoire.

En outre, le juge dans l'exercice de son office devrait pouvoir garantir les droits à l'information et à la participation du public. Comme le soulignait René CASSIN[761], « *il faut que l'accès du prétoire soit relativement aisé pour les justiciables. C'est là une condition d'une bonne justice* ». Tel est l'objectif du troisième et dernier « pilier » de la démocratie environnementale à savoir l'accès à la justice. Ce pilier a pour vocation de renforcer l'accès à l'information sur l'environnement, la participation au processus décisionnel ainsi que la mise en œuvre effective de la législation. Il donne ainsi l'occasion aux juges d'affirmer l'autorité du droit. Il implique que la législation interne met à la disposition du public des mécanismes juridiques, que celui-ci peut utiliser pour former un recours en cas de méconnaissance des règles relatives à l'accès à l'information et à la participation du public.

La satisfaction des obligations mises à la charge de l'Etat du Mali par différents instruments juridiques internationaux et par les dispositions constitutionnelles doit conduire le pays à prendre des mesures destinées à rendre effective la possibilité de saisine du juge ou d'un organe de recours indépendant et impartial dès lors que les citoyens en relèvent ce besoin. La Déclaration universelle des droits de l'homme de 1948 prévoit en son article 8 que : « *Toute personne a droit à un recours effectif devant les juridictions nationales compétentes contre les actes violant les droits fondamentaux qui lui sont reconnus par la constitution ou par la loi* ». Et l'article 24 d'ajouter que « *tous les peuples ont droit à un environnement satisfaisant et global, propice à leur développement* ». Mais en pratique, cette reconnaissance n'est

---

[761] Cité par KONATE Aenza, « *L'accès à la justice* », Brèves réflexions sur le cas des États d'Afrique noire francophone, in Michel Pâques et Michaël Faure (dir.) « *La protection de l'environnement au cœur du système juridique international et du droit interne. Acteurs, valeurs et efficacité* », Bruxelles, Bruylant 2003, p. 397.

pas accompagnée de garanties juridictionnelles adaptées aux réalités de terrain. En effet, un constat objectif au Mali met en évidence que différents facteurs font obstacles à la saisine du juge.

Ainsi, les citoyens ne bénéficient pas de conditions aisées pour saisir le juge en cas d'infraction, et surtout de méconnaissance de leurs éventuels droits d'accès et de participation au processus décisionnel en matière d'environnement. Or, il est incontestable que, dans le contexte socio-économique du Mali, l'accès facilité à la justice constitue un moyen indispensable pour une protection efficace de la biodiversité. Il renforce les deux autres piliers en ce qu'il permet de garantir leur bonne application. L'accès facilité à la justice offrirait aux citoyens individuellement et/ou aux associations qui les représentent, le moyen de faire condamner les manquements des autorités publiques qui font obstacle à la mise en œuvre concrète du droit de la biodiversité.

Il permettrait également d'obtenir du juge, l'annulation de toute décision administrative entachée d'illégalité déférée devant lui. La mise en œuvre de la démocratie environnementale au Mali ne sera donc pas un luxe, bien au contraire. Les individus et associations auront ainsi les moyens d'assumer « *le devoir solennel de protéger et d'améliorer l'environnement pour les générations présentes et futures*[762] ». Des citoyens bien informés et actifs constituent le gage d'une protection juridique plus efficace et effective de la biodiversité au Mali. En plus, il faut une éducation environnementale pressante.

Paragraphe II : Par une éducation environnementale impérieuse

Nous ne cesserons de rappeler que le constat selon lequel l'environnement naturel se dégrade n'est pas inédit. Les conférences, les rencontres internationales, l'édiction des règles nationales et internationales en témoignent. Aujourd'hui, près qu'un demi-siècle après les premières prises de conscience de l'état déclinant de l'environnement, le constat reste quasiment le même. Mais concrètement, quel a été l'impact de ces ripostes juridiques sur la vie

---

[762] KONATE, (A.), « *Pour une démocratie environnementale en Afrique : de nouveaux droits de citoyenneté indispensables à l'effectivité du droit de l'environnement* », Op. Cit. p.51.

naturelle ? Des nouvelles manières de penser l'environnement, la nature et la société ne s'imposent-elles pas ?

En vérité, la symbiose entre l'homme et la nature est inhérente aux changements dans nos sociétés contemporaines. L'éducation des citoyens à l'environnement est une alternative, voire même un moyen nous permettant d'y répondre. De ce fait, l'évolution des mentalités, des comportements et des gestes au quotidien sont des aspects nécessaires pour un futur changement en matière d'engagement environnemental. Il faut donc une éducation environnementale.

D'abord, le terme éducation varie d'un contexte à l'autre. Ne pas spécifier sa définition dans le contexte choisi pourrait induire des résultats indésirables, voire même non escomptés. D'un point de vue littéraire, Le petit Larousse de 2015 définit l'éducation comme « *l'action d'éduquer, de former, d'instruire quelqu'un ; la manière de comprendre ou de mettre en œuvre cette formation. L'idée c'est de former l'esprit d'une personne et ses aptitudes intellectuelles, physiques dans un sens moral, ou bien d'apprendre les bonnes manières selon la société dans laquelle l'on se trouve* [763]». D'un point de vue institutionnel, l'UNESCO définit « *l'éducation comme un moyen indispensable pour faire en sorte que chaque femme et chaque homme dans le monde puisse maîtriser son destin, exercer son choix et ses responsabilités, apprendre tout au long de la vie, sans frontières, qu'elles soient géographiques, politiques, culturelles, religieuses, linguistiques ou sexuelles* [764]». Partant de ces définitions, l'éducation peut être perçue comme un vecteur de transmission de valeurs et des normes à travers le savoir, le savoir-faire et le savoir-agir. C'est dans ce sens que le développement d'un esprit critique et l'action individuelle permettront de répondre aux défis contemporains, surtout en matière d'environnement.

Quant au concept d'éducation à l'environnement, il a pris son envol vers la fin des années 1970 à la suite d'une série de conférence

---

[763] Le petit Larousse Illustré de 2015, Opt. Cit. p.216.

[764] SAUVE, (L.), « *Environnement et développement : la culture de la filière ONU* ». Education relative à l'Environnement, (2003), En ligne, Vol. 4, p. 33-55. In Googlescholar, http://www.googlescholar.com/ (Consulté le 15 Mars 2017), p.37.

mondiale sur l'environnement de Stockholm[765], la charte de Belgrade[766] et la déclaration de Tbilissi[767], ainsi qu'avec la mise en pied du Programme International d'Education à l'Environnement (PIEE) de l'UNESCO. La conférence de Tbilissi définit l'éducation à l'environnement comme « *un intermédiaire, voire même une méthode pour transmettre les valeurs civiques de notre société, qui permet aux individus de percevoir le caractère complexe de l'environnement. Cette éducation doit en outre faciliter une prise de conscience de l'interdépendance économique, politique et écologique du monde moderne, de façon à stimuler le sens de la responsabilité et de la solidarité entre nation*[768] ».

Sur le plan doctrinal, Lucie SAUVE définit l'éducation relative à l'environnement comme « *une éducation nouvelle avec une pédagogie progressiste* [769]». Selon l'auteur, l'éducation à l'environnement est une dimension de l'éducation contemporaine qui se préoccupe de reconstruire le réseau des relations personne-groupe social-environnement[770]. D'autres auteurs se sont également prononcés. Ainsi, BAUER et MARROUE la définissent comme « *étant (...) une éducation pour l'environnement, centrée sur une meilleure prise en compte de l'environnement par un individu écocitoyen, et une éducation par l'environnement, centrée sur la personne et qui reconnaît l'environnement comme un terrain particulièrement motivant pour l'apprentissage grâce à la confrontation au réel et à la possibilité de mener des actions individuelles ou collectives(...)On vise à acquérir des savoirs faire et des comportements adaptés pour solutionner des*

[765] Cette conférence s'est ténue en Suède en 1972.
[766] Cette charte a été adoptée à Belgrade en Serbie en 1975.
[767] Cette déclaration a été adoptée à Tbilissi en Géorgie en 1976.
[768]UNESCO, « *Conférence intergouvernementale sur l'éducation relative à l'environnement : Rapport final* », 1977, En ligne, 98p. http://unesdoc.unesco.org/images/0003/000327/032763fo.pdf, (Consulté le 15 mars 2017), p.12.
[769] SAUVE, (L.) (1999). « *Un patrimoine de recherche en construction*, *éducation relative à l'Environnement* », en ligne volume 1, p.28.
http://www.revueere.uqam.ca/PDF/Volume1/recherches%20et%20reflexions/EREV01_II_013.pdf, (Consulté le 15 mars 2017).
[770] Ibidem.

problèmes. Cette éducation à l'environnement associe donc le respect de l'individu et son épanouissement aux équilibres de la nature [771]».

L'éducation à l'environnement est donc conçue comme un processus permanent dans lequel les individus et la collectivité prennent conscience de leur environnement et acquièrent les connaissances, les valeurs, les compétences, l'expérience et aussi la volonté qui leur permettront d'agir, individuellement et collectivement, pour résoudre les problèmes actuels et futurs de l'environnement. Elle a comme but ultime de rendre compatible le fonctionnement de la société et particulièrement l'homme, avec l'environnement à travers une participation des citoyens. S'inscrivant dans le sillage de Rio, un vaste mouvement s'est développé en Afrique subsaharienne en faveur de l'éducation environnementale autant en contexte non formel que formel.

C'est alors que s'impose la nécessité d'une formation à la « *citoyenneté environnementale* » (A). Pour y parvenir, il faut donner à l'éducation environnementale une place privilégiée et pérenne dans les systèmes éducatifs formels et non formels. Par ailleurs, l'approche sociologique nous apprend qu'une règle de droit est vidée de son sens en l'absence d'une acceptabilité provenant de ses destinataires. Autrement dit, ses destinataires doivent prendre conscience de la norme édictée et donner leur consentement de manière implicite en acceptant de s'y soumettre définitivement. D'où le recours plus que jamais nécessaire aux méthodes d'éducation environnementale dans une approche transversale (B).

A/ l'importance de l'Education Environnementale (EE)

Les progrès scientifiques et technologiques réalisés au cours du 20ème siècle ont transformé notre mode de vie et façonné notre vision du monde. A l'aube du XXIème siècle, un regard et critique sur les conséquences dudit progrès et les tendances d'un développement

---

771 BAUER, (A.), et MARROUE, (L.), (1999). *« Pour une éducation à l'environnement ».* In Actes du Festival International de Géographie, site d'accompagnement pédagogique. En ligne. http://archives-fig-st-die.cndp.fr/actes/actes_99/environnement/article.htm, (Consulté le 15 mars 2017).

dominé par les intérêts du capital, nous amène à considérer avec scepticisme cette tangente évolutive. La crise profonde que vit la société humaine, caractérisée par de grands problèmes socio-économiques et un endommagement parfois irréversible de l'environnement naturel, nous amène à chercher de nouvelles voies de développement et, à cet effet, une clarification et une modification des conceptions face à l'avenir nous semblent essentielle. En réalité, ce nouveau progrès dont il est question diffère de l'idée du progrès qui a dominé l'ère industrielle. Il ne sera possible que si nous apprenons à coopérer en développant d'une part, une nouvelle solidarité avec tout le genre humain et les générations à venir et, de l'autre, en réaffirmant nos liens fondamentaux à la biosphère. Pour parvenir à ces fins, la recherche d'une nouvelle éthique à la fois sociale, démocratique et écologique est donc nécessaire.

C'est pourquoi des auteurs, comme NOZICK estime que *« la crise économique, sociale et environnementale que nous traversons actuellement n'est pas attribuable à un manque de connaissances, de ressources ou d'aptitude à résoudre des problèmes, mais au fait que nous ne posons pas les bonnes questions. (...) ce qui nous fait défaut, c'est une éthique capable de nous inspirer et de nous orienter dans une nouvelle direction. Notre problème n'est pas un problème d'économie ; c'est le divorce entre l'économie et l'éthique. C'est cette éthique que nous devons découvrir, qui doit servir de fondement au développement et guider notre retour vers une société fondée sur des valeurs humaines et écologiques*[772] ». Ainsi, l'éducation représente un élément capital de toute stratégie visant à assurer un avenir viable. Elle joue un rôle essentiel à une modification de la représentation qu'ont les êtres humains du monde dans lequel ils vivent. Selon l'UNESCO, « *il n'existe pas de plus grande contribution ou d'éléments plus essentiels pour la stratégie environnementale à long terme pour un développement durable, respectueux de l'environnement (...) que l'éducation des générations suivantes en matière d'environnement* [773]».

---

772 NOZICK, (M.), « *Entre nous : rebâtir nos communautés* », Traduction de F. FOREST, Montréal, les Editions Eco société, 1995, (263pp), p.20.

773 UNESCO-PNUE, « *Eléments pour stratégie internationale d'action en matière d'éducation relative à l'environnement pour les années 1990* », Paris : UNESCO, 1988, 44p.

Grâce à l'éducation et à l'environnement comme terrain d'apprentissage, l'EE peut transmettre des valeurs sociales inhérentes à l'évolution de notre société. La solidarité, l'autonomie, la tolérance et la responsabilité complètent cette philosophie. Dans ce sens, il ne s'agit pas que d'une simple transmission de connaissance mais d'une acquisition de savoir-faire et de savoir-agir par des comportements adaptés en fonction des problèmes environnementaux et sociétaux[774]. L'éducation à l'environnement s'adresse à tout âge et doit se poursuivre tout au long de notre vie. Elle fait des problématiques environnementales une affaire sociétale qui nous concerne tous et pas seulement les experts dans le domaine. L'idée de base étant de transmettre une compréhension de la situation environnementale et en faire un diagnostic afin d'imaginer des solutions au niveau global et de réagir au niveau local[775].

L'EE est une forte recommandation des différents instruments juridiques internationaux. A cet effet, le Principe 19 de la déclaration de Stockholm de 1972 dispose qu'« *il est essentiel de dispenser un enseignement sur les questions d'environnement aux jeunes générations aussi bien qu'aux adultes, en tenant dûment compte des moins favorisés, afin de développer les bases nécessaires pour éclairer l'opinion publique et donner aux individus, aux entreprises et aux collectivités le sens de leurs irresponsabilités en ce qui concerne la protection et l'amélioration de l'environnement dans toute sa dimension humaine. Il est essentiel aussi que les moyens d'information de masse évitent de contribuer à la dégradation de l'environnement et, au contraire, diffusent des informations de caractère éducatif sur la nécessité de protéger et d'améliorer l'environnement afin de permettre à l'homme de se développer à tous égards* ». Le Principe 10 de la Déclaration de Rio de 1992 réaffirme cette importance en insistant sur la sensibilisation, l'information et la participation du public.

De même, la promotion de l'éducation, de la sensibilisation du public et de la formation fait l'objet du chapitre 36 de l'Agenda 21. Cet ensemble de programme d'action pour le 21ème siècle donne à

---

774 BAUER, (A.), et MARROUE, (L.), Op. Cit.

775 TISSIER, (B.), « *Education, formation, environnement* », Paris : Economica, 1998, p. 112.

l'éducation environnementale toute son importance. Il précise que « *l'éducation, y compris l'enseignement de type scolaire, la sensibilisation du public et la formation, doit être considérée comme un processus permettant aux êtres humains et aux sociétés de réaliser leur plein potentiel. L'éducation revêt une importance critique pour ce qui est de promouvoir un développement durable et d'améliorer la capacité des individus de s'attaquer aux problèmes d'environnement et de développement. L'éducation de base constitue le fondement de toute éducation en matière d'environnement et développement, mais cette dernière doit être incorporée en tant qu'élément essentiel de l'instruction. L'éducation, de type scolaire ou non est indispensable pour modifier les attitudes de façon que les populations aient la capacité d'évaluer les problèmes de développement durable et de s'y attaquer. Elle est essentielle aussi pour susciter une conscience des questions écologiques et éthiques, ainsi que des valeurs et des attitudes, des compétences et un comportement avec le développement durable, et pour assurer une participation effective du public aux prises de décisions…*[776]»

Au Mali, l'importance de l'éducation environnementale est admise par la Politique Nationale de Protection de l'Environnement adoptée en 1998, à travers son Programme National d'Information, d'Education et de Communication Environnementale (PNIECE). L'objectif global de ce programme est de contribuer à modifier le comportement des différents acteurs en vue de leur participation active à la lutte contre la dégradation de l'environnement et ses ressources. Il s'agit, particulièrement, d'amener les citoyens à être mieux informés et sensibilisés sur les raisons et les conséquences d'une meilleure protection de l'environnement ; de promouvoir l'instauration d'une culture favorable à la protection de l'environnement. La culture de cette éco-citoyenneté pourra avoir des impacts favorables à la mise en œuvre et l'effectivité des politiques environnementales au Mali. Des citoyens mieux éduqués à la cause environnementale participeront convenablement à l'application des textes sur l'environnement.

---

[776] ONU, Agenda 21, Chapitre 63, disponible sur http://www.un.org/french/events/rio92/agenda21/action35.htm, (Page consultée le 30/05/2017).

Le défaut d'éducation à l'environnement ou de culture d'environnement peut avoir des implications sur l'application effective des textes juridiques sur l'environnement. Elle se traduit par une réelle méconnaissance des avantages liés à la protection de l'environnement et surtout de la biodiversité sauvage. Les populations rurales qui sont en contacte directe avec l'environnement notamment des ressources biologiques, en raison de leurs activités et sans culture écologique, peuvent considérablement influer sur le potentiel biologique. C'est pourquoi, dans la plupart des zones rurales, le braconnage et le défrichement irrationnel, constituent le quotidien des populations. Certes pour certains, il peut s'agir d'incivisme écologique, mais dans la plupart des cas, il s'agit plutôt de méconnaissance, de défaut d'éducation environnementale. L'unc des raisons de ce faible civisme environnemental se trouve dans la psychologie même du malien, qui est souvent déconnecté de ses racines, sa culture, ce qui lui fait perdre cette conception patrimoniale de l'environnement et ses ressources que l'on retrouve dans un passé récent et même actuellement dans certaines contrées. En somme, l'éducation environnementale est impérieuse et capitale pour une applicative effective de la législation environnementale au Mali. Sans elle, la participation des citoyens à la protection de la biodiversité demeure un slogan. Il convient donc de s'interroger sur les méthodes ou les stratégies de sa réalisation au Mali.

B/ les stratégies pour une éducation environnementale au Mali

Le comportement de l'homme à l'égard de son cnvironnement et la vision qu'il a, sont dictées par la culture, la tradition, les facteurs socio-économiques et la politique[777]. Si l'on veut changer cette vision et ces attitudes, il faut tenir compte des conditions sociologiques et géopolitiques ainsi que des intérêts du pouvoir et veiller à ce qu'il accepte les changements qu'on veut introduire. Très souvent, les périls auxquels l'environnement est exposé sont perçus différemment par le public, par les experts et décideurs. Il importe donc que ces derniers comprennent la façon dont les gens perçoivent les risques et y font face. Il faudrait encourager le public à participer activement à la planification

---

[777] PNUD, « *Le Public et l'Environnement* », Etat de l'environnement, 1988, cité par Ibrahima Ly, Thèse, op.cit.,
p.256.

et à la prise de décisions pour donner un caractère plus durable aux décisions adoptées. Pour ce faire, une éducation environnementale adaptée doit être mise en place. Celle-ci pourra s'appuyer sur la formation et la sensibilisation aussi bien des agents de l'administration chargés de la protection de l'environnement, mais aussi à tous les acteurs intervenant dans ce domaine, ainsi que les citoyens.

Sur le plan méthodologique, d'abord, il convient de souligner que l'adoption d'une politique d'éducation environnementale transversale apparait comme condition essentielle et première. Toutefois, une stratégie d'action, assortie des moyens d'appui aux initiatives serait plus adéquatée. Deux méthodes peuvent être utilisées : la méthode formelle et la méthode informelle. Elles nécessitent l'implication de tous les acteurs publics et privés en raison de la transversalité des questions.

1- les méthodes formelles

En effet, l'éducation environnementale, dans un contexte formel, ne vient pas s'ajouter aux programmes éducatifs comme une discipline séparée ou un sujet d'étude particulier, mais comme une dimension qui doit lui être intégrée. L'EE constitue le résultat d'une réorientation et d'une articulation de diverses disciplines et des différentes expériences éducatives (sciences naturelles, sciences sociales, les arts et lettres, etc) permettant d'avoir une perception intégrée de l'environnement et d'entreprendre à l'égard de celui-ci une action plus rationnelle et propre à répondre aux besoins sociaux. Ainsi, les institutions d'enseignement primaire et secondaire sont des milieux hautement dynamiques dans le domaine de l'éducation à l'environnement. Elles constituent le public privilégié de la majorité des acteurs intervenant dans le domaine environnemental. Par exemple, des acteurs comme l'ONG « AGIR-Mali », le Fondation « Orange-Mali » et bien d'autres ont entrepris des initiatives dans ce sens. Or, on le sait, le processus de scolarisation est en réelle mutation au Mali depuis l'instauration de la démocratie pluraliste.

En réalité, le système éducatif malien a connu une profonde évolution pendant la décennie d'avant la crise la crise de 2012. Le taux brut de la scolarisation en 2001/2002 était de 64% dont (75% pour les garçons et 54% pour les filles)[778]. A côté du système classique se développent d'autres formes de scolarisation comme les clos d'enfants pour les plus jeunes ou les médersas. En plus, la mise en place des Centres d'Education pour le Développement (CED) au Mali constitue une autre alternative pour l'amélioration de la scolarisation et de l'alphabétisation en récupérant les déscolarisés et les non scolarisés. Ces institutions d'enseignement primaire et fondamental doivent être dotées d'« *un Statut Ecole Verte* » dans le cadre de la mise en œuvre d'une Politique Nationale d'Education à l'Environnement (PNEE). Ainsi, pour obtenir son « *Statut Ecole Verte* », un établissement scolaire devrait manifester une volonté concrète de mener, sur une base continue, des actions mesurables et continues pour la protection de l'environnement et pour la promotion du développement durable. Une fois doté de ce statut, l'établissement scolaire doit bénéficier de manière continue l'accompagnement nécessaire.

De même, les établissements d'enseignement secondaire général[779], et les établissements techniques et professionnels[780] peuvent jouer un rôle important dans le domaine en assurant d'une part, la formation en environnement dans certains programmes d'enseignement[781], et de l'autre, en servant de cadre à des interventions éducatives en environnement amorcées au sein même de l'établissement. Ils doivent afficher leurs préoccupations pour la qualité de l'environnement à travers des aménagements paysagers, des projets étudiants environnementaux, des sorties en brousses avec le maximum d'effectif dans le but de créer un lien entre les élèves et l'environnement naturel. Ces méthodes sont assez pertinentes en raison de leur attractivité. Ces établissements ont la possibilité d'offrir également à l'éducation permanente, un programme de formation technique dans le domaine de l'environnement.

---

778 KONATE, (M. K.), GUEYE, (M.), NSEKA VITA, (T.), « *Scolarisation des enfants au Mali selon le profil des ménages et étude de leur maintien à l'école* », UNESCO, 2003, (19pp.), p.5.

779 Notamment les lycées.

780 Notamment les Instituts et les écoles techniques et professionnelles.

781 Dans ces établissements, il existe déjà un module dénommé d'éducation civique et morale qui pourra est reformée en « éducation civique, morale et environnementale ».

Au niveau universitaire, des programmes de formations intégrant les préoccupations environnementales doivent être adoptés. Certes, de récentes évolutions existent dans certaines structures, telle que, l'Université des Sciences Juridiques et Politiques de Bamako (USJPB). Ainsi à partir de 2015, la Faculté de droit Public a instauré un module de droit de l'environnement en licence 3, et a créé un Master en droit de la décentralisation et du développement local. Il est de même, pour la Faculté de Droit Privé qui a créé aussi une licence professionnelle en droit de l'environnement et droit foncier. Ces nouveaux programmes qui viennent s'ajouter à d'autres notamment le module du droit rural ou du droit foncier doivent être renforcés et mieux adoptés au contexte d'éducation environnementale. Aussi, les autres Universités du Mali[782], doivent en fait autant chacune dans son domaine, surtout en s'intéressant aux aspects techniques et sociologiques de la problématique environnementale. Il convient de revoir le contenu de certaines formations environnementales en positionnant l'aspect droit de la protection de l'environnement comme un axe prioritaire et stratégique. Il faut aussi multiplier les méthodes d'approche en utilisant surtout les technologies de l'information et de communication avec parfois des formations à distance. Une pareille expérience a déjà été initiée par l'UNITAR en 2004 et a permis la formation d'étudiants maliens via internet en droit de l'environnement. Ce qui permettra de mettre tous les citoyens à niveau sur les législations environnementales, particulièrement aux services de l'Etat et des collectivités locales qui en ignorent parfois les contours. D'ailleurs, l'instauration de l'enseignement du droit au niveau des lycées et établissements techniques en facilitera. Leur implication permettra de promouvoir l'éducation environnementale afin de cultiver « *une éco-citoyenneté* » dans tout le pays et pour toutes les générations.

2-les méthodes informelles

L'éducation à l'environnement dans un contexte informel fait appel à plusieurs groupes d'acteurs auprès des communautés. Ces interventions pourront se faire à travers des activités de sensibilisation

---

[782] Il s'agit de : l'Université des Sciences Sociales et de Gestion de Bamako (USSGB), l'Université des Sciences Humaines, des Arts, des Lettres et des Langues de Bamako (USHALLB), l'Université des Sciences Techniques et Technologiques de Bamako (USTTB), l'Université de Ségou et celle de Tombouctou, et les Etablissement d'enseignement supérieur privés du Mali.

et mobilisation au regard des problématiques environnementales locales et nationales. Coordonnées par une municipalité, un organisme sans but lucratif (ONG, association), un groupement communautaire, ces activités permanentes ou ponctuelles reflètent une dynamique remarquable et font souvent appel à une coopération au niveau local ou national. Soulignons également l'importance des radios communautaires. Elles se placent en une très bonne position pour animer les communautés et de ce fait, elles constituent des précieux médiums d'éducation relative à l'environnement. La sensibilisation par la diffusion d'informations auprès de dirigeants locaux et nationaux, auprès de l'entreprise et des populations en général, constitue un des éléments déterminant pour une réelle culture écologique au Mali. A cet effet, les médias ont un rôle essentiel à jouer et il importe donc de trouver les moyens d'y assurer une présence plus importante de l'EE : programmes spécialisés de radio et de télévision, rubriques de journaux, articles de revues spécialisées, sites internet, émission de radio communautaire.

Par ailleurs, il convient de renforcer la sensibilisation des populations surtout analphabètes par l'entremise des Associations Sportives et Culturelles (ASC) mais aussi profiter des « *Vacances Citoyennes* » organisées chaque année par le Ministère de la Jeunesse pour faire passer le message. L'organisation annuelle de la « *Quinzaine de l'environnement* », tout comme la « *Semaine Nationale de reboisement* » courant le mois d'Août par le Ministère de l'environnement doit être beaucoup plus renforcée avec l'implication de tous les acteurs. Les jeunes artistes et leurs pairs doivent être impliqués et soutenus. En effet, la sensibilisation faite par les artistes et surtout les jeunes, est un moyen privilégié d'atteindre tant la population que les instances gouvernementales. L'engagement de ces groupes bien écoutés dans l'action d'éducation écologique représente une réelle force. Les artistes ont beaucoup à apporter. Ils ont été souvent des précurseurs, des guides sociaux importants, inspirant les populations et les décideurs vers des choix plus importants. Ils pourront aussi jouer les mêmes rôles en matière d'éducation à l'environnement.

Soulignons aussi les processus de consultation publique, notamment les audiences publiques, qui permettront aux citoyens de mieux connaître les enjeux d'une problématique environnementale et d'apporter leur point de vue de manière à orienter les prises de décisions. La création des bureaux d'audience publique en matière d'environnement auprès des municipalités constituerait un atout important dans le renforcement de la culture écologique au Mali. Enfin, la dernière proposition n'est pas directement liée à l'éducation environnementale telle qu'elle est conçue, mais peut tout de même participer à une meilleure appropriation du droit de l'environnement par les populations. Il s'agit de favoriser le développement des partis politiques écologistes. Toutes ces propositions nous paraissent essentielles pour une meilleure réceptivité des législations environnementales, gage, de l'effectivité d'une protection juridique de la biodiversité.

CHAPITRE II

LA FABRIQUE D'UN DROIT COMMUNAUTAIRE DE LA BIODIVERSITÉ EN AFRIQUE SUBSAHARIENNE

L'environnement de par sa nature ne connait pas de frontières, sa protection est d'abord une affaire de voisinage, en ce sens que l'exportation des produits environnementaux se fait, en général, du pays source vers les pays limitrophes. A notre avis, il est naturel que sa protection, indispensable sur le plan universel, soit aussi organisée dans des cadres régionaux. C'est pourquoi, en s'interrogeant sur la problématique de l'effectivité, de l'efficacité de la protection de la biodiversité, il nous est apparu, au regard des spécificités de cette matière, que le droit ne pourrait être appliqué et produit en même temps les effets attendus si l'on restait dans les frontières juridiques et géographiques du seul Etat malien. La réalité est que les détériorations de l'environnement ignorent les frontières des Etats et c'est pour cela que toute action même sectorielle de lutte contre ce phénomène ne peut être efficace que dans un espace beaucoup plus large. Dans cette perspective, le droit malien de l'environnement ne peut donc être effectif que s'il s'intègre dans un ordre juridique qui transcende les frontières. Pour ce faire, la fabrique d'un droit communautaire de l'environnement nous paraît importante.

Il ne s'agit pas d'une création mais plutôt d'une fabrique. De la création à la fabrication, il y a une avancée sinon significative pour moins sémantique ou ontologique, en ce sens que le fabricant se sert de l'existant. Or, si le créateur invente, fonde ou tire du néant, le fabriquant lui, s'inspire d'une matière première ou tout au moins d'un modèle préexistant[783]. La création relèverait d'un mythe alors que la fabrication émerge d'une réalité, d'un précédent. La fabrique d'un droit communautaire de La biodiversité en Afrique de l'Ouest passe par la prise en compte nos identités. Comme le disait Joseph KI-ZERBO « *Sans identité, nous sommes un objet de l'histoire, un instrument*

---

[783] SOBZE, (Serge François), « *De « La création du Droit en Afrique » A « Comment fabrique-t-on le Droit en Afrique » ? Quelles innovations pour la sécurité juridique en Afrique ?* », In Palabres Actuelles, Revue de la Fondation Raponda-Walker, N°6 2013, « *La fabrique du Droit en Afrique* », Actes du premier Symposium Juridique de Libreville (21-22 novembre 2013), (p.23-44), p.23.

utilisé par les autres, un ustensile [784]». Selon lui, le destin de l'Afrique a été, pendant longtemps, conditionné par la fabrication d'une société qui correspondrait mieux à ses attentes, d'une société sur mesure. Il ne s'agit donc pas d'une création de droit, mais plutôt, d'une fabrique en ce sens que les éléments essentiels sont sur place. En effet, il s'agira d'utiliser les politiques environnementales des organisations sous régionales sans oublier les règles traditionnelles qui sont pratiquement partagées par les différentes populations des Etats.

Certes, l'adoption de ces politiques environnementales atteste l'apparition de ce droit depuis quelques années, même s'il n'est pas encore assez consistant pour être considéré comme un véritable droit. Ainsi, nous allons d'abord illustrer les initiatives communautaires de protection de l'environnement (Section I). Elles sont constitutives de prémisses d'un droit communautaire, malgré leurs limites. En effet, au regard des particularités de l'environnement et au vu des expériences réussies sur d'autres continents, en l'occurrence l'Europe à travers l'Union Européenne, force est de noter que la fabrique d'un droit communautaire reste une option valable afin d'effectiver le droit de l'environnement[785]et donc de la biodiversité. Donc, il convient de vivifier le modèle juridique communautaire ouest africain de l'environnement (Section II) à travers des fondements scientifiques appropriés. Ces nouveaux fondements scientifiques, plutôt divers et diversifiés devront tenir compte des représentations culturelles africaines. Concrètement, il s'agit d'aller vers un modèle de droit : de l'imposer au négocier pour permettre une meilleure gouvernance de la nature et de la biodiversité gage d'un développement durable des Etats.

Section I : Les prémisses d'un droit communautaire de la biodiversité en Afrique subsaharienne

Il y a peu d'année encore, les préoccupations écologiques apparaissaient comme un phénomène de mode, voire l'expression d'une conscience retardataire sur les progrès de l'Humanité. Jusqu'à la fin des années 1950, « maîtriser » voire « dominer » la nature au service de la

---

[784] KI-ZERBO, (J.), « *A quand l'Afrique* », Entretien avec René HOLENSTEIN, Editions d'en bas, 2013, p. 8

[785] SOW, (A.A.), « *l'effectivité du droit de l'environnement au Sénégal* », Op. Cit., p.407

croissance économique était considérée comme la condition de l'essor des sociétés humaines. On louait alors les progrès scientifiques et technologiques. Mais très vite, cette euphorie va connaître un déclin, et ce, grâce à une prise de conscience universelle de la protection de l'environnement comme une nécessité. Au niveau de l'Afrique, la prise de conscience des préoccupations environnementales est perceptible dès l'accession de la plupart des États du continent à l'indépendance. Elle se manifeste soit par l'adhésion des États à des conventions antérieures en matière de protection de l'environnement, soit par l'adoption de nouvelles conventions en la matière.

Le revers des expériences de gestion de l'environnement dans un cadre national et international témoigne toute l'importance de l'approche communautaire. En effet, en élargissant les bases géographiques et juridiques de gestion de la nature et de la biodiversité, les possibilités de succès deviennent de plus en plus importantes. Cette approche communautaire de protection de l'environnement est d'autant plus intéressante que les contextes écologiques sont assez homogènes dans les régions formant l'Afrique de l'Ouest. Continent à vulnérabilité économique et écologique avérées, l'Afrique s'est investie avant les années 1970 dans la promotion du développement économique par la mise en place d'organisations régionales d'intégration économique. Cette nouvelle option, comme l'atteste Réal LAVERGNE, consiste en un processus par lequel des Etats appartenant à une même zone géographique ou lointains, décident d'unir leurs économies, d'harmoniser leurs politiques et systèmes intérieurs, notamment au plan fiscal, comptable, monétaire, et ceci via une réglementation juridique unique et uniforme, à l'effet d'optimiser leurs développements et d'avoir une place sécurisante sur l'échiquier économique mondial[786].

Afin de dénouer à leurs difficultés économiques, structurelles et conjoncturelles, les Etats africains ont enclenché depuis quelques décennies une réglementation uniforme de leurs systèmes intérieurs, de leurs politiques économiques, sociales, budgétaires. A l'image de l'Union Européenne (UE), les Etats africains n'ont pas voulu demeurer en marge. C'est ainsi que le phénomène de l'Intégration a aujourd'hui

[786]Voir LAVERGNE (R.), (sous la Direction), « *Intégration et coopération régionales en Afrique de l'Ouest* », Éditions Karthala et CRDI, 1996, 406p.

structuré l'Afrique en différentes communautés. Faire de l'intégration régionale, c'est mettre en route un processus par lequel un ensemble de pays et d'Etats se rassemblent en créant une organisation commune chargée de prendre des décisions et d'agir dans certains domaines, notamment dans le domaine économique, à la place des Etats membres, afin de parvenir à un plus grand développement en vertu de l'adage selon lequel « *l'union fait la force* ». Il s'agit à cet égard, d'adopter un ensemble de règles obligatoires concourant à l'atteinte d'un tel objectif, un ensemble de prescriptions, de normes de conduite que l'on appelle justement *le droit communautaire*. En Afrique, à ce jour, il existe plusieurs organisations à vocation régionale. Par exemple au centre, nous avons la CEMAC[787] créée en 1994, à l'Est l'exemple la COMECA[788] créée en 1993, en Afrique du nord l'UMA[789] créée en 1989. Dans la partie Ouest de l'Afrique nous avons la CEDEAO créée en 1975, et l'UEMOA créée en 1994, et justement ce sont ces deux dernières qui attireront notre attention.

Toutefois, la plupart de ces organisations se sont lancées dans la constitution du marché commun dans les différentes régions en ignorant largement la dimension environnementale dans la mesure où aucune disposition de leur traité constitutif ne mentionnait le volet environnement. Cela s'explique par le fait que les pays en développement, jusqu'à la fin de la décennie 1980, n'accordaient pas une grande importance aux questions environnementales. Mais, cette méfiance va progressivement se dissiper dans le temps. En effet, en un laps de temps, notamment dans la décennie 1980, la défense de l'environnement dont il était jusqu'alors rarement question s'est révélée une des questions les plus mobilisatrices qui soit tant sur le plan de l'action que celui de la réaction. Les organisations sous régionales Ouest africaines n'ont pas été en reste dans cette prise de conscience progressive de la problématique environnementale. D'où l'existence en matière d'environnement de volontés politiques affichées de part et d'autre (Parag I), mais, qui restent assez limitées (Parag II) au regard de l'état de dégradation de la nature et de la biodiversité dans l'espace communautaire.

---

787 Communauté Economique et Monétaire des Etats de l'Afrique Centrale créée en 1994.
788 Le Marché Commun des Etats d'Afrique Orientale et du Sud créé depuis 1993.
789 L'Union du Maghreb Arabe créée en 1989.

Paragraphe I : les initiatives en gestation dans les politiques de la CEDEAO et de l'UEMOA

Nous ne cesserons de le dire, l'intégration est apparue aujourd'hui pour les peuples d'Afrique comme le meilleur moyen sinon ultime pour relever le défi du développement dans ce monde entièrement globalisé. Les Etats africains longtemps enfermés dans un carcan d'espace économique étroit, ont senti l'extrême urgence de dépasse le cadre de leur souveraineté nationale. Le but c'est de pouvoir résoudre les problèmes conjoncturels, de faire face aux enjeux politiques, économiques, sociaux, mais surtout stratégiques imposés par le nouvel ordre mondial qui se manifeste à travers le phénomène de mondialisation ou de globalisation. C'est en s'inscrivant dans cette dynamique que les Etats de l'Afrique de l'Ouest ont créé les deux organisations sous régionales : la CEDEAO et l'UEMOA.

Apriori, il n'existe pas, dans les textes constitutifs de ces deux organisations sous régionales, des aspects relatifs à l'environnement. Cela dit, il faut tout de même avouer que depuis quelques années, à la faveur des révisions, la dimension environnementale s'est imposée de facto. Pourtant, en dépit cet effort, l'environnement n'a pas, jusque-là, acquis la place qui doit être la sienne dans les politiques communautaires à l'image de ce qu'on peut constater en droit communautaire européen. C'est-à-dire, l'existence de réelles politiques et plans communautaires de protection et de gestion de l'environnement dans toutes ses dimensions par le truchement de législations communautaires harmonisées ou unifiées. Toutefois, il faut admettre qu'il existe de réelles volontés affichées par ces institutions communautaires. Elles nous serviront de cas pour faire ressortir la gestation d'initiatives environnementales en Afrique subsaharienne. Elles ont la singularité d'avoir engrené des politiques à des degrés divers en faveur de la protection de l'environnement et surtout de la diversité biologique.

D'où l'intérêt d'analyser d'une part, la volonté affichée de la CEDEAO en matière de protection de l'environnement (A) et d'autre part, les initiatives en gestation de l'UEMOA dans le cadre de la gouvernance la biodiversité (B).

A/ la volonté affichée de la CEDEAO en matière d'environnement

La CEDEAO a été créée par un traité signé à Lagos (Nigeria) le 28 mai 1975[790]. Quinze pays d'Afrique de l'Ouest ont signé le Traité pour une Communauté Économique des États d'Afrique de l'Ouest. Ce Traité est entré en vigueur en juin de la même année après sa ratification par sept Etats membres conformément aux dispositions de son article 62. Elle constitue la seule organisation d'intégration ayant véritablement une envergure régionale pour avoir transcendé les différentes sphères coloniales de l'Afrique de l'Ouest. En effet, elle regroupe à l'heure actuelle quinze pays qui n'ont pas la même langue officielle : le Bénin, le Burkina Faso, la Côte-d'Ivoire, la Guinée, le Mali, le Niger, le Sénégal, le Togo[791] , puis le Ghana, la Gambie, le Liberia, le Nigeria, la Sierra Leone[792], et enfin le Cap Vert, la Guinée Bissau[793]. Le siège de l'organisation se trouve à Abuja au Nigéria. Le Traité initial de la CEDEAO a été révisé par le sommet des chefs d'État tenu à Cotonou le 23 juillet 1993.

Organisation à caractère économique certes, la CEDEAO ne pouvait rester insensible aux différentes perturbations qui menacent l'environnement et la biodiversité. Sa contribution dans la protection de ces derniers s'illustre surtout par la mise en place de mécanismes tant juridiques qu'institutionnels.

1- l'existence de moyens juridiques de protection de la biodiversité

L'importance de l'environnement et singulièrement de la biodiversité, et la nécessité de sa protection contre les menaces perpétuelles découlant des activités anthropiques ne pouvaient laisser indifférent les instigateurs de la CEDEAO. Il suffit pour s'en rendre

---

790 Voir, MONZALA, Wenceslas Sacré Cœur, « *Les initiatives d'intégration régionale en Afrique de l'Ouest : analyse du cadre institutionnel de la CEDEAO* », Mémoire de Licence en Droit Public, Université Africaine de Technologie et de Management UATM-GASA, 2009, disponible sur www.memoireonline.com. (Consultée le 30 Avril 2017).

791 Qui sont les pays francophones ayant tous comme langue officielle le français.

792 Qui sont les pays anglophones utilisant l'anglais comme leur langue officielle.

793 Qui sont les pays lusophones de l'organisation qui parlent le Portugais comme langue officielle.

compte de s'intéresser aux législations de la communauté. En effet, dans le traité révisé de l'organisation, adopté à Cotonou (Bénin) en 1993, un chapitre entier est consacré à l'environnement et aux ressources naturelles. Il s'agit du chapitre VI intitulé « *coopération en matière d'environnement et de ressources naturelles* », composé de trois articles[794]. Aux termes de l'article 29 du traité révisé, « *les Etats membres s'engagent à protéger, préserver, améliorer l'environnement naturel de la Région et coopérer en cas de désastre naturel* ». Il résulte de ces dispositions que la protection et la préservation de l'environnement en Afrique de l'Ouest incombent aux Etats membres, qui doivent en faire un objectif de la communauté et un de leurs. Pour ce faire, la CEDEAO recommande aux Etats d'adopter au plan national et régional des politiques, stratégies et programmes et de créer des institutions appropriées pour protéger et assainir l'environnement, conserver la biodiversité, lutter contre l'érosion, la déforestation, la désertification, les périls acridiens et autres fléaux.

En outre, d'autres dispositions du même traité viennent renforcer le dispositif de lutte contre la dégradation de la nature et de la biodiversité. Il s'agit surtout de l'article 30 du traité qui prévoit que « *les Etats membres s'engagent individuellement et collectivement à prendre toutes les mesures nécessaires pour interdire l'importation, le transit, le dépôt et l'enfouissement de déchets toxiques et nocifs sur leurs territoires respectifs* ». L'article 31 poursuit en énonçant qu' « *ils s'engagent en outre à adopter toutes les mesures requises en vue de la création d'un système régional de surveillance pour empêcher l'importation, le transit, le dépôt et l'enfouissement de déchets toxiques et nocifs dans la région* ». Aussi, dans le secteur de l'énergie, la CEDEAO a pris soin de poser des mesures visant à éviter la dégradation de l'environnement, et de la biodiversité. A cet effet, le Protocole A/P4/1/03 sur l'énergie a été adopté par la communauté. Il stipule qu' « *En poursuivant l'objectif de développement durable et en tenant compte des obligations qui lui incombent en vertu des accords internationaux concernant l'environnement auxquels elle est partie, chaque partie contractante s'efforce de réduire à un minimum, d'une manière économiquement efficace, tout impact nuisible à l'environnement, produit à l'intérieur ou à l'extérieur de sa zone par*

[794] Il s'agit des articles 29, 30 et 31 du traité révisé de la CEDEAO.

toutes les opérations du cycle énergétique menées dans cette zone, en veillant au respect des normes de sécurité. Pour ce faire, chaque Partie Contractante agit de manière efficace au niveau des coûts. Dans ses politiques et ses actions, chaque Partie Contractante s'efforce de prendre des mesures préventives pour empêcher ou réduire à un minimum les dommages liés à l'environnement[795] ».

Ce même Protocole incite les Parties à tenir compte des considérations environnementales lors de la formulation et de la mise en œuvre de leurs politiques énergétiques. Il invite les Etats de la communauté à prendre particulièrement en considération l'amélioration de l'efficacité énergétique, le développement et l'utilisation des sources d'énergie renouvelable, la promotion de l'utilisation de combustibles plus propres et l'emploi de technologies et de moyens technologiques qui réduisent la pollution. Ils doivent aussi favoriser l'évaluation transparente, à un stade précoce et préalable à toute décision, et le contrôle ultérieur de l'impact environnemental des projets d'investissement en matière d'énergie qui présente un intérêt significatif pour l'environnement. De même, chaque Etat partie doit contribuer et coopérer à la recherche, au développement et à l'application de technologies, pratiques et procédés efficaces d'un point de vue énergétique et écologiquement sains qui réduiront à un minimum d'une manière économiquement rentable, les effets néfastes pour l'environnement de tous les aspects du cycle énergétique.

L'intervention de la CEDEAO en matière de protection de l'environnement et de la biodiversité est aussi visible au niveau de ses politiques sectorielles. Ainsi, par une directive[796] de mai 2009, la communauté a instauré un dispositif d'encadrement des activités d'exploitation minière dans le souci de préservation et de protection de l'environnement et la biodiversité. Le Chapitre III de ladite directive s'y intéresse particulièrement à travers les conditions et les obligations relatives à l'exploitation minière qui y sont posées. En effet, il est prévu à ce chapitre qu' « *avant d'entreprendre toute activité, un détenteur de droit ou titre minier doit obtenir les permis et approbations nécessaires*

---

[795] CEDEAO, Protocole sur l'énergie, article 19 relatif aux aspects environnementaux.
[796] CEDEAO, Directive C/DIR3/05/09 portant harmonisation des principes directeurs et des politiques dans le secteur minier.

auprès des autorités compétentes de l'Etat membre chargées de la protection des forêts, de l'environnement, des autres ressources naturelles, les ressources en eau, et de la santé publique dans le cadre de ses activités minières ». En plus, il incombe aux investisseurs miniers de mener leurs activités conformément aux lois et règlements nationaux, aux pratiques administratives, aux politiques dans lesquels ils opèrent, aux accords internationaux et aux principes, objectifs et normes standards relatifs à l'environnement, l'hygiène, la santé publique et la sécurité.

La CEDEAO, par la même directive invite également les Etats membres à veiller à ce que les détenteurs des droits ou titres miniers prennent les mesures nécessaires pour l'interdiction et la gestion de déversement de cyanure, de mercure et autres substances similaires, nocives à la santé humaine et à l'environnement, ainsi que les autres risques liés aux activités minières. Au demeurant, afin de garantir le respect de ladite directive, des audits périodiques de l'environnement doivent être menés pour s'assurer de la performance environnementale des opérations minières et de l'efficacité des organismes chargés de la réglementation des mines. De par ces différentes mesures prises, la CEDEAO prône la protection et la préservation du milieu environnemental contre les atteintes portées par les activités humaines. Une protection qui ne se limite pas seulement à l'affirmation de principes et à l'élaboration des règles juridiques car d'autres dispositifs sont également pris avec la création d'institutions chargées de la mise en œuvre des politiques environnementales.

2- l'existence de mécanismes institutionnels

Les préoccupations relatives à la biodiversité et de manière générale à l'environnement sont prises en compte par les organes de la CEDEAO, notamment le Secrétariat de la Communauté. En effet, avant 2007 et de façon spécifique c'est le Département de l'agriculture et ressources naturelles qui œuvrait dans ce domaine. Toutefois, à partir de janvier 2007 la CEDEAO a instauré le Département de l'Environnement et des Ressources en Eau (D.E.R.E) intégré au sein du Commissariat chargé de l'Agriculture, de l'Environnement et des Ressources en Eau avec la transformation du secrétariat de la

Communauté en une Commission de la CEDEAO. Le D.E.R.E[797] œuvre dans l'espace pour la promotion de la gestion rationnelle des ressources naturelles et la préservation de l'environnement en prenant entre autres paramètres : le caractère commun et transfrontalier des ressources naturelles et des problèmes environnementaux de la sous-région ; le caractère transversal des questions environnementales sur l'ensemble des politiques sectorielles de l'organisation et les politiques de développement des Etats membres.

En outre, le D.E.R.E s'active dans la promotion du développement durable dans les pays de l'Afrique de l'Ouest grâce à la gestion durable des ressources naturelles et la préservation de l'environnement contre les pollutions et les nuisances. Seulement, il convient de souligner que le D.E.R.E n'est pas à lui seul, l'unique organe intervenant de manière exclusive dans les questions environnementales. D'autres organes peuvent être amenés à s'immiscer soit directement ou indirectement dans la protection de l'environnement. Il s'agit surtout de la Conférence des chefs d'Etats[798] et de Gouvernements ; du Conseil des Ministres ; du Parlement de la Communauté ; du Conseil Economique et Social de la Communauté ; de la Cour de Justice de la Communauté ; et du Secrétariat Exécutif. Ces différentes institutions ont entrepris plusieurs programmes dans le domaine environnemental. Ces programmes intègrent de manière générale ou spécifique des préoccupations afférentes à la biodiversité. Il en est ainsi, de la Politique Forestière en 2005, dont l'objectif général est la conservation et le développement durable des ressources forestières et la fourniture des biens et services provenant des écosystèmes où ils intègrent. Il existe aussi des programmes de gestion des ressources partagées ; de la protection des espaces pastorales ; de la gestion des bassins des cours d'eau ; de l'élaboration d'un document de dialogue sur les forêts. De même, la CEDEAO a adopté un Programme d'action sous régionale de lutte contre la désertification[799].

---

[797] Le D.E.R.E est composée de trois divisions : la Division Environnement, la Division Politiques et Règlementations et la Division Forêts.

[798] Sa mission est d'assurer la direction et le contrôle général de la Communauté et de prendre toutes mesures nécessaires en vue du développement de celle-ci et de la réalisation de ses objectifs.

[799] Ce programme vise à atteinte de l'objectif global de la Convention de lutte contre la Désertification qui est de « *lutter contre la désertification et à atténuer les effets de*

Enfin, la CEDEAO, à travers ses organes, a élaboré et adopté d'autres programmes non moins importants en matière d'environnement. Il s'agit entre autres, du programme d'adaptation écologique, économique et social de la sous-région face aux changements climatiques ; du Plan d'action sous régional de Biosécurité ; et du Plan d'action de mise en œuvre de la politique environnementale. D'ailleurs, l'organisation a étendu ses actions dans le domaine agricole à travers des programmes intégrant le volet environnemental. Ainsi, la politique agricole amorcée en 2005 par les chefs d'Etat de la Communauté vise à promouvoir la diversité biologique à travers un certain nombre d'actions que sont : la promotion d'une agriculture durable dans la Communauté ; l'harmonisation des positions sur un certain nombre de points allant des accords sur l'OMC, les biotechnologies, la réglementation sur les pesticides ; l'investissement dans les plans régionaux et nationaux d'agriculture qui mettent en exergue la nécessité de promouvoir la biodiversité dans l'espace.

En somme, ces différentes actions attestent l'existence d'une volonté nourrie de la CEDEAO pour la protection de l'environnement et témoignent par là même, les prémisses d'un droit communautaire ou d'une uniformisation des systèmes juridiques de protection de l'environnement en Afrique de l'Ouest. D'ailleurs, l'exemple de la CEDEAO est suivi par l'UEMOA.

B/ Des actions prometteuses de l'UEMOA en faveur de la Biodiversité

L'UEMOA a été créée par le Traité de Dakar du 10 janvier 1994, révisé en 2003, qui est entré en vigueur le 1er août de la même année. Pour faire face à la conjoncture économique (dévaluation FCFA) et également pour compléter les mécanismes de régulation monétaire par des réformes économiques, et jeter les bases d'une croissance durable, le traité instituant l'UEMOA fut signé 2 jours avant la dévaluation du

la sécheresse dans les pays touchés gravement par la sécheresse ou la désertification, en particulier en Afrique, cela grâce à des mesures efficaces à tous les niveaux, appuyés par des arrangements internationaux de coopération et de partenariat, dans le cadre d'une approche intégrée compatible avec le programme Action 21, en vue de contribuer à l'instauration d'un développement durable dans les zones arides ».

FCFA[800]. L'Union Economique et Monétaire des Etats de l'Afrique de l'Ouest constitue donc un renforcement de l'UMOA, mais elle remplace également la Communauté Economique d'Afrique de l'Ouest (CEAO) qui a été volontairement dissoute le 15 Mars 1994 afin d'éviter qu'elle ne fasse doublon avec la nouvelle entité ouest africaine. L'ensemble des institutions de la CEAO seront liquidées et reversées en bonne partie dans le patrimoine de l'UEMOA[801]. Aujourd'hui, l'Union regroupe sept pays qui ont en commun l'usage du français, le Bénin, Burkina, la Côte d'ivoire, le Niger, le Mali, le Sénégal, le Togo et un Etat lusophone en l'occurrence la Guinée Bissau qui a adhéré en 1997.

Au chapitre de ses objectifs, l'union se donne pour office majeur de renforcer la solidarité monétaire, de favoriser le développement économique des Etats membres par l'unification des marchés intérieurs et par une mise en œuvre des politiques sectorielles communes dans les domaines essentielles de l'économie. Certes, l'UEMOA est une Organisation à caractère économique et monétaire, mais elle ne demeure pas en marge des problèmes environnementaux qui menace ses objectifs de développement économique et social durable. Sa contribution dans la protection de ces derniers s'illustre surtout par sa riposte juridique corroborée par la mise en place d'un cadre institutionnel.

1- une riposte juridique encourageante

Pour analyser la place de l'environnement dans le droit UEMOA, il faut d'abord se pencher sur les principes juridiques de base qui fondent cette institution communautaire à travers d'une part, son traité constitutif et d'autre part, ses protocoles additionnels. Ainsi, l'article 4 du Traité[802] révisé dispose parmi les objectifs de l'UEMOA, l'instauration d'une coordination des politiques sectorielles nationales par la mise en œuvre d'actions communes et éventuellement de

---

[800] DIOUF (S.), « *L'intégration juridique en Afrique : l'exemple de l'UEMOA et de l'OHADA* », Mémoire de DEA en Droit de l'Intégration et du système OMC, Université Cheick Anta DIOP de Dakar, Ecole Doctorale Régionale Africaine (EDRA), 2005, p.3. (173pp), disponible sur www.memoireonline.com. (Page consultée le 30 Avril 2017).

[801] Ibidem, p.4

[802] Le traité constitutif de l'UEMOA du 10 janvier 1994 de Dakar au Sénégal, révisé en 2003.

politiques communes notamment dans les domaines suivants : les ressources humaines, l'aménagement du territoire, les transports, les télécommunications, l'environnement, l'agriculture, l'énergie, l'industrie et les mines. En outre, l'article 60 du Traité prévoit que la Conférence des Chefs d'Etat et de gouvernement établit des principes directeurs pour l'harmonisation des législations des Etats membres.

Cette harmonisation prend implicitement en compte l'harmonisation des législations en matière d'environnement. De même, l'article 101 du Traité[803] prévoit la mise en place d'un cadre juridique chargé de définir les politiques sectorielles, et l'environnement en fait partie. Le renvoi au Protocole additionnel n°2 pour la mise en œuvre de ces objectifs prédéfinis en fait une base juridique incontournable pour mettre en exergue la politique environnementale de l'UEMOA. Ce protocole, qui fait partie intégrante du Traité consacre un chapitre spécifique à la problématique de l'environnement dans l'espace économique. L'article 9 du Protocole évoque les objectifs et principes directeurs de la politique d'amélioration de l'environnement ainsi que ses modalités de mise en œuvre. Parmi ces objectifs prioritaires, nous avons : la lutte contre la désertification, la protection des ressources naturelles, l'amélioration de l'environnement urbain et rural, l'exploitation des énergies renouvelables et la lutte contre l'érosion côtière etc.

Un effort louable a toutefois été opéré par l'UEMOA avec la publication de l'Acte Additionnel[804]sur la Politique Commune d'Amélioration de l'Environnement (PCAE) en janvier 2008. Cet acte est une conséquence logique qui découle de la recommandation[805]en date du 21 juin 1997 relative à la mise en œuvre d'un programme de première génération en matière de gestion de l'environnement au sein de l'organisation. Il apparaît, en effet, selon l'article 2 de cet acte additionnel, que cette politique communautaire concerne l'ensemble des activités relatives à la préservation de l'écosystème, de la biodiversité et du climat ; à la gestion des ressources naturelles, de la

---

803 Idem,

804 L'Acte Additionnel n°1/2008/CCEG/UEMOA du 17 janvier 2008 portant adoption de la politique commune d'amélioration de l'environnement.

805 Recommandation n°02/97/CM du 21 juin 1997, relative à la mise en oeuvre d'un programme de première génération en matière de gestion de l'environnement au sein de l'UEMOA.

forêt et de la faune sauvage ; de la gestion des pollutions et des ressources en eau. L'alinéa 2 de l'article 9 dudit acte préconise une harmonisation des textes en matière d'environnement et plus particulièrement en matière d'évaluation environnementale.

D'ailleurs, l'UEMOA avait auparavant mis en place un code minier communautaire à travers un règlement depuis 2003. Il s'agit du Règlement[806] du 23 décembre 2003 portant code minier communautaire. A côté de ces actes majeurs, l'UEMOA a entrepris l'élaboration d'autres textes communautaires parmi lesquels nous pouvons citer le Règlement[807] relatif à la sécurité sanitaire des végétaux, des animaux et des aliments, du projet de règlement sur les semences et de l'ambitieux projet de règlement sur le régime de la biosécurité dans l'espace UEMOA. Il existe donc des initiatives en gestation pour une harmonisation de la protection de l'environnement et de la biodiversité dans l'espace communautaire. Elles sont certes rudimentaires, mais elles traduisent tout même l'existence d'une volonté affichée des Etats membres de l'Union pour une protection harmonisée de l'environnement et de la biodiversité. L'existence d'un cadre organique renforce cette volonté.

2- un cadre organique favorable à une protection harmonisée de la biodiversité dans l'espace

Selon l'article 4 paragraphe E du Traité de l'Union, l'objectif économique visé par l'organisation ne pourra se faire que si et uniquement si l'unification des différentes législations des Etats membres est déjà réalisée. Ceci pour dire que l'Union entend élaborer d'abord une réglementation juridique unique dans tout son espace, afin d'espérer une quelconque réussite de ses ambitions économiques. Or, cette harmonisation juridique ne sera possible qu'avec un cadre organique adéquat. C'est pourquoi dans son organisation, l'UEMOA compte la conférence des chefs d'Etat qui est l'autorité suprême de l'Union. Aux termes de l'article 17 du Traité, c'est cet organe qui définit les grandes orientations de l'entité inter-gouvernementale, et les décisions y sont prises à l'unanimité. Ensuite au second niveau de

---

806 Règlement n°18/2003/CM/UEMOA du 23 décembre 2003 portant code minier communautaire.

807 Règlement n°007/2007/CM/UEMOA du 6 avril 2007 relatif à la sécurité sanitaire des végétaux, des animaux et des aliments.

l'échelle, il y a le Conseil des ministres qui selon l'article 20 du Traité a pour mission de mettre en œuvre les orientations générales de l'Union. Il est composé principalement des ministres des Finances. Pour la réalisation de la mission qui lui est dévolue, le Conseil édicte les actes à caractère obligatoire à savoir les règlements, les directives, ainsi que les décisions, jouant ainsi le rôle d'organe législatif[808], et c'est d'ailleurs à ce titre qu'il vote le budget de l'Union.

Également comme autre organe, il y a la Commission de l'Union qui peut être définie comme l'organe moteur de l'entité ouest africaine en ce sens qu'elle propose les textes de lois et adresse des avis et recommandations aux deux autres entités qui la surplombent. L'UEMOA compte par ailleurs un certain nombre de cours juridictionnelles qui ont pour mission d'assurer le contrôle des éventuelles violations aux normes unifiées afin que le droit régional soit effectif. A ce propos, nous avons la Cour de Justice de l'UEMOA qui peut être définie comme la clef de voûte du contrôle juridictionnel au sein de l'Union[809]. Nous avons également la Cour des Comptes qui contrôle les comptes des organes de l'Union ainsi que la fiabilité des données budgétaires nécessaire à l'exercice de la surveillance multilatérale. Enfin, nous avons le Comité Inter Parlementaire qui préfigure le Parlement de l'Union, lequel organe sera chargé du contrôle démocratique des organes de l'Union.

En somme, la CEDEAO et l'UEMOA sont deux organisations internationales de l'Afrique de l'Ouest qui ont été créées en réaction à un environnement économique défavorable. Leurs Etats membres veulent aujourd'hui jouer sur leurs complémentarités afin de réduire leurs fragilités conjoncturelles. Pour ce faire, ils ont jugé qu'il fallait de manière uniforme asseoir les solides bases d'une réglementation juridique qui devra favoriser l'essor économique tout en prenant en

[808] Le parlement n'étant pas toujours mis en place malgré la révision du Traité de 2003.

[809] Aux termes du protocole additionnel n° 10 /96/UEMOA portant statuts de la Cour de Justice de l'Union économique et monétaire ouest africaine, la Cour instituée par le Traité et le protocole additionnel, dont le siège se trouve à Ouagadougou, a pour mission : l'arbitrage des conflits entre les Etats membres, ou entre l'Union et ses agents. La Cour est composée de juges, un juge par Etat, nommés pour un mandat de 6 ans renouvelable une fois par la Conférence.

compte la dimension environnementale. C'est ce qui témoigne l'existence de normes et d'actions politiques à la faveur de la gestion rationnelle de la nature et des ressources naturelles. Cependant, l'arbre ne doit pas cacher la forêt, en dépit de ces efforts, les politiques dans le domaine de l'environnement doivent encore arpenter un chantier de longue haleine, en à juger les différentes insuffisances relevées d'où un nécessaire renforcement de leurs engagements.

Paragraphe II : Des initiatives communautaires à renforcer

Malgré les moyens déployés par la CEDEAO et UEMOA pour la protection de l'environnement dans un contexte d'intégration sous régionale, il convient de constater que ces efforts souffrent de quelques limites en raison de nombreuses insuffisances notées dans l'action. Dès lors, l'efficacité de leurs démarches doit procéder d'une rationalisation des pratiques. Dans cette perspective, il devient impérieux pour ces systèmes juridiques communautaires naissant de réunir les conditions d'une application effective de leurs règles harmonisées ou unifiées afin qu'ils ne subissent pas les mêmes critiques formulées à l'encontre du droit international classique. En effet, un certain nombre de blocages et d'insuffisances paralysent la mise en œuvre effective de ces règles communautaires en matière d'environnement. Ces blocages sont divers mais les plus importants sont d'abord relatifs à l'absence d'un programme d'action unique pour une mise en œuvre des politiques d'amélioration de l'environnement aussi bien dans le cadre de la CEDEAO que de l'UEMOA. Par ailleurs, un défaut d'harmonisation des politiques communautaires peut aussi être relevé.

Pourtant, la conférence des Chefs d'Etat et de Gouvernement, de l'une ou de l'autre de ces organisations, établit des principes directeurs pour l'harmonisation des législations des Etats membres. Cette harmonisation concerne par conséquent celle de la législation environnementale. Pour le Professeur Michel PRIEUR, la technicité du droit de l'environnement doit permettre de manière considérable de favoriser son unification[810] et donc son harmonisation. Or de nos jours, l'unification des législations nationales qui est l'ultime étape de

[810] PRIEUR, (M.), « Droit *de l'environnement* », Paris, Dalloz, 2004, p.4 (1090pp)

l'intégration demeure un défi au niveau des deux organisations sous régionales. Il s'agit plutôt de l'harmonisation progressive des textes juridiques relatifs à l'environnement qui doit s'effectuer au moyen d'actes dérivés. Mais force est de constater que cette phase connait des difficultés quant à l'insuffisance des politiques communautaires environnementales (A), qu'à la place de choix accordée au développement économique. Il convient donc de renforcer ces actions communautaires par l'appropriation des initiatives d'envergure telle la Grande Muraille Verte (B).

A/ l'insuffisance des politiques communautaires sur la biodiversité

L'efficacité de la protection de l'environnement, notamment de la biodiversité, exige, on le sait, des politiques dépassant les cadres nationaux. L'espace communautaire apparaît à cet égard comme un niveau de création normative et d'impulsion de la mise en œuvre efficiente du droit de l'environnement. Or, l'indigence des politiques environnementales des organisations africaines d'intégrations économique est assez frappante. On trouve çà et là des documents de politiques environnementales qui s'en tiennent à des généralités et à des formulations souvent vagues, et qui en tout état de cause, ont rarement une force contraignante. Au contraire de l'Union européenne qui s'est doté progressivement d'un droit communautaire étoffé et constitué de directives contraignantes d'application directe dans les Etats membres, on cherche en vain des actes équivalents dans espaces communautaires africains. Il est vrai que dans ce domaine non plus toutes les organisations communautaires du continent ne sont pas au même niveau.

D'abord, la CEDEAO fait à cet égard des efforts non négligeables comparé à la CEMAC et plus encore à la CEEAC en Afrique centrale même si ces efforts restent embryonnaires. Ainsi depuis 2008, il a été créé au sein de la CEDEAO une Direction de l'environnement, et des Règlements communautaires ont été adoptés en matière de pesticides, de semences et de sécurité des aliments. Toutefois, on constate que de manière générale, il n'existe pas de véritable droit communautaire de l'environnement dans la plupart cet espace. Il n'est donc pas étonnant que l'on ne trouve pas au sein de ces organisations d'institutions spécifiques dédiées à la mise en œuvre du droit de l'environnement ou à son contrôle. Cette absence d'un droit communautaire autonome est compensée dans une certaine mesure par la multiplicité des institutions d'intégration ou de coopération en matière de gestion des ressources naturelles partagées.

Il existe un volet important sur la protection de l'environnement et des institutions chargées de la mise en œuvre des normes y relatives telles que l'Organisation de Mise en Valeur du fleuve Sénégal (OMVS), l'Autorité du Bassin du Niger (ABN), la Commission du Bassin du Lac Tchad (CBLT) etc. Cependant, la déficience de ces institutions réside dans leur éparpillement et l'absence de coordination de leurs politiques et actions environnementales. Ce qui ne leur permettent pas de partager leurs expériences, mais aussi les empêchent d'atteindre des objectifs communs. Il est donc loisible d'imaginer comme au niveau des Etats membres toutes les difficultés qui peuvent être liées à la mise en œuvre des politiques environnementales et donc du droit communautaire de l'environnement.

Au plan de l'instabilité, Paix et sécurité dans l'espace CEDEAO, les crises politiques, les conflits armés constituent d'énormes freins à l'intégration régionale globale à laquelle le sort du droit de l'environnement est étroitement lié. Ces dernières années la situation politico-sécuritaire en Côte d'Ivoire, au Mali, en Guinée, en Guinée Bissau, au Nigeria, et au Burkina Faso, ont été de nature à entraver les efforts et les engagements des pays concernés voire de la Communauté. Au-delà de la remise en cause ou des entraves aux processus d'intégration, il y a les coûts financiers de la gestion desdites crises qui hypothèquent les ressources susceptibles d'être consacrées à la promotion de l'intégration régionale avec la capacité d'autofinancement de la CEDEAO de ses politiques environnementales.

Ensuite, quant à l'UEMOA, les objectifs définis à l'article 10 du Protocole additionnel n°2 sont difficiles à atteindre. Ils sont relatifs à la lutte contre la désertification, la protection des ressources naturelles et de la biodiversité, à l'amélioration du cadre de vie en milieu rural et urbain, à l'exploitation des énergies renouvelables. Pour les mettre en œuvre, il faut une politique communautaire de l'environnement, qui n'a jusque-là pas vue le jour. Certes, afin d'éviter une divergence des politiques nationales environnementales des Etats membres de l'union, l'article 11 du Protocole additionnel n°2 prévoit que le conseil définit par voie de règlement, des procédures d'information mutuelles auxquelles participent les Etats membres en vue d'une coordination de leurs politiques. Toutefois, nous constatons que dans la pratique, les règlements qui devaient être pris dans ce sens ne l'on pas encore été. Aussi, parmi les politiques sectorielles énumérées dans le Protocole, le chapitre consacré à l'harmonisation de l'environnement occupe la quatrième position sur les six chapitres. Ainsi, dans la hiérarchisation des priorités des politiques sectorielles, nous remarquons que l'environnement n'est pas bien loti au sein de l'UEMOA.

De même, l'Union a opté pour une approche sectorielle en matière d'environnement. Elle a choisi de traiter de l'harmonisation des questions environnementales dans un Protocole à l'instar d'autres domaines. Il s'agit certainement d'une volonté délibérée des Chefs d'Etat et de Gouvernement de se préoccuper par secteur des différents domaines d'activités du développement économique. Or, il faut noter que cette démarche est de plus en plus abandonnée en raison de la prédominance actuelle de la notion de développement durable qui intègre l'environnement dans les autres secteurs. L'Union européenne là si bien compris qu'elle a reconnu les préoccupations environnementales comme étant transversales en les intégrant dans l'Acte unique européen du 27 février 1986[811]. Soulignons aussi, que l'UEMOA ne dispose pas de véritables programmes d'action communautaire en matière d'environnement à l'image de l'Union européenne. Les programmes d'action communautaire peuvent être définis comme étant des déclarations politiques qui cumulent les actions envisagées pour une période de temps spécifique, qui les placent dans un cadre général, fixent des priorités et introduisent ou expliquent, le cas échéant, des orientations nouvelles. Les programmes d'action communautaire constituent un instrument privilégié de la mise en œuvre des politiques communes. De façon générale, le programme d'action tel que défini se caractérise par des objectifs à atteindre, prévoit des moyens de leur mise en œuvre ainsi

[811] Selon les dispositions de l'article 130 R2 du Traité de Maastricht « *les exigences environnementales en matière de protection de l'environnement doivent être intégrées dans la définition et la mise en œuvre des autres politiques de la communauté* ».

que des mécanismes de suivi. Le programme de première génération de l'environnement de l'UEMOA[812] ne répond pas à ces critères.

Pourtant, l'importance d'une politique communautaire de l'environnement et des programmes d'action n'est pas à démontrer. Bien que juridiquement non contraignant, ils contribuent au développement des législations nationales des Etats membres en raison des indications qu'ils donnent sur l'élaboration des textes juridiques nationaux. Comme le fait remarquer Amidou GARANE « *en permettant aux politiques nationales d'évoluer de façon convergente aussi bien dans leur conception que dans leur mise en œuvre, la politique communautaire de l'environnement atténue et résorbe progressivement les disparités dans la protection de l'environnement dans les différents Etats membres*[813] ». En outre, la mise en œuvre d'un programme d'action communautaire d'environnement ne peut être efficace sans une volonté politique qui se manifeste entre autres par des appuis financiers conséquents de l'UEMOA. Or, nous constatons que l'Union accorde plutôt une place particulière au développement économique sans une prise en compte réelle de la dimension environnementale. En effet, animés par des soucis d'industrialisation et de croissance, les pays de l'UEMOA se sont investis dans la promotion de la croissance économique et monétaire. En effet, une politique communautaire de l'environnement au sein de l'UEMOA ne peut être effective et efficace que si l'institution est dotée aussi et surtout de moyens financiers adéquats.

Il ressort de nos cherches que plusieurs actions de la Commission de l'Union dans le domaine de l'environnement n'ont pas pu être réalisées ou ont été différées en raison du manque de moyens. A titre d'exemple, la Politique communautaire d'amélioration de l'environnement dont le lancement du processus de formulation qui devait démarrer au second semestre de l'année 2003, n'a pas eu lieu et

---

[812] Le Conseil des Ministres de l'UEMOA a adopté une Recommandation (n°2/97/CM) le 21 juin 1997 à Lomé (Togo), relative à la mise en œuvre d'un programme de première génération en matière de gestion de l'environnement.

[813] GARANE, (A.), « *Les préoccupations environnementales dans les expériences d'intégration économique régionale en Afrique : la nécessité d'une politique communautaire* », Annuaire Africain de Droit International, 2002, p.170.

a été reporté en raison du gel du financement.[814] Cet état de fait témoigne que malgré l'existence d'une volonté affichée pour la protection de l'environnement, force est de constater que l'UEMOA fait prévaloir le secteur économique comme moteur du développement.

Au total, retenons que le développement économique brandi par les pays de l'Afrique de l'Ouest regroupés sous la bannière de l'Union ne saurait être atteint sans prendre en considération la dimension environnementale qui en est une part non négligeable.

B/ le renforcement des initiatives par l'appropriation de la « *Grande Muraille Verte* »

Le renforcement de la dimension environnement dans les politiques communautaires ouest africaines appelle à un renforcement des actions. De ce fait, l'appropriation de certains projets d'envergure, telle que la « *Grande Muraille Verte* » par les organisations sous régionales reste une option bien indiquée. La pertinence de ce projet, ses objectifs et ses stratégies de mise en œuvre peuvent justifier ce choix.

Ainsi, face aux multiples défis environnementaux notamment la désertification, la dégradation de la biodiversité, auxquels l'Afrique est confrontée, Son Excellence Olusegun OBASANJO, à l'époque, Président de la République Fédérale du Nigeria a proposé lors de la 7ème Conférence des Leaders, Chefs d'Etat et de Gouvernement de la Communauté sahélo-saharienne (CEN-SAD) tenue à Ouagadougou au Burkina Faso les 1er et 2 juin 2005, d'entreprendre l'édification d'un mur de verdure du Sénégal à Djibouti pour freiner le désert. Cette idée favorablement accueillie, a été reprise et conceptualisée par S.E Maître Abdoulaye Wade, alors Président de la République du Sénégal, sous l'appellation « *Grande Muraille Verte* » ou « *Great Green Wall* ». Au cours de cette conférence, les Chefs d'Etat de la CEN-SAD ont demandé au Président Abdoulaye WADE, Coordonnateur du volet Environnement du Nouveau Partenariat pour le Développement en Afrique (NEPAD), d'aider à donner un contenu technique et les

---

814 Voir Rapport 2003 de la Commission de l'UEMOA, p.23.

modalités opérationnelles de mise en œuvre de cette ambitieuse idée de « *Grande Muraille Verte* ».

L'initiative est adoptée plus tard par la Conférence des Chefs d'Etat et de Gouvernement de l'Union africaine lors du 5ème Sommet ordinaire tenu en juillet 2005 à Syrte (Libye) et lors de la 8ème session ordinaire tenue les 29 et 30 janvier 2007 à Addis-Abeba (Ethiopie) par la déclaration 137 (VIII) approuvant l'initiative. Les chefs d'Etat et de Gouvernement africains ont salué cette initiative comme une stratégie appropriée pour soutenir efficacement les efforts nationaux, régionaux et internationaux de lutte contre la désertification et la pauvreté, contre les atteintes à la biodiversité, de restaurer les zones dégradées, et de lutter contre les changements climatiques. Ainsi pour marquer cet important engagement politique du Continent, ils engageaient dès lors l'ensemble des Etats saharo-sahéliens, les partenaires techniques et financiers, la société civile à entreprendre les actions nécessaires à la mise en œuvre rapide du programme de la « *Muraille Verte* ».

Une table ronde organisée avec les Bailleurs a permis d'aboutir à l'élaboration et à l'adoption des documents d'orientation stratégique de mise en œuvre, notamment le Schéma conceptuel, le Plan d'action, les Cadres institutionnel et d'exécution du projet et d'obtenir l'engagement de la Communauté des bailleurs d'accompagner les actions de mise en œuvre[815]. Ces divers documents ont été approuvés par les experts et les Ministres en charge de l'environnement des pays du Tracé et transmis aux Chefs d'Etat et de Gouvernement des pays concernés. La Commission de l'Union africaine a élaboré un document de définition du concept en étroite collaboration avec ses partenaires, notamment la Commission Economique pour l'Afrique (CEA), le PNUE, la FAO, le Secrétariat de la Convention des Nations Unies pour la lutte contre la Désertification (UNCCD), l'Observatoire du Sahara et du Sahel (OSS) et le Programme alimentaire mondial (PAM). Ce

[815] Maître Abdoulaye WADE, Coordonnateur de la mise en œuvre de la Grande Muraille Verte Dakar-Djibouti, en accord avec les autres chefs d'Etat et de Gouvernement des pays du tracé, les Présidents en exercice des conférences des chefs d'Etat et de Gouvernements de l'Union africaine et de la CEN-SAD, et en relation avec le Secrétariat général de la CEN-SAD et la Commission de l'Union africaine a tenu à l'initiative du Sénégal des rencontres d'experts et de ministres en charge de l'Environnement et une table ronde avec les Bailleurs (2005, 2006, 2008 et 2009)

document conceptuel a été soumis au sommet des Chefs d'Etat et de Gouvernement sur la sécurité alimentaire tenu à Abuja, au Nigeria en décembre 2006[816].

L'initiative « *Muraille Verte* » est un projet d'envergure continentale. Elle constitue l'une des réponses de l'Afrique aux défis auxquels elle est confrontée. C'est également une proposition concrète d'actions dans le cadre de l'alliance mondiale contre les changements climatiques. Elle est sous-tendue par des mécanismes de coopération régionale et sous régionale dans le cadre d'une approche globale concertée. La particularité de ce projet est d'unir tous les pays concernés dans un même combat de lutte contre la désertification, le changement climatique, la dégradation de la biodiversité, et selon une nouvelle approche de développement intégré des zones arides et semi-arides souvent totalement déshéritées. Dans l'approche conceptuelle novatrice, tout en créant et consolidant une ligne de défense par des activités de reboisement et d'aménagement, la Grande Muraille Verte met en synergie des actions de restauration des terres et de la biodiversité, de développement de systèmes agricoles et pastoraux, de lutte contre la pauvreté par la réalisation d'activités génératrices de revenus favorables au repeuplement des zones sahélo-sahariennes du Circum-Sahara[817]. Toutefois, les variations des contextes biophysiques, pédologiques et culturels imposent un développement global par la prise en compte des spécificités locales.

La mise en œuvre de la Grande Muraille Verte va capitaliser et valoriser les expériences et les données importantes issues des programmes nationaux et régionaux de lutte contre la dégradation des terres et la désertification, et de gestion durable de la biodiversité. Elle établira les synergies nécessaires avec les divers programmes de développement en cours dans la zone du tracé. L'objectif global est la contribution à la lutte contre l'avancée du désert. Cependant, le concept « *Grande Muraille Verte* » qui traduit l'idée de base se justifie également par le caractère prioritaire et l'urgence de la mise en œuvre

---

816 Voir Commission de l'Union africaine, Département de l'agriculture et de l'économie rurale, 2006 : La Grande Muraille Verte dans le cadre de l'Initiative Sahélo Sahélienne, plan d'action pour la mise en œuvre, 21 p.

817 Voir CEN-SAD et OSS, 2006 : La Grande Muraille Verte dans le cadre de l'Initiative Sahélo Sahélienne, brève analyse et directives préliminaires, 39 p.

du projet, allant de Sénégal à Djibouti[818], prenant en compte l'état fortement dégradé des écosystèmes et des ressources naturelles dans la bande sahélienne[819].

De ce fait, compte tenu de l'envergure régionale du projet, un cadre institutionnel a été mise en place. C'est ainsi que, sous l'autorité du Conseil des Ministres constitué des Ministres en charge de l'Environnement des Etats membres, la coordination et le suivi au niveau régional seront assurés par une *Agence Panafricaine de la Grande Muraille Verte* (APANGMV). Elle comprend par ailleurs un Comité Technique d'Experts. La mise en œuvre de la Grande Muraille Verte se fera selon une approche participative ascendante, associant les populations à la conception, à la mise en œuvre et au suivi et à la conservation des réalisations. Ainsi au niveau national, la responsabilité de réalisation opérationnelle de la composante nationale est confiée à une structure nationale créée selon la législation du pays. Elle est le point focal de l'*Agence Panafricaine de la Grande Muraille Verte*.

Nous pensons, que l'importance de ce projet d'envergure et son approche participative, en appellent à une appropriation par les organisations sous régionales, notamment la CEDEAO et l'UEMOA. Certes, depuis l'adoption de la Convention sur la biodiversité à Rio en juin 1992, et la Convention internationale de lutte contre la désertification à Paris en octobre 1994, divers plans d'action nationaux et sous régionaux ont été élaborés et mis en œuvre, d'importantes ressources financières ont été mobilisées. De même, diverses institutions de lutte contre la désertification, la sécheresse et la perte de la biodiversité ont été créées à cet effet. Il s'agit notamment du Comité Inter-Etats de Lutte contre la sécheresse au Sahel (CILSS), de l'Observatoire du Sahara et du Sahel (OSS).

Mais, les problématiques environnementales visées par la Grande Muraille Verte font également partie des préoccupations des Communautés économiques régionales. Eh bien, une réelle

---

[818] Les pays concernés par cet ambitieux projet sont : le Sénégal, la Mauritanie, le Mali, le Burkina Faso, le Niger, le Nigeria, le Tchad, le Soudan, l'Ethiopie, l'Erythrée, et le Djibouti.

[819] Voir CEN-SAD et OSS, 2006 : la Grande Muraille Verte dans le cadre de l'Initiative Sahélo Sahélienne, programme d'action (2008-2010), 26 p.

appropriation de ce projet permettra d'élargir la sphère communautaire, car les onze (11) pays concernés ne sont tous pas membres des organisations citées. Or, l'élargissement du champ communautaire pourra apporter des solutions à deux problèmes qui assaillent les institutions d'intégration africaine dans leurs fondements et perspectives en matière environnementale. Il s'agira d'une approche communautaire à forte connotation politique. Sur le plan financier, l'adhésion et l'engagement des Organisations mondiales, telles, la CEA le PNUE, la FAO, le PAM, l'UNCCD, auprès des organisations communautaires vont permettre de pallier aux insuffisances financières de mise en œuvre des programmes environnementaux. Aussi, l'appropriation de la Grande Muraille Verte permettra de raffermir les politiques communautaires environnementales, et de contribuer à l'élaboration d'un vrai droit communautaire de l'environnement.

Cette intégration de la « Grande Muraille Verte » dans les actions communautaires de protection de l'environnement, doit permettre une éventuelle participation des organisations communautaires africaines à l'élaboration et à la signature des conventions internationales sur l'environnement. Cette intervention des structures communautaires en tant que parties aux conventions d'environnement, à l'image de l'Union Européenne[820], permettrait l'élargissement des champs d'application de celles-ci en ce sens qu'elles ne nécessiteront pas la ratification par les Etats membres pour leur entrée en vigueur. En ce sens Amidou GARANE estime que « *la capacité des Organisations d'intégration à influer sur les négociations et partant, sur les normes environnementales universelles, ne sera-t-elle effective, sinon efficace que dans l'hypothèse où il est reconnu à ces dernières, la compétence de contracter des engagements internationaux en matière d'environnement, à l'instar de l'Union européenne* [821]».

[820] Le traité de la Communauté Economique Européenne, dans ses les articles 230 et 231 posent les principes de cette participation et prévoient que la CEE peut s'engager par voie conventionnelle ou au sein d'une organisation internationale quand cela s'avère nécessaire.

[821] GARANE, (A.), « *Les préoccupations environnementales dans les expériences d'intégration économique régionale en Afrique : la nécessité d'une politique communautaire* », Op. Cit, p.171.

Au bénéfice de ces analyses, le constat est claire, il n'existe pas un droit communautaire de l'environnement en Afrique de l'ouest, mais plutôt, des prémisses communautaires en gestations en matière d'environnement. L'exemple des organisations dont nous avons fait cas en témoigne suffisamment. Toutefois, au regard de ces différentes actions menées par les deux organisations sous régionales, nous sommes en droit d'espérer qu'elles participeront à une harmonisation voire à l'unification d'un droit sous régional de l'environnement relativement effectif à l'image de l'Organisation pour l'Harmonisation en Afrique du Droit des Affaires (OHADA)[822]. A travers cette organisation, l'Afrique de l'Ouest a mis sur pied un corps de règles souples, simples, et adaptées aux réalités des économies africaines afin de facilité la réalisation d'un marché commun.

Pour réussir une telle prouesse en matière d'environnement, les Etats africains ont le choix entre deux procédés juridiques. Soit, s'adonner à une harmonisation pure et simple des différentes législations, celle-ci consisterait à modifier les dispositions existantes afin de les mettre en harmonie entre elles ou avec une réforme nouvelle, mais tout en respectant le particularisme de chaque législation interne. Un tel résultat s'obtient par le biais de techniques juridiques douces, n'indiquant aux Etats que les buts à atteindre, leur laissant le libre choix des moyens et de la forme. Soit, comme deuxième option, on procède de manière plus accusée, plus audacieuse, à une uniformisation de leurs législations. Cette dernière constitue une méthode plus radicale de l'intégration juridique puisqu'elle consiste à effacer les différences entre les législations nationales en leur substituant un texte unique rédigé en des termes identiques par tous les Etats concernés. De surcroît, cette technique de l'uniformisation obéit au principe de la supranationalité qui permet d'introduire directement des normes dans

---

[822] Elle a été créée par l'adoption à Port-Louis, en Îles Maurice le 17 octobre 1993 du traité relatif à l'harmonisation du droit des affaires. Ce traité a été signé par seize (16) Etats africains. Soit le Bénin, le Burkina Faso, le Cameroun, la Côte d'Ivoire, le Gabon, la Guinée, la Guinée Bissau, la Guinée Equatoriale, le Mali, le Niger, le Tchad, le Sénégal, le Togo. L'OHADA a pour ambition de trouver des solutions juridiques, les meilleures et les mettre à la disposition des Etats membres. Il s'agit d'élaborer et d'adopter des règles communes, modernes, simples, et adaptées. Il s'agit aussi de mettre en œuvre des procédures judiciaires appropriées, et encourager le recours à l'arbitrage comme mode de règlement des différends contractuels.

l'ordre interne des Etats membres, créant ainsi un droit communautaire de l'environnement harmonisé.

Section II : La construction d'un droit communautaire de la biodiversité

Comme nous venons de le démontrer, il existe à bien des égards, des prémisses d'un droit communautaire ouest africain de l'environnement. Toutefois, un constat s'impose dans le cadre de notre analyse : l'Afrique communautaire se construit sur l'idée d'une priorité accordée au développement économique comme facteur principal d'intégration. La politique et le droit communautaire de l'environnement restent profondément marqués par cette empreinte idéologique. Et le droit communautaire de l'environnement apparaît comme une résultante des politiques communautaires de l'environnement dans le cadre des organisations sous régionales (la CEDEAO et UEMOA). Le problème est que la priorité est accordée à l'économie ou plutôt au développement. Or, cette priorité sans une prise en compte des facteurs écologiques, sera à l'origine de la dégradation de la situation environnementale. En réalité, la problématique du conflit existant entre la liberté du commerce, l'un des noyaux durs de l'intégration économique sous régionale, et la protection de l'environnement apparaît ici.

Pourtant, le dogme libéral qui fonde les traités de la CEDEAO et de l'UEMOA doit être atténué parce qu'un droit communautaire de l'environnement bien construit implique forcement des restrictions à certains échanges communautaires surtout lorsqu'ils sont de nature à dégrader celui-ci. Au demeurant, ce droit communautaire doit imposer à toutes les entreprises de la communauté une règle du jeu commune qui ne doit permettre à aucune d'entre elles de tirer un avantage économique de sa pollution, de ses atteintes à la biodiversité dans un contexte de libre-échange. En outre, tout comme le droit international public, le droit communautaire africain de l'environnement repose sur la même problématique générale et résulte de la même difficulté globale entre le mouvement qui pousse les Etats à préserver leur souveraineté et celui qui les oblige à prendre des actes de solidarités qui les unissent.

En tout état de cause, en dépit des initiatives en gestation dont nous venons d'évoquer plus haut, il serait mieux pour nous de parler d'avènement d'un droit communautaire de l'environnement au lieu de son existence parce qu'il demeure inachevé pour être considéré comme une discipline autonome. Ainsi le Droit communautaire de l'environnement tel qu'il se présente aujourd'hui, demeure inachevé. Sa réinvention nécessite une approche faisant recours au pluralisme juridique. Il s'agit d'une approche prenant en compte des disciplines scientifiques telle la philosophie du droit, la sociologie du droit, l'anthropologie juridique et l'histoire du droit. On aura compris, le problème fondamental est de parvenir à jeter les bases d'un droit communautaire de l'environnement négocié dans le but, d'une part, de tendre vers une gestion viable à long terme de la nature et d'une conservation de la biodiversité, d'autre part, de sceller les perspectives d'un développement durable.

En ce sens, Olivier BARRIERE estime à juste titre que « *la construction d'un droit de l'environnement qui soit véritablement plus effectif qu'apparent nécessite la prise en compte des réalités socio-économiques et des types de rapports société/nature propres à chaque région. Ainsi l'objectif d'un droit de l'environnement africain socialement applicable nécessite des innovations pour à la fois répondre aux contraintes d'une politique publique environnementale influencée par les institutions internationales et les bailleurs de fonds, et la légitimation par les acteurs locaux d'une légalité nationale* [823]».

Dans cette perspective, la réinvention d'un droit communautaire ouest africain de l'environnement nécessite la recherche de nouvelles bases scientifiques (Paragraphe I) prenant en compte la spécificité africaine. Il s'agit aussi de mettre l'accent sur l'aspect organisationnel du droit communautaire de l'environnement, à travers la création d'une Organisation pour l'Harmonisation du Droit de l'Environnement (Paragraphe II).

Paragraphe I : Par la recherche de nouvelles bases scientifiques

La fabrique d'un droit communautaire africain de l'environnement, plus accepté et effectif, passe par la prise en compte

---

[823] BARRIERE, (O.), « *Vers la définition d'un nouveau droit de l'environnement africain* », IRD, 2001, p.3.

de nouveaux fondements scientifiques. La liaison entre la science et le droit autour du paradigme environnemental postule l'existence d'une réflexion critique sur le droit de l'environnement, postulat de la remise en cause de la science et du droit. Considéré sous l'angle africain, le droit de l'environnement est confronté aux représentations culturelles que l'homme africain a de l'environnement d'une part, et, à son articulation en fonction des réalités écologiques propres au continent d'autre part. Concrètement, il s'agit ici de réfléchir sur les rapports science et droit de manière historique afin de voir en quoi cette particularité occidentale est différente des spécificités africaines. Partant de là, il y a lieu de nous interroger, comment concevoir un droit de l'environnement plus efficace, plus effectif en Afrique, si celui-ci ne tient pas compte des interactions, des représentations diverses, des réseaux d'emmêlements incessants entre les hommes, la nature, les choses et les discours ?

Il ne s'agit pas de tomber dans le piège des résurgences du passé et de voir tout en traditionnel en Afrique. La situation paraît beaucoup plus complexe. Comme le disait Sitack YOMBATINA BENI « *il est nécessaire de dépasser la périodisation tripartite (précoloniale, coloniale, postcoloniale) qui tend littéralement à tout enfermer dans la problématique de l'Etat-nation et du développement d'une part, et la tentation de confondre les pratiques culturelles vivantes africaines avec les discours intellectuels ou politiques sur les représentations culturelles et traditionnelles en Afrique, d'autre part* [824]». En réalité, le droit demeure le reflet d'une société et des interactions entre celle-ci et ses différentes composantes. De ce fait, le droit de l'environnement, qu'il soit national ou communautaire, ne sera pas en reste et par conséquent ses règles vont devoir s'adapter afin d'être en phase avec les tendances et les impératifs d'effectivité tant souhaités. Par ailleurs, comme l'estimait Raphaël ROMI, il n'est pas fortuit que dans le débat entre science et droit, le droit de l'environnement occupe une place à part et délicate[825]. Nous le savons, si la nature et ses ressources sont en

[824] YOMBATINA BENI (S), « *Droit de l'environnement à l'épreuve des représentations culturelles africaines : La nécessité d'une approche dialectique et plus responsable* », DEA à l'Académie européenne de théorie du droit. Bruxelles, Belgique, 2000, p.75

[825] ROMI, (R.), « *le droit de l'environnement, lien entre droit et science* », AJDA, 1991, p.4.

danger, c'est en grande parce que la science a donné à l'humanité l'illusion de maîtriser la nature avant de détromper.

Ainsi, le droit de l'environnement, obligé de codifier les normes et règles retenues par les scientifiques, est entraîné dans cette même dynamique et mérite à présent une approche critique. Cela permettra de poser les nouvelles bases, qui, une fois prise en compte servirons au parachèvement du processus d'élaboration du droit communautaire ouest africain de l'environnement. D'où l'importance de notre démarche théorique qui passe par la nécessité de revisiter les fondements socio-anthropologiques (A) d'une part, et, par les fondements juridiques et philosophiques (B) d'autre part. Cela nous paraît essentiel pour l'efficacité et l'effectivité de ce droit, car accepté et respecté par ses sujets.

A/ Des fondements socio-anthropologiques précurseurs

En Afrique, il est temps que le modèle de droit passe de l'imposé au négocié. Pour ce faire, la sociologie et l'anthropologie peuvent servir de moyens. L'apport fondamental de l'anthropologie se situe dans la prise en compte de l'altérité par le biais d'une approche endogène qui conduit à faire preuve d'un esprit critique par rapport aux tendances de mimétisme sur l'occident. Il y a lieu donc de penser le droit en termes d'alternatives liés à des logiques internes, car il reste perçu comme le fruit d'un contexte et d'une histoire sociale. Sa place se trouve souvent entre les impératifs d'une cohésion sociale et les intérêts des groupes stratégiques. D'où l'affirmation à juste titre d'Olivier BARRIERE, que « *le mode contemporain privilégie la régulation étatique imposée par le haut, faisant ainsi davantage le jeu des plus grands groupes stratégiques au détriment des logiques endogènes* [826]». Or, si on raisonne en termes de protection de l'environnement en prenant en compte l'ensemble des acteurs, il nous paraît essentiel de descendre jusqu'à l'échelle du local.

A ce niveau, et si l'on entend obtenir l'effectivité des normes, force est de constater qu'il n'est plus vraiment concevable de s'appuyer

---

[826] BARRIERE, (O.), « *Une anthropologie juridique de l'environnement* », Cahiers d'anthropologie du droit 2004, Op. Cit. p.54

sur un modèle européen, préconfiguré du droit. L'affranchissement vis-à-vis de cette notion de modèle permet d'envisager un régime de droit de l'environnement plus adapté en Afrique. La fabrique d'un droit de l'environnement qui soit véritablement plus effectif qu'apparent nécessite la prise en compte des réalités socio-économiques et des types de rapports société/nature propres à chaque région. Ainsi l'objectif d'un droit communautaire africain de l'environnement socialement applicable nécessite des innovations pour à la fois répondre aux contraintes d'une politique environnementale influencée par les institutions internationales et les bailleurs de fonds, et la légitimation par les acteurs nationaux d'une légalité nationale[827].

En réalité, les peuples d'Afrique savaient déjà la médecine, l'agriculture, l'élevage, la chasse, l'astronomie, la protection de la nature et de la biodiversité, même si leur savoir n'a pu évoluer et s'adapter aux conditions de la vie moderne. Ainsi, se cultiver devrait, pour eux, consister à pouvoir, à même les responsabilités mondiales, développer leur savoir et les aptitudes de leur génie : « *il leur faut briser toutes les gangues qui les empêchent de se révéler en toute plénitude* »[828]. Cela prouve, si besoin en était, que les représentations culturelles africaines des phénomènes environnementaux ne sont pas aisément dissociables de ce que font les populations, surtout les communautés locales. Les populations africaines ont des savoirs faire locaux qui donnent à ces phénomènes toute leur signification. Cependant, ces savoirs varient en fonction du contexte et des opinions les concernant, et selon la perception de ceux qui les utilisent à des fins différentes. De ce fait, tout aspect particulier de l'environnement constitue l'objet de multiples expériences et de multiples savoirs[829]. Pour de nombreuses populations africaines, la terre et la forêt conservent des liens durables avec ceux qui les ont travaillées ou façonnées dans le passé. Dans ce cas, maintenir de bons rapports avec les ancêtres est le plus souvent perçu comme essentiel pour assurer à la fois la productivité continue des cultures voire la fertilité humaine qui

827 BARRIERE, (O.), « *Vers la définition d'un nouveau droit de l'environnement africain* », IRD, 2001, p.3.
828 YOMBATINA BENI (S), « *Droit de l'environnement à l'épreuve des représentations culturelles africaines : La nécessité d'une approche dialectique et plus responsable* », Op. Cit., p.85.
829 Ibidem.

perpétue le lignage. Les rapports avec les ancêtres tout comme avec les vivants font parties des relations socio-environnementales.

Contrairement à une certaine opinion répandue, les sociétés africaines ont une conscience claire de la fragilité de l'environnement. Leurs rapports avec cet environnement sont fondés sur les références cosmogoniques des êtres et des éléments qui le constituent. Elles en assurent la protection et la sauvegarde par des pratiques séculaires. Les stratégies officielles de conservation, de protection et de sauvegarde de l'environnement adoptent généralement des attitudes d'ignorance et/ou de distanciation vis-à-vis de ce patrimoine endogène. Or, sous l'angle sociologique ou anthropologique (au sens large de ce dernier terme), aucun auteur sérieux ne définit une société, un groupe humain ayant à la fois son histoire et son organisation spatiale donnée, en l'amputant de son monde invisible, c'est-à-dire le monde des ancêtres des hommes et celui des esprits et divinités qu'ils ont adorées et vénèrent toujours. La place de cette partie de l'Humanité nous semble importante pour l'appréhension complète de l'environnement, pour au moins deux raisons. En premier lieu, les divinités et les ancêtres constituent le registre de référence des valeurs de comportement d'individus et des groupes sociaux, dans beaucoup d'aspects de leur vie quotidienne. Et parmi ces aspects, figurent les éléments physiques de l'environnement. En second lieu, les divinités, tout comme les esprits des ancêtres, possèdent dans l'imaginaire des individus et des groupes sociaux, des habitacles physiques précis, identifiés et localisés, objets d'une rétention d'accès ou d'actes pouvant être considérés comme des agressions punissables.

De cette rétention de certains comportements des hommes et des groupes sociaux tient le caractère sacré qui entoure ces habitacles et qui impose leur respect. Ainsi ont été conservés, contre souvent le désir de tel groupe social ou de telle autorité administrative, des bois sacrés, des arbres sacrés, des espèces sacrées, etc., ou ont été bloquées des actions publiques. Par exemple de lotissements ou d'ouverture de voies à Ouagadougou : la mosquée de la place de la gare conservée. De même, dans la région de Yako, le panthéon de Pilimpiku et la déviation de routes de la région ; ou encore ailleurs, les sites sacrés et les renoncements à telle ou telle réalisation : forage, construction, etc. À l'inverse, des révélations de consultations des forces invisibles ont pu conduire à des destructions d'éléments de la nature, ou à des expulsions de l'espace d'habitation et de circulation des hommes (exemple des sorciers et sorcières)[830].

En outre, dans de nombreux milieux africains, à l'instar des milieux Bamanan au Mali, des sacrifices individuels, familiaux voire collectifs sont faits pour renouveler les rapports avec les ancêtres, solliciter leurs faveurs, ou pour réparer des ruptures de ces relations avec toutes leurs conséquences sociales et environnementales. Aussi, des intermédiaires non-humains, esprits ou divinités, jouent un rôle important dans ces relations socio-environnementales. Pour de nombreuses populations au Mali[831], comme partout en Afrique de l'ouest, le monde à l'extérieur du village est peuplé de « djinns » qui établissent leur demeure soit dans certains arbres, soit dans des rochers, dans des végétations ou dans des mares et s'associent quelques fois à des espèces animales[832]. Or, abattre la forêt dans sa totalité reviendrait à les chasser, à rompre les liens, et les conduirait à se venger en provoquant la maladie voire la mort des individus et souvent en tourmentant une famille ou un clan pendant longtemps.

Chez les Aouan de Côte-d'Ivoire, la terre est personnifiée sous le nom d'Assie, une « déesse » qui prescrit certains comportements aux Aouan à l'égard de l'environnement surtout de la forêt savane. Ces réglementations désignent ceux qui peuvent défricher et cultiver telles ou telles parties de la terre en dehors du village, déterminent les « jours de repos » pour la culture et interdisent certains animaux ou certaines

---

[830]OUEDRAOGO, (Jean-Baptiste), « *Pratiques culturelles de la conservation des ressources naturelles en milieu rural Mossi du centre-nord du Burkina Faso* », In Pratiques culturelles, la sauvegarde et la conservation de la biodiversité en Afrique de l'Ouest et du Centre, Actes du Séminaire-Atelier de Ouagadougou (Burkina Faso) du 18 au 21 juin 2001, sous la direction de Innocent BUTARE, IDRC-CRDI, Zoom Editions, 2003, p.89-102.

[831] Notamment les milieux Bamanan, les dogons, les sénoufos, les peulhs, les manikas etc.

[832] TRAORE, (Adama Moussa), « *Pratiques traditionnelles de gestion des ressources végétales en milieu Bamanan du Bélédougou (Mali)* », In Pratiques culturelles, la sauvegarde et la conservation de la biodiversité en Afrique de l'Ouest et du Centre, Actes du Séminaire-Atelier de Ouagadougou (Burkina Faso) du 18 au 21 juin 2001, sous la direction de Innocent BUTARE, IDRC-CRDI, Zoom Editions, 2003, p.193-203.

plantes, y compris le riz. Ils considèrent que la culture du riz a conduit Assie à retirer son contrôle sur la fertilité, les précipitations et le feu, ce qui aboutit à dévaster l'environnement, la biodiversité, et à l'effondrement de la société humaine[833]. Il est évident que les interactions entre les hommes et les autres êtres qui les entourent, peuvent impliquer des conflits aussi bien que de l'harmonie. Toutefois, il reste comme nous venons de voir, que des relations socio-environnementales jouent un rôle extrêmement important dans la protection de la nature en Afrique. Car, ce monde des forces invisibles induit le comportement des hommes et des groupes sociaux vis-à-vis de certains éléments de l'environnement, de façon permanente ou ponctuelle, il nous semble utile de les inclure dans l'appréhension du fait environnemental.

En effet, les droits traditionnels africains n'ignoraient pas les considérations écologiques. Bien au contraire, ils offraient des réponses efficientes à divers problèmes environnementaux. Dans certains cas, le droit coutumier et les pratiques traditionnelles se révèlent plus efficaces dans la protection de l'environnement que nombre de législations modernes[834]. Dès lors, toute politique de protection de l'environnement, même communautaire, conçue en dehors de ces logiques reste vouer à l'échec. Or en Afrique, nous constatons que les aspects environnementaux et socioculturels ont été très souvent ignorés, voire occultés à tort. Justement, l'écart considérable entre la littérature et le discours sur la planification du développement et les réalités concrètes doivent amener les uns et les autres à être beaucoup plus réalistes dans la construction d'un droit communautaire de l'environnement. La valorisation des analyses locales tout comme des processus écologiques peuvent permettre, nous en sommes persuadés, de faire l'économie normative de nos sociétés à travers une régulation plurielle, et de ce fait de mieux

---

833 GOME, (Gnohité Hilaire), « *Forêts sacrées de Côte d'Ivoire : la tradition au secours de l'environnement* », In Pratiques culturelles, la sauvegarde et la conservation de la biodiversité en Afrique de l'Ouest et du Centre, Actes du Séminaire-Atelier de Ouagadougou (Burkina Faso) du 18 au 21 juin 2001, sous la direction de Innocent BUTARE, IDRC-CRDI, Zoom Editions, 2003, p.33-45.

834 KAMTO, (M.), « *L'impératif de l'inculturation (« endogénéisation ») du droit de l'environnement en Afrique* », in Revue Africaine de Droit de l'Environnement, African Journal of Environmental Law (RADE), N°1, 2014, p.153-154.

comprendre, et d'observer le droit de l'environnement en Afrique. La construction d'un communautaire de l'environnement en Afrique de l'Ouest, adapté et effectif, nécessite la prise en compte de ces approches socio-anthropologiques, mais aussi et surtout, des approches philosophiques et juridiques novateurs.

B/ Des fondements philosophiques et juridiques innovants

Afin d'obtenir des résultats par rapport aux objectifs qui sont fixés dans le domaine d'environnement, à savoir une protection effective et efficace de l'environnement, il est plus que jamais essentiel d'en assurer les fondements philosophiques et juridiques. Ceci, afin « *d'en déterminer la place dans une hiérarchie des valeurs, et d'en dégager un ordre de priorité clair pour les décideurs* [835]». D'après François OST, la question de la responsabilité envers l'environnement est devenue une priorité, et ce, en raison de l'importance des déséquilibres écologiques qui sont d'une telle ampleur que la question d'une survie douée de sens pour les générations futures se pose effectivement. D'autres auteurs, souscrivant la même pensée, estiment que « *la communauté de destin, les risques liés aux déséquilibres écologiques, la mondialisation de l'économie et des moyens de communication ébauchent une conscience planétaire et imposent des valeurs* [836]».

A présent, il y a lieu de s'interroger s'il est possible de parler de l'environnement en Afrique, sans prendre en compte les systèmes de représentations, la diversité des cultures, des civilisations, des croyances vis-à-vis de cet objet, lui-même insaisissable ? Le droit de l'environnement en Afrique ne doit-il pas prendre compte des rapports qu'entretiennent ou que devaient entretenir le « traditionnel » et le « rationnel » ? En tout cas, si la domination pousse à un retour sur soi, qui est la première forme de la réflexion, la domination de la nature

---

[835] OST, (F.), « *Auto organisation économique des entreprises, un jeu sans conflit et sans règle ?* », in Revue Interdisciplinaire d'Etudes juridiques, cité par YOMBATINA BENI (S), « *Droit de l'environnement à l'épreuve des représentations culturelles africaines : La nécessité d'une approche dialectique et plus responsable* », Op. Cit., p.77.

[836] MORIN, (Edgar), KERNE, (A.B.), « *Terre-Patrie* », le seuil, Paris 1993, 224p.

imposée par l'homme doit être combattue par la réflexion[837]. Certes, des auteurs ayant travaillé sur l'Afrique ont posé la question d'une pensée philosophique d'essence africaine. Toutefois, dans un rapport paru dans Présence Africaine sur les traditions et bouleversements de la culture en Afrique[838], Melville J. HERSKOVITS écrit « *Nous découvrons aujourd'hui et apprenons à apprécier la valeur intrinsèque des cultures du continent africain. Si nous admettons qu'il est empiriquement impossible d'établir une échelle absolue des valeurs pour ses différents modes de vie, nous avons des chances d'apercevoir avec plus de réalisme historique, un avenir culturel de l'Afrique qui héritera des valeurs traditionnelles, quelles que soient les innovations enregistrées, et qui continueront, de tout évidence, de l'être* [839]». Il s'agit ici d'une révélation pertinente pour les dirigeants et les intellectuels africains. A la fois un cri de cœur et un éveille de conscience pour les africains.

Au paravant, notamment en 1959, Léopold Sédar SENGHOR[840], l'un des théoriciens les plus connus de l'africanité, après avoir dégagé les « *éléments constitutifs d'une civilisation d'inspiration négro-africaine* » au deuxième Congrès des artistes et écrivains noirs, fustigeait « *l'inconscience* » de la plupart des chefs des peuples noirs, de leur « *mépris des valeurs culturelles négro-africaines* ». Et selon lui, « *les voilà qui importent, telles quelles, les institutions politiques et sociales de l'Europe, voire les institutions culturelles* ». Il ajoute que « *ce n'est pas en important telles qu'elles, les institutions européennes, qu'elles soient de l'Est ou de l'Ouest, qu'on atteindra le but recherché : l'indépendance réelle, non seulement des peuples mais encore des personnes* [841]». Justement, ce souci de l'africanité doit conduire donc à une synthèse des droits traditionnels dans la mesure où ils expriment les valeurs négro-africaines, et du droit importé.

[837] YOMBATINA BENI (S), « *Droit de l'environnement à l'épreuve des représentations culturelles africaines : La nécessité d'une approche dialectique et plus responsable* », Op. Cit., p.78.

[838] Présence Africaine octobre 1960-janvier 1961.

[839] Rapport présenté au XXVème Congrès International des Orientalistes, Moscou, du 09 au 16 Août 1960.

[840] Il a aussi été le premier président de l'Etat du Sénégal.

[841]SENGHOR, (L.S.), « *Eléments constitutifs d'une civilisation d'inspiration négro-africaine* », Présence africaine, numéros spécial, 1959, Tome I : l'unité des cultures négro-africaines, p. 249-279.

L'éveille de conscience n'a pas échappé à certains dirigeants contemporains de l'Afrique. C'est le cas de l'ancien Président Sénégalais, Maître Abdoulaye WADE, qui avec lucidité identifiait les composants d'un éventuel droit africain, lesquels doivent être essentiellement le droit coutumier, le droit musulman, et le droit français. Il soulignait surtout que la question est moins dans une adaptation de certains textes et codes, dans un ajustement, que dans une refonte totale des systèmes juridiques[842]. Ces propos sont assez édifiants, s'il est plus que jamais urgent de repenser les droits africains, il importe aussi de leur donner un contenu précis. Car les coutumes ne sont pas parfaites, mais elles renferment des principes d'orientation vers une réelle synthèse.

SENGHOR estimait que nous devons récapituler les « thèmes » et les « totems » de la civilisation négro-africaine. Pour lui, il y a l'environnement, le milieu agricole et pastoral qui ont formé le corps notamment le tempérament et l'esprit du négro-africain. Ce dernier, ajoute-t-il, « *se caractérise essentiellement par sa faculté d'être ému, l'émotion se définissant comme la projection dans le monde mystico-magique. Dans ce monde de la participation, les principaux éléments du milieu, arbre, l'animal, le phénomène naturel et le fait matériel, sont vécus comme images-analogies, comme symboles. C'est ce qui explique les caractères originaux des relations...* »[843] Ainsi, le Droit communautaire de l'environnement, aujourd'hui en construction dans la sous-région ouest africaine, doit sûrement tenir compte de ces réalités et les inscrire dans la hiérarchie des valeurs. L'amorce de la reconnaissance d'une communauté de destin pour l'Humanité ne peut être complète que si elle prend en compte les visions globales du monde.

Du point de vue juridique, François OST et Jadot[844] défendent la reconnaissance des intérêts écologiques, et notamment les notions d'intérêts collectifs, d'intérêts des générations futures, et d'intérêts de

---

842 WADE, (A.), « *l'Afrique doit-elle élaborer un droit positif ?* », Rec. Penant, 1963.
843 SENGHOR, (L.S.), « *Eléments constitutifs d'une civilisation d'inspiration négro-africaine* », Op. Cit., p. 249-279.
844 OST, (F.), JADOT, « *La reconnaissance des intérêts écologiques* » in Droits et Intérêts : entre droit et non-droit, l'intérêt, droit positif, Droit comparé et Histoire du Droit, 1989, Bruxelles, FUSL, p.185.

l'environnement vivant. Il paraît difficile de comprendre les systèmes juridiques africains si l'on n'a pas en tête le fait que les individus ne sont conçus que comme éléments de groupes sociaux imbriqués les uns aux autres. La notion d'intérêts collectifs et d'intérêts des générations futures trouve toute sa signification. Les sociétés africaines sont constituées sur la base d'alliances entre les hommes eux-mêmes ou entre les hommes et les dieux. En réalité, les sociétés africaines sont fondées sur plusieurs systèmes juridiques où les groupes sociaux engendrent et appliquent des droits non-étatiques. Or, ce pluralisme juridique rend le choix d'autant plus complexe qu'il n'est pas toujours aisé de distinguer le droit appliqué de celui qui ne l'est pas. Mais concrètement, comment pourrait-il en être autrement quand on sait que l'étude de l'environnement et l'élaboration d'un droit y afférant suppose un certain nombre de choix éclairés qui présument entre autres les paradigmes de complexité et de système.

En effet, l'élaboration du droit en Afrique, surtout en matière d'environnement ne peut se faire que dans une logique de pluralisme juridique. Cela est essentiel pour l'acceptation par les individus et donc son effectivité. Le droit africain de l'environnement, tout comme dans les autres matières, doit être le fruit d'une prise de conscience de ses dirigeants décidés d'adapter leurs bases juridiques aux réalités africaines. Il ne doit pas être un article d'importation car fabriqué à partir de ses matières premières. Il doit demeurer le reflet, la vitrine de la conjoncture économique, sociale et culturelle de l'Afrique. L'Afrique doit réinventer son droit de l'environnement. Il doit être le seul orfèvre de ses normes qu'elle fabrique à partir de ses propres matériaux. Certes, elle doit aussi, comme tous les autres systèmes de droit, emprunter des modèles étrangers mais sans toutefois perdre l'autonomie de ses droits.

A la lumière de ce qui précède, il est évident que la prise en compte de ces fondements scientifiques est essentielle pour la construction d'un droit africain de l'environnement. Sa validité, son efficacité et son effectivité y dépendent. Donc il importe de voir l'aspect matériel du régime juridique des actes communautaires, c'est-à-dire la place que ce droit communautaire occupera dans l'ordre juridique interne des Etats.

Paragraphe II : Par l'harmonisation du droit de la biodiversité dans l'espace Ouest africain

Les difficultés de l'intégration régionale se présentent d'abord comme un héritage de la colonisation. La fragmentation du continent est basée sur les caractéristiques purement géographiques comme les fleuves, les déserts ou les montagnes qui ont été les points de repère des colonisateurs. Mais ces frontières ne reflètent pas les réalités des nations cultures et des échanges commerciaux ainsi que des mouvements migratoires traditionnels. Une conséquence de cette fragmentation artificielle du continent africain est le clivage artificiel de la « culture législative » de droit francophone, anglophone ou lusophone en les éloignant les uns les autres. Ce clivage, présent dans tous les domaines législatifs, est par exemple accentué dans la réglementation sur l'environnement. Certes, grâce à un sursaut de lucidité, la protection de l'environnement occupe un espace de plus en plus grand dans notre conscience collective. Cette place se fait par un effort de conciliation entre le libéralisme économique qui nous a procuré un certain confort matériel et la pérennisation de ressources aussi vitales que l'air, l'eau la biodiversité et une biosphère de bonne qualité. Mais, il n'existe pour autant pas véritablement de droit communautaire harmonisé en Afrique.

De toute évidence, en Afrique de l'ouest, la constellation actuelle CEDEAO-UEMOA parait défavorable. En ce sens, géographiquement et entre les Etats membres il y a des chevauchements. Les objectifs et les principes (comme la subsidiarité, la proportionnalité, l'applicabilité directe et la primauté) manifestent également des similarités frappantes. En plus, les deux organismes ouest-africains ont un système institutionnel et structurel différencié et développé. Même si l'UEMOA a pris son départ en réglant des questions financières alors que la CEDEAO poursuit une approche technique avec des organes techniques, la concurrence semble persister, du fait surtout que les deux aspirent à la représentation exclusive de la région et ont intégré cette prétention dans leurs accords. Les deux organisations ont adopté des mesures à la faveur de l'environnement et de la biodiversité. Or, l'approche « *pick and chosse* » des deux systèmes de droit semble difficile voire impossible. Cette approche correspond à une intégration améliorée, portée au sommet par les chefs d'Etats et leur administration qui envisagent une rationalisation radicale : une harmonisation des règles de protection de l'environnement. Dans ce cas, il convient au premier abord de spécifier la notion d'harmonisation du droit de l'environnement (A), avant de mesurer toute sa portée sur le régime de protection de la biodiversité en Afrique de l'ouest (B).

A/ la notion d'harmonisation du droit de la biodiversité

D'abord, du latin harmonia, la notion d'harmonisation désigne « *un simple rapprochement entre deux ou plusieurs systèmes juridiques* »[845] afin d'en réduire ou d'en supprimer certaines contradictions. Ainsi, l'harmonisation est un moyen qui sert à établir les grandes lignes d'un cadre juridique (unité législative de premier degré) en laissant aux différentes parties prenantes à l'intégration le soin de compléter l'ossature commune par des dispositions qui correspondent mieux à leurs valeurs, à leurs préférences ou à leur niveau de développement. Donc l'harmonisation du droit de l'environnement au sens strict du terme, est l'opération consistant à rapprocher des systèmes juridiques d'origine et d'inspiration différentes (voire divergentes) pour les mettre en cohérence entre eux en réduisant ou supprimant leurs différences et leurs contradictions de façon à atteindre des résultats compatibles entre eux et avec les objectifs communautaires recherchés. Elle est la forme la plus prudente et la plus douce d'intégration juridique, apparemment respectueuse de la souveraineté des Etats et de la spécificité de leurs législations. L'harmonisation du droit se distingue des notions qui lui sont voisines, notamment l'unification ou l'uniformisation du droit.

D'abord, quant à l'unification, des mots latins « unus » qui signifie « un » et « facere » qui veut dire « faire », elle se présente comme l'action de rendre semblables plusieurs éléments rassemblés pour former un tout unique[846]. De ce fait, l'unification consiste à instaurer, dans une matière juridique donnée, une réglementation détaillée et identique en tous points pour tous les États membres tout en leur laissant le choix de la modalité de mise en œuvre des normes communes. En conséquence, l'unification se veut porteuse d'une unité législative de second degré enchâssée dans un support souple.

---

[845] CORNU (Gérard.), (dir.), « *Vocabulaire juridique* », Paris, Quadrige / PUF, 2000, p. 423.
[846] LITTRÉ (Emile), « Dictionnaire de la langue française », Tome.7, Paris Gallimard, Hachette 1971, p. 1450.

Ensuite, composée des mots latins « unus » qui signifie « un » et « forma » qui veut dire « forme », l'uniformisation du droit consiste à donner la même forme à un ensemble d'éléments « *dont toutes les parties se ressemblent entre elles* »[847]. Elle postule que, pour une matière précise, soit minutieusement élaboré un cadre normatif (unité de second degré) contenu dans un instrument unique auquel les parties prenantes adhèrent sans pouvoir n'y déroger ni sur le fond, ni sur la forme. Concrètement, l'uniformisation suppose par exemple que les États impliqués dans une intégration se dotent d'un corps de normes uniformes et détaillées contenu dans un instrument unique. D'ailleurs, c'est ce support commun à tous les intervenants à une intégration juridique qui fait la particularité de l'uniformisation et la distingue de l'unification.

En somme, les moyens d'harmonisation, d'unification et d'uniformisation diffèrent principalement en deux points. Le premier réside dans le degré de similitude du contenu législatif ou réglementaire qu'ils produisent. Le second se trouve dans le support de mise en œuvre du résultat d'une entreprise d'intégration juridique. De prime abord, le premier élément de distinction est politique et éventuellement juridique : c'est le niveau d'identité du contenu législatif ou réglementaire établi par chacun des concepts-moyens. L'unification et l'uniformisation exigent que la teneur législative ou réglementaire qui en résulte soit parfaitement identique pour tous les intervenants à l'intégration juridique. Autrement dit, ces deux modalités d'intégration juridique reposent sur un contenu législatif ou réglementaire dont le niveau d'identité à l'égard de toutes les parties prenantes est de second degré. Comme on peut le constater, l'unification et l'uniformisation ne laissent guère de pouvoir substantiel aux différents acteurs législatifs nationaux dans les domaines qu'ils entendent encadrer.

C'est cette exigence qui amoindrit leur portée pratique. Élaborer une législation au contenu identique dans un ensemble d'entités étatiques reviendrait à admettre que leurs sociétés, du moins les diverses élites nationales, ont des intérêts centripètes au moment de l'unification ou de l'uniformisation. Or, il semble bien que les intérêts et les valeurs défendus par une société à une période déterminée ne sont pas les

[847] Ibidem, p. 1450 et 1451.

mêmes que ceux approuvés dans une autre société au cours de la même période[848]. Au surplus, dans une même société, les valeurs, les intérêts varient notamment en suivant les classes sociales, l'éducation reçue, les tranches d'âges et les catégories professionnelles. À l'opposé de l'unification et de l'uniformisation qui prônent une identité de contenu législatif ou réglementaire de second degré, l'harmonisation postule l'élaboration de normes ayant un niveau d'identité ou d'unité de premier degré. En effet, l'harmonisation opère un niveau de similitude législative ou réglementaire qui laisse place à la survie de certaines spécificités nationales. Autant l'entreprise d'harmonisation puise dans les matériaux existants dans les États impliqués, autant l'ossature juridique qui en résulte laisse en friche de nombreux aspects qui seront régis par des normes propres à chacun de ces États.

En effet, l'analogie que produit toute harmonisation est moins élevée que celle d'une unification[849] ou d'une uniformisation. Les normes harmonisées ne couvrent pas tous les aspects du domaine qu'elles régissent et sont notamment complétées par des règles nationales dont la similitude est loin d'être garantie. C'est ainsi que survivent les divergences normatives entre les parties impliquées dans une entreprise d'harmonisation. Ce sont ces éléments particuliers aux divers intervenants qui caractérisent l'harmonisation et la distinguent de l'unification et de l'uniformisation. En clair, l'unification et l'uniformisation ne laissent normalement aucun pouvoir substantiel aux différents acteurs législatifs nationaux dans les domaines qu'elles entendent encadrer. Or, l'harmonisation supprime certes les divergences, mais elle favorise l'existence de spécificités législatives ou réglementaires nationales. Ce faisant, elle laisserait aux autorités nationales certains aspects du droit qui, parfois, constituent des pierres d'achoppement lors d'une entreprise d'intégration juridique. En ce qu'elle exige un niveau d'unité législative ou réglementaire inférieur aux standards de l'unification et de l'uniformisation, l'harmonisation serait ainsi plus aisément réalisable dans le domaine environnemental.

---

[848] KELSEN (Hans), « Théorie pure du droit », 2e éd., Paris, Dalloz, 1962, p. 6.
[849] Voir Jean-Paul BÉRAUDO, « *La négociation internationale institutionnelle de droit privé (Ière partie)* », (1997) Rev. Dr. Uniforme p. 9, 19.

En vérité, en matière d'environnement, un Etat jaloux de sa souveraineté ou de ce qui en reste sera enclin à opter pour l'harmonisation plutôt que pour l'unification ou l'uniformisation soit par désir de ménager les particularités de sa législation, soit par volonté d'avancer à petits pas dans le processus d'intégration juridique. L'harmonisation est relativement plus accessible. De ce fait, le Professeur Hannu HONKA a estimé que, sur la scène internationale, l'« *unification est, dans une large mesure, une idée utopique* »[850]. A fortiori, cette opinion vaudrait également pour l'uniformisation. A la lumière de cette clarification sémantique, il paraît évident que la voie d'harmonisation est la plus aisée en Afrique et surtout en matière d'environnement et de la biodiversité. Ce choix se justifie surtout par la complexité de la matière et, aussi par la diversité des méthodes, des règles de protection existant dans les différents Etats. Toutefois, ce choix n'est pas sans portée sur le régime de protection de l'environnement et de la biodiversité des Etats parties.

B/ la portée de l'harmonisation du droit de la biodiversité

L'intégration sous régionale africaine peut profiter largement de l'harmonisation des systèmes juridiques nationaux dans les domaines de l'Environnement. Ce profit n'empêche pas par ailleurs, le maintien et le renforcement des communautés économiques régionales à partir du moment où ces communautés participent entièrement aux efforts de protection de l'Environnement. En vérité, les relations entre le droit national des Etats membres et le droit communautaire sont plus souples et plus diversifiées car, bien qu'il s'agisse de deux ordres juridiques distincts et qu'il y a intérêt à ne pas les confondre, leurs règles se combinent dans un système d'articulation d'où il résulte qu'une même relation juridique. La particularité des problèmes que pose l'harmonisation des droits nationaux et du droit communautaire vient de ce qu'il s'agit non seulement d'ordres juridiques distincts avec des fondements différents mais, en outre, de droits nationaux différents qui tous doivent être en même temps combinés de manière différenciée pour respecter les sphères d'autonomie des Etats membres surtout en matière d'environnement.

---

850 HONKA (Hannu), « *Harmonization of Contract Law through International Trade: a Nordic Perspective* », (1996) 11 Tul. Eur. & Civ. L. F. 111, 112.

Concrètement, il s'agit de s'interroger sur l'aspect matériel du régime juridique des actes communautaires environnementaux, c'est-à-dire la place que le droit communautaire harmonisé occupera dans l'ordre interne des Etats. D'ores et déjà cette question est en théorie prise en compte par le droit primaire des organisations sous régionales, notamment la CEDEAO, l'UEMOA et surtout l'OHADA, même si cette dernière n'a pas de penchant environnemental. D'abord pour sa part, le Traité d'Abuja, instituant la CEDEAO, constitue l'instrument de base pour les Etats africains dans la recherche de l'harmonisation des politiques publiques, donc des politiques environnementales. L'article 4 du traité mentionne au rang des objectifs de la Communauté « *l'harmonisation et la coordination des politiques pour la protection de l'Environnement* ». Néanmoins, c'est le chapitre IX intitulé « *Industrie, Science, Technologie, Energie, Ressources naturelles et Environnement* » qui contient les schémas d'harmonisation à utiliser par les Etats (articles 54 à 60). Les domaines inventoriés par le traité étant réglementés par presque tous les Etats, l'intérêt majeur est la connaissance et l'appréciation de ces schémas. Ainsi, la conception d'une politique énergétique commune, telle que prévue par l'article 55 du traité, portant sur les principaux axes que sont la recherche, l'exploitation, la production et la distribution est sans doute le but de l'harmonisation des systèmes juridiques nationaux.

Ensuite, quant à l'UEMOA, l'article 6 du traité révisé de l'Union stipule que « *les actes arrêtés par les organes de l'Union pour la réalisation des objectifs du présent Traité et conformément aux règles et procédures instituées par celui-ci, sont appliqués dans chaque Etat membre nonobstant toute législation nationale contraire, antérieure ou postérieure* [851]». Il faut souligner que parmi ces objectifs demeure le volet environnemental comme en dispose l'article 4 du traité, lequel « *institue une coordination des politiques sectorielles nationales, par la mise en œuvre d'actions communes et éventuellement de politiques communes notamment dans les domaines suivants : ressources humaines, aménagement du territoire, transports et télécommunications, environnement, agriculture, énergie, industrie et mines* ». Donc, l'union opte implicitement pour une harmonisation des politiques et actions de protection de l'environnement.

[851] Traité révisé de l'UEMOA, art.6.

Au totale, c'est dire de ce qui précède que la CEDEAO et l'UEMOA ont prévu une place de choix à leurs productions normatives qui l'emportent sur le droit internes des Etats membres. C'est la primauté du droit communautaire environnemental. Cette primauté signifie que les normes du droit communautaire harmonisé de l'environnement doivent prévaloir sur les normes nationales antérieures ou postérieures. En d'autres termes, elles jouissent d'une valeur juridique qui leur permet de surplomber toutes les normes nationales. La primauté du droit communautaire de l'environnement est donc la résultante logique du principe cardinal de la supranationalité qui sous-tend et garantit toute dynamique de l'intégration juridique et la distingue par conséquence de la simple coopération. En ce sens, le principe de primauté sert à régler les rapports entre les deux ordres juridiques. Il est essentiel de déterminer comment donner au système juridique par les communautés sa pleine efficacité. C'est pour répondre à ce souci, qui est celui de faciliter l'application des communautaires dans l'ordre juridique interne des Etats que ces bases légales du principe de primauté sont posées dans les traités constitutifs de ces Organisations.

Et ce principe de primauté devient un élément essentiel de l'ordre public communautaire étant entendu qu'il garantit aux Unions la cohérence de leurs ordres juridiques[852]. En effet, le postulat de la primauté répond également aux impératifs d'harmonisation, de cohérence et d'efficacité du droit économique et par extension au droit environnemental, lesquelles obligations constituent des exigences de tout ordre juridique d'intégration. Dans le cas contraire, celui-ci se fragmenterait en une série de systèmes normatifs partiels indépendants et donc disparates. Loin de laisser à chaque système juridique le soin de situer en lui-même, la place du droit communautaire, d'ailleurs ce qui correspondait à une vision traditionnelle en droit international, on a voulu demander au droit communautaire lui-même de fixer sa propre place par rapport aux législations internes.

En outre, pour un droit comparé, il faut noter que le nouvel article I-6 du Traité refondateur de l'Union européenne prévoit que « *la*

---

[852] Voir Samba DIOUF, « *l'intégration juridique en Afrique : l'exemple de l'UEMOA et de l'OHADA* », mémoire de DEA, UCAD/ Sénégal.

Constitution et le droit adopté par les institutions de l'Union, dans l'exercice des compétences qui sont attribuées à celle-ci, priment le droit des Etats membres [853]». L'esprit de cet article du nouveau Traité est d'organiser formellement la coexistence des ordres juridiques communautaires et nationaux, véritable « *pomme de discorde* [854]» entre la cour de Luxembourg et les juges nationaux au moment de trancher la question de la hiérarchie des normes. Affirmer par les actes constitutifs de la CEDEAO et de l'UEMOA qui en constituent la base légale, le principe de la supranationalité des actes communautaires n'en finit pas de marquer ses fondements. D'où sa confirmation par la Cour de justice[855] de l'UEMOA dans deux avis. Le premier en date du 27 juin 2000 est relatif à l'interprétation des articles 88, 89 et 90 du traité portant sur la concurrence. En l'espèce, la Commission ayant constaté une divergence de vues avec les experts des Etats membres a saisi la Cour sur les compétences respectives de l'Union et des Etats membres. Les experts défendaient le maintien du droit des Etats en matière de pratiques anticoncurrentielles alors que la Commission préconisait la compétence exclusive de l'Union. La Cour a tranché en faveur de la Commission[856].

Le second avis en date du 18 mars 2003 est relatif à la création d'une Cour des comptes au Mali[857]. Sur saisine de la Commission de l'UEMOA, la Cour a réaffirmé la primauté du droit communautaire, de son application sur le territoire des Etats membres et de l'obligation de ces derniers de prendre toutes les mesures nécessaires à l'application de la disposition la transposant. L'explication la plus saisissante du

[853] Voir L. AZOULAY, « *Constitution européenne, acte refondateur de l'Union ?* », in A. LEVADE (dir.), la Constitution européenne, Actes de colloque des 3 et 4 juin 2004, Bruxelles, Bruylant.
[854] MEHDI (R.), « *La « double hiérarchie » normative à l'épreuve du projet de traité établissant une Constitution pour l'Europe* », in les dynamiques du droit européen en début de siècle-Etudes en l'honneur de J-C. Gautron, Paris, Pedone, 2004, spéc, p.458.
[855] Créée par l'article 38 du traité constitutif, installée le 27 janvier 1995, la Cour de justice de l'UEMOA est fonctionnelle depuis le 20 décembre 1996. Elle est régie par le protocole additionnel numéro 1 relatif aux organes de contrôle de l'Union. Selon le chapitre 1er intitulé « De la Cour de justice » et plus précisément dans son article 1er qui dispose « La Cour de justice veille au respect du droit quant à l'interprétation et à l'application du traité de l'Union ».
[856] Avis n°003/2000, Recueil de la jurisprudence de la Cour numéro 01-2002, p.119.
[857] Avis n°001/2003, Recueil de la jurisprudence de la Cour numéro 01-2004, p.67.

principe de primauté est donnée dans cet avis de la CJ de l'UEMOA : « *La primauté bénéficie à toutes les normes communautaires, primaires comme dérivées, immédiatement applicables ou non, et s'exerce à l'encontre de toutes les normes nationales administratives, législatives, juridictionnelles et, même constitutionnelles parce que l'ordre juridique communautaire l'emporte dans son intégralité sur les ordres juridiques nationaux.*

Les États ont le devoir de veiller à ce qu'une norme de droit national incompatible avec une norme de droit communautaire qui répond aux engagements qu'ils ont pris, ne puisse pas être valablement opposée à celle-ci. Cette obligation est le corollaire de la supériorité de la norme communautaire sur la norme interne. Ainsi le juge national, en présence d'une contrariété entre le droit communautaire et une règle de droit interne, devra faire prévaloir le premier sur la seconde en appliquant l'un et en écartant l'autre ». Il résulte de ces deux avis, une volonté réelle du juge de l'UEMOA d'élaborer une doctrine en matière d'interprétation des dispositions du traité et des actes communautaires.

Ainsi, la Cour veille à l'interprétation uniforme du droit communautaire et à son application et juge, notamment, les manquements des Etats à leurs obligations communautaires. Par la procédure de renvoi préjudiciel qui est un mécanisme de coopération judiciaire entre la Cour de justice et les juridictions nationales, destinée à « *assurer en toutes circonstances au droit communautaire, le même effet dans tous Etats membres de la communauté* [858]», la Cour peut connaître l'explication, du sens à donner aux actes communautaires environnementaux sur lesquels les Etats membres ne parviennent pas à s'entendre. La primauté du droit communautaire de l'environnement tel qu'affirmé dans les traités constitutifs de la CEDEAO et de l'UEMOA et confirmer par les juges communautaires trouve son domaine de prédilection dans tout le territoire de chaque Etat membre. Ainsi, le législateur national ne peut limiter l'application du droit communautaire à certaines parties du territoire et sous aucun prétexte.

---

[858] SARR (Babacar), « *l'implication du juge national dans la mise en œuvre de la règle communautaire* », Actes du Colloque sur les droits communautaires africains, p.213.

Par ailleurs, l'harmonisation du droit communautaire de l'environnement devrait se matérialiser, on le sait, par des actes uniformes, véritables normes supranationales sécrétées par les plus hautes instances politiques des organisations sous régionales. Le nouvel ordre juridique, tel qu'il découlera de l'interaction entre droit uniforme de l'environnement et droit interne doit être envisagé sous deux angles : celui de la cohabitation pacifique et celui de la cohabitation conflictuelle entre les deux catégories de normes. D'abord, quant à la cohabitation pacifique entre les actes uniformes et le droit national, elle se précise par le fait que l'existence d'un acte uniforme dans une matière donnée ne fait pas obstacle à ce que les législateurs nationaux continuent de légiférer dans le domaine[859]. Il n'y a certes pas d'intérêt à édicter des lois là où il existe déjà un acte uniforme s'il s'agit simplement de reprendre le texte dans les mêmes termes.

La cohabitation pacifique doit s'entendre ici de l'existence de deux sources parallèles régissant les mêmes situations. Elle résultera donc surtout de la survivance de certaines législations, préexistant à un acte uniforme ou postérieures à celui-ci, mais qui ne lui sont pas contraires. Par ailleurs, la cohabitation pacifique pourrait aussi résulter du silence des actes uniformes sur certaines questions relatives à l'environnement ou aux ressources environnementales. Les législateurs nationaux demeurent libres de prescrire les dispositions de droit interne qui leur paraissent utiles, malgré le lien avec d'autres matières objet d'actes uniformes ou même avec d'autres normes de droit international. Toutefois, il n'y a pas à proprement parlé cohabitation dès lors que les mêmes points de droit ne sont pas abordés de façon simultanée par le droit harmonisé et d'autres normes.

Le conflit entre droit harmonisé et les autres règles de droit applicables dans les Etats membres, peut résulter de l'incompatibilité entre les dispositions d'un acte uniforme et les règles de droit interne d'une part, et d'autres normes de droit international d'autre part. Une norme écrite de droit interne (loi ou règlement) peut être contraire aux dispositions d'un acte uniforme parce que les prescriptions respectives

---

[859] ABARCHI (Djibril), « *La supranationalité de l'Organisation pour l'Harmonisation en Afrique du Droit des Affaires (OHADA)* », in la Revue burkinabé de droit n°37, 1er semestre 2000, p. 21, (30p.).

des deux textes sont manifestement incompatibles. Et comme nous l'avons tantôt relevé, la solution du conflit est que le droit harmonisé l'emporte sur le droit interne, en vertu du principe de la suprématie, sans qu'il ait lieu d'ailleurs de distinguer entre norme impérative et supplétive, puisque le traité n'introduit pas cette distinction. Le principe est simple, les actes uniformes ont valeur supra légale, puisqu'ils l'emportent sur les règles de droit internes, qui relèvent de la compétence du législateur. Cette nouvelle hiérarchie des normes voudrait que l'on place entre le traité et les lois internes, les actes uniformes.

S'agissant du conflit entre le droit communautaire harmonisé et les autres normes du droit international, la question n'est pas abordée par le droit primaire des organisations sous régionales. Elle a tout de même été soulevée avec pertinence lors du colloque organisé par le barreau de Paris[860]. Le principe de solution est qu'aucun élément d'extranéité ne peut perturber son application. Autrement dit, en cas de conflit de lois dans l'espace, c'est la norme communautaire environnementale qui l'emporte. Par ailleurs, le conflit peut exister sans élément d'extranéité. L'hypothèse découle de la ratification par un Etat membre d'un traité impliquant une réglementation touchant au domaine de l'environnement. Il n'y a pas de difficulté si la matière ainsi réglementée dans un cadre communautaire, tout en abordant une question au droit de l'environnement, n'a pas déjà été traitée dans un acte uniforme. En revanche, la question devient plus délicate lorsque la règle de droit international qui se trouve être en conflit avec l'acte uniforme, est un traité. D'aucuns pensent qu'en parcille hypothèse seul le recours aux règles générales de résolution de conflit entre traités devrait permettre de trouver une issue. En l'occurrence, on devrait qualifier la situation de succession de traités et donner force obligatoire à la norme la plus récente. Cependant, le raisonnement sera plus juste si l'on considère que l'Etat en ratifiant le nouveau traité a pu tenir compte de ses engagements antérieurs et les a ainsi implicitement dénoncés ne serait-ce que partiellement.

---

[860] Colloque du 25 mars 1999 sur le thème « l'harmonisation du droit des affaires en Afrique, réalité pratique, vers un développement du droit positif harmonisé », notamment dans la communication présentée par Jean François BOURQUE sur « l'harmonisation dans l'application des instruments juridiques internationaux ».

Somme toute, face à un Droit international de l'environnement défaillant, la voie communautaire paraît la mieux indiquée. A la première difficulté, relative à l'élaboration des normes internationales, s'ajoute un second écueil : le droit international de l'environnement se distingue par son caractère trop peu effectif. Pour le dire autrement, il paraît le plus souvent incapable de produire les effets qui lui ont été assignés ou les comportements qu'il souhaiterait inciter. De fait, il souffre de l'insuffisance des moyens de contrôle de son application et de la faiblesse des sanctions en cas de non-respect de ses normes. A l'origine, les sanctions infligées dans l'ordre international relèvent de la « justice privée » entre États. Encore aujourd'hui, en témoignent par exemple les rapports actuels entre la Russie et l'Union européenne[861] : régis par une forme de « loi du Talion [862]», ils entraînent les Parties dans une spirale infinie de mesures et de contre-mesures. En outre, il faut aussi souligner la possibilité aux Etats, lorsqu'ils savent qu'ils risquent d'être sanctionnés : souverains, ils peuvent se retirer d'un accord international à tout moment. C'est le cas des Etats Unis par rapport à l'accord de Paris sur le climat. En l'espèce le Président américain Donald TRUMP, a annoncé le 01 Juin 2017, le retrait des USA de cet accord sur le climat adopté en Novembre 2015 à l'occasion de la COP21[863].

Voilà pourquoi, afin d'obtenir l'adhésion du plus grand nombre de pays, les négociateurs se limitent souvent à des règles minimales. En matière de préservation de la biodiversité par exemple, la Convention sur la biodiversité biologique adoptée à Rio en 1992 n'offre qu'un cadre minimal très général. Elle n'a d'ailleurs pas été ratifiée par les États-Unis. Par la suite, les réunions successives de la Conférence des Parties n'ont pas permis d'aboutir à des accords suffisamment précis et contraignants permettant d'enrayer la disparition régulière des espèces.

---

[861] Rapport du Club des Juristes, « *Renforcer l'efficacité du droit international de l'environnement : Devoirs des états, droits des individus* », Commission Environnement novembre 2015, Présidé par Yann AGUILA, Avocat au barreau de Paris, Bredin Prat, www.leclubdesjuristes.com, (page consultée le 02/05/2017), p. 29, (131 p.).

[862] C'est une sorte de pénalité qui consiste à infliger au coupable le traitement même qu'il a fait subir ou voulu faire subir à sa victime.

[863] La 21ème Conférence des Parties à la Convention des Nations Unies sur la lutte contre les changements climatiques adoptée en 1992 à Rio de Janeiro.

Les objectifs que les États s'étaient fixés ne sont pas atteints : l'indice « *Planète vivante* [864]» mis au point par le Fonds mondial pour la nature (World Wide Fund - WWF)[865] met ainsi en évidence que les populations terrestres et maritimes concernées par cet indice régressent depuis 1970[866]. Une tendance qui ne montre aucun signe de ralentissement, ni même d'infléchissement. Les négociations avancent bien trop lentement eu égard à la rapidité et l'irréversibilité de la baisse du réservoir de la biodiversité biologique[867].

La création, en cours, de la Confédération de l'Alliance des Etats du Sahel (AES) constitue une réelle opportunité d'harmonisation voire

---

864 Le Rapport Planète Vivante, publié tous les deux ans est au cœur du travail du WWF. S'appuyant notamment sur **l'Indice Planète Vivante (IPV)** qui mesure la biodiversité en collectant les données recueillies sur les populations de différentes espèces de vertébrés et en calculant la variation moyenne de l'abondance au fil du temps, ce rapport tire malheureusement, à chaque année de parution, la sonnette d'alarme. L'IPV peut se comparer à un indice boursier, à ceci près qu'au lieu de refléter la situation de l'économie mondiale, il nous renseigne sur l'état écologique de la planète (Collen et coll., 2009). L'IPV est basé sur le suivi scientifique de 14 152 populations appartenant à 3 706 espèces de vertébrés (mammifères, oiseaux, poissons, amphibiens, reptiles) réparties aux quatre coins du globe. La pression exercée par l'homme sur nos écosystèmes devient extrêmement préoccupante au point de menacer considérablement plus de la moitié des espèces sauvages mais également notre propre existence. Le Rapport Planète Vivante rappelle, outre la gravité de la situation, les solutions à portée de main pour commencer à y remédier.

865 Avec plus de 5 millions d'adhérents et un réseau mondial actif dans plus de 100 pays, le **WWF** est l'une des organisations indépendantes de conservation de la nature les plus importantes et les plus expérimentées au monde. Sa mission consiste à stopper la dégradation de l'environnement naturel de la planète et à construire un avenir où les humains vivent en harmonie avec la nature, en conservant la diversité biologique mondiale, en assurant l'utilisation soutenable des ressources naturelles renouvelables et en promouvant la réduction de la pollution et du gaspillage.

866 Selon le Rapport « Planète Vivante de 2016 », entre 1970 et 2012, l'évolution de l'IPV montre une réduction de 58 de l'abondance des populations de vertébrés (Figure 2). L'effectif des populations de vertébrés a, en moyenne, chuté de plus de la moitié en l'espace d'à peine plus de 40 ans. Les chiffres montrent un déclin moyen (2% par an) sans aucun signe de ralentissement de cette dynamique. Le Rapport Planète Vivante 2014 faisait en effet déjà état d'un recul de 52% de l'IPV entre 1970 et 2010, et bien que les bases de données marines et terrestres aient été enrichies depuis sa publication, la tendance générale à la baisse de ce nouveau rapport est marquée par la forte régression des espèces d'eau douce.

867 Rapport du Club des Juristes, « *Renforcer l'efficacité du droit international de l'environnement : Devoirs des états, droits des individus* », Op. Cit., p. 27.

d'uniformisation des législations en matière de protection de la biodiversité dans ces Etats sahéliens confrontés aux même défis environnementaux.

Dans ce contexte, le parachèvement d'un droit communautaire africain de l'environnement, avec la mesure d'harmonisation constitue une condition essentielle de l'effectivité du droit de la biodiversité au Mali.

CONCLUSION DE LA DEUXIÈME PARTIE

Après avoir démontré l'existence d'un cadre juridique de protection de la biodiversité au Mali à travers un déploiement normatif impressionnant et une profusion institutionnelle dans la première partie, nous avons essayé d'énoncer les nombreuses insuffisances et lacunes d'inapplication des textes juridiques. Dans le Titre I de cette deuxième partie, nous avons exposé et expliqué les raisons de cette ineffectivité, qui sont de nature juridique, institutionnelle, sociologique, humaine et financière. Au total, nonobstant l'impressionnant arsenal juridique dont les fondements sont aussi bien internationaux que nationaux, le degré d'application est faible. Toutefois, au-delà de ce sombre tableau d'ineffectivité du régime juridique de protection de la biodiversité, voire de l'environnement en général au Mali, qui hypothèque le développement durable du pays, cette deuxième partie fut l'occasion d'ouvrir les voies qui peuvent nous conduire vers l'effectivité de ce droit.

Dans cette perspective, nous avons proposé les conditions de cette mise en œuvre, à travers un changement du paradigme malien, puis la fabrique d'un droit communautaire africain de l'environnement plus effectif. Quant au changement du paradigme, deux impératifs s'imposent : d'abord, il faut une réforme en profondeur de l'arsenal juridique et une refonte du cadre socio-structurel. En effet, un droit de l'environnement et de la biodiversité effectivement appliqué au Mali suppose une réelle prise en compte des méthodes traditionnelles. C'est pourquoi nous avons esquissé une revalorisation des règles traditionnelles de protection de la nature et des espèces, une expérimentation des conventions locales d'environnement. Les conventions locales qui sont des outils de gestion de l'environnement mériteraient d'être mieux vulgarisées et intégrées dans le corpus juridique.

Quant à la refonte du cadre socio-structurel, nous avons proposé que le rôle des acteurs intervenant dans la protection de l'environnement soit revu afin que l'effectivité du droit de la biodiversité et de l'environnement soit le leitmotiv de leurs actions au quotidien. A ce niveau, le renforcement du rôle du parlement dans le suivi de l'application des textes juridiques environnementaux, tout comme la création d'un Conseil Economique Social et Environnemental, ont surtout retenu l'attention. En outre, la pertinence du cadre communautaire harmonisé ouest africain comme alternative à un Droit international de l'environnement défaillant justifie les perspectives de notre argumentation. C'est pourquoi, nous avons voulu poser les éléments d'une réflexion pour la fabrique d'un droit communautaire africain de l'environnement, plus effectif, assurant la protection efficace de la biodiversité dans nos Etats.

CONCLUSION GÉNÉRALE

Une œuvre scientifique se referme toujours par une conclusion, même s'il est toujours difficile de conclure comme si la question a été épuisée, la réponse bouclée, et les propositions définitives. D'ailleurs, comme toute recherche qui se clôt, elle ouvre nécessairement de nouvelles problématiques. Toutefois, c'est à juste titre que l'on ironise souvent le chercheur qui n'en a jamais terminé ou qui, par ses nouvelles recherches, complique encore les choses. Dès lors, se posent quelques questions fondamentales : Faut-il vraiment conclure ? Ou y renoncer ? Quel bilan pouvons-nous tirer de cette étude ? Et quelles perspectives d'avenir ? A la première interrogation, la réponse est oui, il faut conclure. Il le faut même si l'on sait que l'une des difficultés les plus cruciales en sciences sociales est de conclure. Donc, il faut ouvrir les débats, poser de nouveaux questionnements. D'ailleurs, il ne pourrait pas en être autrement si l'on sait que le régime juridique de protection de la biodiversité est partie intégrante du droit de l'environnement, un droit émergeant, incertain, complexe, fondamental, pluridisciplinaire ou transversal, scientifique et technique. Concrètement, il ne s'agit pas d'une discipline autonome de droit de l'environnement, mais plutôt d'une de ses ramifications comme le droit des déchets, le droit pénal de l'environnement, le droit des cours d'eaux, le droit des OGM, le droit des pollutions etc.

Le droit de l'environnement est un droit nouveau, car ses concepts fondamentaux doivent être forgés, ses principes dégagés, ses valeurs définies. Un droit incertain, car ses règles doivent être adaptées et garanties, ses solutions assurées, ses prescrits davantage observées. Un droit fondamental, car, il est à la base de toute l'activité humaine. Il est appelé à préserver pour les générations présentes et futures, le patrimoine naturel d'une valeur esthétique, scientifique, culturelle, récréative, économique et intrinsèque. Aussi, il doit garantir un développement durable qui profite aux générations présentes et futures. C'est un droit pluridisciplinaire et transversal, en ce sens qu'il fait appel à toutes les disciplines aussi bien juridiques (droit administratif, droit constitutionnel, droit international, droits de l'homme, sociologie juridique, anthropologie juridique, histoire du droit, droit pénal, droit de la responsabilité, droit maritime, droit de l'urbanisme, droit foncier, contentieux administratif et civil, fiscalité etc.) que non juridiques (biologie, géographie, économie, météorologie, climatologie, sociologie etc.). Et enfin, c'est également un droit scientifique et technique dans la mesure où il doit se fixer aux résultats scientifiques pour pouvoir introduire les normes et seuils qui sont des unités de mesure du degré de pollution, de réchauffement climatique, de dégradation de la biodiversité ou de disparition d'espèces endémiques.

Tout au long de cette réflexion, nous avons essayé de faire un état des lieux du régime juridique de protection de la biodiversité au Mali, notamment la faune et la flore, en utilisant le droit public comme angle d'attaque avec un recours constant à toutes les autres disciplines juridiques, sans oublier l'apport de la sociologie juridique et l'histoire du droit. Cependant la spécificité de la biodiversité nous a obligés à recourir aussi à la philosophie et à la théorie du droit. Ainsi, dans notre premier axe de réflexion, nous avons démontré et prouvé l'existence d'un régime juridique de protection de la biodiversité au Mali. Une telle réflexion pourrait paraître inopportune, pourtant la dégradation de la biodiversité, surtout de la faune et flore au Mali laisse penser qu'il n'existe pas véritablement de mécanismes juridiques de protection y afférents. Le droit devait être un instrument efficace de protection de la nature et des ressources naturelles. C'est pourquoi notre premier axe de réflexion a porté sur la démonstration du cadre normatif et politique de protection de ces ressources biologiques.

Ainsi, cette réflexion première nous a permis de faire le tour du système juridique malien à travers son régime constitutionnel, administratif et politique. Mais aussi, il ne faudrait pas perdre de vue cette dimension administrative ou bureaucratique, qu'une approche par la science administrative nous a permis de mesurer avec le jeu des différents acteurs impliqués directement ou indirectement dans l'application des règles de protection de la biodiversité. La tâche n'a pas été facile et surtout au regard du champ d'étude assez vaste. Le cadre juridique de protection de la biodiversité compte plus d'une centaine de textes juridiques et une multitude d'acteurs. C'est ce qui justifie les choix que nous avons opérés en insistant parfois beaucoup plus sur certains éléments au détriment d'autres. Néanmoins, notre ambition n'était nullement d'atteindre l'exhaustivité, mais plutôt de susciter la réflexion et de permettre aux chercheurs d'approfondir et surtout de privilégier certaines questions que nous avons explorées.

En réalité, nous nous sommes rendu compte qu'il existe un cadre juridique bien fourni créant ainsi un véritable régime juridique de protection de la biodiversité au Mali. Au demeurant, nous nous étions dit qu'il était inutile de tracer ce cadre, et qu'il fallait juste réfléchir sur la réalisation de cette protection juridique. Mais par la suite, nous avons compris qu'il était important de prouver l'existence de ce droit, avant de s'interroger sur sa mise en œuvre effective. Il s'agissait donc pour nous de vérifier si les conditions d'existence de ce droit de la biodiversité existent, c'est-à-dire, la condition normative, constitutionnelle et politique. Et effectivement, il en est ainsi. En ce sens, l'Etat du Mali a pris en compte dans sa loi fondamentale la dimension environnementale, notamment dans le préambule, et dans le premier titre à travers les dispositions de son article 15. Aussi, il n'est pas resté en rade de la riposte juridique internationale sur la biodiversité et l'environnement. Pour ce faire, en plus de sa participation aux rencontres internationales, il a signé et ratifié plusieurs instruments internationaux sur l'environnement et la biodiversité à l'image de la convention de Rio de Janeiro de 1992 sur la biodiversité et ses protocoles additionnels. Aussi, au plan national, de nombreux textes législatifs et réglementaires sur l'environnement et la biodiversité ont été édictés. Sur le plan politique, un cadre structurel buissonnant et une planification environnementale relativement fournie ont été mises en place. L'examen de ces conditions était essentiel à priori pour l'ouverture de notre deuxième axe de réflexion.

Ce second axe de réflexion a lieu dans la deuxième partie. Il a porté sur la question de l'effectivité du régime juridique de la biodiversité. En effet, l'effectivité de la règle juridique surtout en matière d'environnement doit satisfaire à deux conditions : il s'agit d'une part, que la règle soit appliquée et d'autre part, qu'elle produise les effets attendus par ses rédacteurs. Et au demeurant, nous avons constaté qu'aucune de ces deux conditions, si idéales soient-elles, n'était remplie par le droit de la biodiversité voire même le droit de l'environnement global au Mali. Le droit de l'environnement global au Mali est ineffectif dans la mesure où il est rarement appliqué, à la limite, inappliqué, et aussi il ne produit aucunement les effets attendus, à savoir une meilleure protection de l'environnement et de la biodiversité. Sinon le corollaire serait la diminution voire l'arrêt des dégradations de la biodiversité, de disparition des espèces, ou de détérioration de l'environnement.

L'approche par contrario a permis de relever les raisons d'inapplication des règles juridiques. Ces raisons sont d'ordre juridique, institutionnel, politique, sociologique et financier. Or, si le droit de la biodiversité n'est pas appliqué, il ne pourrait pas pour autant produire les effets attendus, d'où le constat d'un certain nombre d'effets pervers surtout sur la dégradation continue et exponentielle de la biodiversité, et de facto sur le développement du pays. Ces facteurs d'ineffectivité ont été évoqués dans le premier titre de la deuxième partie. Pour l'essentiel, nous avons relevé les failles institutionnelles tant au niveau de l'administration centrale que décentralisée. L'administration malienne de l'environnement est une administration plus centralisée. Cette centralisation se traduit par une concentration des pouvoirs entre les mains des autorités centrales, qui, parfois, en font un usage abusif au détriment des objectifs de protection.

Nous avons aussi fait remarquer que la décentralisation, malgré des efforts, reste virtuelle en matière d'environnement. En réalité, le transfert de compétences aux collectivités décentralisées demeure toujours un défi. Dépourvues de moyens humains, techniques et financiers, les collectivités n'ont pas les moyens de leurs politiques surtout en matière d'environnement. Elles ne sont que l'image d'elles-mêmes. Dans ces conditions, face à une administration centrale jalouse, la gestion décentralisée de la biodiversité, faune et flore, ne relève que d'une simple utopie. Aussi, les acteurs de la société n'échappent pas à cette dérive dans l'application des textes environnementaux. Nous avons fait état des infortunes qui minent leur chemin. Autre part, nous avons décelé les lacunes des textes juridiques qui plombent leur application effective.

A ce niveau, nous avons fait constater que les instruments juridiques internationaux ratifiés en la matière étaient peu probables à l'exercice de la fonction juridictionnelle au plan interne. Nul n'ignore la difficulté que les juges nationaux peuvent avoir à se servir des textes relativement vagues et qui, en plus, sont parfois dépourvus de toute valeur juridique. Il s'agit là, d'une difficulté observée et longtemps décriée en droit international public qui se transpose progressivement en D.I.E. avec tous les risques que cela comporte. Quant à l'ordre juridique national, il se caractérise par une inflation normative étouffante. A défaut d'un code, il existe trop de textes juridiques en la matière, parfois chevauchants et inadaptés, ce qui complique la tâche aux acteurs et rend les juges frileux. C'est pourquoi, il n'y a quasiment pas de jurisprudence en la matière au Mali. A cela, il faut ajouter les lacunes de la planification environnementale relative à la biodiversité.

Le titre II de la seconde partie de la thèse a été consacré aux voies à suivre pour une meilleure effectivité du droit de l'environnement en général. A ce niveau, les conditions d'une effectivité souhaitée de la réglementation sur la biodiversité ont été posées. Elles s'articulent autour d'un changement du paradigme et de la fabrique d'un droit communautaire de l'environnement de façon globale. En réalité, il faut un véritable changement de paradigmes par l'intégration des méthodes traditionnelles de protection de la nature et des ressources naturelles. L'intégration des méthodes traditionnelle peut se réaliser par la revalorisation des règles traditionnelles de protection de la nature et des espèces, et aussi par l'expérimentation des conventions locales d'environnement.

Au Mali, il existe des conventions locales en matière d'environnement tout comme en matière foncière. Leur expérimentation dans un cadre juridique bien précis pourrait susciter un intérêt très particulier dans la mesure où elles arrivent à réussir là où le droit positif a échoué, c'est-à-dire l'application effective des règles contenues. La prise en compte de ces méthodes traditionnelles et ces conventions locales peut contribuer à effectiver le droit de la biodiversité. Ainsi, afin de parvenir à créer un lien entre légitimité et légalité, il faut donc travailler sur cet outil de régulation locale (définir son régime juridique de manière précise), expression d'une « consensualité » autour d'un environnement commun.

Par ailleurs, le changement du paradigme passe aussi par une refonte du cadre socio-structurel. Concrètement, il s'agit d'une réinvention du model institutionnel à travers un tissu organique rénové. Cette rénovation permettra de réadapter et de raffermir les fonctions de ces structures en matière d'environnement et de la biodiversité. Aussi, il faut une éducation environnementale transversale. Elle devra garantir la participation de tous les acteurs, notamment les citoyens dans le cadre d'une démocratie environnementale telle que prônée par la constitution du Mali, le principe 10 de la déclaration de Rio et la Convention sur la biodiversité. Il s'agit d'une réelle implication de tous les acteurs[868]. Dans cet esprit, le rôle du parlement dans le contrôle et le suivi de l'application du droit de l'environnement constitue une des conditions sine qua none pour que les textes juridiques soient effectivement appliqués. Nous avons aussi proposé la création d'un Conseil Economique, Social et Environnemental, en lieu et place du Conseil Economique, Social et Culturel, afin que la dimension environnementale soit réellement prise en compte au sein de cette institution. Elle pourra aussi exercer un contrôle et un suivi de l'application de la multitude de textes sur l'environnement.

Notre dernier axe de réflexion a porté sur la fabrique d'un droit communautaire africain de l'environnement. En effet, nous sommes partis du constat que les atteintes aux espèces biologiques et à l'environnement ne connaissent pas les limites des frontières géographiques et juridiques des Etats. Qu'il fallait impérativement mettre en place un droit harmonisé ou unifié afin que les grandes questions interpellant différents Etats dans la sous-région ouest africaine soient gérées par des organisations communautaires. Qu'il était donc essentiel de construire un droit communautaire africain qui servirait de référence à toute politique législative, en ce sens, relancerait une nouvelle problématique sur le format que devrait avoir un « *droit communautaire africain de l'environnement* ». Il ne s'agit pas d'une création, mais plutôt d'une fabrique car tous les éléments, les fondements juridiques, philosophiques et socio-anthropologiques propres à ce droit existent. Réellement, il s'agit de prendre en compte ces fondements ou bases scientifiques propres à l'identité, à l'idéologie ou à la perception ou conception africaine de la nature et des ressources naturelles.

Comme le disait Georges VEDEL « *le droit dit ce qu'il faut faire, il ne peut pas dire ce qu'on en fera* [869]». La question de l'effectivité de la norme juridique est au cœur d'un paradoxe qui

[868] L'exécutif, le législatif, le judiciaire, les populations, les associations de défense de l'environnement, les collectivités locales, les ONG etc.

[869] VEDEL (G), « *Le hasard et la nécessité* », Pouvoirs, n° 50, 1989, p. 27.

conduit nécessairement les juristes à s'interroger sur la fonction même du droit. D'un côté, le droit serait « *fait pour être appliqué* [870]». De l'autre, le « *destin du droit* » serait selon Denys DE BECHILLON « *de demeurer partiellement ineffectif* [871]». Ces deux visions ne sont pas opposées. Elles traduisent simplement des difficultés réelles à orienter le monde des faits vers celui de la norme. Pour Jean RIVERO, il faudrait même « *se résigner à ce qu'une marge plus ou moins large sépare le solen et le sein, la norme et le réel* [872]». En effet, la norme ne s'impose pas d'elle-même, par le simple fait de son adoption. Nul ne peut vraiment prévoir la trajectoire de son emprise sur le monde des faits, sa participation concrète à la réalisation du but qui lui est assigné. En revanche, à défaut de prévoir, le juriste peut tenter de comprendre en quoi le système juridique lui-même, c'est-à-dire son propre objet d'étude, contribue à l'effectivité des normes qui le composent. Pour cela, il lui faut nécessairement acquérir une connaissance des conditions qui influencent l'effectivité de la norme.

En somme, la question de la protection juridique de la biodiversité au Mali, comme ailleurs en Afrique, est importante et assez cruciale pour mériter des recherches futures. Elle a un défi d'effectivité. Nous avons juste voulu engager le débat pour montrer que le droit ne doit pas ignorer cette question. Maintenant que le constat a été établi et les propositions dégagées, le droit malien doit pouvoir s'inscrire dans une nouvelle dynamique en s'offrant un véritable régime fondé sur des techniques d'évaluation constante de mise en œuvre des normes. Cette tâche interpelle tout un chacun, mais relève naturellement de la responsabilité principale des pouvoirs publics. Au demeurant, les questions que nous avons posées, tout au long de cette étude, si l'on veut bien leur accorder un peu d'attention, serviront à améliorer l'effectivité et l'efficacité du droit de la biodiversité et de l'environnement, car elles tendent à démasquer les encombres qui sont présentes en la matière. Le déclin supposé de la biodiversité amène les sociétés à s'interroger sur

---

870 CARBONNIER (J), Droit et passion du droit sous la Ve République, Flammarion, 1996, p. 20.

871 DE BECHILLON (D), Qu'est-ce qu'une règle de droit ? Odile Jacob, 1997, Paris, p. 61. L'auteur ajoute que « vouloir qu'il n'y ait de Droit authentique que parfaitement respecté, c'est se tromper de monde », p.62.

872 RIVERO (J), « Sur l'effet dissuasif de la sanction juridique », in Mélanges offerts à Pierre Raynaud, Dalloz, Paris, 1985, p. 685.

les valeurs qu'elles lui accordent et sur les actions à mener pour les incarner. Ces valeurs se fondent sur des intuitions, selon lesquelles il existe une hiérarchie de l'importance des actions et des choses, et des normes auxquelles les acteurs sociaux se réfèrent pour élaborer leurs jugements et leurs actions. La mobilisation des acteurs sur les questions liées à la biodiversité ou aux services écosystémiques dépend des enjeux qui y sont associés. Ils sont à l'interface entre les sciences humaines et sociales et les sciences de la nature, intégrant autant les mécanismes sociaux que biologiques.

Face à telle exigence, les juristes que nous sommes sont appelés à jouer un rôle sans commune mesure. Car, il y va de la survie de l'Humanité. Il s'agit de sauver toute forme de vie sur notre planète, car il n'y a probablement pas de planète de rechange. Donc, pour inverser la tendance d'une réglementation inadaptée et inappliquée, du coup ineffectif, il faudrait forger un droit à notre image, prenant en compte nos valeurs, nos cultures et nos traditions. Cela nécessite que le juriste africain ne soit pas déconnecté des réalités socioculturelles et économiques de nos sociétés. Qu'il ne soit pas trop absorbé par des concepts théoriques « *à l'occidentale* », mais plutôt, un juriste qui s'adapte, un juriste pluridisciplinaire, un juriste ouvert et flexible qui sait faire le lien entre tradition et modernité, loin des dogmatismes juridiques ; un juriste éclairé, un juriste du droit vécu. C'est seulement à ce prix que nous arriverons à forger une société de droit, un droit de biodiversité de notre société et un droit pour notre société.

ANNEXES

ANNEXE I
SITUATION ACTUALISÉE DU DOMAINE CLASSÉ DU MALI

Le Mali compte plus d'une centaine de forêts classées. Rappelons que ces forêts classées aussi bien que les aires de conservation constituent des moyens de protection de protection de la biodiversité, notamment la faune et la flore. Elles sont réparties ici selon les régions.

<u>Tableau 1</u> : liste des forêts classées de la Région de Kayes

N° ordre	Désignation	Localisation	Superficie (ha)	Référence
1	FC Djoubeba	Bafoulabé	20 500	Arrêt n°884 du 17/02/1950
2	FC Fangala	Bafoulabé	28 000	Arrêt n°2662 / SEF du 25/03/1935
3	FC Falémé	Kayes	7 200	Arrêt n°4375 du 22 /09/ 1949
4	FC Bagougo	Kayes	13670	Arrêt n°4215 du 26/ 11/ 1942
5	FC Dinguira	Kayes	3050	Arrêt n°3963 du 06 /11/ 1942
6	FC Dag Dag	Kayes	7022	Arrêt n°36/SEF du 06 /02/ 1959
7	FC Paparah	Kayes	672	Arrêt n°6341 du 25 /03/ 1935
8	FC Bangassi	Kita	25 310	Arrêt n°4625 / SEF du 27 /01/ 1955
9	FC Kayaba	Kita	650	Arrêt n°4626 /SEF du 31 /12/ 1941
10	FC de Gangara	Kita	24 000	Arrêt n°468 /SEF du 17 /01/1951
11	FC Gallé	Kita	21 830	Arrêt n° N° 2108/SEF du 12 /04/1952
12	FC Torokoro- Kassaro	Kita	5 825	Arrêt n°4627 /SEF du 31 /12/1941
13	FC Kobiri	Kita	8103	Arrêt n°882 /SEF du 03/ 02/1950
14	FC Nafadji	Kita	43 000	Arrêt n°148 /SEF du 16 /01/1948
15	FC Sebekoro	Kita	8 100	Arrêt n°2803 /SEF du 10 /08 /1942
16	FC Siguifiry	Kita	8 000	Arrêt n°688 /SEF du 03 /02 /1950
17	FC Tinienko	Kita	13 900	Arrêt n°4628 /SEF du 31 /12/1941
18	FC Nioro	Nioro	1 510	Arrêt n°2802 /SEF du 10 /08 /1942
19	FC Lorack-Bane	Nioro	7 953	Arrêt n°2494 /SEF du 02 /09/1948
20	F C Bagougo Est	Kayes	4300	Arrêt n°4376/SEF du 22 /09/1948
21	Dinguiraye Ouest	Kayes	7950	Arrêt n°4947 /SEF du 05/ 09/1950
Total			260 545	

Sources : Direction Nationale des Eaux et Forêts du Mali (DNEF), Stratégie nationale de conservation de la biodiversité au Mali, 2014.

<u>Tableau 2</u> : liste des forêts classées de la Région de Koulikoro

N° Ordre	Désignation	Localisation	Superficie	Référence
1	FC kangaba	Kangaba	12 000	Arrêt n° 7030 du 26-11-1943
2	FC Mont Mandingues	Kati	14 579	Arrêt n° 5197 SE/F du 07/12/1946
3	FC Néguèla	Kati	6 750	Arrêt n°271/SE.F du 25/01/1944
4	FC Bossofala	Kati	12 000	Arrêt n°2938 SE/F du 26 10 1944
5	FC Djinina	Kati	9 029	Arrêt n°5893 du 25/ 01/ 1944
6	FC Faya	Kati Dioila	79 822	Arrêt n°4054 /SE du 27/11/1945
7	FC Didieni	Kolokani	2 600	Arrêt n°5760/ SE/ EF du 03/08/ 1953
8	FC Tienfala	Kati	3 000	Arrêt n° 0223 du 21/01/ 1939
9	FC Nyamina	Koulikoro	5 996	Arrêt n° 4307 /EF du 24/12/1943
10	FC Kenenkou	Koulikoro	6065	Arrêt n° 5630 du 15-11-1946
11	FC Sounsan	Dioila	37.000	Arrêt n° 8531/SE-F du 30/11/ 1954
12	FC Baoulé	Kolokani	12.000	Arrêt n° 536/ SE-F du 18/ 07/ 1941
Total			200.841	

Sources : Direction Nationale des Eaux et Forêts du Mali (DNEF), Stratégie nationale de conservation de la biodiversité, 2014.

Tableau 3 : liste des forêts classées de la région de Sikasso

N° ordre	Désignation	Localisation	Superficie	Référence
1	FC de Banifing Baoulé	Bougouni	13 000	Arrêt n° 582/SEF du 02/ 12/ 1954
2	FC de Dialakoro	Bougouni	33 200	Décret N°418/PGRM du 31/ 12/ 1986
3	FC de Foulabougou	Bougouni	200	Arrêt n°9334 /SEF du 29/ 12/ 1954
4	FC de Kekoro	Bougouni	52 000	Arrêt n° 396/PGRM du 27/ 12/ 1986
5	FC de Siankadougou	Bougouni	6 000	Arrêt n° 8530 /SEF du 30/ 11/ 1954
6	FC de Tiemedougoucoulou	Bougouni	28 640	Décret N°395/PGRM du 26/ 12/ 1986
7	FC de Kambergué	Kadiolo	14 184	Décret N°242/PGRM du 26/ 09/ 1985
8	FC de Lougouani	Kadiolo	9 928	Décret N°241/PGRM du 26/ 09/ 1985
9	FC de Fatou	Kolondièba	8 600	Décret N°401/PGRM du 27/ 12/1986
10	FC de Kobani	Kolondièba	3 000	Décret N°245/PGRM du 26/ 09/ 1985
11	FC de Saman	Kolondièba	15 200	Décret N°398 PGRM du 27/ 12/ 1986
12	FC de Sokourani	Kolondièba	13 600	Décret N°400/PGRM du 27/ 12/ 1986
13	FC de Koba	Koutiala	3 500	Arrêt n° N° 564 /EF du 20/ 02/ 1956
14	FC de M'pessoba	Koutiala	2 700	Arrêt n° N° °1667 /EF du 20/ 04/ 1956
15	FC de Zangasso	Koutiala	5 135	Décret N°243/PGRM du 26/ 09/ 1985
16	FC Route de Bouaké	Sikasso	100	Décret N°243 PGRM du 26/ 09/ 1985
17	FC de Boukarila	Sikasso	13 280	Décret N°399 PGRM du 27/ 12/ 1986
18	FC de Kaboïla	Sikasso	240	Arrêt n°38 /SE-F du 10/ 01/ 1936
19	FC de Farako	Sikasso	14 583	Arrêt n°4599 /SE/F du 13/ 08/ 1951
20	FC de N'golokouna	Sikasso	300	Arrêt n°37 /SE-F du 10/ 01/ 1936
21	FC de Zamblara	Sikasso	100	Arrêté N° 2881 /SEF du 12/ 04/ 1954
22	FC de Djinetoumanina	Yanfolila	16 180	Décret N°402/PGRM du 27/ 12/ 1986
23	FC de Djangoumerila	Yanfolila	57 500	Décret N°404 /PGRM du 27/ 12/ 1987
24	FC de Sorondian	Yanfolila	15 800	Décret N°397/PGRM du 27/ 12/ 1986
25	FC de Kalana	Yanfolila	3 700	Décret N°394 PGRM du 27/ 12/ 1986
26	FC de Mahou	Yorosso	8 593	Décret N°403/PGRM du 27/ 12/ 1986
Total			**339.263**	

Sources : Direction Nationale des Eaux et Forêts du Mali (DNEF), Stratégie nationale de conservation de la biodiversité, 2014.

Tableau 4 : liste des forêts classées de la Région de Ségou

N° ordre	Désignation	Localisation	Superficie	Référence
1	FC Mio	Macina	5 600	Arrêt n° AG / 5457du 02 /10 /1951
2	FC Kolongotomo	Macina	1 150	Arrêt n° AG/ 2491 du 04 /04 /1955
3	FC Sabali	Macina	3 600	Arrêt n° AG/ 2585 du 06 /04 /1955
4	FC Sayes	Macina	3 840	Arrêt n° AG/ 6512/SEF du 20/ 12/ 1949
5	FC Ouani	Macina	7 100	Arrêt n° AG 6513 /SEF du 20/ 10/ 1949
6	FC Fy	Macina	8 420	Arrêt n° AG 885 /SEF du 17/02/1950
7	FC Founou	Macina	1 620	Arrêt n° AG 6367 /SEF du 13/ 12 / 1949
8	FC Sossebougou	Macina	1 630	Arrêt n° AG/9333 du 29/ 12 / 1954
9	FC Dioforongo	Ségou	10 000	Arrêt n° AG 4371 /SEF du 22/ 09/ 1948
10	FC e Diaka	Ségou	2 440	Arrêt n° AG 4370 /SEF du 22/ 09/ 1948
11	FC Fanzana	Ségou	6 300	Arrêt n°5882 /SEF du 12 /08/ 1954
12	FC Doukoukolomba	Ségou	10 600	Arrêt n° AG 4372 du 22/ 09/ 1948
13	FC Faïra	Ségou	3 200	Arrêt n° AG 4636 /SEF du 15/ 09/ 1954
14	FC Fabougou	Ségou	3 300	Arrêt n° AG 4368 /SEF du 22/ 09/ 1948
15	FC Koulala	Baraouéli	6 500	Arrêt n° AG 4369 /SEF du 12 /08 /1954
16	F C N'Gara	Ségou	3560	Arrêt n° AG 4373 /SEF du 22 /09 /1948
Total			**78.860**	

Sources : Direction Nationale des Eaux et Forêts du Mali (DNEF), Stratégie nationale de conservation de la biodiversité, 2014.

Tableau 5 : liste des forêts classées de la Région de Mopti

N° ordre	Désignation	Localisation	Superficie	Référence
1	FC Youwarou	Youwarou	646	Arrêt n°5263 /SEF du 06/12/1946
2	FC Bia	Youwarou	1 350	Arrêt n°4057/ SEF du 19/04/1946
3	FC Enghuem	Youwarou	2 300	Arrêt n°4069/ SEF du 19/09/1946
4	FC Fara-fara	Youwarou	1180	Arrêt n°4056/ SEF du 19/09/1949
5	FC Diondo	Youwarou	270	Arrêt n°439/ SEF du 27/01/1949
6	FC Ouméri	Youwarou	1 100	Arrêt n°438/ SEF du 27 /01 /1949
7	FC Sébi	Youwarou	1 100	Arrêt n°4058/ SEF du19 /09 /1946
Total			7.946	

Sources : Direction Nationale des Eaux et Forêts du Mali (DNEF), Stratégie nationale de conservation de la biodiversité, 2014.

Tableau 6 : liste des forêts classées de la Région de Tombouctou

N° ordre	Désignation	Localisation	Superficie	Référence
1	FC Gombatou	Niafunké	1 900	Arrêt n°4374/ SEF du 22 / 09 / 1948
2	FC Hama Koïra	Niafunké	493	Arrêt n°1864/ SEF du 16 / 05 / 1947
3	FC Singo	Niafunké	547	Arrêt n°4650/ SEF du 25 / 10 / 1946
4	FC kiffo	Niafunké	290	Arrêt n°870/ SEF du 22 / 02 / 1949
5	FC koumaïra	Niafunké	1 070	Arrêt n°1884/ SEF du 13/04/1949
6	FC Farana	Niafunké	1 152	Arrêt n°5893/ SEF du 27 / 10 / 1951
7	FC Guema	Niafunké	290	Arrêt n°866/S EF du 22 / 02 / 1949
8	FC Douyé	Niafunké	1412	Arrêt n°5262/ SEF du 06 /12/ 1946
9	FC Tiolli	Niafunké	600	Arrêt n°868/SEF du 22 / 02 / 1949
10	FC Mankara	Niafunké	400	Arrêt n°869/ SEF du 22 / 02 / 1949
11	FC Gamba	Niafunké	690	Arrêt n°867/ SEF du 22 / 02 / 1949
12	FC Moundiadié	Niafunké	810	Arrêt n°440/ SEF du 27 / 01 / 1949
13	FC Niafunké-Ouest	Niafunké	333	Arrêt n°5766/SEF 03/08 1953
14	FC Niafunké-Nord	Niafunké	932	Arrêt n°865/ SEF du 12/02 / 1951
15	FC Niafunké Sud	Niafunké	200	Arrêt n°865/ SEF du 12/ 02 /1951
16	FC Fati soumidra	Goundam	10 300	Arrêt n°1467/ SEF du 18 / 04 / 1947
17	FC Tagadrine	Goundam	25 000	Arrêt n°1883/ SEF du 13 / 04 / 1947
18	FC Kabara	Tombouctou	460	Arrêt n°5196/SEF du 02/12/1946
19	FC Alwalidji	Diré	1 072	Arrêt n°4588 /SEF du 08 /09/1949
20	FC Tienkour	Diré	2 308	Arrêt n°4587/SEF du 08 /09/1949
21	FC Kirchamba	Diré	2 200	Arrêt n°3279 /SEF du 29 /07/1946
22	FC Tabingatt-Dangha	Diré	510	Arrêt n°1863 /SEF du 16 /05/1947
23	FC Amari	Diré	1 270	Arrêt n°2641 /SEF du 08 /07/1947
24	FC Haina	Diré	1 102	Arrêt n°2640 /SEF du 08 /07/1947
25	Djindel	Diré	625	Arrêt n°2642 /SEF du 08 /07/1947
26	FC Kongo Diarra	Diré	1 540	Arrêt n°4586 /SEF du 08 /091949
Total			57.506	

Sources : Direction Nationale des Eaux et Forêts du Mali (DNEF), Stratégie nationale de conservation de la biodiversité, 2014.

Tableau 7 : liste des forêts classées de la région de Gao

N° ordre	Désignation	Localisation	Superficie	Référence
1	FC Djidara	Gao	134	Arrêt n°887 /SEF du 17 02/1950
2	FC Zindiga	Gao	1500	Arrêt n°886 / SEF du17/02 /1950
3	FC Baria	Bourem	1 086	Arrêt n°2879/ SEF du 17 / 04 /1954
4	FC Mozonga	Ansongo	1 300	Arrêt n°883/SEF du 17 / 02 /1950
Total			4 020	

Sources : Direction Nationale des Eaux et Forêts du Mali (DNEF), Stratégie nationale de conservation de la biodiversité, 2014

Tableau 8 : liste des forêts classées du district de Bamako

N° ordre	Désignation	Localisation	Superficie	Référence
1	FC Koulouba	District de Bamako	2 010	Arrêt n°1438 / SEF du 28 / 06 / 1935
Total			2.010	

Sources : Direction Nationale des Eaux et Forêts du Mali (DNEF), Stratégie nationale de conservation de la biodiversité, 2014.

Tableau 9 : liste des aires protégées du Mali

N° ordre	Désignation	Superficie (ha)	Références
1	Réserve de Biosphère du Baoulé	2 500 000	Loi n°01-063 du 4 juillet 2001
Sous total		2 500 000	
1	Parc national de Kouroufing	55 770	Loi n°02-002 du 16 janvier 2002
2	Parc national de Wongo	53 499	Loi n°02-003 du 16 janvier 2002
3	Parc biologique de Bamako (parc nat. du Mali)	30	N°1311 E 64
Sous total		109 299	
1	Réserve totale de Faune de Talikourou	13 900	Arrêt n°8111/SE-F du 14/11/1953
2	Réserve totale de Faune de Kéniébaoulé	67 500	Arrêt N°2.948/SE-EF du 15/04 /1954
3	Réserve totale de Faune du Sounsan	37 600	Décret n°89/MA/FE du 15 avril 1959
4	Réserve de Faune de Nienendougou	40 640	Décret n°01-099/P-RM du 23 février 2001
5	Réserve de Faune de Mandé Wula	39 050	Décret n°10-091/P-RM du 15 février 2010
6	Réserve de Faune de Nema Wula	44 730	Décret n°2012-289/P-RM du 15 février 2010
7	Réserve de Faune de Djangoumerila	57 674	Décret n°2012-289/P-RM du 13 juin 2012
8	Réserve de Faune de Djinetoumanina	16 149	Décret n°2012-290/P-RM du 15 juin 2012
9	Réserve de Faune de Dialakoro	26 896	Décret n°2012-291/P-RM du 13 juin 2012
Sous total		411 339	
1	Sanctuaire des chimpanzés du Bafing	67 200	Décret n°02-199 du 22 Avril 2002
2	Réserve Partielle des Eléphant du Gourma	1 250 000	Loi n°59-53/AL/RS du 30/12/1959 promulguée par le Décret n°9/PG du 15 janvier 1960
3	Réserve Partielle de faune d'Ansongo-Ménaka	1 750 000	Arrêt N°883/SEF du 17/02/1950 Décret n°33 /PG-RM du 1er mars 1965
4	Réserve Partielle de faune Bafing Baoulé	13 000	Arrêt n°852/SE-F du 02 décembre 1954
5	Réserve Partielle de faune de Siankadougou		
Sous total		3 013 000	
1	Zone d'intérêt cynégétique de Flawa	73 940	
2	Zone d'intérêt cynégétique de Faragama	32 657	Arrêt N°2011-1643/MEA-SG du 09/05/2011
3	Zone d'intérêt cynégétique de Tidermène-Alata	312 400	Arrêt N°04-1958/MEA-SG du 04/10/2004
4	Zone d'intérêt cynégétique de Inekar	180 625	Arrêt N°04-1954/MEA-SG du 04/10/2004
5	Zone d'intérêt cynégétique de Tin Achara	286 000	Arrêt N°07-3187/MEA-SG du 07/12/2007
6	Zone d'intérêt cynégétique de Banzana	44 402	Arrêt N°04-2765/MEA-SG du 30/12/2004
7	Zone d'intérêt cynégétique de Azaouad N/E-3	815 735	Arrêt N°08-2991/MEA-SG du 27/10/2008
8	Zone d'intérêt cynégétique de Salam	1 216 000	Arrêt N°06-2762/MEA-SG du 19/01/2006
Sous total		3 012 181	
TOTAL GENERAL		9 045 819	7,29 % du territoire (1 241 000 km^2)
Site Ramsar du Delta Intérieur du Niger (DIN)		4 119 500	Inscrit sur la liste Ramsar sous le N°1365 du 1er Février 2004

Sources : Direction Nationale des Eaux et Forêts du Mali (DNEF), Stratégie nationale de conservation de la biodiversité, 2014.

NB : Le Mali compte désormais 26 aires protégées, soit 9 045 819 ha ; et un site Ramsar de 4 119 500 ha.

ANNEXE II

LES ESPÈCES DE LA VIE SAUVAGE PROTÉGÉES AU MALI

Tableau 1 : les espèces de la faune intégralement protégées

Nom Français	Nom Latin	Nom Bamanan
Les Mammifères		
Chimpanzé	*Pan troglodytes*	Woronin
Colombes	*Colobus sp*	Soulafin
Panthères ou Léopards	*Panthera pardus*	Waraninkalan
Guépard	*Acinonux jubatus*	Kolokari
Chat doré	*Felis aurata*	Jakumawara
Loutres	*Lutrinae*	Jiwulu
Pangolins	*Manis spp*	Kooso-kaassa
Orycterope	*Orycteropus afer*	Tinba
Addax	*Addax nasomaculatus*	dankalakule
Oryx algazelle	*Oryx dammah*	
Gazelle dama (Biche robert)	*Gazella dama*	
Mouflon à manchettes	*Ammortragus lervia*	Kungo-sagajigi
Damalisque	*Damaliscus korrigum*	Togolafin
Gazelle dorcade	*Gazella dorcas*	Sin
Céphalophe a flanc roux	*Cephalophus rufilatus*	Kokunani
Hippopotame nain	*Choerepsis liberiensis*	Malikurunin
Buffle	*Syncerus caffer*	Sigi
Elan de derby	*Taurotragus derbianus*	minanjan
Girafe	*Girafa camelopardalis*	Tile, namu
Eléphant	*Loxodonta africana*	Sama
Cynhyène ou lycaon	*Lyacaon pictus*	naasiwulu
Lamantin	*Trichechus senegalensis*	ma
Femelles d'antilopes qui ne portent pas de cornes		
Les Oiseaux		

Nom Français	**Nom Latin**	**Nom Bamanan**
Bec en sabot	*Balaenicep rex*	Sa-kunu*ba-la-sama
Messager serpentaire	*Sagittarius serpentarius*	
Jaribu	*Ephippiorhynchus senegalensis*	
Comatibus chevelu	*Comatibus eremita*	
Marabout	*Leptoptilos crumeniferus*	Temu
Tous les vautours et Charognards	*Peudogyps africanus* *Aegyppius monachus*	Duga
Oricou	*Torgos tracheliotus*	Duga
Aigrettes	*Egretta ssp*	Nkunanj
Cigognes	*Ciconiidae spp*	Baninkônô
Héron garde bœuf	*Ardeola ibis*	Nkunanj
Ombrette	*Scopus umbretta*	Tentan
Sâtule	*Platalea alba*	
Tous les Flamants	*Phoenicopterus spp*	
Pelicans	*Pelicanus spp*	Kulanjan
Ibis	*Ibis spp*	
Grand Calao d'abyssinie	*Bucorvus abyssinicus*	Dib n
Pintade à poitrine blanche	*Agelastes meleagrides*	Kami-disi-jè
Grue couronnée	*Balearica pavonina*	
Les oiseaux de proie	*Falconiformes*	Nkuman
Hiboux et chouettes	*Strigiformes*	Gingin
Autriche	*Struthio camelus*	K n-sogonti
Les Reptiles		
Tous les Crocodiles		Bama, Basa

Source : Loi n°95-031/AN-RM du 20 Mars 1995 fixant les conditions de gestion de la faune sauvage et de son habitat, Annexe I.

Tableau 2: les espèces animales partiellement protégées[873]

Nom Français	Nom Latin	Nom Bamanan	Latitude d'Abattage
Classe A Mammifères			
Lion	*Panthera leo*	waraba	1 (un)
Hippopotame	*Hippopotamus amphibus*	mali	1 (un)
Hippotrague	*Hippotragus equinus*	daje	1 (un)
Cobe defassa	*Kobus defassa*	sen-sen	1 (un)
Bubale major	*Alcephalus-Buselaphus major*	tank n	1 (un)
Classe B Mammifères			
Cobe de buffon	*Kobus kob*	son	1 (un)
Guib harnaché	*Tragelaphus scriptus*	minan	2 (deux)
Cobe redunca	*Redunca redunca*	konkoron	1 (un)
Gazelle à front roux	*Gazella rufifrons*	sinè	2 (deux)
Cephalophe de grimm	*Sysvicapra grimma*	mankalan	3 (trois)
Ourebi	*Ourebia ourebi*		3 (trois)
Caracal	*Felis caracxal*	nkolonin	3 (trois)
Serval	*Felis serval*	monokon	3 (trois)
Ratel	*Melivora capensis*	daamè	3 (trois)
Oiseaux			
Outarde arabe	*Otis arabs*	tunkaba, kolonkono	1 (un)

[873] Aux termes de l'article 16 de la loi n° 95 – 004 du 18 janvier 1995 fixant les conditions de gestion des ressources forestières Les essences protégées sont celles qui en raison de leur intérêt économique, socio culturel ou scientifique, bénéficient d'une protection spéciale. Leur abattage et arrachage sont interdits sauf autorisation expresse.

Outarde de Denham	*Neeotis denhami*	tukan, gringo	1 (un)
Reptiles			
Tortues d'eau douce	*Cyclanorbis senegalenis Trionux triangus*	tacou ou na	2 (deux)
Tortues terrestres	*Testudo sulcata*	kooro-kaara	2 (deux)

Source : *Loi n°95-031/AN-RM du 20 Mars 1995 fixant les conditions de gestion de la faune sauvage et de son habitat, Annexe II.*

Tableau 3 : les espèces végétales protégées[874]

Nom Français	Nom Latin	Nom Bamanan
Palmier à huile	*Elaeis guineensis Jacq*	n'te sun
Rônier	*Borassus aethipium mart*	sebe sun
Poir Vène	*Pterocarpus erinaceus*	
Lenge	*Afzelia africana Smith*	
Gommier	*Acacia senegal Wild*	
Lin. r 11	*Parkia biglobosa Benth*	
Karité	*Butyrospermum paradoxum*	shii sun
Kapokier	*Bombax costatum Pallegre Vuiller*	
Caïlcédrat	*Kaya Senegalensis Juss*	djala sun
Balansan	*Acaciaalbida*	balansan sun
Fingalama	*Anogelsus leiocarpus*	galama sun

[874] Article 17 de la loi n° 95 – 004 du 18 janvier 1995 fixant les conditions de gestion des ressources forestières.

ANNEXE III

QUELQUES IMAGES D'ESPÈCES DE LA VIE SAUVAGE MENACÉES AU MALI

Image 1 : Vue sur quelques éléphants du Gourma Rharous, espèce menacée au Mali

Source : Rapport annuel 2008, Direction Nationale pour la Conservation de la Nature.

Des quatre petits troupeaux d'éléphants au Mali (Boucle du Baoulé, vallée de la Falémé, Gourma et Sounsan), il ne reste plus que celui du Gourma. Cette disparition serait liée à la réduction de leur habitat, au développement des circuits commerciaux, aux moyens modernes qu'utilisent les braconniers, à la demande en protéine suite à l'explosion démographique et au stresse croisant qui les poussaient à chercher l'eau et la nourriture plus loin.

Image 2 : Le lycaon ou chien sauvage d'Afrique, espèce menacée au Mali

Source : UICN, http://www.especes-menacees.fr/monde/afrique/mali/.

Le lycaon ou chien sauvage d'Afrique est un mammifère carnivore mesurant environ 70 cm au garrot pour un poids allant de 20 à 30 kg. Sa longueur varie de 60 à 100 cm, ce à quoi il faut ajouter une queue d'une trentaine de centimètres. En général, son pelage est majoritairement brun ou jaune et est parsemé de taches noires, blanches, rousses ; de cette caractéristique provient le surnom de l'animal, « loup peint », et son nom scientifique, Lycaon pictus. Ces « peintures » permettent par ailleurs de distinguer chaque individu, à la manière d'empreintes digitales chez l'Homme ou des rayures des zèbres. Il est menacé d'extinction au Mali.

Image 3 : La gazelle dama, espèce menacée au Mali

Source : UICN, http://www.especes-menacees.fr/monde/afrique/mali/.

La gazelle dama est une espèce en danger critique d'extinction. Elle est originaire des régions saharienne et sahélienne. La gazelle dama se réfugie dans les régions les moins accessibles pour l'homme, là où le terrain est très peu praticable. Les populations résiduelles connues constituent de très petits nombres d'individus très fragmentés. Nous les trouvons au Mali, notamment dans les régions du Gao et de Mopti, et au Niger avec une présence possible au Soudan. Elle a fait l'objet d'une réintroduction au Sénégal et au Maroc récemment. Elle fait partie des espèces menacées d'extinction au Mali.

Figure 3 : Le vautour à tête blanche, espèce menacée au Mali

Source : UICN, http://www.especes-menacees.fr/monde/afrique/mali/.

Comme tous les vautours, Trigonoceps occipitalis est un oiseau charognard. Il se nourrit donc des restes de proies tuées par un autre prédateur. S'ils sont souvent les premiers sur les lieux, parce qu'ils volent à faible altitude, ils se font vite chasser par les autres vautours notamment les vautours Oricou, Torgos tracheliotos, beaucoup plus dominants. Bien que les charognes constituent la majorité de son régime alimentaire, le vautour à tête blanche ingère également des œufs, des insectes, et des petits mammifères.

Si l'UICN pensait qu'il restait 10 à 18 000 individus, dont 5 à 12 000 en âge de se reproduire, des études récentes tendent à penser que le chiffre véritable serait plutôt aux alentours de 5 500 animaux. Si le vautour à tête blanche est classé en danger critique d'extinction par l'UICN, ce n'est pas pour la taille de sa population mais pour la rapidité très inquiétante de son déclin : l'espèce aurait perdu 96 % de ses membres en 45 ans.

Figure 5 : Le Crocodile à nuque cuirassée ou Mecistops cataphractus, espèce menacée au Mali

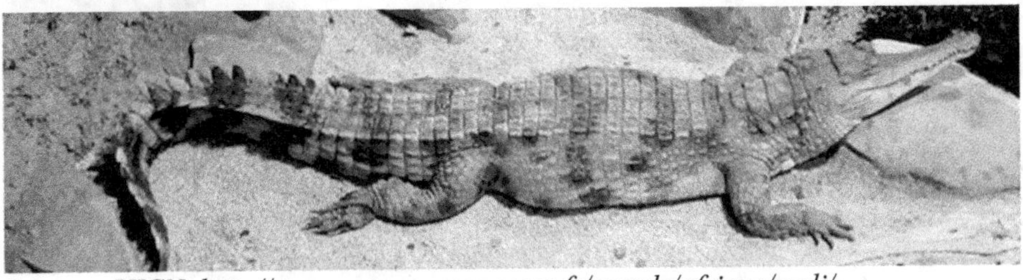

Source : UICN, http://www.especes-menacees.fr/monde/afrique/mali/.

Le faux gavial d'Afrique (Mecistops cataphractus), également appelé crocodile à nuque cuirassée, est l'un des crocodiles les moins connus du monde. Jusqu'en 2014, l'UICN ne pouvait se prononcer sur la santé de l'espèce et la classait dans la catégorie « Manque de données ». Elle n'a revu sa position qu'en 2014, où Mecistops cataphractus a finalement rejoint les espèces « en danger critique d'extinction ».

Le faux gavial d'Afrique est un crocodile de taille moyenne : bien qu'un individu atteignant 4,2 mètres pour 325 kg ait déjà été enregistré, la plupart des adultes mesurent environ 2,5 mètres et leur poids avoisine 200 kg. Redoutable nageur, il possède un museau effilé particulièrement adapté à la vitesse sous l'eau ; cette caractéristique lui permet de capturer en eaux vives les poissons ou encore de fouiller entre les racines des arbres à la recherche de proies. En effet, bien qu'essentiellement piscivore, Mecistops cataphractus n'hésite pas à chasser crabes et grenouilles, mais aussi de plus grosses proies comme des serpents aquatiques, des tortues et même des oiseaux ou de petits mammifères.

L'aire de répartition historique de Mecistops cataphractus est très large : ce saurien a colonisé toute la côte ouest de l'Afrique, de la Mauritanie jusqu'à l'Angola. Il était également présent au Mali et en République centrafricaine. Une population était connue au Tchad, mais il semble qu'elle ait désormais disparu. Au sud, des traces de faux gavial ont été relevées jusqu'en Zambie et en Tanzanie.

<u>Image</u> 6 : Vue sur une forêt dévastée par les feux de brousse

<u>Source</u> : Image sur capture que nous avons prise aux cours de nos recherches de terrain dans le Cercle de Sikasso, village de Dougoukolobougou.

Dans beaucoup de localités que nous avons visitées dans le cadre de nos recherches, nous avons constaté une destruction du couvert végétale due aux activités humaines. Cette destruction de la végétation, habitats des espèces reste un défi dans la protection ou la conservation de la biodiversité au Mali.

BIBIOGRAPHIE

I/ OUVRAGES GENERAUX ET SPECIALISES, DICTIONNAIRES

1. OUVRAGES GENERAUX

- **BAKER Susan,** « *Sustainable Development* », London 2006, Rutledge, 245 p.
- **CHAPUS Réné,** « *Droit administratif général* », 14èm édition, Montchrestien, 2000, 786p.
- **CHARBONNEAU Simon**, « *Droit communautaire de l'environnement* », le Harmattan, 2006, 295 p.
- **DAILLIER Patrick et PELLET Alain,** « *Droit international public* », 6ème éd., LGDJ, n° 737, 1999, 1225 p.
- **DE VISSCHER Charles** « *les effectivités du droit international public* », Pedone, Paris, 1967.
- **DIOP Cheick Anta,** « *Nations Nègres et culture, De l'antiquité nègre égyptienne aux problèmes culturels de l'Afrique noire d'aujourd'hui* », Editions présence africaine, 1954, 564 p.
- **FAUCHEUX Sylvie, NOEL Jean-François,** « *Economie des ressources naturelles et de l'environnement* », édition Paris Armand Colin, 1995, 370 p.
- **GRANIER, Laurent,** (Coord.) « *Aspects contemporains du droit de l'environnement en Afrique de l'Ouest et centrale* », UICN, Gland, Suisse. Xvi, 2008, 223 p.
- **GRANIER, Laurent,** « *Les conventions locales de gestion des ressources naturelles et de l'environnement. Légalité et cohérence en droit sénégalais* ». UICN, Gland, Suisse et Cambridge, Royaume-Uni, 2006, 56 p.
- **JEAN Rivero, JEAN Waline,** « *Droit administratif* », Précis Dalloz, 20ème édition 2004, 623 p.
- **JESTAZ Philippe,** « *La sanction ou l'inconnue du droit* », droit et pouvoir, Tome 1, la validité, Bruxelles, Story-Scientia, 1987, 253 p.
- **KELSEN Hans,** « *Théorie pure du droit* », 2e éd., Paris, Dalloz, 1962, 460 p.
- **MALJEAN-DUBOIS Sandrine** (dir.), « *L'outil économique en droit international et*

Européen de l'environnement », la documentation française, Paris, 513 p.
- **MORIN Edgar et KERN Anne-Brigitte,** « *Terre-Patrie* », le seuil, Paris 1993, 224p.
- **OST François et DE KERCHOVE Michel van**, « *Jalons pour une théorie critique du Droit* », Publication des FUSL, 1987, 606 p.
- **OST François,** « *la nature hors la loi : l'écologie à l'épreuve du droit* », Paris, la découverte, 1995, 346 p.
- **OST François,** « *A quoi sert le droit ? Usages, Fonctions Finalités* », Groupe Larcier S.A., éditions Bruylant, 2016, 570 p.

- **RIPERT Georges**, « *Les forces créatrices du droit* », Paris, LGDJ, 1955, p.372.
- **ROBERT Jacques-Henri**, « *Droit pénal général* », édition PUF (Thémis) 1998, 425p.
- **SARDAN Olivier,** « *Anthropologie et développement. Essai en socio-anthropologie du changement social* », Paris, Karthala 1998, 221p.
- **TISSIER Bernard,** « *Education, formation, environnement* », Paris : Economica, 1998, 112p.

2. <u>OUVRAGES SPECIALISES</u>

- **BARBAULT Robert,** « *Biodiversité* », Paris, Hachette 1997, Collection les fondamentaux, 159 p.
- **DOUMBE BILLE Stéphane et PRIEUR Michel**, « *Recueil francophone des traités et textes internationaux en droit de l'environnement* », AUPELF-UREF/Bruylant, 1998, 719p.
- **KAMTO Maurice,** « *Droit de l'environnement en Afrique* », EDICEF/AUPELF, 1996, 413 p.
- **KISS Alexandre,** « *Droit international de l'environnement* », éditions A. Pédone, Paris, 1989, 349 p.
- **KISS Alexandre, BEURIER Jean Pierre,** « *Droit international de l'environnement* », Paris, Pédone, 2000, 424p.
- **LAVEILLE Jean Marc,** « *Droit international de l'environnement* », 2ème édition, Ellipses, 2004, 192p.
- **LAVIEILLE Jean Marc,** « *Droit international de l'environnement* », 3ème édition, Ellipses 2010, p.265.

- **MALJEAN-DUBOIS Sandrine**, « *la mise en œuvre du droit international de l'environnement* », les notes de l'Iddri, n°4, 2003, 64p.
- **PRIEUR Michel,** « *Droit de l'environnement* », Précis Droit Public et Science Politique, 6ème édition Dalloz 2011, 1152 p.
- **PRIEUR Michel,** « Droit *de l'environnement* », Paris, Dalloz, 2004, 1090 p.
- **ROMI Raphaël,** *« Droit et administration de l'environnement »*, 4èm édition,
Montchrestien, 2004, 563 p.
- **ROMI Raphaël,** « Droit et administration de l'environnement », 5èm édition, Montchrestien, 2004, 595 p.
- **VAN LANG Agathe**, « Droit de l'environnement », 3ème éd., Thémis, PUF, 2011.
- **WALTER François** « *Les suisses et l'environnement : une histoire du rapport à la nature du XVII ème siècle à nos jours* » éd. ZOE, Genève 1990, 296 p.
- **WILSON Edward Osborne**, "*Biodiversity*", Washington D.C; National Academy Press, 1998, 521p
- **WILSON Edward Osborne**, « *La diversité de la vie* », Editions Odile Jacob, Paris 1993, 496 p.

3. DICTIONNAIRES ET VOCABULAIRES JURIDIQUES

- **CORNU Gérard, Association Henri CAPITANT**, « *Vocabulaire juridique* », 10ème édition mise à jour décembre 2013 P.U.F., 1099 p.
- **CORNU Gérard, (dir.)**, « *Vocabulaire juridique* », Paris, Quadrige / PUF, 2000, 423p.
- **DE CALAM Didier, CATACH Laurent**, « *le Robert Illustré* », édition SEJER, 2014, 2100 p.
- **JEUGE-MAYNART Isabelle, GIRAC-MARINIER Carine, FLORENT Jacques**, « *le Petit Larousse Illustré* », édition 2013, 1934 p.
- **LITTRÉ Emile**, « *Dictionnaire de la langue française* », Tome.7, Paris Gallimard, Hachette 1971, 1450 p.
- **TRIPLET Patrick**, « *Dictionnaire de la biodiversité et de la conservation de la nature* », édition 2015, 721 p., disponible sur : https://www.dropbox.com/s/lva421qorbow6ec/Dictionnaire%20conservation%20P%20Triplet.pdf?dl=0; version actualisée en 2015.

II/ THESES ET MEMOIRES

1. THESES DE DOCTORAT

- **ALISSOUTIN Rosnert Ludovic**, « *la gestion de l'eau en milieu aride* », thèse de doctorat, soutenue à Université Gaston Berger, 2006, 526 p.
- **BARRIERE Olivier,** « *Gestion des ressources renouvelables et conservation des écosystèmes au Sahel : le foncier- environnement* », thèse, 1996, Paris I panthéon-
Sorbonne, 686 p.
- **BETAILLE Julien,** « *Les conditions juridiques de l'effectivité de la norme en droit public interne : illustrations en droit de l'urbanisme et en droit de l'environnement* », thèse de Doctorat Université de Limoges, soutenue le 07 décembre 2012, Ecole doctorale n°88 Pierre Couvrat, 755 p.
- **CAMARA Bakary**, « *Evolution des systèmes fonciers au Mali : cas du bassin cotonnier de Mali sud : zone office du Niger et région CMDT de Koutiala* », thèse de doctorat d'Etat en Histoire du droit et des institutions, Université Gaston Berger de Saint Louis, 2009, 519p.
- **CHENE-SANOGO Alima**, « *Enjeux Fonciers et Développement Durable au Mali* », thèse de doctorat en droit, soutenue le 20 décembre 2012 à l'Université de Bourgogne, 838p.
- **CANOVAS Julie**, « *La nécessité d'une nouvelle conception de la responsabilité au service de l'en-commun : une approche à partir de champs spécifiques : genre, peuples autochtones, environnement* », thèse de Doctorat en Droit, Ecole Doctorale LISIT, 2012, Université de Bourgogne.
- **KEMFOUET KENGNY Emile Derlin,** « *Droit international de l'environnement et fonction juridictionnelle* », Thèse pour obtenir le grade de docteur en droit de l'Université de Limoges, Présentée et Soutenue le 24 Juin 2008, 482p.
- **LY Ibrahima,** « *La problématique du droit de l'environnement dans le processus de développement économique et social d'un Etat africain : l'exemple du Sénégal* », thèse de doctorat d'Etat, Université Cheick Anta DIOP de Dakar, 1994, 458p.
- **QUEFFELEC Betty,** « *La diversité biologique : outil d'une recomposition du droit international de la nature, exemple marin* », thèse de doctorat en Droit public, présentée et soutenue publiquement

le 12 Avril 2006, Université de Bretagne Occidentale, Ecole doctorale des sciences de la mer, 510p.
- **SOW Abdoul Aziz,** « L'effectivité du droit de l'environnement au Sénégal » Thèse de Doctorat en Droit public, présentée et soutenue publiquement en 2009, Centre d'études et de recherches Fondements du droit public (Cergy-Pontoise, Val-d'Oise), 587 p.
- **TRAORE Samba,** « *Les systèmes fonciers dans la vallée du Sénégal. Exemple de la zone Soninké de Bakel : canton du Goy-Gajaaga,* » Thèse, UGB, 1991, 482 p.

2. MEMOIRES

- **BROCHARD Lukas Diblasio,** « *le développement durable : Enjeux de définition et de mesurabilité* », Mémoire de maîtrise en science politique, Université du Québec à Montréal, services des bibliothèques, juin 2011, 96p.
- **CAMARA Yamadou,** « *La lutte contre la désertification en Afrique Subsaharienne : cas du Mali* », Mémoire de Master en droit international et comparé de l'environnement 2011, Université de limoges. 72 p.
- **DIOUF Samba.,** « *L'intégration juridique en Afrique : l'exemple de l'UEMOA et de l'OHADA* », Mémoire de DEA en Droit de l'Intégration et du système OMC, Université Cheick Anta DIOP de Dakar, Ecole Doctorale Régionale Africaine (EDRA), 2005, 173pp, disponible sur www.memoireonline.com, Page consultée le 30 Avril 2017.
- **MONZALA Wenceslas Sacré Cœur**, « *Les initiatives d'intégration régionale en Afrique de l'Ouest : analyse du cadre institutionnel de la CEDEAO* », Mémoire de Licence en Droit Public, Université Africaine de Technologie et de Management UATM-GASA, 2009, disponible sur www.memoireonline.com, Consultée le 30 Avril 2017.
- **OUMAROU Ibrahim,** « *La contribution de la convention sur la diversité biologique à la protection de l'environnement au Sénégal : bilan de 20 ans d'application* », Mémoire Master en droit international et comparé de l'environnement 2011, Université de limoges, 67 p.
- **SIDIBE Diakalia Siaka,** « *Le rôle des ONG dans le développement du droit International de l'environnement* », Mémoire de Master en

droit international et comparé de l'environnement 2011, Université de limoges, 75 p.
- **SISSOKO Amadou,** « *La problématique de l'application des conventions sur la désertification en Afrique Subsaharienne : cas du Mali* », Mémoire de Master en droit International et comparé de l'environnement 2013, Université de Limoges, 74 p.
- **SOW Abdoul Aziz,** « *Les conventions locales : un outil novateur pour la gestion des collectivités locales au Sénégal* », Mémoire de DEA en Droit de la décentralisation et gestion des Collectivités Locales, Université Gaston Berger de saint Louis au Sénégal, 2006, 78p.
- **TRAORE Lamine,** « *L'applicabilité des conventions internationales relatives à l'environnement au niveau local : cas de la convention sur la diversité biologique en Afrique de l'Ouest* », Mémoire de DEA, Faculté de Droit et Sciences des Economiques de l'Université de Limoges, promotion, 2009, 76 p.
- **YOMBATINA BENI Sitack**, « *Droit de l'environnement à l'épreuve des représentations culturelles africaines : La nécessité d'une approche dialectique et plus responsable* », DEA à l'Académie européenne de théorie du droit. Bruxelles, Belgique, 2000, 107p.

III/ ARTICLES, COMMUNICATIONS, RAPPORTS ET COURS

1. ARTICLES ET COMMUNICATIONS

- **ABARCHI Djibril,** « *La supranationalité de l'Organisation pour l'Harmonisation en Afrique du Droit des Affaires (OHADA)* », in la Revue burkinabé de droit n°37, 1er semestre 2000, 30 p.
- **AUDIN Amable,** « *La naissance de Rome* », in la Revue de géographie de Lyon, vol. 31, no1, 1956, pages 21-31. Voir aussi sur : http://www.mediterranees.net/civilisation/Rich/Articles/Eau/Cloaca.html.
- **AZOULAY La,** « *Constitution européenne, acte refondateur de l'Union ?* », in A. LEVADE (dir.), la Constitution européenne, Actes de colloque des 3 et 4 juin 2004, Bruxelles, Bruylant.
- **BARRIERE Olivier**, « *Une anthropologie juridique de l'environnement* », in Cahiers d'Anthropologie du Droit 2004, Revue Droit et Cultures, hors-série 2004/4, pp. 51-58.

- **BARRIERE Olivier,** « *Entre légalité et légitimités locales, comment le droit s'adapte-t-il ?* », in Espaces Naturels, n°38, 2012, p.40-41.
- **BARRIERE Olivier,** « *Vers la définition d'un nouveau droit de l'environnement africain* », IRD, 2001, 18p.
- **BAUER Annie, et MARROUE Louis,** (1999). « *Pour une éducation à l'environnement* ». In Actes du Festival International de Géographie, site d'accompagnement pédagogique, disponible en ligne sur :
http://archives-fig-st-die.cndp.fr/actes/actes_99/environnement/article.htm, Consulté le 15 mars 2017.
- **BECKERMAN Wilfred,** « *Sustainable Developpment* », is it a Useful Concept? Environmental Value 3, 1994, pp. 191- 209.
- **BÉRAUDO Jean-Paul,** « *La négociation internationale institutionnelle de droit privé (Ière partie)* », (1997) in la Revue Droit. Uniforme p. 9-19.
- **BOUDET Georges et LEBRUN Jean Pierre.,** « *Catalogue des plantes vasculaires du Mali* », Etudes et Synthèses de l'IEMVT », n0 16, Paris 1986, 480 p.
- **BOUDET Georges et LEBRUN Jean Pierre,** « *les explorateurs des plantes botaniques au Mali* »,1986.
- **BUGNICOURT Jacques,** « *le mimétisme administratif en Afrique : obstacle majeur au développement* », in la Revue française de Science Politique, année 1973, volume 23, numéro 6, pp. 1239-1267.
- **COULIBALY Amadou,** « *Enjeux socio-économiques et consultation publique Mine d'Or de Kalana, République du Mali* », Association Malienne pour l'Evaluation Environnementale, Institut de l'Energie et l'Environnement de la Francophonie, Mars 2006.
- **DAGET Jean,** 1954 : « *Les poissons du Niger supérieur »,* Mémoire de l'Institut Français d'Afrique Noire, IFAN, 1954
- **DELVOYE Charles,** « *Rome impériale et l'urbanisme dans l'antiquité », Revue belge de philologie et d'histoire*, vol. Tome 32, no-fasc. 2-3, 1954, p. 596-598.
- **DJIRE Moussa,** « *les conventions locales au Mali : une grande nébuleuse juridique et un pragmatisme en gestion des ressources naturelles* », ouvrage publié en 2004 par l'IIED, 35p, disponible sur le lien :

www.iedafrique.org/IMG/pdf/conventions_locales_2_mali.pdf. (Consulté le 17 Mai 2017)

- **DJIRE Moussa,** « *Les Conventions Locales au Mali : Outils de Gestion Durable des Ressources Naturelles* », Revue de Littérature, Bamako, octobre 2003, 89 p.
- **DORSOUMA Al Hamandou, BOUCHARD Michel-André,** « *conflits armés et environnement* », développement durable et territoires, Dossier 8/2006, mise en ligne le 25 juillet 2014, https://developpementdurable.revues.org; Consulté le 14 décembre 2015, 14p.
- **DOUMBE-BILLE Stéphane,** « *la genèse de l'ère écologique* », in CORNUE (M.), et FROMAGEAU J., éditions, « *Genèse du droit de l'environnement-Fondements et enjeux internationaux* », (Vol.1) Paris, Budapest, Montréal : Le Harmattan, 2001, Collection droit du patrimoine culturel et naturel, 231p.
- **DOUMBE-BILLE Stéphane**, « *Droit international de la faune et des aires protégées : importance et implications pour l'Afrique* », Etudes juridiques de la FAO disponible en ligne sur le lien http://www.fao.org/Legal/default.htm, 30p, consultée le 28 janvier 2017.
- **GABAS Jean Jacques, MAINGUY Catherine, EGG Johny,** « *Processus d'émergence d'une politique publique de développement durable : le cas du Mali* », PROPOCID, Working Paper n°7, 2008, 54p.
- **GARANE Amidou**, « *Les préoccupations environnementales dans les expériences d'intégration économique régionale en Afrique : la nécessité d'une politique communautaire* », Annuaire Africain de Droit International, Vol. 9, 2001, pp. 143-184.
- **GOME, Gnohité Hilaire**, « *Forêts sacrées de Côte d'Ivoire : la tradition au secours de l'environnement* », In Pratiques culturelles, la sauvegarde et la conservation de la biodiversité en Afrique de l'Ouest et du Centre, Actes du Séminaire-Atelier de Ouagadougou (Burkina Faso) du 18 au 21 juin 2001, sous la direction de Innocent BUTARE, IDRC-CRDI, Zoom Editions, 2003, p.33-45.
- **GREIBER (T.), MORENO (S. P.), AHREN (M.), CARRASCO (J. N)., KAMAU (E. C.), MEDAGLIA (J. C.), OLIVA (M.J.), PERRON-WELCH (F.)**, en coopération avec Natasha Ali et China Williams, « *Guide explicative du Protocole de Nagoya sur l'accès et le partage des avantages* », UICN, Gland, Suisse, 2014, 400p.

- **GRIMEAUD David,** « *le droit international et la participation des Organisations Non Gouvernementales à l'élaboration du droit de l'environnement : une participation en voie de formalisation ?*», pp 87-167, in « *la protection de l'environnement au cœur du système juridique international et du droit interne, acteurs, valeurs et efficacité* », sous la direction de Michel PÂQUES et Michaël FAURE, actes du colloque des 19 et 20 octobre 2001 Université de liège, Bruxelles, éd. Bruylant 2003.
- **HONKA Hannu,** « *Harmonization of Contract Law through International Trade: A Nordic Perspective* », (1996) 11 Tul. Eur. & Civ. L. F, p 111- 112.
- **JACOBS Michael,** « *Sustainable Developpment as a contested concept* », in Dobson, A. Fairness and futurity: Essays on environmentally sustainable and social justice, Oxford University Press, 1999, p.24.
- **KAMTO Maurice,** « *les conventions régionales sur la conservation de la nature et des ressources naturelles et leur mise en œuvre* », REJ 1997/4, pp. 417-420 et 437-442.
- **KAMTO Maurice,** « *Singularité du droit international de l'environnement* », les hommes et l'environnement. Quels droits pour le XXI ème siècle ? Etudes en Hommage à A. KISS, Frison Roche, 1998, pp. 315-322.
- **KAMTO Maurice**, « *La mise en œuvre du droit de l'environnement : Forces et faiblesses des cadres institutionnels* », in Revue Africain de Droit de l'Environnement (RADE), N°1, 2014, p.29-36.
- **KAMTO Maurice**, « *L'impératif de l'inculturation (« endogénéisation ») du droit de l'environnement en Afrique* », in Revue Africaine de Droit de l'Environnement, African Journal of Environmental Law (RADE), N°1, 2014, p.153-154.
- **KI-ZERBO Joseph,** « *A quand l'Afrique, Entretien avec René HOLENSTEIN* », Editions d'en bas, 2013, 239p.
- **KONATE Aenza,** « *Pour une démocratie environnementale en Afrique : de nouveaux droits de citoyenneté indispensables à l'effectivité du droit de l'environnement* », in Revue Africain de Droit de l'Environnement (RADE), N°1, 2014, p.37-51.
- **KONATE Yacouba,** « *les conventions locales de gestion des ressources naturelles en 3ème région* », Communication présentée à l'atelier sur la foresterie communautaire, ronéo, Bamako, 2000, 18p.

- **KONATE (M. K.), GUEYE (M.), NSEKA VITA (T.),** « *Scolarisation des enfants au Mali selon le profil des ménages et étude de leur maintien à l'école* », UNESCO, 2003, 19p.

- **LAWSON André., BOUARE Seydou,** « *L'appui budgétaire, les instruments d'aide et l'environnement : le contexte National* » étude du cas : le Mali, Rapport final, Mars 2008, 36p.

- **LAVERGNE Réal,** (sous la Direction), « *Intégration et coopération régionales en Afrique de l'Ouest* », Éditions Karthala et CRDI, 1996, 406p.

- **LAVIELLE Jean Marc,** « *l'air et les climats* », cours de droit international de l'environnement, Université de Limoges, Faculté de droit et des sciences économiques, Programme de formation satellitaire, actualisation 2015.

- **LEROY Emmanuel,** « *Les orientations des reformes foncières en Afrique francophones depuis le début des années 90 » in Lavigne Delville Ph (dir), « Quelles politiques foncières pour l'Afrique rurale ? Réconcilier pratiques, légitimité et légalité* », Paris 1998, Ministère de la coopération/Kartala, pp.383-389.

- **LY Ibrahim, NGAIDE Moustapha,** « *Cours de droit de l'environnement au Sénégal* », programme satellitaire de formation à distance campus numérique « ENVIDROIT », Droit International et Comparé de l'Environnement, Université de Limoges (Faculté de Droit des Sciences Economiques), Actualisation 2014, 104p.

- **MACKENZIE R., BURHENNE-GUILMIN, F., LA VINA Antonio G.M, WERKSMAN, J. D.** ; en collaboration avec Alfonso ASCENCIO, Julian KINDERLERER, Katharina KUMMER et Richard TAPPER, « *Guide explicatif du Protocole de Cartagena sur la prévention des risques biotechnologiques* », UICN, Gland, Suisse et Cambridge, Royaume-Uni, 2003, xvi+, 317p.

- **MARCOU Gérard,** « *la décentralisation et la démocratie locale dans le monde* », WWW.cities-locagovernments.org/gold/Upload/gold.fr; (page consultée en novembre 2015).

- **MEKOUAR Mohamed Ali,** « *le texte révisé de la Convention africaine sur la conservation de la nature et des ressources naturelles : petite histoire d'une grande rénovation* », Environnemental Policy and Law, Etudes en ligne FAO, avril 2006, 15p.

- **MEHDI Rostane,** « *La « double hiérarchie » normative à l'épreuve du projet de traité établissant une Constitution pour l'Europe* », in les

dynamiques du droit européen en début de siècle-Etudes en l'honneur de J-C. Gautron, Paris, Pedone, 2004, spéc, 458 p.
- **MISSANG BIBANG Covacks,** « *la part des influences internationales dans l'édification d'un droit national de l'environnement en Afrique* », in palabres Actuelles n°6, « *la Fabrique du droit en Afrique* », actes du premier symposium Juridique de Libreville (21-22 novembre 2013), p.339-349.
- **MOLINER-DUBOST Marianne,** « *Démocratie environnementale et participation des citoyens* », article publié dans l'AJDA, 2011, 259p.
- **NOZICK Maria,** « *Entre nous : rebâtir nos communautés* », Traduction de F. FOREST, Montréal, les Editions Eco société, 1995, 263pp.
- **OST François,** « *la responsabilité, fil d'Ariane du droit de l'environnement* », Droit et Société, n°30-31, p.281-322.
- **OST François, JADOT**, « *La reconnaissance des intérêts écologiques* » in Droits et Intérêts : entre droit et non-droit, l'intérêt, droit positif, Droit comparé et Histoire du Droit, 1989, Bruxelles, FUSL, p.185.
- **OUEDRAOGO Jean-Baptiste,** « *Pratiques culturelles de la conservation des ressources naturelles en milieu rural Mossi du centre-nord du Burkina Faso* », In Pratiques culturelles, la sauvegarde et la conservation de la biodiversité en Afrique de l'Ouest et du Centre, Actes du Séminaire-Atelier de Ouagadougou (Burkina Faso) du 18 au 21 juin 2001, sous la direction de, Innocent BUTARE, IDRC-CRDI, Zoom Editions, 2003, p.89-102.
- **POULANTZAS Nicos Ar.**, « *Nature des choses et droit* », vol 5, p. 5, édition Paris LGDJ, 1965, 364p.
- **RANGEON François**, « *Réflexions sur l'effectivité du droit* » in Les usages sociaux du droit ; ouvrage collectif, édition PUF 1989, pp.126-149.

- **ROYAL SOCIETY**, 2001 "*The use of Genetically Modified Animals*", mai 2001, Science Advice Section, disponible sur le lien :

http://www.royalsoc.ac.uk/files/statfiles/document-139.pdf; page consultée le 27 février 2017.
- **RAYNAUD Pierre,** « *La gestion des espaces naturels* », Revue .Fr. adm. Public, janvier-mars 1990, n°53, p33.
- **DE SAADELER Nicolas,** « *la conservation de la nature au-delà des espèces et des espaces : l'émergence des concepts écologiques en*

droit international », in Images et usages de la nature en droit, dir. F. OST, Ph. GERARD, M. Van DE KERKHOVE, Bruxelles, Presses de la Faculté Universitaire de Saint Louis, 1993.
- **SANOGO Moussa,** « *Les conventions locales de gestion des ressources naturelles-Expériences de la 3eme Région et de la DRCN de Mopti* » in Inacom, Appui à l'organisation de l'atelier d'élaboration de la convention locale de gestion des bourgoutières de Diamandoua et de Kéra Korentzé du 31 janvier au 2 février 2003, Ronéotypé, NEF, Douentza, pp.5-17.
- **SARR Babacar,** « *l'implication du juge national dans la mise en œuvre de la règle communautaire* », Actes du Colloque sur les droits communautaires africains, p.213.
- **SAUNOIS Alex,** « *la protection de la biodiversité : un enjeu majeur indissociable de la responsabilité sociétale des entreprises* », www.lesarchives.échos.fr; 23 juillet 2012, (page consulté le 30 mars 2016).
- **SAUVE Laurent,** « *Environnement et développement : la culture de la filière ONU ». Education relative à l'Environnement*, (2003), En ligne, Vol. 4, p. 33-55. In Googlescholar, http://www.googlescholar.com, Consulté le 15 Mars 2017, p.37.
- **SAUVE Laurent,** (1999). « *Un patrimoine de recherche en construction, Education relative à l'Environnement* », Vol1, p.28, disponible en ligne sur : http://www.revueere.uqam.ca/PDF/Volume1/recherches%20et%20reflexions/EREV01_II_013.pdf. Consulté le 15 mars 2017.
- **SENGHOR Léopold Sédar,** « *Eléments constitutifs d'une civilisation d'inspiration négro-africaine* », Présence africaine, numéros spécial, 1959, Tome I : l'unité des cultures négro-africaines, p. 249-279.
- **SOBZE Serge François,** « *De la création du Droit en Afrique » A « Comment fabrique-t-on le Droit en Afrique* » ? Quelles innovations pour la sécurité juridique en Afrique ? », In Palabres Actuelles, Revue de la Fondation Raponda-Walker, N°6 2013, « La fabrique du Droit en Afrique », Actes du premier Symposium Juridique de Libreville (21-22 novembre 2013), p.23-44.
- **TOURE Moussa Etienne**, « *Insuffisance des ressources humaines et financières pour une meilleure application du droit de l'environnement au Mali* », in Revue Africain de Droit de l'Environnement (RADE), N°1, 2014, p. 103-116.

- **TRAORE Adama Moussa,** « *Pratiques traditionnelles de gestion des ressources végétales en milieu Bamanan du Bélédougou (Mali)* », In Pratiques culturelles, la sauvegarde et la conservation de la biodiversité en Afrique de l'Ouest et du Centre, Actes du Séminaire-Atelier de Ouagadougou (Burkina Faso) du 18 au 21 juin 2001, sous la direction de Innocent BUTARE, IDRC-CRDI, Zoom Editions, 2003, p.193-203.

- **WADE Abdoulaye,** « *L'Afrique doit-elle élaborer un droit positif ?* », Rec. Penant, 1963

- **WARSHALL Pierre,** « *Evaluation de la Diversité au Mali* », USAID, Division des Ressources Naturelles, Washington, DC 20001, 1989.
- **WYMENGA. E., KONE, B., VAN DER KAMP J., ZWARTS, L.,** « *Ecologie et gestion durable des ressources naturelles, Delta Intérieur du Fleuve Niger* », Mali-PIN publication 2002-01.

2. RAPPORTS ET COURS

- **BEURIER Jean Pierre, LAVIEILLE Jean Marc, NADAUD Séverine,** « *Droit International de l'Environnement : la Biodiversité* », Cours n°5 de Master, Actualisation 2015, Université de Limoges, 24p.
- **DIALLO Arouna,** « *Cours de Droit Rural* », Faculté de Droit Public, Université des Sciences Juridiques et Politiques de Bamako, actualisation 2015.
- **DICKO Abdoul Karim,** « *Les conventions locales comme cadre de référence pour l'exercice des compétences des acteurs de la décentralisation dans la gestion des ressources naturelles au Mali : Bilan et perspectives* », Rapport d'étude, Coopération allemande au développement GTZ, PACT ronéotypé, Bamako, 2002, 37p.
- **CEN-SAD et OSS,** 2006, « *La Grande Muraille Verte dans le cadre de l'Initiative Sahélo Sahélienne* », brève analyse et directives préliminaires, 39 p.
- **CEN-SAD et OSS**, 2006, « *La Grande Muraille Verte dans le cadre de l'Initiative Sahélo Sahélienne* », programme d'action (2008-2010), 26 p.
- **CILSS,** « *La gestion décentralisée des ressources naturelles dans trois pays du Sahel : Sénégal, Mali et Burkina Faso* », document publié par le PADLOS, Ouagadougou, 1997, 349 p.

- **CLUB DES JURISTES**, « *Renforcer l'efficacité du droit international de l'environnement : Devoirs des états, droits des individus* », Rapport de la Commission Environnement novembre 2015, Présidé par Yann AGUILA, Avocat au barreau de Paris, Bredin Prat, www.leclubdesjuristes.com, 131 p
- **CMED,** Rapport de Brundtland « *Notre avenir à tous* », Editions du Fleuve, 1989, 349p.
- **FAO** « La législation forestière au Cap Vert, Ethiopie, Gambie, Mali, Mauritanie, Niger, Rwanda, Sénégal » Rome, 1986, 98 p.
- **FAO** « La législation forestière de quelques pays Africains » Rome, 1986, 345 p.
- **FAO**, Evaluation mondiale des ressources forestières 2000. Note de rapport 140 de la Foresterie, FAO, 2001, Rome.
- **HAIDARA Chirfi Moulaye,** « *Analyse des processus décisionnels et définition du rôle de la population, projet amélioration de la résilience des populations sahéliennes aux mutations environnementales, Rapport de l'étude Nationale au Mali* », Consultant, document publié le 02 Août 2013, par l'Observatoire du Sahel et du Sahara, 60p.
- **LAVIELLE Jean Marc,** « *Droit international de l'environnement : l'air et les climats* », Cours de Master en « Droit International et Comparé de l'Environnement », Formation à distance, Campus Numérique, ENVIDROIT, Université de Limoges, actualisation 2016, 24 p.
- **MEA**, « *Politique Nationale de Protection de l'Environnement* », volume II, 1998, (Résumé du Plan National d'Action environnementale), 53p.
- **MEA,** Direction nationale des eaux et forêts, « *Quatrième Rapport National sur la mise en œuvre de la Convention sur la Diversité Biologique* », Bamako, Mai 2009, 97p.
- **MEA**, « *Rapport National sur l'état de l'environnement au Mali* » 2010, 118p.
- **MEA**, Direction Nationale des Eaux et Forêts, «*Cinquième Rapport National sur la mise en œuvre de la Convention sur la Diversité Biologique* », Bamako, Août 2014, 76p.
- **MEA,** Agence pour l'Environnement et le Développement Durable (AEDD), « *Rapport Final du Cadre de gestion de gestion environnementale et sociale* », Avril 2013, 108p.

- **MEA,** Direction Nationale des eaux et forêts, « *Stratégie Nationale et Plan d'actions pour la diversité Biologique au Mali* » (Révision 2014), 92p.
- **MEA**, « *Révision du Profil Environnemental, Rapport final* », AGRECO, 05 Octobre 2014, 149p.
- **MEA**, Agence de l'Environnement et du Développement Durable, « *Profil national pour évaluer les capacités nationales de mise en œuvre du principe 10 de la déclaration de Rio* », document élaboré en février 2011, 89p.
- **MEA**, « Rapport National sur le Développement Durable du Mali, dans la perspective de RIO+20 », Document élaboré sous la coordination de l'Agence de l'Environnement et de Développement Durable, 53p.
- **Ministère de l'équipement, de l'aménagement du territoire, de l'environnement et de l'urbanisme**, « *Situation Générale de la Biodiversité au Mali* », Rapport d'octobre 2000, 102p.
- **Ministère de l'agriculture**, Cellule de coordination, Programme d'Appui aux Services Agricoles et aux Organisations paysannes (PASAOP), « *Rapport final du Cadre de gestion environnementale et sociale* », décembre 2009, 108p.
- **Ministère de l'Agriculture**, « *Politique Nationale de développement Agricole du Mali* », élaborée 2013.
- **MONEDIAIRE Gérard,** « *La protection de la nature : la protection des espèces* », Cours de Droit international et comparé de l'environnement, Formation à distance, Campus Numérique « *ENVIDROIT* », Université de Limoges, Actualisation 2016, 15p.
- **PNUE,** 2001. « *Gouvernance internationale en matière d'environnement* », Rapport du directeur exécutif, UNEP/IGM/1/2, 4 avril, 64p.
- **PNUD,** « *Le Public et l'Environnement* », Etat de l'environnement, 1988, 256p.

- **SOMIKA**, Rapport d'EIE de la mine d'or de Kalana, étude mise à jour, mai 2007, 175p.
- **ONU**, « Agenda 21 », http://www.un.org/french/events/rio92/agenda21/action35.htm
- **UICN**, document « World Conservation Strategy » ou « Stratégie Mondiale de la Conservation, la conservation des ressources vivantes au service du développement durable »; Union Internationale pour la

Conservation de la Nature et de ses ressources (UICN) ; avec les avis, la Coopération du Programme des Nations Unies pour l'Environnement (PUNE), et du World Wildlife Fund (WWF), et en collaboration avec l'Organisation des Nations Unies pour l'Alimentation et l'Agriculture (FAO) et l'Organisation des Nations Unies pour l'Education, la Science et la Culture (UNESCO), édition UICN, 1980, 55p.

- **UICN/PAPACO**, « Evaluation de l'efficacité de gestion d'un échantillon de sites de RAMSAR en Afrique de l'Ouest », rapport publié en 2009, p.19, disponible sur le lien, http://www.iucn.org/places/papaco.
- **UNESCO,** « Conférence intergouvernementale sur l'éducation relative à l'environnement : Rapport final », 1977, 98p, disponible en ligne : http://undoc.unesco.org/images/0003/000327/032763fo., (Consulté le 15 mars 2017).
- **UNESCO-PNUE**, « Eléments pour stratégie internationale d'action en matière d'éducation relative à l'environnement pour les années 1990 », Paris : UNESCO, 1988, 44p.

IV/ TEXTES JURIDIQUES

1. TEXTES INTERNATIONAUX ET COMMUNAUTAIRES

- Convention de Maputo du 11 juillet 2003 sur la conservation de la nature et des ressources naturelles, ratifiée en 2004 par le Mali à travers l'ordonnance n°04-024 et le décret n°04-483.
- Convention d'Aarhus du 25 juin 1998 sur l'accès à l'information sur l'environnement et la participation du public, non ratifiée par le Mali.
- Convention de Lutte contre la Désertification du 14 juin 1994, ratifiée par le Mali en 95 à travers la loi n°95-023 et le décret n°95-166.
- Convention sur la diversité biologique de 5 juin 1992 à Rio de Janeiro, ratifiée par le Mali en 1994 à travers la loi n°94-026 et le décret n°94-222.
- Convention cadre des Nations Unies sur les changements climatiques du 9 mai 1992, ratifiée le 14 juin 1994, ratifiée par le Mali à travers la loi n°94-046, et le décret n°94-447.
- Convention de Montego Bay sur le droit de la mer du 10 décembre 1982, ratifiée par le Mali en 1985 à travers la loi n°85-17.

- Convention de Bonn sur la conservation des espèces migratrices appartenant à la faune sauvage adoptée le 23 juin 1979 à Bonn, approuvée par le Mali en 1985 à travers la loi n°85-18.
- Convention de Washington du 03 mars 1973 sur le commerce international des espèces menacées d'extinction (acronyme anglo-américain : CITES), ratifiée par le Mali en 1993 à travers la loi n°93-022 et le décret n°93-163.
- Convention de l'UNESCO du 23 novembre 1972 sur la protection du patrimoine mondial, culturel et naturel, ratifiée par le Mali en 2004 à travers le décret n°04-486.
- Convention de Ramsar (Iran) du 2 février 1971 sur la protection des zones humides d'importance internationale, ratifiée par le Mali en 1985 par la loi n°85-19.
- Convention Internationale pour la protection des végétaux, amendée, adoptée à Rome le 6 décembre 1951, approuvée en 1986 par le Mali à travers la loi n°86-24.
- Protocole de Nagoya (au Japon) sur l'accès aux ressources génétiques et le partage équitable des avantages découlant de leur utilisation, signée 29 octobre 2010, ratifiée en 2014 à travers la loi n°2014-042.
- Protocole de Cartagena (Montréal au Canada) sur la prévention des risques biotechnologiques relatif à la convention sur a diversité biologique, signée à Montréal le 29 janvier 2000, ratifié en 2002 à travers l'ordonnance n°2002-052 et le décret n°2002-317.
- Protocole additionnel n° 10 /96/UEMOA portant statuts de la Cour de Justice de l'Union économique et monétaire ouest africaine.
- Règlement n°18/2003/CM/UEMOA du 23 décembre 2003 portant code minier communautaire.
- Règlement n°007/2007/CM/UEMOA du 6 avril 2007 relatif à la sécurité sanitaire des végétaux, des animaux et des aliments.
- Acte additionnel n°1/2008/CCEG/UEMOA du 17 janvier 2008 portant adoption de la politique commune d'amélioration de l'environnement.
- Acte Additionnel n°1/2008/CCEG/UEMOA du 17 janvier 2008 portant adoption de la politique commune d'amélioration de l'environnement.
- Accord de partenariat entre les Etats « Afrique-Caraïbes-Pacifique » ACP et l'Union Européenne, signé le 21 juin 2000 à Cotonou (Benin),

- Accord sur la conservation des oiseaux d'eau migrateurs d'Afrique-Eurasie, adoptée à La Haye le 16 juin 1995, ratifié par le Mali en 1999 à travers le décret n°99-224.
- Agenda 21 adopté à Rio de Janeiro en 1992.
- Charte Africaine des droits de l'homme et des peuples signée à Nairobi (Kenya) le 28 juin 1981, souscrite par la constitution du 25 février 1992.
- Charte Mondiale de la Nature adoptée par l'Assemblée Générale des Nations Unies le 28 octobre 1982.
- Déclaration de Libreville sur la santé et l'environnement en Afrique, adoptée le 29 août 2008.
- Déclaration de Johannesburg sur le développement durable, adoptée en septembre 2002.
- Déclaration des Nations Unies pour les Objectifs du Millénaire, adoptée à New York en septembre 2000.
- Déclaration de Rio de Janeiro sur l'environnement et le développement, adoptée en juin 1992.
- Déclaration de Stockholm sur l'environnement, adoptée en juin 1972.
- Recommandation n°02/97/CM du 21 juin 1997, relative à la mise en oeuvre d'un programme de première génération en matière de gestion de l'environnement au sein de l'UEMOA.
- Recommandation (n°2/97/CM) le 21 juin 1997 à Lomé (Togo), relative à la mise en œuvre d'un programme de première génération en matière de gestion de l'environnement.

2. TEXTES D'ORIGINE MALIENNE

a) TEXTE CONSTITUTIONNEL

- **Constitution malienne du 22 Juillet 2023 (en vigueur).**
- **Constitution malienne du 25 Février 1992 (abrogée).**

b) TEXTES LEGISLATIFS

- Loi n° 2012-007/P-RM du 07 février 2012, portant code des collectivités territoriales au Mali, JO du 10 février 2012, de la République du Mali, p. 209.
- Loi n°11-057 portant ratification de l'Ordonnance n°2011-009/P-RM du 20 septembre 2011 autorisant la ratification de la Convention

portant création de l'Agence panafricaine de la grande muraille verte, J.O n°51 du 23 décembre 2011 de la République du Mali, p.2003.
- Loi n°10-027 du 12 juillet 2010, portant création de l'Agence pour l'Environnement et le Développement Durable.
- Loi N°09-028/AN-RM du 27 juillet 2009 portant création de la Direction Nationale des Eaux et Forêts.
- Loi n°06-045 du 05 septembre 2006 portant loi d'orientation agricole, non publiée dans le JO.
- Loi n°4.005 du 14 janvier 2004 portant création du fonds d'aménagement et de protection des forêts et du fonds d'aménagement et de la protection de la faune dans les domaines de l'Etat JO n°05 du 20/02/2004 de la République du Mali.
- Loi n°04.005 du 14 janvier 2004 portant création du fonds d'aménagement et de protection des forêts et du fonds d'aménagement et de la protection de la faune dans les domaines de l'Etat. JO n°05 du 20/02/2004 de la République du Mali.
- Loi n°02.017 du 03 juin 2002 régissant la détention, le commerce, l'exportation, la réexportation, l'importation, le transport et le transit de spécimens d'espèces de faune et de flore sauvages. J.O n°17 du 20/06/2002 de la République du Mali.
- Loi n°02.006 du 31 janvier 2002 portant code de l'eau, J.O du 10 février 2002 de la République du Mali, p. 124.
- Loi n°01-004 du 27 février 2001 portant Charte pastorale, non publiée dans JO.
- Loi n°01-020 du 30 mai 2001 relative aux pollutions et aux nuisances, JO du 20 juin 2001 de la République du Mali, p.646.
- Loi n°96.050 portant principes de constitution et de gestion du domaine des collectivités Territoriales. JO n°02 du 31/01/2001 de la République du Mali.
- Loi n° 95.004 du 18 janvier fixant les conditions de gestion des ressources forestières JO n°4 du 28/02/1995 de la République du Mali.
- Loi n°95.031 du 20 mars 1995 fixant les conditions de gestion de la faune sauvage et de son habitat, J.O n°21 du 15/11/1995 de la République du Mali.
- Loi n°95.003 du 18 janvier 1995 portant organisation de l'exploitation et du transport et du commerce du bois. JO n°03 du 15/02/1995 de la République du Mali, p.84.

- Loi n°95-032/AN-RM du 22 mars 1995 fixant les conditions de gestion de la pêche et de la pisciculture, JO du 15 mai 1995 de la République du Mali, p.324.
- Ordonnance n°02.049/P-RM du 29 mars 2002 portant création de l'Agence du Bassin du Fleuve Niger, JO n°12 du 30/04/2002 de la République du Mali.
- Ordonnance n°98-25/ P-RM du 25 août 1998 portant création de la Direction Nationale de la Conservation de la nature, J.O n°21 du 15/11/1998 de la République du Mali.
- Ordonnance n°98.027/P-RM du 25 août 1998 portant création de la Direction Nationale de l'assainissement et du contrôle des pollutions et des nuisances, JO n°21 du 15/11/1998 de la République du Mali.

c) TEXTES REGLEMENTAIRES

- Décret n°7/P-RM de 2007 fixant la liste des espèces locales et les modalités d'obtention d'autorisations de production, de détention, d'utilisation à des fins commerciales, de commerce, de vente, de mise en vente et de fabrication d'objet provenant de tout ou partie d'espèces soumises aux dispositions de la loi n°02.017 du 03 juin 2002 régissant la détention, le commerce, l'exportation, la réexportation, l'importation, le transport, le transit de spécimens d'espèce de faune et de flore sauvage JO n°19 du 10/07/2007 de la République du Mali.
- Décret n°6-258/P-RM du 22 juin 2006 fixant les conditions d'audit d'environnement. JO n°23 du 20/08/2006 de la République du Mali.
- Décret n°4.091 du 24 mars 2004 fixant l'organisation et les modalités de gestion du fonds d'aménagement et de protection des forêts et du fonds d'aménagement et de la protection de la faune dans les domaines de l'Etat. JO n°11 du 20/04/2004 de la République du Mali.
- Décret n°4.137 (bis)/ P-RM du 7 avril 2004 fixant la répartition des recettes perçues à l'occasion de l'exploitation des domaines forestier et faunique, de l'Etat entre les fonds d'aménagement et de protection des forêts et de la faune et les budgets des collectivités territoriales JO n° 10/05/2004 de la République du Mali.
- Décret n°3-594/P-RM du 31 décembre 2003 relatif à l'étude d'impact sur l'environnement JO n°05 du 20/02/2004 de la République du Mali.

- Décret n°2-305/P-RM du 3 juin 2002 fixant les modalités d'application instituant le contrôle phytosanitaire au Mali JO n°20 du 20/07/20, de la République du Mali.
- Décret n°2-306/P-RM du 3 juin 2002 fixant les modalités d'application de la loi instituant l'homologation et contrôle des pesticides en République du Mali JO n°20 du 20/07/2002.
- Décret n°1-395/P-RM du 6 septembre 2001 fixant les modalités de gestion des eaux usées et des gadoues, JO n° 27 du 30/09/2001 de la République du Mali.
- Décret n°1-404/P-RM du 17 septembre 2001 déterminant les conditions et conditions d'exercice des droits conférés par les titres d'exploitation des ressources forestières, JO n°27 du 30/09/2001 de la République du Mali.
- Décret n°01.136 du 23 mars 2001 fixant les taux de redevances et des taxes perçues à l'occasion de l'exploitation de la faune dans le domaine faunique de l'Etat, JO n°11 du 20/04/2001 de la République du Mali.
- Décret n°00.021 du 19 janvier 2000 fixant les attributions, la composition, l'organisation et les modalités de fonctionnement des conseils de chasse.
- Décret n°00.022/P.RM du 19 janvier 2000 fixant les modalités de classement des forêts, des pépinières de reboisement et des périmètres de protection dans le domaine forestier de l'Etat.
- Décret n°99.320/P-RM du 04 octobre 1999 fixant la procédure de défrichement dans le domaine forestier de l'Etat JO n°32 du 20/12/1999 de la République du Mali.
- Décret n°99.321 du 4 octobre 1999 fixant les modalités de classement et de déclassement des réserves de faune, des sanctuaires et les modalités de création de zones d'intérêt cynégétiques des ranches de gibier dans le domaine faunistique de l'Etat. JO n°32 du 20/12/1999 de la République du Mali.
- Décret n°98-402/P-RM du 17 décembre 1998 fixant les taux, les modalités de recouvrement et de répartition des taxes perçues à l'occasion de l'exploitation du bois dans le domaine forestier de l'Etat JO n°05 du 15/03/1999 de la République du Mali.
- Décret n°98-638 du 20juillet 1998 relatif à la prise en compte des exigences liées à l'environnement dans la conception et la fabrication des emballages.

- Décret n°97.053/P-RM du 31 janvier 1997 fixant le taux de redevances de défrichement dans le domaine forestier de l'Etat et définissant la limite Sud officielle de la zone sahélienne, JO n°06 du 31/03/1997 de la République du Mali.
- Décret n°97.051/ P-RM du 31 janvier 1997 fixant les conditions et les modalités de la profession de guide de chasse. JO n°06 du 31/03/1997 de la République du Mali.
- Décret n°97-052/P-RM déterminant les modalités et conditions d'exercice des droits conférés par les titres de chasse JO n°06 du 31/03/1997 de la République du Mali.
- Décret n°96-010/P-RM du 17 janvier 1996 fixant les modalités de classement et de déclassement des réserves piscicoles.
- Décret n°96-010/P-RM du 17 janvier 1996 déterminant la composition, les attributions et les modalités de fonctionnement des conseils de pêche.
- Décret n°95-182 du 26 avril 1995 fixant les taux de redevance perçus à l'occasion de la délivrance des permis de pêche.JO n°23 du 15/12/1995 de la République du Mali.
- Décret n°98-415/P-RM du 24 décembre 1998 fixant le cadre institutionnel de la gestion des questions environnementales. JO n°05 du 15/03/1999 de la République du Mali.
- Décret n°87-59 du 2 février 1987 relatif à la mise sur le marché à l'utilisation et à l'élimination des PCB.
- Arrêté n°98-0139/MDRE-SG définissant les conditions de délivrance des permis et des autorisations spéciales de chasse aux étrangers non-résidents.
- Arrêté interministériel n°97.0972/MATS/MDRE/MFC/MIAT-SE portant réglementation de l'importation temporaire d'armes de chasse par les touristes
- Arrêté n°96.0753/MDRE-SG fixant les règles d'approvisionnement et de fonctionnement des marchés ruraux.
- Arrêté n°96.0793/MDRE-SG portant composition et fonctionnement des commissions régionales chargées d'arbitrer les conflits relatifs à la fixation des quotas annuels d'exploitation du bois.
- Arrêté n°96.1023/MDRE-SG déterminant les types et modèles de coupons, les modalités d'attribution, de délivrance et de contrôle des coupons de transport de bois.
- Arrêté n°95.2487 du 14 novembre déterminant les modalités de mise à feu dans le domaine forestier de l'Etat.

- Arrêté n°95.2489/MDRE-SG du 14 novembre 1995 fixant les conditions d'exercice de la chasse rituelle et du droit d'usage en matière de chasse.

VI/ JURISPRUDENCES

- Cour de Justice de l'UEMOA, Avis n°001/2003, Recueil de la jurisprudence de la cour numéro 01-2004, p.67.
- C.E, 03 décembre 2003, l'affaire Association pour la Protection des Animaux Sauvages, inédit au recueil Lebon, req. 251908.
- Cour de Justice de l'UEMOA, Avis n°003/2000, Recueil de la jurisprudence de la Cour numéro 01-2002, p.119.
- C.E, le 08/07/2002, l'affaire Commune de Porta, AJDA, 2002, n°15, p.1005.
- C.E, affaire Sarl du parc d'activités de Blotzheim, cf. C.E.F. le 18/12/1998, rec. p.483.
- C.E, Ass., le 16/11/1956, affaire Villa, rec. p.133.
- C.E, Ass., 30 mai 1952, Dame KIRKWOOD, Leb., p.291.
- C.E, l'arrêt dame Caraco rendu le 05/02/1926.

VII/ SOURCES ET RESSOURCES ELECTRONIQUES

- http://www.atilf.fr/tlf.htm.
- http://www.amisdumali.com.
- http://www.diplomatie.gouv.fr/fr/payes-zones-geo_833/mali_350/representation-du-mali_996/index.html.
- http://www.diplomatie.gouv.fr.
- www.lesclesdumoyenorient.com.
- www.iedafrique.org/IMG/pdf/conventions_locales_2_mali.pdf.
- www.data.iucn.org/dbtw-wpd/edocs/EPLP-065.pdf.
- https://developpementdurable.revues.org.
- http://www.iucn.org/places/paco.
- http://unesdoc.unesco.org/images/0003/000327/032763fo.pdf.
- http://www.revueere.uqam.ca/PDF/Volume1/recherches%20et%20reflexions/EREV01_II_013.pdf.
- http://www.googlescholar.com.
- www.leclubdesjuristes.com.
- www.lesarchives.échos.fr.
- http://www.royalsoc.ac.uk/files/statfiles/document-139.pdf.

- http://www.un.org/french/events/rio92/agenda21/action35.htm.
- WWW.cities-locagovernments.org/gold/Upload/gold.fr.
- http://www.fao.org/Legal/default.htm.
- www.memoireonline.com.
- www.iedafrique.org/IMG/pdf/conventions_locales_2_mali.pdf.
- http://archives-fig-st-die.cndp.fr/actes/actes_99/environnement/article.htm.
- http://www.mediterranees.net/civilisation/Rich/Articles/Eau/Cloaca.html.
- https://www.dropbox.com/s/lva421qorbow6ec/Dictionnaire%20conservation%20P%20Triplet.pdf?dl=0.

VIII/ MANUELS DE METHODOLOGIE

- **BEAUD, Michel,** « *L'art de la thèse* », la Découverte, Paris, 2006, 202 p.
- **BEURET, Benoît, BOUZAR ; Petra Bleisch, FRIEDLI ; Andrea, JENNY, Magali**, « *Guide pour la préparation des travaux scientifiques* », Université de Fribourg, Janvier 2010, 18 p.
- **COLLEGE DE BOIS-DE-BOULOGNE**, « *Médiagraphie et notes de bas de page, Règles générales* », Document, officiel adopté par la commission des études le 30 mars 2004, 7 p.
- **DURAND, Michel,** « *Présentation et Frappe des thèses et des mémoires de Lettres et Sciences Humaines* », Université Lumière de Lyon 2, 15 mars 2001, 60 p.
- **DREYFUS, Simone, VULLIERME, Laurence- Nicolas,** « *La thèse de doctorat et le mémoire* », Etude Méthodologique, 3ème édition, 2000, 496 p.

TABLE DES MATIERES

Structures éditoriales du groupe L'Harmattan

L'Harmattan Italie
Via degli Artisti, 15
10124 Torino
harmattan.italia@gmail.com

L'Harmattan Hongrie
Kossuth l. u. 14-16.
1053 Budapest
harmattan@harmattan.hu

L'Harmattan Sénégal
10 VDN SICAP AMITIE 3
BP 45034 Dakar-Fann
direction@senharmattan.com

L'Harmattan Cameroun
Tsinga/Derrière polyclinique FECAFOOT
BP 11486 Yaoundé
Jacques.koukam@harmattan.fr

L'Harmattan Burkina Faso
Villa 281, secteur 23 623, rue 14.32
Ouagadougou
zagbie@outlook.fr

L'Harmattan Guinée
Almamya, rue KA 028 OKB Agency
BP 3470 Conakry
harmattanguinee@yahoo.fr

L'Harmattan RDC
185, avenue Nyangwe
Commune de Lingwala – Kinshasa
matangilamusadila@yahoo.fr

L'Harmattan Congo
219, avenue Nelson Mandela
BP 2874 Brazzaville
deunovmikhael@gmail.com

L'Harmattan Mali
Immeuble Mgr Jean Marie Cissé
Aci Hamadallaye
BP 145 Bamako
syllaka@yahoo.fr

L'Harmattan Togo
Djidjole – Maison Amela
face EPP BATOME
02 BP 20680 Lomé
didieramela11@gmail.com

L'Harmattan Côte d'Ivoire
Résidence Karl – Cité des Arts
Abidjan-Cocody
03 BP 1588 Abidjan
harmattan.ivoire@gmail.com

L'Harmattan Bénin
Rue 604, (Immeuble à l'entrée
de la rue UCAO- Cite de Saint-Jean)
Cotonou
stepcorpus@gmail.com

Nos librairies en France

Librairie internationale
16, rue des Écoles
75005 Paris
librairie.internationale@harmattan.fr
01 40 46 79 11
www.librairieharmattan.com

Librairie des savoirs
21, rue des Écoles
75005 Paris
librairie.sh@harmattan.fr
01 46 34 13 71
www.librairieharmattansh.com

www.ingramcontent.com/pod-product-compliance
Lightning Source LLC
LaVergne TN
LVHW021133061026
849535LV00002B/226
9782336523620